中国历史文化名人传

梦回汉唐
李梦阳传

泥马度 著

作家出版社

中国历史文化名人传

组委会名单

主任：李　冰
委员：何建明　葛笑政

编委会名单

主任：何建明
委员：何西来　李炳银　张　陵　张水舟　黄宾堂

文史组专家成员（按姓氏笔划为序）

王春瑜　王家新　王曾瑜　孙　郁　刘彦君　李　浩　何西来
郑欣淼　陶文鹏　党圣元　袁行霈　郭启宏　黄留珠　董乃斌

文学组专家成员（按姓氏笔划为序）

王必胜　白　烨　田珍颖　刘　茵　张　陵　张水舟　李炳银
贺绍俊　黄宾堂　程步涛

出版说明

　　中华民族五千年文明史中，涌现了一大批杰出的文化巨匠，他们如璀璨的群星，闪耀着思想和智慧的光芒。系统和本正地记录他们的人生轨迹与文化成就，无疑是一件十分有必要的事。为此，中国作家协会于 2012 年初作出决定，用五年左右时间，集中文学界和文化界的精兵强将，创作出版《中国历史文化名人传》大型丛书。这是一项重大的国家文化出版工程，它对形象化地诠释和反映中华民族文化的基本精神，继承发扬传统文化的精髓，对公民的历史文化普及和建设社会主义文化强国都具有重要而深远的意义。

　　这项原创的纪实体文学工程，预计出版 120 部左右。编委会与各方专家反复会商，遴选出在中国文化发展史上产生过重大影响的 120 余位历史文化名人。在作者选择上，我们采取专家推荐、主动约请及社会选拔的方式，选择有文史功底、有创作实绩并有较大社会影响，能胜任繁重的实地采访、文献查阅及长篇创作任务，擅长传记文学创作的作家。创作的总体要求是，必须在尊重史实基础上进行文学艺术创作，力求生动传神，追求本质的真实，塑造出饱满的人物形象，具有引人入胜的故事性和可读性；反对戏说、颠覆和凭空捏造，严禁抄袭；作家对传主要有客观的价值判断和对人物精神概括与提升的独到心得，要有新颖的艺术表现形式；新传水平应当高于已有同一人物的传记作品。

为了保证丛书的高品质，我们聘请了学有专长、卓有成就的史学和文学专家，对书稿的文史真伪、价值取向、人物刻画和文学表现等方面总体把关，并建立了严格的论证机制，从传主的选择、作者的认定、写作大纲论证、书稿专项审定直至编辑、出版等，层层论证把关，力图使丛书经得起时间的检验，从而达到传承中华文明和弘扬杰出文化人物精神之目的。丛书的封面设计，以中国历史长河为概念，取层层历史文化积淀与源远流长的宏大意象，采用各个历史时期最具代表性的文化符号与雅致温润的色条进行表达，意蕴深厚，庄重大气。内文的版式设计也尽可能做到精致、别具美感。

　　中华民族文化博大精深，这百位文化名人就是杰出代表。他们的灿烂人生就是中华文明历史的缩影；他们的思想智慧、精神气脉深深融入我们民族的血液中，成为代代相袭的中华魂魄。在实现"中国梦"的历史进程中，必定成为我们再出发的精神动力。

　　感谢关心、支持我们工作的中央有关部门和各级领导及专家们，更要感谢作者们呕心沥血的创作。由于该丛书工程浩大，人数众多，时间绵延较长，疏漏在所难免，期待各界有识之士提出宝贵的建设性意见，我们会努力做得更好。

《中国历史文化名人传》丛书编委会

2013 年 11 月

李梦阳

目录

第一章 庆阳亦是先王地

庆阳亦是先王地，城对东山不窑坟。

白豹寨头唯皎月，野孤北川尽黄云。

——李梦阳《秋怀》

1

门外朔风卷着上弦月，摇摇晃晃刮下纷纷雪花。那一轮边关冷月像蒙古弯刀举起在庆阳城的头顶，随时都可能落下来。

一位临盆的母亲即将分娩，她的胎儿降生在日出时分。这个婴儿仿佛也是从地平线上生出的一样，像一株葵花的天性追随着日头，随它转动，升降起伏着命运。

明宪宗成化八年（1472）腊月初六，陕西庆阳府（今划归甘肃）一个穷家破院的深夜里，躺着一位孕妇。她睡在冰冷的寒床上，身下连一条席子也没有，不要说铺被了。寒风呼啸，刀子般地逼人。大雪也下了起来，飘飘荡荡，像是顺着雪色从天上要降下什么。雪透过门缝刮到床边。前几天她还在做着小生意，卖醋卖酒、喂猪养鸡，艰难度日。所有的家产、余资都供奉夫君读书了。十年寒窗苦，被国家太学录取，就要到京城读书求学了。只要平安地读完学业，顺利通过一次次考试，正常毕业就有铁饭碗了，一生就踏上功名利禄的仕途了。这个将临盆的孕妇躺在床上憧憬着。

家里没有男劳力，全凭她一个身怀六甲的妇道人家，种地和小生意做到临产。所幸的是国家对娶妻生子的太学生还给家庭发放微薄的补助，上学是全包全免学费，在太学里还有月俸。一切的苦，她都感到一种甜意，她被一种莫名的希望所鼓舞，她的眼中总能看到未来正在化成一团光，跃动着。那光越来越红，像个火团，像个小红孩，仿佛要扑进她的怀中。

她本是城南高家坪中等人家的女儿，算是半个大小姐，在襁褓中就许给李正。李正寒微，是一个军户人家的老三。李正的爷爷李恩，入赘到王家，做王聚的上门女婿，就叫王恩了。王聚是军户，祖居河南扶沟，有些势力。避难、借居、入赘到他家的不止李恩一家，还有田氏、垛阳氏等。在大明朝，一入军籍就不同于民户，要祖祖辈辈有男丁继承父业从军，隶属卫所，相当于国家世袭的职业军人。军户只要国家一声命令，就得开赴各地，加入所在地的卫籍。

王恩跟随王聚从军到蒲州，之后又流转到庆阳花马池戍边。王恩参加血流成河的白河沟战役，冲锋陷阵，在混战中不幸血染战袍、阵亡殉国了。他年纪轻轻的妻子改嫁，留下他两个幼子由外祖父王聚抚养，一对遗孤男儿自然都姓王了。王家是有军功的家族，也是积德行善之家，养得起李家血脉。长子名叫王忠，次子王敬。小王忠眼见外祖高龄，不免有寄人篱下之嫌。人说有志不在年高，他自幼就有些志气，稍长就从外祖父家出来，独立门户，往来彬县、宁县之间经商。他从小商小贩一直做成两县境有名的商人。弟弟王敬长大后从父业入军籍，人称军汉公，纵酒走马，试剑击鞠。像樊哙那般可拔刀割生肉而下酒。壶中乾坤大，不知生计，他一对醉眼不问人间俗事。

王忠虽为商人，但一心侠义，乐善好施，一如当地乡绅，常常出面为邻里父老主持公道。在苦寒的边地，物价飞涨，穷苦人家连个菜和盐都吃不起，常常抢盐争菜。王忠就和仆人套上马车，一连数十车的盐菜，沿途向百姓免费发放。"王善人的大车来了，一车一车的柴米油盐"，有口皆碑。王忠心向佛心，不要百姓的感恩，只说自己的钱财来自百姓，奉还是自然。

谁料天有不测风云，王忠突然陷入一场官司，竟然不明不白死于狱中。原来是一同寄居在王家的田氏被仇家所害，求助于他。他拔刀相助，赶赴官府击鼓鸣冤。凶手之家有财有势，贿赂官府，结果官府拿他当作冤大头，想吃大户，把他吃死了。钱使人作恶，也使有佛王忠之称的梦阳祖父行善仗义，结果冤狱枉生。临死前，他大声疾呼问苍天问佛："天啊，我何罪，救人者何罪啊？"活着进去，拖尸出来，埋在东岳庙前，年仅五十三岁。时值正统十二年（1447）八月二十九日。

一片家业散了去，放出的债都收不回，或雪化水东流去。王忠的三子王正九岁就丧父，在兄长王刚手下出脱成人，有心要光复祖姓不再姓王，而在纸上郑重地写上"李正"两个字。复姓当然也是一家几代人的心愿。光复家族，也得有志气，光耀门庭才能不辱李氏祖宗。他一心只读圣贤书。李正的两个哥哥，老大叫王刚，从军籍在军中任书记，长兄如父执家，他买全了庆阳府的学士书、八股文让三弟学习，又尽购星相阴阳家学说让二弟王庆研读。李正两个哥哥都在军中，也都不得善终。特别是王庆，世袭卫籍从军恍若摇扇的诸葛再世，为将谋略推算军机，恃才放旷不容军中，放还回乡。在民间看尽地理阴宅玄机，做一个风水先生谋生，却赴了一次鸿门宴，大醉后被众术士阴阳家击杀。原来他太厉害了又口无遮拦，坏了大家的饭碗，出遍了众江湖骗子的洋相。被同行灌得大醉之后，拖尸一般扔投在川窟中，醒来听见窟上有人说话，喊人救命。结果窟上说话的人正是还未走开的仇家，众位阴阳家又下去把他活活打死。

从军、经商的路，这个家族都已走到头了，万般皆下品，唯有读书高。李正心想咱李家系出李广、唐王李渊的陇西堂，既做不了飞将军的武行，说不定走李白、李商隐的文行倒是正道。

李正沿着父亲往日经商奔波的路，不是求财而是上下求索问学。他走的书山之路比父亲的商路更远。山高水寒，大雪埋人，他一串串外出求师拜学的草鞋印迹伸向远方。

男大当婚，到了婚娶年龄，李正想到高家迎娶新娘。原来女方在襁褓中即许配给他。女方是高家坪的高家庄高成的女儿。李正的养姐朝华结婚，大置酒会招待宾朋亲戚。高成的媳妇刘媪抱女儿前来入席道贺。席间李正父亲见到刘媪怀抱着的女婴大为惊骇，一眼就看出有福相贵相，脱口而出："谁能有幸娶到这样福女，如此阔面大耳！"当即请求刘媪将女儿与自己的三子李正定娃娃亲，经过媒妁之言，两家互换婚帖正式定下亲事。

但男家已经败落不堪，家主冤死牢狱，已耗干家产。生前所放的债务，李正的大哥虽是凭着血气之勇拼死拼活地讨来一些，但也仅够一家人勉强度日。

一个底层军户家庭，王忠独立出来经商起家，刚刚恢复些元气又落得家破人亡。王刚、王庆两位兄长从军为生，又都各自成家立业。穷家破院分成三份，轮到李正要成家了，连个像样的洞房都没有。

洞房花烛，连个洞房都没有，还结什么婚呢。住在城里或城郊，房子最紧张。那不是随便找个人就能搭个茅庐的。关键是地皮都有主。李家的房子，历来紧张。王忠还有个弟弟叫王敬，整日醉里挑灯，拔剑割肉生啖沽酒，是闻名的醉侠。没有酒钱竟然把房子都抵押做了酒资，声称要睡在酒葫芦里。壶中乾坤大，他醉卧街头。放债人要来占房子，而王敬的房子是和他侄子们连在一起的。也是其兄在世买的房子分给他的。一院两家，现在一顿酒账就要算走了房子，他的大侄子可不干了。在放债人来收房时，磨刀霍霍，眼中冒火滴血死盯着他。赤面冒火，蚕眉倒竖，大刀磨得闪着寒光。放债人一见就傻了，被他盯得肝胆欲裂夺门而走。

这王刚才二十出头并不放过，而是扬起鬼头刀倒打一耙，高声断喝："呔嗨，此奴要杀我逃了啊！"并倒在地上装作死了。放债人跑出门，双腿哆嗦，又听他倒地诈死。自己差点要被杀了，还被赖成要杀一个军中小书记，恐惧得扑通一声跪倒在地哀告："天……天……天作证，不愿再……再要屋钱，扒屋拆房占……占地方。"

丈母娘大为嫌弃，嫌李正"孤儿寡母"没房没车更没地位，穷得叮当响还是个书呆子，酸了吧唧的，哪有商贾子弟风光无限啊。她对媒人开了腔："当初娃娃亲，哪能算啊？当初他姓王，是经商人家的有钱哥，现在他姓李了，是寒窑洞里的穷书生。姓都能改，童婚又怎么不能改呢？要娶我女儿，没有高头大马香车、香房，做梦去吧。"

女儿听了娘的话，觉得绝情，书生怎么啦，做官的不都是读书人吗？读书人有志气，肯上进，一朝金榜题名，也是人上人。他若能成龙自己就自然是凤了，商贾官爷的吃喝玩乐的后代反而大都是虫。再说边城兵荒匪乱，身上有钱不如肚里有墨水。女儿给娘吐了心迹，爹也是支持女儿不改志。高丈人对妻子说："我听说正儿，一天在雪地借雪光读书，正读之间有一道人踏雪而来，在他跟前，盯了他的五官相貌，良久用手指他的两耳之上，比画一番画了两个纱翅。路人见状，问道士是不是所指所画为乌纱？道人点头而去。"一个道人说了还不算，占卜神人邵道长测他有官运，算他一心能读圣贤书。丈母娘很迷信当官的，认为只要能当官，一有百有什么都会有的，一贵遮百寒。老丈爷迷信知识能改变命运，在媒婆苦口婆心地劝说下，高家父母总算都答应了这门亲事。

李正顺当地娶到青梅竹马的妻子，更加勤奋。李正不是靠自学求私学的童生，他是庆阳府学里读书的增广生员。按照规定府学只招收四十名生员，也就是整个庆阳府只录取四十童生。所谓增广生员就是在这个名额之外增加附读生员，这也是随着教育普及、人口增长的一个必然举措。后来在增广生员之外又招收附读生员，那称附学生员。

进入府学的正式学生，也就能拿到"月廪"了，吃住免费，不为五斗米折腰。增广生员里的学生经过学期考试，列入一等前茅者也自动补入四十名单之中，国家全包。

生员在学校考试非常严格，由国家专员主持，省部府县级最高长官亲自到场把关，后来又特设教育钦差式的提学副使负责。

岁岁严考，不合格者除学，优秀者发放奖学金、参加乡试。拔尖儿者直接保送入京师国子监成为太学生，等于国家保送生，无须再经过科举赶考就可分配工作，但多是从事教育的县级教官。这对于很多困难家庭的寒士很适应。

有多少人在学校里一直熬到五十岁，也没有成为太学生，更没有科举得中。过了五十，就该离开学校了，成为校外的童生，当然还可以像范进那样继续赶考。

读书是座独木桥，每年通过的只是极少数。李正就是极少数之一，一路过关斩将，获得贡生资格，拔得头筹被录取到京师的国子监。这一年他三十五岁，多次参加乡试科举不中，寒窗已苦读十五年。

国子监是大明的最高学府，虽远不是科举的乡试中举，但考入国子监一旦通过内部积分考试，正常毕业就可以享受国家分配工作的待遇了，获得进入仕林的功名。

好在李正这多少年的求学，几乎是免费教育，各级政府及朝廷无不以教育为千年根本。如果收取高学费，他是万万读不起书求不起学的。散在各地的学者、名师对他一介寒士也是不收辅导费，开门问道求学。整个读书界还是讲究古风遗德的，甚至还有老师要照顾学生生活的。

中原故乡的记忆是耻辱的，作为煌煌陇西李氏的后裔，到了元末不要说族谱了，连一个字都没人识得，穷苦潦倒，只得倒插门给人家列入军籍。好汉不当兵，入赘改姓更是羞耻。堂堂大元，勾连欧亚，横征暴敛，国家强大到不可一世的地步，千古主人反最卑贱，是地道的家奴、国奴。他老李家就像洪武皇帝的家族一样，破落流亡，辗转求食，民越不聊生官府越强大。

一日还我河山，终于光复祖国了，他家又从中原为国成边来到关外的塞北西陲，看似铁打的这一支人，只剩下一颗读书的种子，只留下一个李正，岂不伤悲？

祖父八岁无父母成独儿，李正又是九岁丧父，靠着兄长王刚抚养。长兄如父，他是那样锐利，蓄怀复兴李家门庭的志愿。他看出三弟是读书的料子，二弟是天生断阴阳术士的苗子。

读书是为了出人头地，是为了走上仕途，在这条道上挤满苦读的白发人。李正没有家学，在这样尚武从军的边塞想金榜题名，这需要名师指点。想考进府学，得不到门道也是比登天还难。胡天八月即飞雪，雪不仅可映雪读书，更是读书人对雪赏景赋诗的好境界。对于李正来说大雪纷飞，正是自己一步一个深深的脚印，甚至深过膝盖，去求学拜师的吉兆。

合水，在庆阳府东南方向。东有建水，西有北岔河，二水相交称为合水，西南注入马莲河。东北有华池水，有平戎川流入，流向鄜州的洛河。在华池设有巡检司，合水是一块诸水奔流、山环水抱的所在。一方水土养一方人，韩鼎就是合水有名的学者，北地负有盛名的毛诗学家。他同样家贫如洗，苦于学问。天资厚重，潜心于诗书。学问有成，见政治清明出山，在成化十八年（1482）进士得中入朝为官。

韩鼎感同身受李正这个后生的刻苦求学精神，见他确是可造之才，乐意对他谈诗，有时围炉彻夜长谈。李正以师礼叩问求教，受益匪浅。

诗之内也有分野，也有正道和邪道。兵荒马乱的边地，持刀弄枪去练武从军或者经商，还有这样后生孜孜以求只学毛诗，学思无邪、言志的诗论，李正真是不负一个正字。

向韩公潜心学毛诗，李正常常头顶积雪，穿过一道道冰川险沟，叩开韩公的柴门。雪下得越紧，一介寒士学诗就越废寝忘食。风雪夜归人，大雪潇潇，他的茅庐断炊，没有烟火味。渴了就抓一把雪，对着窝头咽下去。

书成了他唯一的暖气，书中自有不熄的火苗。他不蒸馒头就是争一口气，二十岁就考入府学，现在他又成了国子监的太学生，这里是读书人向往、世俗羡慕的殿堂。

天气越发的寒，他想起陇东荒原上更寒冷的妻子，也该要分娩了吧。太学里满是王侯将相的子弟，他说着西北漏天地的口音，穿着妻子补了又补缝了又缝、洗得发白的旧衣衫，莫名烦躁。下了学，他漫无目的走在京城大街上，好在他一直是温厚、平和的，不与人争强好胜。

妇人分娩俗话说是孩子奔生娘奔死。太学生李正心神不宁徘徊在街头，猛然看见一卦摊。他心情紧张不停地望着来来往往的算命者，书生也信这个吗？再说他囊中羞涩，舍不得掏出这算命的钱来。踟蹰复踟蹰，围摊的人散去。算命先生主动向他招呼："学生近来近来，我免费送君一言。"李正不由得走到近前，弯腰施礼。先生说："解疑问惑，君命三十三，当生一男孩，日后显贵，名扬四海。"李正听了不由得心头一喜，便掏出袋中带着余温的小钱相谢，健步离去。

再说李正的妻子高氏，寒夜里难免饥寒交迫，挺着即将临盆的隆腹，陷入迷梦之中。只见一轮朱日，温暖入怀，直照过来。冷榻如暖炕，暖烘烘的一个笑意醒来，孩子就生下来了。

生时只见阴冷的天立时亮了，时间已经挺过六日的寒夜，进入七日的清晨。一轮红日就仿佛在李正寒舍方向升起，慢慢升向屋顶。寒舍红彤彤一片，好像失火的样子。远处的人家提着水桶跑过来，到了近前才听见婴儿哭声，屋是被刚出的红日照红的。屋里屋外都见通红的光线的游动。

李家的屋在最东边，回门朝东，离东天日出最近。

一位上了年纪的老人说："吉兆吉兆啊，当年太祖洪武爷出生，据说也是这般，当然气象比这大多了，可这也是红光绕室了。"

另一个老头接过话茬："大雪打红灯，天上飘雪室里透红，这小儿雪里红啊，一生不会平静啊。"

乡邻们见了，听了七嘴八舌，也都觉得喜气。一家有喜百家都沾着欢。小儿都蹦蹦跳跳地传出去，李秀才家又生了带把儿的，红嘟嘟的，满屋像失了火。

这个梦日而降的孩子就是李梦阳。他倒着生出来，让他母亲流出更多的鲜血，是时天空一轮红日喷薄而出。大明的日月每天都是新的，这一天的新伴随一个诗歌生命的诞生，必将像蚌那样痛苦地生育出新的生命之光来。

如果大明朝的每一天都是新的朝阳，那么就是被这样的母亲梦到怀胎，分娩出来的。没有这些幸福的受难，就将一天天沉腐下去，日落下去。

有诗为证，这是李梦阳后来亲笔所描述的："母之生我日初赫，缺突无烟榻无席。是时家难金铁鸡，仓皇抱予走且匿。艾当灼脐无处乞，邻里相吊失颜色。"

这个朱光绕室的孩子一出生，剪断脐带的剪刀需要放在燃烧的艾草上用艾火消毒，但连艾草都来不及向乡邻街坊乞找，大难就来临了。

烽烟四起，孛罗忽、乩加思兰率蒙古诸路大军南下，进犯环庆。

边塞烽火传庆阳，整个府州滚滚狼烟，似乎是这突起的烽火要烧烤一把剪刀，一下子就把李梦阳与母亲联系的脐带剪断了。他的啼哭与整个边疆民众的哭声如此一致。

边民最早承受着铁蹄的苦难，磨炼了这里苍生的意志。这里长大的孩子，多少带有铁骨铜心。家事和国事紧密连成一体，一次次家破，山河还在，国还在。

刚出生的李梦阳就被虚弱已极的母亲和亲邻仓皇抱起逃匿，小梦阳出世的最初的啼哭，伴随着母亲的惊恐，边民的哀鸿。

当然北元只是抢掠，不再贪图版图疆域，就像洪水猛兽过后，又恢复了往日的生活。边民一日三惊不为奇，人们黑压压都向坚固的城池奔逃、云集。没有城池的村庄、弱小的城寨都很难生存，无不残破。

直到最后连府城州城也被攻破，民众就四散逃难，迁徙四野，成为难民流民。

李梦阳的上边还有一个哥哥叫孟和，比他大九岁，连上他早亡伯父王庆的遗孤由他家抚养，他和他的父亲李正一样也在家中排行老三。

他还有一小弟弟叫孟章，比他小九岁，幺弟出生时李正已功名在身，丁忧守孝回乡。当时知府周茂、指挥使张瑛都不请自来抬羊置酒前来祝贺。果然是三十河东转河西，教授诗书之家受到当地的礼遇。

虽然仍住破草寒庐，但李正的妻子望着前来贺喜吃酒的母亲，她露出会心的微笑。

2

庆阳,虽隶属陕西布政司,但古称北地。一道陇山在黄河中上游流域挺起,分开东西,似乎是汉家农耕文明的东西边界线。庆阳在陇东的黄土高原,这里是周族先祖不窋率领着族人从东部文明圈中迁徙,史载"奔戎狄间"所在。不窋就是后稷之子,继承农官职位但逢上夏末,带领族人一路朝西移民。他发现这片盆地乐土,以此为根据地,将这里变成了东西文明、南北势力的接合部。不窋的儿子就是公刘。

到了明朝中期,这里已成为北元各部特别是聚集在河套地区元蒙部族侵扰的重灾区。大明推翻元朝,光复华夏,有重复汉唐的气象。但由于内部清洗、南北内乱手足相残,大伤元气。自古依为屏障的阴山、河套都失落已久,加之收缩内敛的国策,建造长城的防御系统越来越成为事实。不进则退,整个防御线被迫南移数百里,至山西大同、陕西榆林以西。而大同、榆林地区则基本上无险可依,为遏阻蒙古族南下,只好靠多修长城、广建城堡,以加强纵深防御,补充地利之短。

李梦阳家族就是从河南扶沟戍落籍庆阳卫。他的二伯父王敬,戍守花马池营。花马池营为明正统二年(1437)在长城外所设哨马营,后在成化年间将城堡移筑长城内,当时还在花马池城外的长城墙体上修建了一座关口,称其为"长城关",这是唯一以长城命名的关口。

北元此时跃跃欲试兴盛起来,大明却由九岁娃娃英宗继位,萎靡不振、噩梦一般帝国的大权滑落到太监王振手里。

瓦剌部统一蒙古,执政的也先分兵四路向辽东、宣府、大同、甘肃四镇长城发动了大规模的进攻。也先率主力居中进攻大同,俘获御驾亲征的朱祁镇。这是几千年一遇的盛世皇帝被胡儿捕获。

也先自称可汗,骄狂淫暴遭到政变被杀。鞑靼部取代瓦剌成为最强,领袖孛来拥立脱脱不花之子为汗,因可汗年幼,明王朝称他为小王子。后来孛来杀小王子,毛里孩又杀了孛来。时隔不久毛里孩又为朵颜部所杀。毛里孩灭亡之后，蒙古又陷入完全分裂的状态。

在北元内战的同时，并未停止对中原的洗劫。毛里孩、孛来等部先后进入河套，并以此为根据地，出河套则寇宣府、大同、三关以震畿辅；入河套则寇延绥、宁夏、甘肃、固原，以扰关中。

河套地区盘踞着蒙古最强部落，"套寇"之患尤为猛烈，整个河东就置于套寇虎狼之师的巨口之下。

独悬于长城的哨马营花马池则一日三惊，如风中之炬，挂在天边的星火。

李梦阳正出生在这样的战场前哨，国家内忧外患之际。庆阳作为战争的西线前锋，聚集着天下兵将武夫，谁能想这里会诞生一位后来名满天下的文曲星呢？

他的血管明显流着烽火、世代军籍之家的战士之血。

他二叔祖王庆在花马池营，骑白马挎长剑，羽扇纶巾，纵酒狂歌，啸傲内外。他叔父王敬，更是此类人物，击球走马试剑更是嗜酒如命。只要有酒，壶中乾坤大，爹妈都可不认得。更记不得任何家仇，就是亲哥王忠被冤杀他也难得忘掉。摇摇晃晃，执剑作杖，背着酒葫芦，竟然一直骂到八十岁无疾无患而终。

王庆嗜酒而有海量，不因酒做醉态。守将视他为心腹、奇货，言听计从。每次寇至，都由他做军师，运筹帷幄。妙计如何出，几时能获胜，连战况都能事先预测，好似北元大军都是他一手导演的。一次逢大寇，守将忐忑得很，不敢轻易从计，犹豫地问道："先生，你所说的这些，能否再细节一些，我军出池城行三里，当遇见怎样的敌情？"

王庆用酒擦了擦剑锋，指弹发响说："行三里，当遇见敌房中有一红夫人！如不见红夫人，军中无戏言，请按军法从事。"

守将跨马列队，风驰电掣一般领兵出城，埋伏在三里的山头，果然看见一红夫人领兵。这一仗大获全胜，并俘获红夫人。

每战必应，王庆在军中地位实际仅在一人之下，掌管马队骑兵。一次次被胜利冲昏头脑，饮酒通宵达旦不顾军纪，每日弄酒耍狎侮辱诸吏、投壶赌博，酒灌没有酒量、戒酒的校尉，没有节制。手下官吏、士兵不堪其辱，无不衔恨众口铄金给守将吹风。守将日久生心，怕影响军心，疏远了这位军师。王庆嗜酒更甚，出口辱骂守将，历数其短不配为首领。

上下失和，难免有败绩，众人皆怨王庆存心失策，于是就拿王庆做替罪羊，消除军职，驱逐军营还乡。这是一位天才性的阴阳家，后来竟被同行谋害，惨死在川窟中。妻子刘氏改嫁，遗有一幼子孟春，由李正抚养。

学会阴阳通鬼神知时机，进军中可为师，指点乾坤；退可做风水阴阳大师，官民皆求之，逍遥一生，不愁富贵。

王庆却恃才放旷如此，人过于硬气，性格决定命运。

花马池因为失去王庆，而无法坚守，被迫搬到长城以内。

李正的大哥王刚在庆阳卫军中当书记，也是任侠使气。他赭面美髯长须抵胸，膂力过人，手使一把大刀呼呼生风，人称小关公。一日夜行龙泉，路见一黑大个，越走越高，直到长数十丈，大活人遇见鬼了，自此得病，未几而亡。

家中只剩下李正一个书生。还是忠厚传家远，读书万年长啊。李正笃心于此，心无旁骛。王刚临终前对弟弟说："父亲在世时常想恢复本姓。我李冒姓王氏者，已经三世了。事不过三，到我们这一代当复姓，才能光宗耀祖。我和你二哥在军中，有军籍不能改，你就彻底改了吧。"

当时李家作为王家上门女婿，同时也是依附王家这棵大树没有独立户口的。其时依附豪强结成保护网是元末明初民间的普遍现象。因为王家是军籍，李家也就自动成为军户。而当兵是世代职业，世袭的，与民户截然不同。凡有军籍的家庭，长子必然继承军籍视为正丁，其余诸子为余丁，服补充役。凡军户，每丁给田五十亩养生，入军籍的士兵分配全国各卫所，平时屯田自给，有事出征作战，归卫指挥使管辖。

当初李家贫苦为了五十亩军田而依附王家成为军籍又入赘为婿，连姓都改为王了。后来所谓军田包括屯田也都被军官、监军侵占，一夜之间私有化。士兵变成无偿的农奴，不是逃亡就是半脱离军籍。百姓的田被权贵、豪强兼并就更猛烈了。

腐败使严格的军籍制度必然出现软化。再说卫所膨胀的人口，也不可能人人当兵。特别像王忠、王敬兄弟这样的孤儿，就可以脱离卫籍，当然无业可就时也可以加入。

但加入必须姓王，军黄册上只有王家军籍，因此李正的大哥和二哥必须姓王。而李正要做儒生，不是参加卫所的卫学而是考入府学，自然就与部队无关了。李正就不必再姓王了，而是自由之身。他的后代与兵役彻底脱钩了。

军籍也就成了李正的"祖籍"，他是好汉不当兵的自由民了。改一个姓，王刚、王庆再是好汉也无能为力，改不了，断不了与部队的这个关系、决心。而老小的李正，横下一条心，把自己逼上华山一条道。平常百姓想有出头之日，自古有两条文武路可选，一是读书二是当兵。李正选的就是"万般皆下品，唯有读书高"。

性格也有家族的遗传基因，李正的内心也并非一味温良恭俭让，只是刻苦努力，以父兄作为血的经验，克己复礼，势单力薄逼上书山有路勤为径的窄道。

他内心也有诗人的慷慨激昂，只不过是消解在酒歌与诗书之中，融化掉罢了。

他方面长须美髯，他大哥也是方脸美髯英气逼人略带戾气；他则一脸温和气，大肚能容，整个松弛得便便垂腹，把人间俗人事都放下了，好像长的是一副相体。他夫人也是方脸福相，不是一家人不进一家门，人都说天生夫妻相。

李正继承父亲佛王忠的德厚一面，是有口皆碑的厚德鲜矜伐之人，始终安贫乐道，甘愿一生族微而家贫。

温和之人最终落到温和王府做教授。

3

在唐朝，边塞是诗人建立功名、千古流芳的沙场。一个开放进取的朝代，边疆成为出发的前锋。而在一个收敛、筑院拉墙过日子的小农时代，边关是荒凉的，是被动萎缩的。但庆阳能把周族这条东来的鲤鱼哺育成跳过龙门的龙，肯定是有风水气脉的。这里诸水交汇，塞外水上泽国，河山环抱的盆地，既可农耕也可游牧。

李正在这片山水中，一个人拜师访友，吊古伤今。这里留下最多的记忆、文物与他心灵最近的距离是范仲淹夫子。

范仲淹祖籍陕西，家庭移居江南，父亲在军中任掌书记，死于任所时他才两岁。他的母亲带着他改嫁，他知道自己身世以后，就离家寄居在寺院。每天只煮一碗稠粥，凉后划成四块，早晚各取两块，拌几根腌菜一心苦读。这就是划粥断齑的典故，李正深受感染，有时比范仲淹更艰苦卓绝。二十三岁范仲淹到应天府书院读书，李正二十岁就考入府学。

不同的是范仲淹进士得中，李正选拔进了国子监，多次乡试都没有成功。范仲淹后来坐镇庆州，就在这里肩挑副帅、陕西安抚招讨副使。他建立鹿延、环庆、泾原一线防御屏障，将一座座城寨建立在边线，甚至是深入敌后。敌虏也风传范老夫子胸中有十万甲兵。

边塞的朔风，从大唐吹向北宋，又吹到大明。不变的是北雁南飞，留下诗人的悲歌："塞下秋来风景异，衡阳雁去无留意。四面边声连角起，千嶂里，长烟落日孤城闭。浊酒一杯家万里，燕然未勒归无计。羌管悠悠霜满地。人不寐，将军白发征夫泪。"

胡儿铁蹄迈不过萧关，至今庆阳府的街街巷巷都还留有范夫子的遗迹、传说。诗歌在这里并不孤单，铁马冰河也有茂盛的春天，也播下诗人的种子。

庆阳是李正和儿子们的出生地，但他们是戍边者的后代，迟早还要叶落归根的。周族从东南方来还要到东南方去。范仲淹也走了。

李正和儿子们，也要告别这片金戈激流之地。

李梦阳四岁时，父亲从国子监毕业，获取"贡士"学位，分配公职是阜平县学训导，成为吃皇粮的县级教官。为了使儿子从小接受正式教育，小梦阳四岁就与哥哥孟和从庆阳出发，踏上去父亲教署的旅程。

高氏与一对骨肉儿郎分离，免不得涕一把泪一把，但为两个孩子的前途着想，她又转涕为笑。家里还有老母亲，李正之母李绵还在世，还要靠着她来赡养，她不能和两个孩子一起去，女人要守家，家里还有梦阳的三个姐姐。养家糊口的担子还是不轻，她一直在做着小生意，经营着小店铺。她长子孟和，穷人家孩子早当家，从小受她熏染，萌芽经商的意识。

从陕西的最北地，小梦阳穿山越水，来到太行山腹地、冀晋交界处的阜平县。

阜平隶属真定府，习俗山野，难有教化，人不以学习为务。李正像拓荒的黄牛，在荒凉的草丛山野中耕耘，传播教化的种子，培育读书人的种子。他有时骑着毛驴驮着书袋子，走街串巷，上山下乡，聚集士人，诲人不倦，兴社学讲县学，持之以恒一晃数载。好斗之地渐渐开化，读书蔚然成风，士气勃然而变。一个人能移风易俗，转变风气，他俯首甘为孺子牛，除芜去草杏桃开。

两个儿子在他眼前成长，他不忘以前在京师占卜先生的话，知子莫若父，他断定小儿子肯定是一园的杏花就望他结果。而长子孟和就不是读书的料，虽然两个孩子聪明劲儿都是一样的。读书不仅仅是识字，能把书读出来，读出黄金屋、颜如玉，读出大道来，读出天理来，不是一般人所为。他李正做不了范仲淹，做不了李白、杜甫、王昌龄、高适、岑参，这孩子梦日出生或有可能步先贤的后尘。

人生就像一场梦，读书更像是一场人生的奇遇。

当初无论怎样苦读，书都前诵后忘，进入不了心中。那些书中的圣贤、道理似乎在疏远他、排斥他、作弄他，直到变成一个书呆子。在府学堂他虽刻苦，而不能过目成诵，东丢一句西少一行，成了同学们课外插科打诨的逗乐。

愈笑他愈钻研，过了一年，一日他昏昏沉沉地在书边睡着了。他登上一座高楼，遇一织女在织锦。织女也不说话，直转身把色丝、金针还有一个镜子给他。他不由得接了，看着镜子里有很多图书，他想这是宝镜，以为看书只要拿过这镜子就行了。他珍藏在心口，又把金丝线穿在针眼里，要缝制一身锦衣。突然被针扎的一样，他醒来原来是一场梦。

但自此文质彬彬，过目成诵，下笔若有神通晓文学，每考每试都是诸生之冠。

当然他那天读的是《南史·江淹传》，可能太投入。相传江淹郊游，在一小山歇宿，睡梦中，见神人授他一支闪着五彩的神笔，自此文思如涌，当时人称为"梦笔生花"。但以梦兴还是以梦破。又有一天晚上，江淹梦见郭璞对他说："我有一支五色彩笔留在你处已多年，请归还给我吧！"江淹还笔，自此江郎才尽。

还有一说江淹的才华来自张协。他梦见张协对他说："前以一匹锦相寄，今可见还。"江淹把几尺残锦奉还，自此再也没有锦绣文章。

李正做梦比江淹还要多，不仅得了锦绣还得到疑似后世的平板电脑读书器。当然梦来梦去，丢失得也快。

借梦成事，得人锦绣、文笔都不过是梦，还是自己心生的好，自身硬。

李正没有得到锦绣，只得到针线，他也不会使用梦中的宝镜，但这一切他都要传梦给二子梦阳。一代人做不了的事，代代去做，愚公移山。从小看大，他把希望寄托在梦阳身上，起步也是特别早，四岁就开始启蒙教育。

下一代像追日的葵花，像追花的野蜂，生机勃勃地成长。而李正特意让妻子在老家照顾的老母李绵，在八十一岁高寿时无疾而终了。

奔丧丁忧，任何官职都自动解除，满三年孝再从头开始，这是千古未移的传统。按照礼制他溘然踏上返乡奔丧、守孝的回程，带着梦阳兄弟俩，从此告别了阜平。

李绵也是在襁褓中与李忠定下的娃娃亲，她是宁州李媪的女儿。李忠自八岁流落在宁州，往来邠宁之间跟商队跑腿，慢慢学习经商。一日被李绵的母亲看见，见他人穷志不穷，眉宇间有股英气，细瞧他五官相貌非常惊讶，加以盘问便毅然将女儿许配给他。他并不知道这王忠原本也姓李，王是冒姓。而同姓是不能结婚的。

李绵嫁到李门，守节三十多年，清心喜静不喜动，讷讷寡言，请吃饭则吃饭，不请也可以一天不进饮食而安然。媳妇很是孝顺，婆媳从来没有口角争执。与世无争、恬静自安的母亲，对李正的性格也有很大影响。李正更像他的母亲，因为母姓李，自己又本是李姓后代。他是坚决地改姓，王家那边也无话可说，最简单搪塞的说法，他是随了母姓不是忘恩负义。

奇怪的是李正将母亲葬在底不河北山，与十五里堡直而稍西的坟地。而他的父亲则埋在东岳庙前。东岳庙在城南文笔峰上。李正的父亲已过世三十三年，当时他家的坟地早已物换星移，不见踪影。甚至连东岳庙都已毁于战火，到哪里去为父母合葬，仍葬在原处呢。东岳庙前的坟地不是他家的祖坟，李正爷爷在白沟河战役殉难，尸骨无存葬衣冠冢在道士坪。李正的大哥李刚亡时也是葬在文笔峰东岳庙前，但李刚的妻子死后也没有合葬，而是另葬在城西环江的岸边。

人死后葬在什么地方，事关风水人脉。特别是父母一定要按习俗礼节合葬，但李正的父母却分葬两处。而李正的二哥又是当地最负盛名的风水师。李家的祖坟是不是埋的不是地方，接连出人命关天的大事？

东岳庙前是不是埋不得人？还是坟地被寺庙或官府圈占，或被胡虏的铁蹄踏平？总之东岳庙前不再是埋人的好地方。

如果是圈点，李正可能早就收到父兄的遗骨，选好新的坟地。那么父母和兄嫂还是合葬在一处的。

作为仕途中人，按礼制回家办大丧，地方官该比较配合，并出席葬礼。为什么李正将母亲葬在底不河北山，只有李正自己清楚。也许他二哥在生前早已告诉他祖坟的风水问题，一家人该选择哪处阴宅。

换一个地方，易风水，就能改变后人的命运。李正的父亲死于官府的牢狱之灾，后人若步他的后尘，就煞风景了。

李正不是迷信这些，人要明晓的是顺天知命、自然而然，而不是这些故作鬼神莫测的小道道。庆二哥再高超还不是逃不过命，自去送死？他母亲在生前已经为自己选好墓地，那就是底不河的北山。他尊重母亲的选择。凡是诗人都对儒家一套套繁文缛节在心底有抵触情绪。形式的东西太重要就失真了。凡事都以真性情为好。

讲究一个百事孝为先，国家是君权，在家庭里就是父权。而不孝有三，无后为大。这样的强化就等于生子传宗接代最重要。母以子贵，母亲死了，官员也要解职回家守三年孝，丁忧将体现孝的葬礼制度化了。这比宪法还厉害，无人敢违反。

亲情是人和动物天生就有的、自然而生的，被政治、文化强调到无以复加的程度。表面上无人敢反对，内心其实是更加逆反、扭曲变形了。

李正是平和的，是一种有着天然的中和之气。在朔风呼啸、血光飞溅的北地，不可能酸腐，不可能狂热。在不同民族面孔出现的边塞，他有着对儒家更多的深思。但在家破人亡的绝境中，他"辛苦遭逢起一经"，选择的一经是诗。他最喜欢学的是诗，是大雪积埋的诗，诗在明王朝的科考中已没有立足之地。

所以他所有求学，不是功名化的，即使在那样的窘境中。他不是不能成为文学家、诗人，而是他必须攀附儒教理学这华山一条道，获得功名，为家为自己挣扎出头，找到一条正大光明的活路。

他骨子里是诗歌，但绝不可离经叛道，他必须在府学里立驻足，符合所有要求达优。只有这样才能被保送。只有待在府学里，才能有口饭吃，省下点俸粮给母亲。科考，他一再失败。他经不住八股文的检验。那是命运的较量，不一定都是才学。

他的父亲信佛，母亲清心吃素，军汉之家只有他一人学儒。他觉得父亲就是舐犊之情，天伦之乐，让后代站在自己肩膀上有一个好的地基、起点。不做儿孙的马牛，更不做儿孙的皇帝。儿孙自有儿孙福，自有他们自己的命运，人生轨迹。

但二子梦阳，他就是这条道上的，四岁让他开始文学的熏陶、培养，符合他的天性、潜能。

为母亲在老家守孝三年，正好潜心静气地辅导两个孩子。

这三年对梦阳来说，是回归故乡的三年，也是心灵与父亲与北地相融的三年。打下了他坚实的底子，小小年纪出口成章。这让北地那些拜访李正的大小官员，刮目相看。当初那些见过这孩子出生时红光的乡邻，也都暗暗嘀咕这或是一个文曲星灵童。

　　而这孩子内心又充满野性。课书学得太快，过目不忘，多余下来的时间会偷偷溜走。一次在阜平时，李正下乡去督导社学。小梦阳为了追捕一只五彩斑斓的野山鸡，追到天变。雷雨突下的小山坡，到处是流水，他陷入一片汪洋之中，迷路了。从山坡上滑了下去，却掉在一棵小树上，砸断树又落入一个水坑中。小孩一蹿一跳在水中尖叫，雨声太大，天上又有雷响，掩盖了小孩的救命声。他抓着断树枝在水中等着救命，但熬不住时间一长，他肚里进了水，发梢在水中上下浮动，身被树枝蓬浮着。

　　这时雨停下，走来一位身披虎皮的老猎户把小梦阳倒背着，来回跑动，控掉了腹中的水，提上了阳气，再放下来，山乡怪异的土法，竟让小梦阳还阳苏醒了过来。

　　有一次，他还曾经溜出去玩野了，遇到一条狼，他学着老虎吼啸，狼竟然被吓跑了。

　　不知道这些是他自己编造的故事还是真实经历。但温厚的李正对这些并不害怕，树大自直，吉人自有天相嘛。是福不是祸，是祸躲不过。男孩子就该玩得绘声绘色。

　　家庭里，高氏的小生意还在做，虽然李正获得功名。贱商而商富可敌国，贵农而农无立足之地。这是史书上说的，李正记得特清楚。不偷不抢不贪不卖人格就不为孬。他父亲也是经商起家的，他并不反对这个小商小贩的妻子，相反是感激。

　　教授夫人卖酒醋养鸡售猪，从小商小贩到食品店，梦阳母亲还是经营有方的。否则一家老小七八口人，如何生活？仅凭李正微薄的薪水是不够的。

　　卓文君还开馆当垆卖酒呢，司马相如身穿店小二的行头，当洗碗工。自己没有去当伙计，已经很知足了，李正这样想，只要守道守法各行各业都有状元，何必非得要取缔小商小贩呢。给百姓一个活法，各有各的活法，民以食为天。

　　在底不河的北山，李正领着梦阳兄弟，遥望关城烽台，长城如龙游蛇舞，雄风乍起，山环水绕疑无路，而书山有径又一村。

当你置身在祖国的关口、前锋，你才知道什么是生死存亡，什么是大义春秋，什么是文种不灭，什么才是安邦定国决一雌雄。李正沿着历史的足迹、废墟中冒出滚滚狼烟、红尘，指着高山流水，向儿郎现场说书授课。身入仕途，心怀天下，教书为业，不知朝廷分配何方。故土难离，却又必离。他不由得吟起范仲淹的《苏幕遮》：

> 碧云天，黄叶地，秋色连波，波上寒烟翠。山映斜阳天接水，芳草无情，更在斜阳外。黯乡魂，追旅思。夜夜除非，好梦留人睡。明月楼高休独倚，酒入愁肠，化作相思泪。

吟罢，李正又指着不远处的萧关故墟说道，据《庆阳府志》云：萧关在城西北二里。

所谓"东函谷，南崤武，西散关，北萧关"为关中四大关隘。

小梦阳听到说："父亲，我们现在是在塞上吧，唐人王昌龄写的塞上曲里面就是写萧关的。"李正颔首，赞许地说道："那你背诵来。"梦阳便抑扬顿挫对着萧关方向朗诵：

> 蝉鸣空桑林，八月萧关道。
> 出塞入塞寒，处处黄芦草。
> 从来幽并客，皆共沙尘老。
> 不学游侠儿，矜夸紫骝好。

李正听了对儿子说："游侠儿解决不了国家大事、万民疾苦，也解决不了边塞问题。只有好好读书，格物穷理，学以致用，才能报效社稷，护邦安民。"

没有读书天分的孟和听了，对父亲说："蠢儿觉得民富才能邦安，民富先要有兴业。我长大愿意经商，把祖父、母亲的生意经光大，成为一个富翁。"人各有志，也是人各有才，不一而拘。李正并不强迫长子要读书读到底，灌木乔木各有用处，不是人人都可做栋梁、顶梁柱。

"我长大要做一个诗人，像李白杜甫那样，"梦阳又对父兄说，"不仅背诵古人的诗句，还能同样写出，才算是好汉。"

李正听了愕然一惊，转而摸了一下梦阳的头，抬头望望天，领着儿子爬山。他自言自语一阵子又对梦阳说："得熬多少辈子才能成为一个诗人？诗可不是舞文弄墨，可不是写写唱唱就是诗人。"

在李正看来，文章是千古大业，诗是那大业中的大业，千古中的千古。那是一个梦不着的圣地灵峰，就像眼前这山峰插入云霄，诗人就是进入云端一览众山小才可诗曰子云的。

4

李正在心平气和保持着家风。他的英气是在有理有节中，不像他大哥王刚拔刀弄枪的，也不像他二哥王庆胸怀神策鬼术睥睨上下。

在阜平做县学训导，提学御史阎禹锡坐镇真定府，要求各县训导所教学生全部到真定府集合，他要亲自考察学业。每一个学生都要过堂面谕提问，每一位训导都严加考核。禹锡御史是著名学者，洛阳人，九岁丧父，十九岁中河南解元也是从训导做起，调任南京国子监教书，一直保持贫苦人的本色，有最清廉的名声。他还有孝名，所写的《守母坟》如杜鹃啼血，一时洛阳纸贵。

逐一考察，他对真定府的学生、教官大为不满，对各县负责教育的训导严加训斥，不是痛斥误人子弟就是质问学生滥竽充数。在虎威雷霆之下，刚当训导不久的李正不卑不亢上书陈述，以武王周公克殷故事述今。大意是阜平陋邑，人民山居草处，以鹿皮为衣，射猛兽而食。在文化落后的诸县着重点该是普及社学，推广教化，移风易俗非一日之功，十年树木百年树人。县学的应试教育不是唯一目的。

阎御史细读了他的上书。首先是李正的书法写得颇显功底，得到颜体的神髓还写出自己的风骨。再看看内容，文和字都如其人。阎提学就平和得多了，舒缓下来，不再责备、斥退学吏并对李正刮目相看，召见时以礼相待。二人上下级的关系格外友善。

天顺七年（1463）朝廷会试，考场发生大火，阎御史曾上疏奏请追赠所有遇难的举子为进士。遭到礼部给事中驳斥，结果被锦衣卫缉拿入狱讯治。所以他对敢言上书者是惺惺相惜的。

李正守母坟三年丁忧期满，因为在阜宁成绩斐然，有阎禹锡的推介、评价、提携，朝廷礼部那里也有贵人美言，就被候补上去擢升为封丘国温和王府教授。

温和王府在开封汴梁，这一代温和王名叫朱子埑，是朱有煴的儿子世袭王位。朱有煴是大明周定王朱橚的第十一子。朱橚又是朱元璋的嫡五子，马皇娘所生。朱橚是太子朱标的亲弟，在燕王朱棣篡位以后，极力拉拢他，一直宣扬与他一母同胞。绑上这个货真价实的马皇后嫡子，这样也就无人怀疑他朱棣是庶出的了。甚至民间一直传言朱棣是张士诚之子，朱元璋俘获张妻纳入后宫，当时已有身孕。

不管是南京政府还是燕京政府，封在开封的周王都是大明的嫡系。整个时代，周王世系都枝繁叶茂毫发无损，一直迅猛地繁衍着。直到把整个开封城都盘根错节了去，遍城是王府。一代代周王及周王子都划分出去建郡王府，有明一代仅开封就有七十六国七十六个王府，全是周王朱橚一个人的子孙。“天下藩封数汴中”，藩王之数超过南北二京。整个河南税赋都交给这些王府享用还不够，得赊账欠着。按制亲王没有世袭亲王之位的其他儿子封为郡王，以此下去四代之后就几乎等同于平民了。开封作为王府之城，一片树叶掉下来可能就打着三个王孙后裔。

开封在明初一度被封为北京，也是京师的规模。这个封丘国温和王府一四二七年就封国建府了，朱子埑是王二代，辈分较高，在位时间又长，在整个一盘王的棋子中，实力还算不俗。一根枝叶伸出来的，一手丫没分开，窝窝块块一荣俱荣，一损俱损。

周王系是平和的，自第一代就著书立说有贤王之称，这个温和王那就更温和了。朱橚避免介入政治，他主持编纂民生疾苦方面的书籍。其中《救荒本草》流布天下，传到海外，后来在此基础上还启蒙了李时珍《本草纲目》的问世。

温和王对比自己年长几岁、一看就知是忠厚之士的李正教授，体贴入微，简直是礼贤下士了，言必称先生。很快李正与温和王就融合得如同家人。在第一次严寒来袭时，封丘王将自己一身华贵的皮草脱下赠送给瑟瑟发抖的李正。

温和王府虽不及周王府气派，那也是天上人间。殿堂楼宇，鳞次栉比，真山假岛、飞桥莲池、奇花异草、亭榭飞阁，好一个园林造设的王家气派。

李家从扶沟县戍边，转了一个大圈子又回到祖地。扶沟县隶属开封府，在汴梁城以南。那里有李家也有王家的后裔、乡亲。"复李还祖"，李正不仅恢复祖姓，也回到祖宗故地工作，并且从事王事，也算上是小小衣锦还乡了。

温和王的封国是封丘，不过是国号，王府并不在封丘县。封丘在黄河未切割以前，是和开封大梁连在一起的，都是在黄河南岸。他能有这个近水楼台的封国其实是名义上的，并不能管理封丘的事务。

开封在南北二京之间，是三点一线的大都会。这里对李正父子来说舞台一下子拉大到王国的级别了。温和郡王雅重这位先生，待以师礼，对他两个儿子的入学也是照顾有加。李梦阳兄弟那真是陪王子、王孙读书了。

天资聪颖，天生的诗歌种子，加上极有教育经验的父亲倾注心血的哺育，李梦阳告别启蒙教育，十一岁开始在开封专业拜师学习毛诗。

一部诗经苦学了两代人，锲而不舍。

中州谁是诗学大家呢？当然是祥符人李源。李正接到授命便和梦阳、孟和先行，在王府站住脚跟，又举家迁往开封府。怎样让梦阳拜李源为师呢？作为名师，退则著书立说在家讲学，进则入仕济民安邦。李源作为汴中艺林之冠，乡试第一名的解元，守正不阿之士，哪能轻易收人做门生呢？况且李正微寒，是初来乍到的北地侉子，没有厚礼、高昂学费相送。

但十一岁的梦阳已是翩翩少年，炯炯有神，过目成诵，谈吐不凡，甚得温和王的喜爱。温和王愿意亲笔修书给李源，李正挟王书带着儿子，到祥符登门拜求。祥符县是开封府和河南布政司的所在地，李源的宅第在城南一片茂盛的竹林下。

李解元算是以礼相待，见是王府教授又是五百年前是一家的同姓，得知梦阳想学诗，便问："为何学诗，学八股制艺不是更好吗？"

梦阳一脸稚气地回答："不学诗无以言，诗不仅载道，更显性情、气节，直接关乎神。"

李源听了微微含笑又问："童幼读唐诗、宋诗、诗经，喜欢哪个？"

梦阳不假思索说："最喜诵唐诗，气象万千。诗经有国而无姓氏，不管是民还是贵族都是集体创作，而唐诗出了李白、杜甫。"

"诗经不如唐诗，汝何要学诗经呢，我这里并不开讲唐诗。"李源声调提高了些，好似严厉起来。

李正听到这里吃了一惊，暗想这小儿不知天高地厚，可能这一趟劳而无功。但见小儿仍不慌不忙从容答道："诗经虽不如唐诗枝繁干云，但诗经在先是典是根，衣被后世，流传诗乐之邦的传统。学诗还是从源头开始，从圣贤编纂的经典入门。拜先生为师，正是想学圣人之道。"

"那么宋诗呢？"李源见此童子见识远远超过他的年龄，又追问。

"宋诗，不如宋词，我只喜欢读陆游的诗。"

李源说那你背诵你喜欢的两句陆诗。

梦阳脱口而出："气节陵夷谁独立，文章衰坏正横流。"

李源频频点头，收下这个得意小门生。

李梦阳自此师从名士李源专攻毛诗。这是诗歌的专业课，梦阳也就是十岁上下，成为一代诗学专家的入室弟子。李源以诗学和气节名重当时，有古士之风，后来与他的这位授业小弟子李梦阳同为刘瑾的对头钉。凑巧的是教授李正学诗的韩公也金榜题名，进入朝纲与阉党势不两立。同气相求，同声相应，诗歌的气质可见一斑了。

跟随诗家学诗，李梦阳由此踏上诗歌之路。诗经提升他诗人气质，也明了毛诗大序所阐述的诗发乎情、诗言志理论。

李梦阳幼学启蒙就跟随父亲李正习诵诗经，学诗之教是李氏家教。在李唐一代，李氏诗人之多之精，无疑给李正无限的浮想联翩。传递诗歌的梦想，延续诗乐之邦的传统，能够进入诗人的行列。让儿子完成自己完成不了的梦想，走完自己走不了的道路，一个家庭里父子相传着诗的薪火。梦阳想着父亲学诗时的大雪封门，寒衣破履爬山过河去韩门学诗的情景，枭狼声声叫，回到家雪庐不冒烟，啃诗吃书为乐的情景就更加勤奋了。

父亲苦学诗而远不是一位诗人，把火炬让儿子接着奔跑求索。三个儿子唯有这梦阳天生与诗相通，李正把他送给天下最擅长毛诗的李源做学生，算是最有眼光的知子莫若父了。

这是心有灵通的事业，人梦到诗歌，诗歌也在寻找它在这个时代的传人。

远古有古诗三千首流传，传说被孔子取可施于礼义三百零五篇，整理出了《诗经》。而《左传》中记载孔子不到十一岁时就有了定型的《诗经》，公元前五四四年鲁乐工为吴公子季札所奏的风诗次序与今本《诗经》基本相同。《论语·子罕》孔子曾说："吾自卫返鲁，然后乐正，雅、颂各得其所。"又有说孔子只是为诗经正乐，强调诗乐不可分，参与整理、编校。诗的编纂历来是国家工程。

孔门中子夏与诗有缘，由他传诗。到了秦朝发生文化浩劫，诗被焚毁。到了西汉，《诗经》版本有鲁诗、韩诗、齐诗，史称今文三家。但荀子将诗传给毛亨，毛亨私藏《诗经》潜藏荒野，又传给毛苌。毛诗版本不仅对《诗经》有注释，还有大序、小序，传继儒门正宗，忠实于古义。毛诗籍籍无名，后被郑玄发现它不同凡响，作笺注渐渐将其他三家都亡佚。毛诗成为《诗经》的绝学流传至今的唯一正版。

后人对毛诗垄断地位也是一直纷争不断。李梦阳自十一岁学毛诗，"十五涉猎典籍，日诵二千言，微旨奥义，多所自解"（《诗类》）。

他学诗一直灵感不断，往往不符大义，触类旁通，信马由缰，常常妙口生花。李源并不责怪，正所谓诗无达诂，功夫在诗外。

诗名在开封鹊起。王府教育，在那时还没有形成宗学的严格制度。李正作为温和王赏识的教授，李梦阳作为难得的少年翘楚才俊，获得陪王子王孙读书的资格。

学习之余，与王孙公子参加王府雅客名士的聚会，这位少年往往微言大义语惊四座。少年郎意气风发，能拔剑赋诗，舞歌到兴处大酺有少年周瑜的气概。内里的锦绣只怕人不知，诗赋也写得花团锦簇，文名在开封艺林儒士的圈子不胫而走，时人称李才子。

至李梦阳十八岁，河南乡试举行。

按例，李梦阳来自陕西庆阳府，当在陕西参加乡试。但朝廷对分往各地的教官有优待政策，也算是尊师重教的便利措施——教官之子，可以在任教的地区参加科举考试。这样就有了两地选其一的选择性。并且李正祖籍扶沟，爷爷只是戍卫分遣外地，按祖居地为籍贯的传统说法，报河南籍贯参考也顺理成章。

李正给儿子选择在河南参加乡试，这里有李源和温和王的双重影响力，开封的环境比人生地不熟的西安看似要好些。李梦阳已在河南取得儒士生员资格，而在陕西还籍籍无名。

帝国的考试是最严明的纪律，这是千年雷打不动的汉家传统。科考是政治的命脉，也是做官唯一通道。每三年一次科举，各地学生会聚所属省份，八月举行，谓之乡试。考中者称举人，第二年二月各省举人再赶赴京师，参加礼部的会试，考中者称进士。最后一次再由皇帝亲自主考，称殿试，决定进士的名额，产生的状元郎就是天子门生。

任何作弊包括莫须有一经检举都会严查。洪武三十年（1397）会试因为录取的全部是南方人，怀疑主考官舞弊而抄家、废黜、斩首数名朝廷大员，朱元璋亲自定名额，并区分南北，分榜考试。北方尚武，南方尚文，特别经过元蒙蒙昧的统治，北方几为残破化外之区。为了地域间的平衡，论地域制定名额，包括举人考试也都圈定各省的名额。河南和陕西同属于北榜，在乡试中录取举人数相同。但河南的竞争程度明显要比陕西激烈。李梦阳十八岁初生牛犊不畏虎，弘治二年（1489）河南举行乡试，他应试了。心高气傲的李梦阳满以为能一鸣惊人，不料名落孙山。一棒子下来打落骄气、虚华。

而在江南，杨一清十四岁乡试第一、十八岁金榜题名中进士，甘罗八岁就挂上丞相印。看样子李梦阳想步这些少年天才的后尘不大容易。

科举不仅仅是才华、文章试卷的角逐，直关自己的命运。当然由于严密的程序，主考官道德学识及以身家性命担保，考试基本上是公平、公正的。

第一次进场名落孙山，好像乌云一下子把梦阳遮落在西山。但孙山不是西山，孩子是否会重走父亲屡试不第的宿命呢？

李正虽在内心有些疙瘩，但知道梦阳的才气、所学远远超出自己当年的水平，又想起他梦日而生的事来，又宽慰起来，似乎眼前浮现一轮红日。

梦阳觉得自己站在父亲的肩膀上，像日上城头，王府的脊背，手可一举摘到星辰了。但开榜没有他的姓名。什么四溢才情、怀抱的诗情剑气，都在八股文面前一扫落马。

毕竟十八岁就想登科，除了江南杨一清这样神童天才，在大明是寥若晨星。他没有垂头丧气，相反，有了第一次科场经验，觉得这个读书人的大关口并没有什么厉害之处。

名落孙山之日，他看见父亲坐在王府杏树下的石凳前陷入沉思，就走了上前。

"现在不是大唐长安，考的不是诗才，而是经义、八股策试。若要光宗耀祖也该心无旁骛专心学习了。"从学校进入低级仕途而一直没有在科场上金榜题名的李正，双眼充满希冀又流露着为父的慈光，看着儿子说，"孟和包括你堂兄叔弟都不是读书的料，李家的希望就在你身上了。"

梦阳知道父亲多年赶考科场不中，自己要为父亲争一口气。

杏花、杏子业已落，只等来年。举子的这棵杏，是三年一熟，要等下一个三年夫子庙再开科场。

在李梦阳师从李源学毛诗时，李正全家已迁入开封。比梦阳大十一岁的哥哥孟和，已经成家立业了。梦阳的大姐李香也出嫁了，嫁给祖地扶沟大岗的曹经。后来生子曹嘉，中了进士官拜御史。可见曹家也是当地的大家庭。

孟和甘以庶人自居，一心习商贾业，"习猗顿、陶公之术，遂以财雄第宅"。孟和不学儒业,而操商道。李家太穷了,虽然获得地位上的翻身,但依然是穷酸。在孟和眼里,只有经商才能发家,才能摆脱困厄。李正六个孩子,三儿三女,光靠一点微薄俸禄,只能凑合喝点西北风度日。孟和并不愚钝,而是君子有取舍。他也找到最适合自己的从商之道。他并非不是读书人,后来他的二子李木,就是文翰茂美的举人。

庆阳边地,盗警烽火不熄。李正任职开封府,举家搬回祖地也是深思熟虑的。李正的妻子、女儿都搬到开封,一家人算是团圆了。

孟和继承着爷爷和母亲的经商基因,利用曾经伴读王子王孙的王府关系,扶沟祖地的旧情乡谊,编织了自己的经商网络。他能把北地的山货甚至是关外的胡物运到河南,发现一个个商机,承揽密如罗网的王府的商务,孟和摸得很多门道,渐渐如鱼得水,李家在开封也就扎下根来。

第二章

回身忽在星辰上

衣冠四海追游地，霜露中原感慨年。

回身忽在星辰上，醉眼真疑到九天。

——李梦阳《晚秋明远楼宴集》

1

人生就像河流，越是曲折跌宕越能流得长远，开阔。一如黄河九道弯，每道弯里都有故事，传说。

李梦阳科场初试失蹄，更加砥砺，潜心读书，渐趋丰熟，所作八股迥出诸生之上。这一年河南中举的举子也在传抄梦阳的文章。

春节过后，一元复始，万物更生，草木葳蕤，风和日丽。梦阳与友人结伴去吹台梁园踏春怀古。

出了开封城，往东南约三里许，就到了旧墟。先至繁台，繁台上有繁塔，始建于北宋。每逢春天，繁台之上桃李与百花争春，绿树与殿宇峥嵘，人们春游赏花，烧香拜佛，饮酒赋诗，所谓"繁塔春色"为开封八景之一。繁塔本来九层，是等边六角形宝塔，塔内设计机关巧妙，保藏历代文人书法、题记。塔顶映日衬霞，流光溢彩，雁来高飞也只飞抵繁塔腰。但明初到处铲除天下王气，繁塔也被削去六层，成为废墟。

众民烧香去繁台，雅士思幽赋诗去吹台。

从繁塔向东就望见不远处一个高大的出台。晋国瞽乐师师旷在此台吹奏乐器，因此得名吹台。鼓琴时玉羊白鹤，翱翔坠投如雪飞舞。演奏黄帝大合鬼神之乐，一奏白云起；再奏风至雨随，正是大风起兮云飞扬的景象。魏国建都于此，在此建造梁园，复修吹台做音乐之所。到了西汉大梁梁孝王刘武以此为封都。梁园一去向东三百里直至睢阳，成为诗乐的天下，司马相如、枚乘之流为宾客。

梦阳一行信步走向吹台，在这周围废墟处就是李白、杜甫、高适游梁园、赋诗千金买壁的所在。

可惜荒芜像大坟的吹台上刚刚建起了碧霞元君祠，以求泰山山神能镇住河患。而黄河依旧咆哮逐步南下，逼近开封。梦阳一行议论着，一人笑着说如果泰山山神保不了河堤，说不定就要改建为禹王庙了。另一位则煞有介事地说，诗乐通神明，开道扬波避险，听说布政司准备建李白杜甫高适的三贤祠了。

李梦阳也笑着随口仿照李白的诗吟了一句"我浮黄河东海流"，一行口无遮拦，边行边笑谈。

梁园不见踪影，野芜，低檐，杏花村醪的酒家倒飘着阵阵的醇香。这里不再是诗歌乐赋的乐园，早已散成低矮的民居，枯树昏鸦。但大诗人留下的诗篇则比任何园林建筑都要长久，熠熠生辉。

让贵妃研墨、力士脱靴的李白退出长安，东游途中慧眼识杜甫，同游大梁又遇到边塞诗人高适。李白携两位怀才不遇的才子同登吹台，此时远处响起悠扬琴声，如师旷之音回旋。三人在琴声中饮酒赋诗，土里明珠的杜甫吟哦"气酣登吹台，怀古视平芜"的诗句，京漂、北漂都失意、漫游无归的高适此时口占《古大梁行》，李白乘醉意则对准近处寺庙的白墙，笔如走龙泼墨凤舞写下《梁园吟》。写罢如风雨骤停，远处琴声也顿然弦断戛然而止。

三位游龙伏虎又高声吟诵李白还飘着墨香一气呵成的诗句，饮尽杯中酒，大笑而去。

不料弹琴之人是一位大家闺秀宗煜，琴断遇知音，待人稀黄昏，与丫环挑灯来探遗音。正见寺庙僧人埋怨哪一行人涂鸦弄脏白墙，正要刷去墨迹。

宗煜看罢题诗花容失色，对僧人说这是大诗人的生花妙笔，愿意以千金买壁，保护这面诗墙，不要抹擦。僧人见是宗家施主又舍赠千金便精心将诗壁保护起来，供游人观赏。

宗煜的祖父宗楚客是武皇的亲外甥，也是诗人，官至宰相后被清洗，宗家搬到大梁。宗煜早就倾心李白之诗，亲眼见题顿生爱慕之意，后来嫁给了李白，被李白称为蔡文姬，大诗人由此客居大梁十载。

温和王子熟稔这个典故，睹物思情不觉吟诵了四句《梁园吟》："梁王宫阙今安在？枚马先归不相待。舞影歌声散绿池，空余汴水东流海。"吟罢，他说高适随后科举得中也居大梁十一载，官拜封丘尉。按说也是我们封丘国的官员。这时同游的人都笑了起来，温和王子又笑着说："那么，今天我们也请擅长诗赋的李梦阳赋诗泼墨一首吧。"

随从拿过笔墨，梦阳不假思索仿梁父吟写了起来：

> 我乘朔风游汴洧，扬帆飞入古吹台。宋梁复生唐人梦，雁塔为何朱雀来？曲水流花停客前，梁园雁行一字排。却忆白云青莲吟，云谲吉羽印青苔。废苑迢迢入草莱，百年怀古一登台。天留李杜诗篇在，地历金元战阵来。流水浸城隋柳尽，行宫为寺汴花开。白头吟望黄鹂暮，瓠子歌残无限哀……

待梦阳写罢，周围游春的三五做伴、七八成群的士子都围了过来，观赏。

内有一位名流禁不住赞出声来，连称有太白遗风。温和王子循声望去，见是恭敬王的孙婿左梦麟，便客气招呼，介绍与梦阳认识。

梦阳见礼，左梦麟也是一身风雅，素喜吟咏唱和，见梦阳一表人才，爱才之心溢于言表。他呵呵笑道："你梦见的是太阳，我梦见的是麒麟，梦到一起啦。"

镇平国恭定王朱有炉是温和王的伯父，他的孙婿自然也是温和王的侄婿。两家也是常走动，待踏春回来，左梦麟又去温和王府对梦阳的诗文高看不已。

一来二去，正好梦麟有一花容月貌的女儿十六岁，知书达礼闺中待嫁，正在择婿之中。而梦阳十九岁也没说亲，温和王便有意说合两家定亲，将口风透给李正。李正觉得福从天降，但不免踟蹰起来，自思门不当户不对，左家不是金枝玉叶也算名门望族。儿子虽会舞文弄墨，但初试科场又遭挫败，前途未卜。

不过温和王看出他的忧虑还是鼓励他，让他先提亲再说，并让王府管家前去说婚。李正心想这也许是那小子的造化，说不定也有千金买壁的典故。想当年自己在阜平县教学，那大同府知事孟楫不是看中了孟和，将孟小姐许配给了自己那个不要功名要经商的长子？

王府老管家做媒到了左府果然马到成功，左梦麟爽快答应了。李家送上聘礼，左家回了聘书，结为秦晋之好。

在订婚的前夜，左夫人广武郡君，不禁在丈夫面前嘀咕，念叨着教授家微而贫。门不当户不对就不提了，但这一个穷字，女儿作为大小姐嫁过去会不会受苦受罪，实在是为娘纠心的事。

左梦麟又安慰了妻子，郎才女貌，男儿自古看重的是才华，而不是经济。观梦阳不是贫穷卑微之人，将来如能雁塔题名，杏园宴饮，一日紫毫粉壁题仙籍，又何愁不富贵呢。

广武郡君听了，拿过梦阳的诗章文笔又瞧瞧看看，为娘的悬心也就放下了。选择吉期，左小姐嫁入李门。次年左氏生了贵子，取名李枝，是年弘治辛亥四年（1491）。

再一年又到乡试考举人的壬子年头。李梦阳却带着妻儿告别了开封，踏上回乡之路。

2

李正厚德宽雅从不树敌,在哪里都结好人缘,在府学拔贡时也能主动将机会谦让给同学。他与故乡庆阳府的关系相当融洽。

李梦阳娶妻生子,也当带着一直思乡的母亲和妻儿回乡省亲。回转庆阳的另一直接原因,是李正希望他能换个科场,去掉在河南乡试落榜的阴影,在出生籍贯地陕西参加乡试。但需要取得庆阳府生员的资格才能入场。增广生员有同样的资格,并且可以只挂名在学校而不去上课。各地学校制度渐渐宽松,明初的清规戒律早就起了变化。包括国子监越来越不受重视,举国角逐的是进士及第。那才是帝国的大典。

李梦阳回乡就是为录取了庆阳府的增广生员而来,他轻松地被府学录取。这样他就可以顺利地参加来年的陕西乡试。

此时正逢陕西提学杨一清冒着边疆烽烟到庆阳督学。杨提学祖籍云南,因父葬在镇江府丹徒,举家定居丹徒。七岁能赋诗为文,是选入文华、武英殿说书的翰林小秀才。宪宗帝听书后龙颜大悦命内阁择师教授他学业,十四岁中解元,一四七二年进士及第,年长梦阳十八岁。

天下自负的少年才子都将他视为偶像。弘治四年(1491),他提学陕西,选拔陕中各地俊秀,重建正学书院,弘扬道德与文艺。他亲为督政授业,名师出高徒,一时蜚声士林。这让在河南乡试受挫的李梦阳父子神往不已,下定决心弃豫奔陕,来投奔杨一清。没想到刚到庆阳,就遇上了一身尘土飞扬的杨提学。

李梦阳投书拜见,只见先生眉清目秀一尘不染的样子,仿佛是不老的神童红颜,貌若妇人,一身内秀灵敏溢于言表。

李梦阳的紧张、局促荡然无存,如若同龄学友,问答间神采飞扬,并献上自己的诗赋手抄本。杨一清一目十行阅罢,合上诗集问道:"长安原是唐诗汉赋的中心,汝能说出是文学成就汉唐,还是汉唐成就诗赋?"

梦阳垂手回答："盛世有气象，诗赋是盛气的成象。两者互为运动，表里。"

复问："赋的成就远不如诗，能说汉不如唐乎？"

"这个……这个……"梦阳一时噎住，语塞。

"《诗经》发于东周，能说东周之盛耶？"一清不紧不慢地继续提问。

"这个……"梦阳思考了一会儿说，"诸国各有学术，但精神的中心是存在，文化的神器未散，呈现一根多枝的繁荣。"

"嗯，盛气不一定来自盛世，乱世也非气衰。兵家讲哀家必胜，诗家也有屈原《离骚》。诗歌气象万千，可兴可怨可情可志可群可己。杜诗不是来自哀气耶？"

"小子实想拜先生为师，终生学业悟道。"梦阳周身冒汗，湿漉漉。一清闻听连说，你当以文章显名天下，人才难得。

梦阳当即以师礼匍匐在地。

一清扶起说道："所谓盛即衰，盛衰一念间。在于唐玄宗一念间。若李白拜将也难胜安禄山，杜甫更难匡扶天下。而在于各怀使命。世道艰难，需济世负重之才。诗赋不是舞文弄墨，而在上下求索。现今不似汉唐，至于需要什么样的制艺，我也未知。任重道远，我讲究道德第一，先求道后文艺。道在何方？"

梦阳若有所悟回答："老师的意思是道不仅在书本、儒林中，更在现世，在生活中。明万事万物之德，固我之德守我天之性情。"

一清领首，梦阳自此被杨一清揽入正学书院，成为杨一清器重的弟子。杨一清和李东阳是当时诗坛并称的两大翘楚。他一直奖掖李梦阳的诗歌，后来还专为梦阳诗歌写了一首诗："细读诗文三百首，寂寥清庙有遗音。斯文衣钵终归子，前辈风流直到今。剑气横秋霜月冷，珠光浮海夜涛深。聪明我已非前日，此志因君未陆沉。"

杨一清正是出将入相、文德武功、千年一遇式的人物，他每到一地都有开创性举动。以正学书院为衣钵，他网罗到关中的可造之才迅速地点石成金。院中学生能连连夺魁长安及天下，后来状元及第的康海就是在李梦阳之后入学，与梦阳师出同门，算作学弟。

李梦阳对老师的感激、钦佩之情特作《邃庵词》赋，献给提学老师。邃庵是杨一清的号，别号石淙。这篇赋在西安学界传抄，才华易见。

在他的门下，李梦阳的才华得到正常发挥，走上诗歌快车道，他诗人的天性、潜力及人性得到张扬。

边塞寒士，正迅速地复活边塞军旅型的诗人，充满着自信，傲骨铮铮，敲骨带铜声。

梦阳在西安学业日长，到了会试将要举行前，他本人都有"解元非梦阳不取"的胸有成竹。八月秋闱将至，茶陵诗派的领袖李东阳写信给杨一清，信中问："今年解元将是华州的张潜吧？"李东阳是和杨一清一样十八岁即中进士，曾主考北京乡试。杨一清更了解长安的实情，立即回复："若无李、张二生，潜不后矣。"这个李指梦阳，张指张凤翔，意思是如果没有他俩，张潜不会落后于其他人。

之所以敢如此预言，是因为大明朝的科举在名士、学家、士大夫的把持下，朝廷雷霆的体制监督下相当公允。考试就像走"电脑"程序，将考生资料一输入进去，分数就出来了。

科举的公平、正义对中国中后期的历史有着深刻的文化、民族心灵影响，科举的进步性无疑是那个时代人类最好的制度之一。明朝紧紧地抓住了文化也就是只有通过科考、举国大考才能当官的传统制度不放，这是明政权能够延续二百多年的实质。

但你纵才高八斗，若进不了科场也是枉然。

李梦阳就差一点被关在秋闱场外。

八月初九开考，三天考一场，共考三场九天。不仅经义八股还有论判、史时务策。考场在贡院里，考生的席舍称号房，每一号房有一号军把守。监考严阵以待，考生入贡院即将院门封闭，直到考毕。

在考前，李梦阳是以庆阳府增广生员的资格进场的，他要先办妥这些手续，而此时庆阳处在蒙古南侵的前沿，情状危险。梦阳不顾一切驰向庆阳，再带母亲、妻儿奔向长安，无论怎样急如烈火，快马加鞭驰入长安城已是黄昏暮霭了。及赶至贡院，正在按时封门落锁，考场即将禁闭了。

梦阳敲击刚刚关上的院门，守门不许入内，急得他在马上打转。难道自己将是场外的举人吗，情急之下高呼开门。监管者闻听喧哗查看究竟，得知是北地庆阳府考生，未能及时入场，便温言劝慰："时辰已过，依规不得入内。明日入场加补登记。"

这一夜将无眠，不知归宿。天明再入院，补办各种手续，必然延误了。

梦阳大声疾呼："场无解元，何为闭也！"见监考使者诧异，他又牵缰持鞭高呼："梦阳不入试，是科无解首！"

使者听他是李梦阳，也知是杨一清的高徒，又见他如此轩昂自负，便命令打开贡门，放他入内。

此时李正在开封也是坐卧不宁，比儿子还紧张。一夜难眠，好不容易迷迷糊糊睡去，又梦见儿子被高车碾于轮下，血把车轮染红，路上留下两道红辙。李正从梦中惊醒，披衣坐起，这时天也发亮了。红日也渐渐露头，他将梦说给王府中一个常与他谈天说地的长老。老者哈哈大笑贺喜道："你儿子中解元了啊！"

待三场科罢，榜发之日李梦阳果然拔得头筹，得中解元。喜报传至开封温和王府，李正这才心安。

朝中李东阳也得知榜单，又修书一封给杨一清，叹服他果有先见之明。这个李梦阳也就引起了李东阳的兴趣。

李东阳作为礼部侍郎，有望在来年二月朝廷的春试中担任主考官。他这是提前了解这一届各地乡试的情况。

对于春风得意的中举者来说，更重要的考验在来年的会试中，那才是状元及第，一人得道鸡犬升天。那是读书人最后一关，闯过去就是庙堂的栋梁，担当着国家兴亡。

这个二十一岁的解元，在杨一清的指导下，向一四九三年二月的京师发起总攻。

正月梦阳就从陕西进京赶考，入住近郊一个清雅的寺院。这里已会集各地的举子，禅院塔林，古树参天，虽北京春寒料峭，但每一位举人的心中都热气腾腾，特别是像梦阳这样少年得志就更加气盛。与他邻居厢房的是一位江南举子，竟然与他同龄。此人与略呈傲气的梦阳相比，明显沉静。他身上隐约有一种铁骨，见到梦阳施礼问道："仁兄，是北地人？"

梦阳吃了一惊反问："在下正是，兄到过北地？"对方点头，微笑作答："曾随父去塞外，有心一日射得天狼，踏破贺兰山缺。"

这一下子引起梦阳的志趣，笑说："又如何把科场当战场了呢？"

"命也，有道士告诉我只能做圣贤。浙江一带还无敌影，虏蹄难觅。"他笑了起来，"不才天性信道悟佛，十一岁随父去京师路过金山顺口吟出：'山近月远觉月小，便道此山大于月。若人有眼大如天，还见山小月更阔。'"

梦阳一听，脱口而出："这首诗题名就叫《蔽月山房》，兄台莫非余姚王守仁吗？在下北地李梦阳，字献吉，早听邃庵先生提及过兄台的大名。"

对方听是杨一清的弟子陕西李解元，连称幸会。守仁好弈棋，在考前紧张的空气下，二人对弈一盘，梦阳输了，便言道："兄台当比在下及第也。"

"借献吉兄吉言，不瞒你说家父就是状元，曾摔了我的棋盘，将子掷落河中。那真是'兵卒坠河皆不救，将军溺水一齐休。马行千里随波去，象入三川逐浪游'。我只怕棋上得意而纸上失意啊。"王守仁不无担忧地说。

待金榜出来，守仁却名落孙山。主考李东阳笑着对他说："你这次不中，来科状元及第是等着你的，试作来科状元赋。"他当即悬笔泼墨，赋成惊动士群，但天才总是招人妒。

李梦阳如愿得中，李东阳成为新科进士李梦阳的座师。与梦阳同年同时中举的同学张凤翔也折戟沉沙，金榜无名。梦阳对这两位新老好友，嗟叹不已，机会只能在三年之后了。当然岁月蹉跎，也有可能一挫再挫终生无缘。像解元元源就在进士科面前止步了，只是举人。

考场一直就那么神秘莫测，读书人拜什么的都有，求神问卜，似乎这就是汹涌的大海。谁又能占上鳌头？恍若是奎宿的入宿口，能否摘星坐上星位，凡人又怎能有十分把握？

但寒微之身的李梦阳不是做梦而是真真切切地抓住了星座，一跃而上。天子赐宴，坐在他身旁的进士，两鬓斑白了。而他青春年少，前途似乎一片星光灿烂，光环叮当作响，让人神往，益发诗情勃发。红彤彤，他裹入红光之中。但夜里他做了一梦，眼看众人走向官场，而他却走向风雪呼啸的诗坛。

醒来时分，杏林宴开，同年中榜的文曲星们有缘来相会，皆有同学之幸。特别是按南北省域名额进取，乡党关系非同寻常，恍若奎宿的众星同宿同辉，让普天下追星。

主考官是所有该年进士的座师，这师生关系也是盘根错节。

独木不成林，儒林的众木自是本能地相近处，根盘木固；向天伸展的上方空间又枝叶相交，寻找志同道合的盟友。

进入到这个得天独厚的空间，你就不是孤身一人而是一个命运相关的群体了。特别是在儒家的教化下，具有谁也不能拔除的共性——传统。

进士集宴已罢，按制铨叙，李梦阳分配进了通政司，做观政，也就是进士做京官之前先实习。这个通政司属于明朝的改革创制，传统没有的，相当于皇帝与朝臣间的传达处、联络部，官衔虽不大，却是上通下达的要害部位。

李梦阳新来乍到一时还找不到几个志同道合的乡党，但座师李东阳的府上是诗歌的中心，聚集一些诗人。他还没来得及展现自己，就离开了这个核心。

3

人生有两大快事，一是洞房花烛夜，二是金榜题名时。还有一件读书人的好事，就是得遇名师投其门下。这三大喜都在李梦阳河南乡试失败之后，一连串发生了。

但李梦阳的人生之路，好像螺旋式升降回环往复，龙盘羊肠梯田式，呈现了福祸相依的矛盾命运，退后必有进，进后必有退；喜后必有悲，悲后必有喜；上升之后必有大降大祸的规律。

他第一次乡试名落孙山，结果喜从天降，娶上左府的千金。一切的幸运似乎都是从常人看来是很玄不可能的喜结良缘开始，鲤鱼跳龙门，连环跳入人生的一段佳境。

婚后他带着新婚妻子转回荒凉的北地庆阳，这是人生一大起伏、转折。

却遇到命中的贵人杨一清，他画龙点睛式教育，早已洞察科考的奥秘，是应试教育、最快速跃龙门的大师。他不仅是李梦阳科考及学术的开门者，更是他继李正、李源诗歌启蒙、基础教育之后的诗歌实践的导师。他步入仕途的一生也将和这位贵人恩师联系一起，密不可分。

所有人生迷雾，也许只隔一张纸，而高人轻轻一点就化了。凶星也能化作吉星，鲤鱼成龙。

喜气洋洋，李梦阳已身入中枢机关，虽是观政实习，但很快就会转正。此时正想报母恩还愿，让梦日而生他的母亲，看到自己真的是一轮红日将要照九州。

父亲在职身不由己，母亲是平民，正可以来京享享清福，见见世面。待梦阳刚刚在京城站住脚，稍微草创停当，当年夏天就修书让母亲来京相聚。当然是他夫人左氏陪着母亲一道而来。

儿子最大心理满足就是让受穷挨困一生的母亲能够看到自己的骨肉风光无二，确实前程似锦。这也是对母恩的最大报答。

这一年的夏天特别炎热，高氏从开封向北京启程。

有大运河，乘船就能抵达，梦阳想着旅程该是一帆风顺的。从庆阳到开封道路崎岖，母亲来往都没有事。但越顺当的路越会出现风波、凶险。

高氏在并无惊涛骇浪的船上突然染病了。好在身体素质较好，自觉能扛得住，也没停船就到了朝思暮想的北京城。梦阳思母心切，看到的却是强撑着病体的母亲。

在皇城根儿看到天天到天子家做客做事的儿子，生他前几天自己还养猪卖醋苦熬，梦到了日出但没梦到儿子中榜进京了。约摸弱冠年纪就在朝纲里办事，为民做主。这个年龄在农村、边城里有的娃还没出开身，而梦阳一下子就参与处理国家大事了。

巨大的暖流，幸福高过了这个热浪翻滚的夏天多少倍的温度，顿时就让在荒寒北地过了五十多年的高氏，经受了从精神到肉体的大起大落。

她的病体越发沉重，她病倒在儿子的官邸。当一轮红日真的升起来了，分娩他的人却正走向黑夜，直到在人世消失。

高氏一病不起，无论梦阳和左氏怎样尽孝，找遍京师的良医，却也无药可医。人之将死，她抓住儿子的手望儿报效皇上，不负国家，光耀门庭，为娘也就含笑九泉了。临终，她最大希望是能灵回家乡，安葬在十里坪。

高氏说罢溘然而逝，脸上带着微笑，时年五十四岁。她是纯正的庆阳府人氏。

悲秋已至，梦阳还刚刚开始上任，丁忧的礼制就降临了。通政司迅速地交接，他扶母亲的灵柩不是直接赶往庆阳，而是暂时绕道回大梁，等待着李正和孟和的决定。

喜极生悲，李正没想到妻子去看望高中的儿子，回来竟是一具棺材。

这一路从京城一直泪洒到大梁，打湿了黑漆漆的棺材，宛如泪中行舟。灵柩停放在开封北郊一个寺院中，由于天气依然炎热，浅埋入土。梦阳在寺中守灵，哭祭生母。心里不停地内疚，愧对父兄姐弟，若不是自己急着带有炫耀性地接母去京城，哪里会有眼前的这个灵柩呢。母恩未报，却一去染黄泉。这是世上唯一的唯一，永远不能弥补的。母亲的灵在他的内心一天天地痛，并没有随着时间的流逝而减轻。

一家人抱着棺材痛哭，大姐李香更是哭得死去活来。哭诉着母亲命苦，受了那么苦，眼前好日子来了，却撒手人寰。李正听了，想着与自己患难一生的糟糠之妻的种种好来，更是心恸不已。

在明朝中期虽有丁忧制度，但官员守孝的一整套繁文缛节已经淡化了。李梦阳在母丧的第二年，便在开封开馆授徒，前来切磋学术的学者也络绎不绝。在离开庙堂的岁月，读书人更当在民间实践，著书立说，培养新生代。这样不仅解决自己的生活问题，也扩大自己的影响力，了解社会和民生。他虽是北京工作，但只是实习生，还没有正式开始仕途，所以也没有多少薪水、积蓄。

父母之丧，一共六年，孤儿除外，对每一个官员来说是必经的坎儿，是必须的引退。守着坟墓，也就是置于"死地"。不管你是贤还是愚，是贪还是廉，是宰相还是县令都必须退守，从昏天黑地的名利场、炙手可热的官场离职，回到人子和读书人的原有身份上来。

在高氏过世的第三个年头，李梦阳守丧的期限将满。他起棺，扶送高氏的灵柩迁回庆阳，下葬在府城南十里坪。

这是临终的母命遗愿，李正也赞同并向温和王告假，带着儿女们一同回到庆阳。

逢山过山，逢水过水，从三月起程，到七月安葬，李正竟然在妻子下葬仅一月余也随妻而去，与高氏合葬在一处。时弘治八年（1495）七月。

真是祸不单行，父母连丧。李正，奔回祖地河南转了一圈又永远地留在了出生地。在十里坪，他并不孤单，后来他的老师韩鼎也葬在这里，可以永远与他讨论诗艺了。这里是梦阳母亲的居家高家坪，可能有人认为这是风水宝地，接连有大家的坟地选择在这里。

墓志铭由老师杨一清撰写。后来他又恳请座师李东阳作墓表，李阁老欣然答应载其功德，为其父盖棺论定。

温和王闻听李正教授的噩耗，一去不复返，当即就泪流不止。王府再也没有那样一个温厚、和蔼的老师，像一棵饮酒谈酒的老杏树，四季散发着芳味与和气，突然消失了。好人一旦失去就常使人怀念，如活在心中。

李梦阳在父母坟旁结庐而居。只见坟茔点点，秋风肃杀。仿佛日落在西山，黑夜与寒冷逼近。鬼火像提灯在走，梦阳心想正可借光夜读也。人生与鬼魂相伴，鬼并不可怕。因为鬼是人在脱离肉体之后的灵魂状态，还因它们与自己有血缘关系，因为它们在世时的善良，而日益怀念。父母再也不需要自己尽孝了，只有社稷民生需要自己尽力。一腔忠魂、热血都往庙堂里洒。

在坟地守灵独处的日子，一直延续到年底。他在一首诗中写道："坟陇既芜没，宁复识田庐。邻巷鲜故人，族属着丘墟。"据说地上每一个人对应着天上的每一颗星星，人死星灭。寒夜的坟地，寒星直射着梦阳。北地的星野，有一颗亮星闪烁着，那是不是他的命星呢？会不会倏然流逝呢？一颗流星从天边滑过，不知消失在何方。星垂水流，山咽鸟啼，狼嚎鸡鸣。

庆阳不仅坟地荒寒，而且府城之内也似丘墟。边地盗警四起，起义或叛乱者高举烽火，破城越货，民众纷纷避开民贼与酋虏集中攻击的府城，四处求生。

这是盛世之乱，在边地庆阳就会有切肤之痛。在皇帝都做过俘虏的朝代，在边地皇权包括儒家那一套并没有想象中的天威雷霆。官逼民反，官救济不当民也可能反，也可能妻离子散。边地，只有强者才能生存下来，书生如果不走上仕途，有了保家卫国的权力，就是百无一用。

庆阳的近邻平凉，曾发生大战役。蒙古归附的一个世袭的千户满俊与汉族豪强勾结，相当于自治。他又勾结北元，收降纳叛招侠结匪。巡抚陈介前去搜索逃犯，满俊便以石城为根据地，聚众数万起事，自称招贤王。放牛羊数千头为诱饵，击败陕西总兵任寿、陈介的讨伐大军，震动关中。都御史项忠督师五万再来围剿，总兵刘玉战伤被围，将领毛忠、伏羌伯又中矢而亡。所幸项忠生擒了乘夜来劫营的贼目杨虎狸，用杨虎狸诱出满俊，活捉了这个贼王。石城又立火敬为王，没想到官兵从后山攻入，焚平石堡城，搜捕山谷，捉拿数千人。满俊被押送北京凌迟示众。

但游击的盗匪并没有彻底绝息，内外勾连，大小三百余战。小王子自称北元可汗，继而持续南侵。自李梦阳迁母葬回庆阳的弘治八年（1495），北元各部铁骑入套奔袭贺兰山。

庆阳府已不能人居，李梦阳在弘治十年（1497）避居华池县。

4

华池在府城东北方，范仲淹曾在此居住，建有范忠祠。战国秦长城横亘北端，秦直道纵贯东部，范仲淹修筑的大顺城等古城寨堡遍布南北，雕刻精细，金代双石造像塔就坐落在这里。陇东如同塞上江南，在气候温暖、降水充沛的远古，也传说有黄帝部族的踪迹。

梦阳来到华池县，却染上一场大病，鼻口蹿血不止，几乎近于死地。幸得时医草方，慢慢调养以至康复。儒家不愿意言生死，一句"未知生，焉知死"把生死大问题搁置了，但梦阳接连与死亡擦身而过，经历生死拷问的人，人生的视野、生命认知就大不相同了。待身体复元之后，便开馆授徒，来者不拒，有教无类，一时学生盈门。在他的眼里，庆阳每一个前来求知求学的学生都是值得珍视的。当年若不是韩公施教于父亲，又哪来自己的家学？

他选择在一棵大杏树下，对着外族铁马冰河，纷飞的烽火狼烟，先从毛诗讲起，讲习五经四书。各地逃难的学生，聚在少年得志的大进士的门下，希望有朝一日得志，进身，出则为将入则为相，他们更关切怎样利用国家的力量来解救百姓于水火。

他还并没有形成自己的学说，也无学术之名，只有科举的经验。他的特长、精华都集中在文章上，诗赋的天分上。想写好文章，特别是八股文制艺，李梦阳应该是陕西最好的老师之一了。

诗人讲一个情字，守坟居丧也讲守情，守住人的最基本的人伦之情。在这期间被朝廷特殊征召，仍然在职，就叫夺情。

诗人就是真性情保有者，能守在河流源头最清澈活水处的人。就像一只鹰，蹲在链条的顶端。即使是经典也不过是人整理，是人写的。诗人轻易地就与它们心有灵犀一点通，往往能创造性发挥，随意阐释。因此梦阳的讲课非常精彩，闻声到访的学者也来与他争鸣激辩。

他的弟弟孟章和内弟左国玉都跟他在一起，是他着重培养的两个学生。

孟章在父母连殁后，折节跟二哥诵读诗书，日记二千言，背诵如流。孟章也是有天分的苗子，他出生在父亲李正丁忧守母丧在家的期间，是幺子，父母兄姐非常宠爱。他从十五岁开始追随梦阳学诗读书，一直学到十八岁。

对着烽火读古书，孟章渐渐思想开了小差。他对儒家这一套，从心里逆反。梦阳一边教书，一边关注前线局势。前锋主帅也是一位诗人，景泰二年（1451）进士及第便授御史巡察陕西。闻父丧竟然不返，流连前线。接着母丧，仍然夺情，修堡寨，减课劝商。此公名叫王越，三次出塞收复河套，为镇边第一儒将，中流砥柱，赛过范仲淹再生，是北元的克星。

王越姿表奇伟，与杨一清正好相反。他议论飙举，纵酒狎妓，胡天飞雪围炉歌诗。敢拿儒士高帽撒尿，屡屡见罪言官士林，常遭弹劾。

他挥金如土，散财若流水给部众，深得士心。骑射勇若飞将军，行谒秦王，只为索妓载回奏乐。诸妓拥琵琶，弹唱他的诗："……马嘶落日青山暮，雁度西风白草新。离恨十分留一半，三分黄叶二分尘。"

和唱到兴处，他禁不住横槊泪流："卷地风寒声冽冽，夜深吹落关山雪。夫君何事远相过，一片冰花冻髯结。……吁嗟我老不足怜，塞上征夫泪成血。"

为了自保，他敢伴结宪宗宠用的太监汪直，乃至孝宗信任的阉寺李广，不拘一格。他觉得太监有太监的好处，摸清了意气相投了，相反比士大夫更值得交往，不可一概妖魔化。

王越的诗，杨一清认为是悲歌慷慨，有河朔激壮之音。他的战功、布略也是杨一清钦佩的。在李梦阳移华池期间，弘治十年（1497）冬，鞑虏大举进犯甘肃。廷议选帅，先后会举七人，都不称旨。被贬的王越总制甘、凉边务兼巡抚，又监管延、宁两镇的精兵，三边总制。

宁镇就在华池邻边，李梦阳曾致书王越，探讨诗歌及军情。第二年，王越在北元南侵下分兵三路进剿，斩四十三级，获马驼百余，敌寇远遁不敢患边。

王越正想乘胜经营西域哈密，不仅利于西线国际贸易也可筹防西北从鞑虏的背后迂回，东西合击。恰逢李广上吊自杀，清点家产时发现金银如积米，言官弹劾王越结交李广。王越闻听忧恨交加，在这个寒冬，卒于甘州军中。梦阳的好友王阳明作为使节前来治葬，修墓树碑。王越生前封威宁伯，谁能想日后这个王阳明也能封为新建伯。

而杨一清是继王越之后，边关又一儒将，接过王越的战旗，三次总制三边。他武功虽不及王越，但谋略不限于针对外虏，对内廷也是鬼神莫测。他不结交宦官，相反看到他们的死穴，棋高一着要斗倒阉党。

此时正好梦阳丁忧期满，离开庆阳，梦阳正不知不觉地随着这位导师前行。马将行车将动，王越的诗句却涌上心头："……屈指长安多故人，见君应问天涯客。为言两鬓已婆娑，独有此心犹似铁。……"

李梦阳被召回北京任职户部，孟章回大梁开封，在大哥孟和的监督下，继续学习。

从弘治六年到十一年（1493—1498），李梦阳丁忧父母期满。那一年从灿烂夺目的进士明星，一下子坠入到漆黑、悲情的低谷。物极必反，时间已到，恢复了进士之身，李梦阳又来到了北京。

但这时他弟弟孟章出了问题。

长兄如父，孟和誓要三弟苦读诗书显名士林。在他看来孟章天资聪颖，获得功名是迟早的事情。诗书已经成为李家的传家宝，光耀门庭的利器。

但人各有命，即使在开封书香门第遍地皆是，何能每个读书人都中举呢？李家不也是沉默荒寒几百年才爆发李梦阳一个进士吗？

父、弟的功名，也许几百载才修来的一时之兴。

孟章早慧，一时看透了儒家的枯燥、功名利禄。他渐渐地不相信儒家所制定的天理、礼制，对老庄之道充满向往，继而与道士黄冠人交游。孟和力阻，要他回到正道。他大言不要以名利诱他，不要以轩冕者的香车宝马桎梏他。孟和斥他迷信成仙之道，他对答："鸡鸭有翅，却卑也。飘摇遗世而独立者，就是上仙的生活。我耻与鸡鸭为伍。"

大哥说不过他，就购汞求药要他当面炼金、炼丹。若能用黄金之术炼成金就让他学道，若不能就必须习儒。孟章炼了月余，也没有成功。孟和大怒，声称要家法从事。孟章逃出家门，抛弃新婚妻子投奔京师二哥李梦阳。

梦阳又以圣人之道教化他，大说神仙不过是幻术，欺世大盗。神仙弃君臣、父子、夫妇、兄弟之伦，乃思神游八荒而永生，实则弃生之道。秦皇汉武迷于此道而不能成仙，唐有五帝服用丹药而驾崩，真龙天子尚且不能成仙延生，何况平民呢。

不以怪力乱神，二哥的雄辩比大哥要厉害得多了。总算把走投无路的三弟用九牛二虎之力拉回学儒习经的正道，恍然开悟说："六经如鸟，诸子百家不过是羽毛。"

孟章又回到穷经皓首、凿壁偷光读圣人书的境界，可惜正读之间染上大病，竟一病不起，以致亡身。

强扭的瓜，强拉回的牛犊，没想到转眼已成空。

他和孟和都未能醒悟自己的大错，而是更加痛恨黄老之术。他们认为是黄老道术夺去弟弟的性命，而不思自己违反自然，强取弟弟所好。习黄老之术与习仙术道教也有大大的不同，老子道德五千言，哪一句不是走向大道接近真理与自然的真知灼见呢？至于后人将老庄奉为教主，那是后人的事情。

李梦阳的启蒙和受业都是来自儒，特别又在青春年少之际凭着儒学得志。但儒家学说虽源远流长，也不过是附会王权的一家之言，经过长期的垄断也生满灰尘。诗歌的原野不是纯粹就是百花自由怒放，独尊一术，并且浸淫、侵袭百家，诗家其实是绝不被驯服的。儒对李梦阳来说是一把双刃剑，这一点也决定他的人生走势，同时也影响了他的诗歌成就。在大唐，李白是道家风气，杜甫科举连败更不是专业儒生，王维是佛学底子，李贺是纯粹天生的短命诗人。只有韩愈是儒家，但韩愈是儒学有成就者，因此他的诗歌根本挤进不了一流。而李梦阳根本没有韩愈那样对儒学理解的深度、学识自成一家之言。

不管是在庆阳的李家还是留守在扶沟的李家，都贴着一副对联："族近空同三二里，家传道德五千言。"李梦阳号空同子，又是老子的后裔，却与老庄无缘。

空同，是黄帝问道之处，被称为天下道教第一山。本朝道士张三丰归隐空同，空同山现存避诏碑一块，上有皇帝两次召见张三丰的诏书和张三丰避而不去的答词。李孟章清心习道，应了家中对联，但两位兄长名利熏心，以致活活将其洗脑，"逼上儒林之路而死"，实属违天性逆悖自然。

所以大姐李香，怀恨梦阳。她一直有心结，认为母亲死于北京，罪责在他；又连带父亲的入土；最后弟弟也被他"读书死"。这气一直郁闷在心，以致不相往来，不愿再见到他。

李香抱着弟弟的灵柩撕心裂肺对天哭诉："我不想要什么衣锦还乡的弟弟啊，只想要一个平平淡淡过日子的孟章啊！"孟章的遗孀朱氏抱着襁褓中的幼女，更是哭得昏厥了过去。

5

即使中了功名又如何？

梦阳的同学张凤翔，在孟章去世的弘治十二年（1499）中了进士，官拜户部主事。同乡同龄同学又是同事，一同被杨一清看重的弟子。结果进京仅仅两年，就卒于旅邸，年仅三十岁。他生有异禀，眼睛不能迎日，于暗处反明，灯月之下犹如白昼，给点光亮就能看书，左手横书，惊鸿游龙一般，洋洋洒洒一挥而文成章就。身后留下老母无人赡养，孤子七岁。孤儿老母还有一妻一妾哭号于京师，一无所有。

而京师显贵巨贾楼台亭阁个个富可敌国，你纵功成名就若不贪墨也不过是从寒窗到寒士而已。纵是探花阁老李东阳，立朝五十年，两袖清风。一旦辞官归家，来客设宴若有鱼有酒，也只得提笔卖字才能请得起客。

弟弟与凤翔青春年少相继去世，给梦阳很大震恸。人生无常，但活着就要奋战。命是天赐，天赐曾经就是他的字，就要尽心尽责。而不是消沉，瓦解，潦倒。死亡阴影时时掠过他的人生，更激发了他不羁的意志，纵酒长吟，张弓跃马。一如寒冷，激起他全身的鸡皮疙瘩，奔跑和战斗取暖的欲望。

他的三姐也早夭，葬在开封府东门外。人生苦短，他偏偏要争分夺秒地燃烧，发出夺人刺目的光环。

"凤兮凤兮今何归，伤哉命兮我心悲。"张凤翔棺木停泊在京师，连回去安葬的费用都没有。李梦阳奔走相告，发动义捐，募得善款，总算尽了情谊，完成了好友灵柩的还乡入土。

同时，他上折给朝廷，希望国家能照顾张凤翔的家小、老母，言辞恳切。孝宗皇帝龙目御览，颇为感动，提起朱笔御准奏请。

这使张家免于饥寒交迫，老人得以养老，孩子得以哺育。

李梦阳第二次进京，任职第二大部户部主事。虽有资格聚集在文学领袖李东阳的周围，出入李府，但却是寂寂无闻。

他一向要争强好胜，此时却成了"后天下之乐而乐"的人。

李东阳此时弘扬的是体宪风流，主持文坛，文学风气渐进，新科、中流都喜欢聚集在他的门下。在他众多学生、追随者中，李梦阳并不是无力崭露头角，而是接连丧亲失友之痛，沉浸了他的心，把他压抑在灰头土脸之中。

他首先对座师满怀敬仰、高山仰止。

在这些诗歌家宴、士子游宴中，李梦阳结识一时之俊、与他一见如故的王阳明，自那次失利归回余姚，与江南诗友成立诗社，结社于龙泉山寺。他也在六年之后跳入龙门，在工部做实习生即观政。

陕西也考来了两个"师弟"，一位是王九思，是李梦阳下一届的进士，李东阳做主考看到王九思会试时所作《端阳赐扇》诗中"谁剪巴江，天风吹落"等佳句赞不绝口，特将他选进翰林院，不用观政实习，直接做庶吉士。还有好事多磨，最终成为状元的康海，他也是正学书院杨一清的学生，算是李梦阳同门学弟。还有和康海同年进士的开封府仪封人王廷相及信阳人何景明，都与李梦阳情投意合。

北京因为李东阳，不仅是士林中心，也第一次成为官方诗歌中心及文学中心，学术与争鸣的集散地。

李梦阳成为这个圈中暂时的闷闷不乐者、倾听者、思考者。他内心是另有乾坤的，但孤傲的他还是希望自己虚心些，五湖四海的墨水汇往京师，这里的水该深若大海，这样才能供他游弋。他是外省最荒凉北地的后起之秀。他渴望快速地融入这个圈子，辐射全国的文学与学术圈子，作为倾听者的他日后却成为叛逆、另辟蹊径者。雏凤清于老凤声，青出于蓝而胜于蓝。

他沉浸在这种融合中，天下才俊的唇枪舌剑交锋、争鸣中，恢复着体力、元气。而在对命运的未知、恐惧、孤独的苦闷中，诗歌和台阁的沙龙，成了他的寄托。生死有命，富贵在天，他相信自己得以不死，正是苦其心志，冶气炼神，天将有所授命于斯人也。

社稷从光复以来，低迷四散的士气顿时在金陵凝聚，出现还阳的曙光。一时学者、诗人辈出，只可惜手足相残，南北互伐，白沟河一役梦阳的曾祖也捐躯沙场。乾坤错置，物换星移，京都从长江移到幽州。穷兵黩武之后即江山残败，皇帝被俘，政变接着政变，汉家恢复的元气大为损伤。

大明，在黑白轮替、一进一退、妖阉毒妃与士大夫反复较量的波折中前进。

终于在李梦阳登科时迎来了明君贤相、朗朗乾坤的天、中兴盛花期。

朱元璋以破产小农的心态，对传之万世不移的体统进行改革，加强了皇权绝对独裁。但人定不能胜天，太子夭寿，太孙继位被藩王篡权了。物极必反，皇帝从极强必然会走向极弱，直至彻底被阉党及后宫绑架。

大明唯一奇特的是有超强纠错、反复的能力。即使英宗被俘虏，庙堂也立于不败之地。除了皇室，没有任何一种势力可以持久掌权。即使遇到昏暴无人理的皇帝，国家在岌岌可危折腾将完之后，又能奇迹恢复。

就是暴君昏主，也似介于半明半暗忽贤忽愚之中。宪宗朱见深是俘虏帝英宗的太子，他十八岁继位做了为于谦平反等一系列好事之后，像得了邪祟，为妖魅所迷，竟然沉溺于乳母万氏的奶床，任其勾结阉党荼毒朝纲，天下嚣嚣四起。特务政治达到高峰，锦衣卫不过瘾，办了东厂，东厂的毒牙还不是人间剧毒，宪宗又办了西厂。恐怖组织严密监控士林，操纵社会的每一毫发，结果是四方铤而走险，天下只知道西厂不知道皇帝。毒源一起百毒丛生，一毒甚过一毒，任其繁衍下去，必然让皇帝自食毒果，只得临时撤销。

万氏妒妇，废后毒杀皇子，弄得春药不断的宪宗老来将至，对镜悲叹无子。

孝宗朱祐樘就是被宫女太监暗暗解救下来的幸免皇子。母亲被杀，藏匿他的太监张敏自杀。他生于忧患，独能保全下来，直到安全继位。

皇帝像患有严重的精神暗疾，有着先天性的人格缺陷。他一个人的精神面貌影响整个民族的生死存亡、社稷的兴衰、苍生的福祉。

孝宗扭转乾坤只娶一妻，一生只爱一个结发之妻张皇后，像民间百姓一样生活。天子扫好自家的一屋，开始对大明所有暴政进行扫除，渐渐恢复传统之法，励精图志。他选拔忠正贤能之士，即使对杀母的万家也宽宏大量，不予追究。

他一定程度光复了汉制华体优良的传统，重开了经筵侍讲，向群臣咨询治国之道。郑重开辟了文华殿议政，皇帝与百官民主协商政治，这是北宋的传统。儒学在这时发挥正面力量，诸多积极、优秀因素被激发出来。

兴衰如同有个按钮，按对了举手投足之间就是盛世。因为汉文明太成熟了，达到某种自动化，周而复始四季循环，生生不息数千年，任何力量都不能使它停止发展。早已积累文明的沃土息壤，只要按道而行，尊过道统体纪，再惨灭的冬天都会长出春天来。就看那个被称为龙的人，他是人还是魔、是圣还是怪了。

孝宗开辟了史上著名的"弘治中兴"。一时隐居的贤人良臣，纷纷面圣出仕。李梦阳进入的北京就是这样千载难逢的历史时机。

国家已有一百多年的复兴，十多年政泰人和的繁荣中兴。

士大夫群体的阴影基本消除，好久没有遭受迫害了，士气高昂，俨然个个都是栋梁，随时都准备赴汤蹈火来捍卫这个来之不易的景象。

"好雨知时节，当春乃发生。"中国当兴的吉兆，刺激了士子们的梦想。

诗歌自宋以后进入衰落期，元末明初新气象出现一丝诗歌的景象，包括朱元璋也能自学成才吟花弄月，但像唐朝纯粹诗人已绝迹。写诗者善文讲理，诗仿佛成了文理之余。

诗歌从明初四杰，一直就没有发育成熟，而是转向附庸风雅的台阁体。高启是明初第一诗人，入明官至启部右侍郎，与杨基、张羽、徐贲仿唐初号称四杰。但洪武帝善于联想，发现高启的一首诗暗讽他看似正人君子实则好淫的后宫生活。高启便被寻个罪名处以腰斩，年仅三十九岁。

仅有的芳华烟消云散，仿佛是将诗歌腰斩了，大明之诗只能从明初台阁体到明中叶的台阁体，穿台过阁，典雅流丽。

李东阳当然洞晓这些诗歌秘密了。他也是在极力网罗诗才，酝酿诗歌的风气。孝宗皇帝也要求李东阳等台阁拟题献诗呈文，不负盛世之名、天朝的气象。

东阳入内阁，杨一清巡边督兵，两位诗歌大腕一内一外。这两位都是李梦阳的老师，按说他是左右逢源。

李府上成了诗歌沙龙，群士散朝坐而论诗，有时竟然通宵达旦。

其他阁老则对诗歌不屑，作诗无用派不上科考。就似那李杜在他们老夫子眼里不过是醉汉。阁老虽都是贤良，不乏忠耿饱学，但没有太大视野、胸襟，比如那刘大夏就毁了郑和航海宝船，将那可以开启新大陆的航海图付之一炬。儒家的副作用渐渐沉淀、暴露出来。

李梦阳从边境来，顿时就闻到一股学腐味，他对京城越发看得透彻，一种骨子里的傲气油然而生。此马非凡马，敲骨带铜声。不学诗无以言，他们简直不值一驳。他的内心世界与奔波在边塞的杨一清息息相通。他一直涌动着仗剑在天涯、边关建功立业的边塞诗情结。第二年，他便离开户部机关，来到京东通州，监管设在这里的国家储备库。

户部直属库历来是个肥缺，这里可能遍布着秘密的"老鼠仓"，一些长年在国库囤积居奇、倒买倒卖的"老鼠"可能都成了精。

通州作为大运河入京漕运的大码头，是整个富庶江南、鱼米之乡货物进京的黄金水道的终点。因为进京的通惠河时塞时通难以运用，漕运基本到此结束，国家在通州设储备库，仓储漕粮。这里决定京师以及影响整个北直隶的吃饭问题，包括北方前线的军粮。北方产粮较低，依靠南方的粮漕北运。特别是整个北方战事一旦吃紧，这里不能有闪失。

李梦阳在此卧薪尝胆，夯实了所有仓库的储备，发现了不小的亏空，整个储备库像一张皮，皮里都是成窝的硕鼠、蛀虫。

储备库成了官商勾结的温床。李梦阳革除一切恶习，亲自一笔笔核对、清查。金灿灿的粮食只出现在账簿上，一些垛仓上面是粮食下面是糟糠、干草。一些蛇在仓里成了仓龙，把粮食倒卖出去，甚至根本就没进仓，直接转到商人手里，甚至流转到了塞外，牟取暴利。虚报假入，户部支出的银两被仓吏库官拿去经商乃至放高利贷。本来这些都是可以在账面上做平，遇到上司严查也会紧急倒粮置物摆平的。没想到这个李梦阳对自己牟利作福的领地、山头动起刀，到库的第一天就开始清查。

为时几个月的滴滴不漏地调查、清理，李梦阳向户部上报实情，并写好奏本、折子。御批转给户部，一时刮起粮仓整顿清点的风暴。

雷厉风行清除了仓鼠，填塞漏洞，夯实了通州仓。此材堪用，在弘治十三年（1500）李梦阳代表户部转运粮饷到榆林塞。

榆林为九边之一，坐落河套东临黄河，西有奢延水西北有黑水，长城蜿蜒。它在庆阳东北，李梦阳等于去陕西故地做后勤支边了。米粮不仅是必需军饷，建筑长城关堡还必需米汤搅拌沙土作为砖石的黏合剂。

这一年蒙古和硕部大举进犯，直逼大同。游击将军王果战败，狼烟滚滚传向陇山头。榆林和大同是相邻两边，李梦阳前来也是置身前方火线了。

榆林地带全是军户，又多为土著边民，也是全民皆兵，兵勇将骁。榆兵强悍素有威名，名震边塞。

　　已经是深秋了，对于汉家是秋收时节，对于鞑靼也是秋肥马壮直到铁马冰河南掠的时节。诗人悲秋，不仅仅是萧萧落木，而是此刻也是汉胡交兵之时，充满危险的关口。

　　从花柳云烟的都城，从天下粮食的中心，到贫瘠沙漠边缘的古塞，京师及内地的军队开拔前线，如果军粮供应不上，那就等于自乱阵脚。军心无粮不稳，无水不活。榆林不缺少河水，但缺乏军粮。逢水过水，逢山过山，这粮食从秋收的农家运到前线，船载车推，可能经历千山万水。更害怕遭遇胡骑的抢掠烧杀。

　　李梦阳将粮饷如期地送达榆林军中。目睹了陕北的太阳像失血过多的冷月，人烟稀少黎民惊惶，壮丁入军妇孺四散，哀号着逃离家园。他的家族也就是这样一次次战斗，奔逃。这些情景长时盘桓在他内心，如蚌孕珠，他写下了：

　　　　曾为转饷趋榆塞，尚忆悲秋泪满衣。
　　　　沙白冻霜月皎皎，孤城哀笛雁飞飞。
　　　　运筹前后无功伐，推毂分明有是非。
　　　　西国壮丁输挽尽，近边烟火至今稀。

　　　　　　　　　　　　　　　　　　　　（《秋怀·其七》）

　　有了对边关切骨的认识，完成了户部的转粮任务，还有更重要的任务，在等待着李梦阳。

第三章

天马自西来，
汗血何历历

天马自西来，汗血何历历。

天子顾之笑，置在黄金枥。

——李梦阳《天马》

1

边关局部战事并不影响全局。京城一片繁花似锦，歌舞升平。整个明朝都是在这种不平静的内忧外患中度过它的盛期和衰世。

元蒙作为曾经横扫世界的异族，现已被逐出中国挡在塞外，不能不说这是文明的力量牵制并战胜了野蛮，或确切地说这是野蛮和文明杂交的混合体。

王越一人绊扯北元套寇三十年，以诗人天才性想象力出奇制胜，胆智绝人。而世间再无王总督。在李梦阳调任通州监管储备库时，鞑靼大举入寇大同宁夏，防线被突破。边锋战将非死即贬，一时出现真空。弘治十三年（1500），小王子达延汗所部盘踞河套，自此肥沃要地河套不复中国所有。

弘治十四年（1501），经过两年通州国家直属大库的历练，李梦阳颇得户部侍郎韩文的赏识。

经过举荐获得重任，奉命监税三关，担任三关重地的总税监。

就在这一年，总兵、保国公朱晖奉旨调遣五路大军袭击河套，仅斩首三个敌人而回。尚好的是大军不敢扰民冒杀百姓、无辜者的首级请功。这一出征消耗京帑及边储共一百六十万金。给事中弹劾兴师动众，结果以五十万金购一无名之敌的首级。

小王子气焰日炽，越过花马池边墙长驱直入，屠城戮寨，关中为之摇晃。自从小王子年年入侵，东起辽东经宣府大同，西至灵州甘凉，整个边疆火光四起，血光四溅。

打仗对于文明社会来说就是烧钱费粮。钱粮不充足，防线和进攻无从谈起。国家正在用钱粮之际，户部最为吃紧。朝廷及户部没有随便征税的权力，开征新税几乎是不可能的，那样会科道交章被弹劾、驳回，只在已有的关税上杜绝偷漏税、缉拿走私。

这一次户部派遣李梦阳监税三关，他自知重担在肩。他三十而立，雄心勃勃要在三关一试身手，为国、为西线前方战事理财，监税。这是他独立行使地方权力的开始，并且是那么大片、重要的关税。

之前他和老师杨一清通信，探讨户部财税问题。杨一清认为京城周边的税粮商贸的经济秩序堪忧，帮他分析种种情况，使他心里有些底。眼看走马上任，他知道步入的官场如临深渊，是另一种战场。少年得志的人最不知深浅，其实早已形成一张大网，将棱角分明不合体例的人打倒，磨平，修整成合乎圆滑世故的官僚，以应付衙门的险恶或高升的诱惑。想把权放在笼子里，甚至是将龙装在笼子里，会比登天还难。官场比科考更难上加难，它是一把双刃剑，有人青云直上，有人翻倒沉沦、祸连九族。李梦阳就是现状的挑战者，自觉成为口含天宪、道统守夜的一员，是为上天工作，最低也是为天子、庙堂、万民服务。

如果说通州是北京的东大门、南方入京的要冲，那么这三关就是京畿北方的屏障。它东联东北，西系晋陕入京的通道，它的一举一动关系到明朝与北元及东北诸胡的神经。在这里不是和平的商贸往来就是生死存亡战争关口。

李梦阳要监税的三关是指沿长城而设的居庸关、紫荆关、倒马关。这三关又称内三关，东起北京昌平到太行山的交通要道、军事重塞。在和平时期，这里是贸易陆地口岸；在战争时期，这里又是后勤保障、辎重、军粮仓储供应重地。三关招商监税，这里相当于中国最大的海关，李梦阳把握着北京与塞外的进出口贸易监税权。他的职责还代表户部监察三关地带的税粮、商贸。

主持户部工作的倪钟，亲自将付任的敕令交给他。倪大人忧心忡忡，告诉他当前财税紊乱，特别是盐务被官商勾结控制，国库赤字空耗，望李梦阳能不辱使命。他是梁山泊郓城人，曾因对抗阉首汪直被廷杖，关入诏狱三年。直到汪直犯下国库耗空罪被东厂告发，他才侥幸出狱被王越保举复官。逢母丧在京，作为侍郎用漕运公船载母亲灵柩还乡又被抓个正着弹劾下狱。

而户部公认的巨擘则是挂户部尚书衔的秦纮，三关出发前李梦阳以晚辈特意拜见了他。老尚书希望他此去能调查边关日益严重的商贸乱象、税收流失，为国理财，支持随时爆发的前线大战。秦尚书也是以文学通籍，听过李东阳、杨一清推荐过李梦阳之才。

白发苍苍的秦纮，老而弥坚，有幽燕儒将之气。进士及第后从御史做起，一生与不法的宦官乃至王侯将相对峙，曾被捕狱问讯三次、贬官数回。现在蒙古诸部蠢蠢欲动，大战必在秋季来临之后发动，朝廷有意将他起用，领衔户部拜为继王越之后的三边总帅。

他说自己老了，江山代有才人出，后生可畏，先天下之忧而忧。他希望梦阳赴任内三关监税囤粮能有效地支持西线的粮饷。老尚书清廉到一直是国家级贫困户。他在山西做巡抚抓捕作奸犯科的王子反被诬抄家，那一年宪宗刚刚成立西厂正要试它的手段，运用特务手段侦察他的家产。抄家公示的财产竟然仅有几件破衣裳，连略显昏暴的宪宗都大为震撼，立即赐钱把他列为低保对象。他是士林的榜样，临别老人寄言后辈："问心无私天地宽，獬豸执法无畏。"

这个任命官对于别人来说是发财、巴结权贵的机会，但对于一个近似诗歌圣徒的清廉之士来说，必然要发生重大冲突。

李梦阳并非迂腐的书生、不近情理的俗儒，而是胸怀大志，上马可平虏、下马可安邦的清官。杨一清正在经天纬地，做示范，像导师领他前行。实现理想要趁早，趁着千年一遇的好皇帝健在，趁着自己年富力强，奔赴三关。

2

李梦阳本来可以从通州仓乘舟去居庸关。居庸关，在通州西北方的昌平州，是三关距京最近的雄关险隘。从这里，军都山发源的榆河一直向东南汇入大运河，轻舟从通州仓直抵边关的榆河粮仓。

但他快马加鞭从关道到达榆河岸边的驿仓。这是户部的直属粮库，漕粮由通州沿温榆河上溯至此，再分发各军仓，同时也云集着来往的商船寻找各种商机。榆河上游、源头就是居庸关方向，水在南口出关潜伏十许里，又从山地中涌出，形成温泉水，居庸关也就成了温泉关。由此停帆驻马，就可遥望雄关古塞，诗情油然而生，那真是"云出三边外，风生万马间。征尘何日静，古戍几人闲"。

李梦阳打马的关道，正是当年英宗御驾出塞的道路。他一路回味着历史不能自已，不停挥鞭忘情发泄。英宗自九岁继位，自幼被东宫阉妖王振诱导，对他产生恋父情结。乘阁老三杨和太后去世，王振像教父一样控制英宗，始作俑地打开太监专权的魔盒。他本来是一个屡考屡败的私塾先生，为了胸中抱负便自阉进宫，成了太子党帝师，直到执掌司礼监。他的一支笔控制帝国的命运。不怕太监坏，就怕太监有文化。他挟持皇帝，以为凭着帝威就可吓退北元，主动出塞，结果王师在他指挥下作鸟兽散。皇帝困于土木堡，遥望居庸关咫尺天涯，再也不能全身而回。李梦阳为此创作了长诗《石将军战场歌》，描写了这件史实。

居庸关在太行八径的第八径。最东的军都径，南北两个关口，相距三十六里，绮丽叠翠。南关名"南口"，北关称"居庸"，由大将军徐达亲自督建，关城重重北接八达岭长城天险，不仅是京师的西北锁钥，也是东胡西下南来的通道，更是明皇陵的北大门，龙脉所在。

之所以有土木堡国耻，还在于商贸。开战是因为闭关封锁贸易，能够胜敌还在于钱粮充足。虏敌没有分文可举国皆兵，而文明社会绝不可能效仿全民出兵。

在宣化、大同诸镇关开放马市，互通贸易，战争就化成和平。正统十四年（1449）也先派使进马来换粮食。王振把瓦剌贡马价格削减，激怒瓦剌引爆战争的导火索。

现在两国没有定局，北元复兴的小王子又将掀起战争，西线战事将至，而东方依然歌舞升平，丝毫没有战争的气氛。李梦阳授御旨敕书监税三关，覆盖京师的边关北线。

驿仓官迎接李梦阳，陪同进关。只见雄关如在山口古塞上筑土建室的土蜂，城垣东达翠屏山脊，西驶金柜山巅。关城内外设有衙署、庙宇、儒学等各种建筑设施与集贸市场。

李梦阳相当于手持尚方宝剑巡察关税招商，如发现关隘失察违反国策商法，可将守关官长判与罪犯同论处死。

三关相当于三个国内外进出口贸易的海关，李梦阳代表户部坐镇关口，仔细巡察所有过关出关货物，按货论里程收税。

大明朝的税率极低，只有三十分之一；税种又极少，政府特别是户部没有随便收税的权力。政治清明的税收都遵循历史传统，祖宗之法不可随意更改。北宋易法革统多收了钱，贪墨之徒却飞黄腾达，结果北宋陷于无穷纷争内斗，以致灭亡。大明文官系统是北宋的改良派，连宋元实行盐酒茶国家专卖垄断制度也让利于民于商了。

大明推翻的蒙古太强大了，随时都有可能卷土重来。阻止复亡于胡的噩运，最直接的办法还是修长城。

万里长城，大明修得最多，最雄伟。秦修长城精耗力竭被孟姜女哭倒灭亡了，整个大明却锲而不舍，将精力财富、建城筑房的伟业都倾注到了长城上。造成一个山城相连万里的长龙世界，也造出一个盛世。

建筑长城，为了吸引军民商共建，商人输粮到边线，国家将盐铁专利让利给商人。只要输粮就可得到盐引，即纳粟易盐的购盐证。每输米一石三斗即得到一小盐引二百斤，商民凭证取盐，可以合法买卖。

国家让权，万里长城找到军民协商共建的长期支点。

茶，也实行类似茶引，在国内相当于收税随便买卖。但严禁茶走私，在边境地区实行茶马国家贸易，确保军队的良马供应。但不法商人，走私北国不能生产又必需的茶，牟取暴利，使国家得不到优良战马。无宝马良驹的军队如同断腿跛足的步旅，与北方铁骑对阵，战斗力一落千丈，明显不对等。

国家贸易出现倾斜不对等，茶才是中国独有的拳头产品，是食肉民族必需的帮助消化之物。战马是北胡草原的特产，内地只产耕马不能作战。

因为走私，商人又私贩马匹回内地高价出售给民用，或者再用输马易盐，换取更多的盐引。谋求利益最大化的商人集团，像闻腥食肉的野兽集结在边关口岸，渐渐垄断急需军需物资，操纵价格，让民食不起盐喝不起茶，养不起马，种不起地。

到了弘治年间，因为皇帝一直实行仁政，商人越发嚣张，形成强大利益关系网，罩在从东到西的贸易边境。

吞噬着盛世带来的繁荣成果，出现商人坐大、官商勾结的势头。官宦之家，老子做官，儿孙裙带经商做大贾。豪门巨室亦商亦官，乃至和大商大贾勾联，逐渐侵蚀国法，垄断民生，操纵市场。

京师更是各种利益纠结势力最集中之地，官商一体，阉商一身，连皇族王府都要分一杯羹。京商、晋商、关陕商、冀商，包括南直隶的徽商、闽商等等，都出没在这里。

居庸关就是京商的势力地盘。这里驻军由千户所升为隆庆卫，直属于京师后军都督府，守关长官为参将。

李梦阳作为三关新上任的大使，奉命召集卫、州分管官员及各级税关官吏，宣布严格依法征税，重振法纪：一、任何过关商户绝无免税权，依法全额征税；二、严禁走私，边关茶马贸易由国家专营，发现走私者立即法办，包庇者、执法不力者同罪；三、重申关钞宝钞流通，严禁金银铜钱流出关外，维系国家印钞权的权威性；四、维系边关商民输粮换取盐引政策，禁止输银换取盐引，严查一切伪造白银的奸商，发现私银流通立即没收；五、边境的物价要降下来，确保军民生活稳定，打击商贾囤积居奇的垄断，价格操纵，扫除中间环节的剥削，保护合法商贩特别是民间小商贩的自由通商往来。

李梦阳此举意在重申法纪，激活躺在条文里睡大觉的经济秩序，确保税收全额供给军饷，提升边防战斗力。文告一并传令三关即日执行。

税衙有大使、副使及攒典、巡拦、册房书手、直堂书手、算书、门子、承舍、阴阳生、皂隶、买办、巡兵、水手、表背等等人员。

副使姜唐是陕西兴平人，监生出身，和梦阳是老乡，细谈起来竟然和他父亲李正是国子监的同学。虽是长官，梦阳仍以长辈待之。姜唐刚从倒马关调换过来，做关税已经多年。他非常支持梦阳的行动，但又为他的前途深感忧虑。他这样一弄，可不仅仅是捅马蜂窝那样简单，可能会身败名裂。

一夫岂能扭转乾坤？他委婉地告诉梦阳贤侄，但梦阳越发要搏一回。

李梦阳亲临关卡，不动声色地监视每一过往商户、商队。雄关飞过的每一只鸟、每一捆草，都有详细的登记、备案。一个月过去了，他辞退一批不堪使用的旧吏杂役，又换上一批新鲜血液。

商业切得时代利益的最大一份蛋糕，必须承担相应的义务、责任。民税、农税不可加，商税越来越成为帝国的支柱。一旦发生大规模流失，必然国力难保，社稷有危。当然雁过拔毛，不可使之不飞，只是要他们应有承担。个个富可敌国，取之国和民岂能反误国殃民不思图报纳税呢？

梦阳唤过姜副使，嘱他全权监守居庸关税，密查商团商队的动向，有情况随时报告。他要奔赴紫荆关巡察。

姜唐临别时欲言又止，梦阳让他说出来。姜唐干脆说出一己之见："有不法商团可能从居庸关走私茶叶到关外；再从倒马关偷渡北国马匹进来，倒卖到内地赛马及官宦大室做高级奢侈品，牟取暴利。日久经年，这都是见怪不怪的事情了。"

梦阳听罢嘱咐不可走漏风声，便打马扬鞭奔往太行山东麓倒马关。

倒马关在李梦阳父亲李正曾经任教的阜平县东北，他在那里读幼学时就听说过了。那是杨六郎战斗的地方。关在两山对峙之间，一半在沟谷一半在山上，北接内长城，背靠唐河。山路极险，六郎在此倒马，为纪念六郎，树六郎碑故称关为倒马关。

倒马关处于灵丘古道的咽喉隘口。灵丘商道北起大同重镇，南越恒山，循唐河谷道出太行山，进入幽冀。大同为北元侵略南下的首冲之区，设镇置有总兵官、巡抚。攻破大同，敌兵就到了倒马关。中外商队及晋商也是从大同顺着灵丘道进入京师、大运河南下。巍巍太行及余脉燕山护佑着大明朝，是京师的天然屏障，八径出孔又是通商贸易的经济通道。建置的边关就是战争和商贸往来的双面狮。闭关锁国，不仅造成自己的固步自封、老大昏朽，更易激起四邻要求商贸互补的掠边抢关的冲动。

李梦阳此时肩负的就是对半战争状态下国际兼国内复杂贸易整顿并征税，确保大明财税不流走不失序。

三关，人生就是在闯三关。读书也有三关，乡试会试殿试的三关，李梦阳幸朝廷开科公正严明而以寒微之身连闯三关，获得进士之身。这是决定个人与家族荣辱的三关赶考。现在他身入仕途，面前又横亘着更艰难险阻的三关。这三关是决定国家祸福、兴衰的战阵沙场。战争就是烧钱，只要他能为国家也为商民生财，就是用钱兵不血刃地战胜敌兵。

倒马关是内三关的最后一关，过了倒马关就是山西的外三关：雁门关、宁武关、偏头关。过了外三关就是故乡庆阳了，就是三边兵镇了。

这是一条息息相关的火线。这里守兵是千户所，仍属京师后军都督府直隶，与大同总兵府无关。守备及税衙官吏、所在府吏一起迎候李梦阳入关。

李梦阳照例重申五条禁令，开始坐关监税。此关关城在明朝刚修建不久，比不了居庸关的雄厚，漏洞很多。而商道又是古老的，所以给不法商团商队造成许多可乘之机。纳税款明显比居庸关要少得多。

李梦阳宣布过禁令后不声不响，一月一晃而过。这天用罢晚饭后他向守备借调兵甲又精选税吏兵丁，埋伏在关北古丘道的一个咽喉处。一直伏守到凌晨，不见踪影。昏昏欲睡之际，梦阳绷紧的神经被第一声雄关报晓的鸡鸣惊了一个激灵，这时古道上刮来一阵旋风。隐约有马蹄声，一待进入埋伏圈，梦阳一挥手，截住去路，四面包围——查获了一批偷贩走私而来的胡马。

一共五十匹，有十匹是名贵品种，一匹据说就是传说中的汗血宝马，还有名马照夜玉狮子、盗骊、青海骢。

商人一共二十六个，李梦阳将他们押回关城，天已经发亮，一阵兴奋顾不得休息，立即提审。为首的姓万名利，原是万贵妃的家族，万安的族侄。万家失势后，一直经商获得巨利。其中汗血马是东宫大太监订购的，狮子马是孝敬给国舅爷寿宁侯张鹤龄的。

万利自恃有靠山，根本不把李梦阳放在眼里。当他说出张鹤龄等爷的大名，露出得意神情。李梦阳喝令收监，将他和马匹一起解往京城。

李梦阳夜夜设防堵截，查获几批禁马，倒马关成了倒换胡马的通商古道。那么紫荆关，这种误国伤军的勾当不会少。李梦阳向副使部署工作计划：凡是打着尚书、阁老、中使内官各镇总兵旗号的货物，不仅不免税，还要严查登记每一货件。夜间要组织在商道上巡逻、缉私。令他严守职责，副使唯唯诺诺。他便要向紫荆关急行，查看那里的动向。刚跨上马匹，随从报告大哥李孟和与温和王府朱管家到访。

一听大哥和老媒翁突然到来，李梦阳惊喜之后不免一怔。正在马前惊诧，二人已到院内。李梦阳急忙请进后院客厅。

兄弟千里相见，不免一阵激动，又有前辈老媒翁大驾光临，梦阳一时不知说什么好。孟和见兄弟有要事要出门，便简明扼要说明陪总管此行是想看看边关有无商机、生意可做。

孟和和朱管家有意想为边关输粮换取盐引，支持边关建设。温和王喜欢骏马，不知边关有无宝马良驹可买。

梦阳闻听大哥和温和王搅了进来，可能会给不法官商抓住什么把柄造谣生事，不免惊了一身冷汗，起身向王管家行礼连忙说："老人家有所不知，现在边关吃紧，小王子铁蹄随时攻进关来。有不法商人勾结官府以致军队，甚至勾连外虏，坑边害民，牟取暴利。小侄在此千钧一发之际，可能随时惹祸上身。那胡儿骏马是中国紧缺的战略之物，岂可轻易让民间私自交易？待边关清静以后，王府再来经商，窃以为方是明智之举。"

老管家听了忙说："贤侄所言极是，老朽就与孟和在边地走一走、看一看即回中原。"梦阳吩咐取过银两，写下二人进出关的印信，就告别了。孟和岳父是大同府知事孟辑，他正要带着大管家去大同一带游玩。三人便就此话别。

3

紫荆关，宋时称"金坡关"，因紫金岭上紫荆花盛开怒放，引来万蜂千蝶拥堵城门而得名，这是一座诗意的雄关。各种野蜂成团成团带着勾枪在城门进进出出，位居"太行八陉"之第七陉蒲阴陉。

关北墙下即是波浪滔天的拒马河。河北岸刚刚筑有哨城，与主城铁索相连，为关城的前哨。东西南也各建筑三座小城池，四面都有卫城拱护主城。主城内有三重门，又分东西两部分，中间以墙相隔，东城设文武衙门，西城为屯兵之所。这是一个一代代人精心建筑的防御体系工程。关城方圆近四十里，九座城门，具有史诗般的气势。

成吉思汗兵取居庸关，但久攻不下便抽兵向南迁回，攻下紫荆关拔取涿、易二州，由长城内侧向外反攻居庸关，内外夹击才攻破居庸关进入幽都。可见紫荆关和居庸关息息相通。它是燕京上游路，联通宣府、大同。

李梦阳和随从微服进来，直入关税口。见一批气派不凡的商队正在关卡验货填单。李梦阳瞧见有军车的痕迹，随从便露出他的身份，命令检查官和他一起重新验车。一车一车地打开，标明的陶瓷、布匹之物竟然在里面发现茶叶、火药、铁器。

李梦阳立即命令查封，这是违禁物资。这个商队的实际主人是宣府的一个赫赫有名的将领。战火将起，他不光违禁走私茶叶，还做起军火生意。这还了得？

所有商人全部扣留，审讯。搜查他们的钱袋子，李梦阳发现了次品的白银、不够分量的铜钱，这是造假之币。

李梦阳大喝："尔等犯下死罪，你们的次等白银，是谁制造，如实招供，免受皮肉之苦，或可有生路。"

商人不说，梦阳喝令刑具伺候。这些商人大多是肥头大耳，一副饱暖思淫欲的样子，如何经得起皮肉之苦？并且个个隔离审查。一个年轻的脚力吓破了胆，先如实招供制造低劣白银、铜钱的作坊，在居庸关下榆河仓附近的山窝里。将他的供词拿给商人总管看，他也只得如实招来。

李梦阳长舒一口气，站在关城上瞭望远方，那隐约之处即是蔚州地，就是当初太监王振掠夺的肥美而广阔的田庄。

田庄生产粮食，输给边关换取盐引，再用特权操纵粮仓，边将以一抵十地套取盐引，一本万利地操纵抬高盐价、粮价。边关成了权宦的摇钱树，王振经营起富可敌国的事业，直到将英宗玩弄于股掌。

一个自阉的读书人为了衣锦还乡，制定御驾亲征的好戏。大军号称五十万浩荡出关，至大同才知道蒙古诸部严阵以待正要屠龙。未战即撤，大军制定的撤军路线也符合王振的心意，经过他家乡蔚州从紫荆关回京，让父老看看他御龙驾虎有术。离紫荆关只有四十里，却突然想起大军会踩坏他及父老的庄田，立即宣布绕道折回宣府，改走居庸关。结果这一个妖阉绑架皇帝，把握着王师的命运，竟然送往北元埋伏好的虎口狼爪。帝国一时之选的文臣武将，最精华的部分如中魔障，个个像跑龙套一般毁灭殆尽。宣府总兵杨洪早已与瓦剌勾连相安，坐视不救，边将与蒙古部的王爷公然嫁女乘龙。

空前绝后的中蛊一般自送毒皿的惨剧，多少带紫着金的簪缨贵胄都化作肉泥。骒马二十余万，衣甲兵器仪仗，包括王振出行也不忘搜刮的多车辎重尽为胡儿所得。

国之将亡，必出妖孽。妖气之下，人人自危，士气无存，人如行尸走肉，只讲利益，苟且。那条龙仿佛被诅咒，定身法定坐在土木堡的高台上，木雕泥塑一般。不仅仅被虏所俘，失身者也必是引狼入室者，居庸关顷刻失守。

李梦阳站立关城之上北望，长啸不已。抬眼瞭望城西北又一团妖气凶光将起，不由得张弓拔箭射了去，空空落入山川。黑团煞气，反而愈加膨胀，周边的天也灰暗了起来。

如果一个人能一直与黑暗战斗，发挥应有的光，哪怕是蚌腹的珠光，也就是升起自己心灵的太阳。只要心在、一息尚存，太阳就不落。大大小小太阳就像红透了的花椒，挂在芳香弥漫的花椒树上，红成一轮红日；像发红的石榴里无数鲜红的籽儿井然有序地聚集在榴房里；像那葵花转盘，永远追随着日曜，里面有无数的赤子；像那繁星出没在黑暗中，镶嵌在夜空万古如斯，永不坠落。

士气若光芒万丈，三军不可夺气，士林不可夺志，不可失诗言的志。士气不存就是白日黑夜，如之奈何？诗正养我浩然之气，他不由得用剑将自己舞成一团白光，冲击冲击，战斗战斗。似有当年曹孟德横槊赋诗的豪气干云，唱出诗来：

　　乘我浮云骑，彀我明月弓。
　　奇兵左右出，长驱向云中。
　　彭彭阵结虎，飒飒剑浮虹。
　　一战皋兰灭，再战沙漠空。

王振虽去，但阴魂未远。培育他的温床随时都可能将他转世还阳。只要他和他的余党一露头就要群起而攻之，避免再一次土木堡之国悲士耻。王振的庄田，星罗棋布地变成大大小小将相权商们的庄田。从拓荒开垦到跑马圈地，乃至将军屯都化为私有。这里一处处屯商，屯粮，屯官，屯盐，屯马，就地生产粮食，换成白银也换成盐引、茶引。他们合伙经营着国家才能经营的商业，成为一个个垄断性质私企。

有兵有权更有钱，根深蒂固谁能奈何？介于中外之间，处于"国际化"的暴利红财之中，囤积居奇，坐享两边盛世的万利。必要时连国家都可以交易进去，何况其他。这些人胆大妄为，利益使人红了眼，迷了心窍，智昏疯狂，互相结网相连，形成利益板块，靠着法不责众，北京即使知道也只能内外上下讨安，无不投鼠忌器。

一个小小户部监税使，竟然敢冒天下之大不韪，空手获白狼。真是吃了熊心豹子胆了。

4

三关不易闯，两关边连守关斩将。而最重要的居庸关，肯定有大鱼。他放的线不长，但大鱼肯定多了，逢上战事，要发国难财有恃无恐乱咬钩，可能根本不把他这个户部主事放在眼里。他预感榆河仓里有一条条跳过龙门的大鱼在那里。长剑出鞘，只有气能贯长虹，接通天霆之怒，人若替天行道就会得道多助。凡是只讲利益之辈不足惧，就像王振、贾似道之流混得再大，也只配被活活捶杀。

他的梦想就是在他们不足以毁灭社稷、摧毁士心之前，就撕破他们的脸皮，让他们破气曝光。他走在秦尚书、杨一清都走的道路上。大使的任期只有一年，仅此一年，时不我待。

李梦阳奔向榆河仓。

榆河仓，是各路势要的老鼠仓。他们通过这个大粮仓及它分发到各小军仓，买空支空，空手套白狼换取盐引及各种销售凭证，不在指定区域销售，囤积起来，联合垄断市场，敲诈民生、军队，挖空国防。

白银也可以直接换取盐引，于是粮、银、盐连成一体，把握民众的咽喉。制造低劣货币，甚至假钞，从此达到变相拥有地下货币发行权。如果任其泛滥起来，必然冲乱户部体系，使大明财政崩溃。黑恶的交易，再与北方诸胡虏种勾连，最终将使国之不国，自动崩坍。

特别让他担忧的是，倒马关查获的马匹，竟然来自东胡女真。这个后金部族遗种自从金朝灭亡之后，潜伏深山老林多年，现在又活跃起来。真是旧患正兴，新患又起。辽之后是金，取而代之的又是蒙古，蒙古之后难道又回到金或辽？辽的部族文明程度很高，整体地消失，完全被融化掉了。只有野蛮至极的金，还有残种，现在竟然勾连晋商、权势，在东边露头了。

李梦阳一路左思右想，书生意气，恨不得饥餐胡虏肉，痛饮互相勾结的官商血。

权商混血形成的暴利，比野蛮种族还具有杀伤力。这种吞钱兽图腾的权商一族，暴利如同鲜血满杯，同样的嗜血，同样的疯狂，良心、人性、父母之邦、民族，什么都可以消失干净，做成交易出卖。他们越发强壮，若真的得势了，就是大明乃至整个华夏文明万劫不复之日。

这时突然天空闪起雷电，天是如此低沉，仿佛就在头顶上打雷放电。这是少有的天气，内心有鬼的人不敢在天雷下出行，越发沉闷。李梦阳望见榆河仓了。只见一个雷电击在仓脊上，起了一团火。跑着跑着，他发现榆河仓失火了，冒出滚滚浓烟。

他大惊失色，风一般奔向储备库。库里浓烟滚出，已经火烧粮仓了。他大喝仓吏杂役救火，大喊我是户部李梦阳。

但应者寥寥，人本来不多，提桶汲水哪里能救得下去。有人喊这是雷电天火，怕是越泼水烧得越旺。"混账，救火，哪来的天火夺食？"李梦阳断喝。但巧的是，天下雨，越下越大，瓢浇一般泼灭粮库的火。粮仓失火面积，却达到三成，一垛垛粮草化为灰烬。

这一定是有人乘雷电纵火，将放火烧仓归结为天火。

李梦阳黑头灰脸指挥救火，清查失火粮仓，一直忙了一夜也没合眼。翌日，他正准备吃午饭，刚拿起筷子，忽传敕令至，慌忙接旨。内官宣布李梦阳搅乱边关，擅权专行，以致众商联合签名告发。利用其兄李孟和假意输粮，谋取盐引哄抬物价，以致天怒人怨，榆河仓遭雷击失火。立即收监法办。钦此。

李梦阳被剥去官服，摘去乌纱，押入囚车，送往京师审讯。他在囚车上仰天长啸，一阵笑傲，难道这不是明天子的脚下？

囚车进入京师，所幸他不是去锦衣卫诏狱系统的镇抚司，而是押往刑部天牢。他相信大明天子，坦然入牢，不闹不喊。被迎送进刑部，被押在一个单间里，像是特殊牢房。整个房间有一青石大壁，上面凿一行朱笔红字，入者能留影否？他面壁而坐。当然要冷静反思，他并不是财税方面的经济专家，有些禁令可以检讨。经济自有经济的规律，运行的趋势。他李梦阳虽不趋炎附势、不谋私利，但自然形成的潮流还是不可抗拒，人为地急拐弯的。

他带着感情色彩理想争取国家印钞权、对财富的支配权，在实践中就不现实。因为钞越印越滥，没有金银实际货币做抵押，几年下来就自动壅塞不行。不仅是商人，连百姓都不认可，抵制。白银在市场中自然称王，自动形成流通货币，任何人都不能改变的。不能变通顺应潮流，商家自然就会联名抵制、勾结权势。这里面的水和学问深着呢，他还年轻。奇怪的是一连几天，也没人提审过问他。他向牢头禁子索要纸笔，开始述职自辩。在狱中，他沉思了很多问题，也成熟了许多。他发现边关形成一张利益的网络，怀着决绝之心，他要宣扬于庭，要大声申辩，揭穿律法被权力和奸商操纵的实质。这样虽履虎尾，即使进锦衣卫把持的人间地狱，也照样能生还。这就是易经中所言的大义。何况明君在堂，贤良集庭，他鹤鸣九霄，君臣自然会在内心听到了。

他要出去，居庸关还有重大案情需要他去勘查。其实在他颁布边关税商的五条原则之后，没多久，严格执行他法度的副大使被调离。姜副使有个认作本家一姓侄子姜文做巡拦，在深夜也被不明之徒踢中下身，如成阉人。姜文本是陕北流民，辗转到此做小本生意。以前边关贸易遭到官商勾结的大贾垄断，小老百姓被盘剥等同于商奴，后来经过李梦阳的整顿，让利于民。姜文从中受益，后来有点积蓄，投报税务，成为一名税史。却没想到，遭此横祸。

居庸关派遣了守关御史，如同钦差位在李梦阳之上。是新御史弹劾了李梦阳，呈上一些大小商客及一些文官武将联名信。弹劾他急功近利，制造边关不稳，激化矛盾，影响东线战局。鞑虏的攻势由西至东，骤然烧到辽北。内三关也顿时紧张起来，朝廷难辨真伪，也或是一种保护措施立即将他先带回收押再说。这是权宜之计，以诏命拘回李梦阳来缓和矛盾，避免极端势力狗急跳墙，直接倒戈。

但检举李梦阳勾结其兄李孟和倒卖粮食，实为考验他的关键。刑部和锦衣卫都做了详细的调查。而此时李孟和和温和王府管家正在大同省亲游玩呢，有大同府官员作证。查验通州、河西务税关各船进京登记、纳税，根本没有李孟和的粮船进京记录。

榆河仓失火，可能是官商勾结借雷击纵火，掩盖李梦阳前去调查真相并嫁祸于他。凭着李梦阳在通州仓的表现，完全可推测榆河仓问题的严重性。户部也为李梦阳说话，证实他到三关短短时间立竿见影，税收猛增，物价明显下降。边民和小商小贩得到实惠，民间人人称善。刑部和大理寺、都察院负责此案调查、会审的官员，达成以上共识。

其实李梦阳制定的五项原则也被皇帝所闻。一个户部主事虽官低职微，但已入孝宗法眼。皇帝也认识到钱粮对前线的至关重要，国家急需发现、储备这样的人才，但火候欠缺，操之过急必出乱子。截获的那匹照夜玉狮子马，就是一个卫所的指挥使实际做的勾当。他已公开反叛，投降了早已网结的辽东。李梦阳查获走私马匹解往京城，商犯也被半道劫走，但四散的马匹作为无主的物证，只证明他工作行之有效。在紫荆关查获的商犯也越狱逃走，案件都无头无绪不了了之。

这一年孝宗日理万机，出现失眠。蒙古大举进攻，让皇帝的心一直高悬着没有放下。在深夜里他看着李梦阳案的卷宗，感到平静的三边也是波涛汹涌，暗伏玄机。得要慢慢梳理，绕指之柔克刚。听阁老东阳提及过他这个学生是位诗人。诗人有豪情壮志也好斗酒纵气啊。想到这里，他一声咳嗽，竟然略有血迹。皇后看了大吃一惊，连忙跪下劝告龙体休息。

5

李梦阳经过三关赶考，无罪释放仍在户部任职。他在边关摸索的一些政策，在看似柔弱实质金铁般的杨一清那里得到实现。这个就是茶马贸易。

梦阳无罪出狱没有多久，他的老师杨一清被任命为都察院左副都御史，弘治十五年（1502）督理陕西马政。心怀利器的杨一清此时官运才开始亨通。在陕西一做提学就是八年，他又调任南京太常寺，一直从事文化，没有投笔从戎的机会。

冷兵器时代，马是战争胜败的关键。好马需要好草，强硬的风水，而陕西历来是产名马战马之地。小王子的驰骋在于他拥有良马铁蹄，正是马背上的民族才席卷了欧亚大陆。

西北地区产马，当地的少数民族以马来交换中原地区的茶叶，这就是"茶马贸易"。这在唐朝的时候就有了，当时回鹘人赶着大批的名马入朝，换回中原的茶叶。宋代设了专门机构——茶马提举司来管理茶马贸易。明代，明太祖制定了严密的制度，下令用四川的茶交换西北的马，以供给军队，另一方面，也可通过茶叶的供给来控制西北的少数民族。但到了明代中后期，有些人为了牟利，携带私茶与西北人交易，而西北人有了茶的来源，也就不常赶马来，马政渐渐废弛，军马供应不足，军队的战斗力也失去了保证。

杨一清慷慨赴任，驻扎平凉、固原，接管牧马的草场只有六万六千多顷，养马军人只有七百多名，马也只有两千八百多匹。杨一清深知军马对于军队作战的重要性，决心恢复明初设立的金牌制，使纳马像交田赋一样必不可少。于是他施行了五项重要措施，即复金牌之制、专巡检之官、严私贩之禁、均茶园之课、广价茶之积，使茶马贸易的介入者上至巡茶御史，下至黎民百姓，大家的权力和义务都更加合理。茶课、茶运等各个环节都向着良性循环的方向发展。此外，杨一清又提出要增马种、增加牧马军人。四年后，茶叶已集中于官府，积茶二十万公斤，茶叶的运输则招商进行，不必劳烦民夫；西北的马大批赶来，共买得番马九千多匹。在杨一清的整顿下，川陕茶马贸易迎来了黄金时期。马壮则兵强，杨一清在边关扎稳脚跟，顺理成章走马上任延绥、宁夏、甘肃三边总制。

李梦阳常和一清老师联系，虚心讨教问题，所谓言传身教，学到老传到老。梦阳出生在西北，有些风土人情，杨一清也向梦阳了解。梦阳认为老师正在做范仲淹等人做的事业，恢复被破坏掉的边防沿线工事。修浚墙堑，增设卫所，整饬韦州，修城筑堡。他率领军民埋头苦干，在边线建立墩台、暖谯，在花马池设立卫所，构筑整个防御体系。自环庆以西到宁州，增设兵备；连横城以北至黄河南岸原有的三十六个桥墩一个个予以修复。号召流民支边开发陕西，进行减免赋税；增加盐引商务。

动荡残破的庆阳也在恢复中，蒙古厉兵秣马耀武扬威，两国在边线对峙僵持着。

京师自东到西的北方屏线，李梦阳摸清了情况，而整个南方经济进京的关口则是河西务。进了天牢又能顺利出来，就像进过宫被御封似的，李梦阳在户部内外有了名声。在弘治壬戌十五年（1502），他复官坐户部机关不久就接受敕令派往京南河西务监税。从北到南监税，围绕京师转了一圈。顺着通州大运河（也称潞河）向南开船不足百里就到了河西务，它是江南漕艘进京前泊船修整船坞的所在处，因在运河的西岸，户部在此设司收税，俗称河西务。

按大明朝规定，凡进京商船均需在河西务钞关领取红单，到北京崇文门后再凭单缴纳并纳正、条、船三税；凡不进京者，河西务只收正税，免条、船二税。其中商品税率为三十取一，要视船只大小具体而论定。

穿梭往返的载重大船帆篷如云，已成一大风景。常年从事航运的船只不下两万艘，其中不少官船气派堂皇鱼贯在黄金水道。朝廷允许官船挟带私货沿途出售，每只船限定不得超过六十石粮。而实际上各船的挟私规模都远远超过这个标准。当这些官船放空南下的时候，又将沿途的大批商品运到了南方。

河水交汇的咽喉，自然形成了街镇，商旅丛集，百货商贸。这里不仅有官商、民商还有皇商王商，更随着海运、边境贸易的暗暗流动，这里的水非常的深。江南的品牌称南货，岭南的品牌称广货，川黔统称川货，以及从关外、海上走私进口的各类洋货都源源不断地沿河进京或南下。

李梦阳的关卡就设在这条经济命脉的咽喉要处，他要为朝廷征辟滚滚财源，供给京师、保障前线输钱送粮。这是一个中外、南北、东西各种利益正在纠集形成最厉害的大关口。到了这里才知道什么是钱。北京的各路势要权贵家族、天下商贾都纷纷地把手爪伸到这里，编织一张共赢互利的商网。

李梦阳乘船而来一上岸就感到运河水就是钱潮钱浪的气氛。他上了岸，叫奴婢带夫人先进官邸，自己带着贴身随从则驻足在岸边。他望见一支官家船队，浩浩荡荡朱色大船，上面飘着大旗，出京向南行驶，走近一看是寿宁侯张府的船队。

看着船的吞水量就知它的载重多少。按照朝廷规定官船可载六十石粮，可船队并不是执行公务的官船。寿宁侯只是爵位，并没有实际官职在身。并且鱼贯的大船明显超重，但船队过关时没有检查填写税单，就要放行。

李梦阳上前质问关吏，为什么没有按规填单？

一个巡拦模样的头目闻听破口骂道："瞎了眼，你不看是谁的大船？管什么闲事，想投河撞鬼运吗？"随从上前喝道："不知是谁瞎了狗眼，告诉你这就是前来走马上任的户部李大使。"

那个小吏一听惊呆了，回过神来瘫倒在地，旋即磕起头来。梦阳铁青着脸说道："起来吧，饶你也不难，你要随我尽心尽职检查每一条船的货物。"

说罢他要亲自验过往船只。不仅要商船严格纳税，更要维系经济秩序，严打商人犯罪。从北方诸国走私来的货物大都要经过这里销往富庶之地南方，走私的货物在各关都没有备案，合法货物都有记录。

第一条船里，是运往江南琳琅满目的京货、字画古董。没有发现什么问题。

第二条船里，是皮草，东北和西北地区才产的山货，东北虎皮、虎骨、熊掌、熊鞭及诸多壮阳补气之物。这些皮草毛货骨骼也许不是典型的违禁商品，还不能证明它们是走私到北京的房货洋物。但李梦阳感到肯定有货，揭开底舱是五只海东青！

海东青是东北女真之地的特产，是最高和最快的鸟，传说中十万只雕鹰才出一只海东青。它栖息在北海冰天、沿海岛屿与河川。海产珠蚌，每年寒冬大熟，只有一种天鹅能凿冰食珠蚌以生，食蚌后将珠藏于嗉内。海东青就飞来专食天鹅。女真人的祖先就捕海东青，训练它为自己狩猎，捕获天鹅，处于食物链顶端。

它体态雄伟，羽色非凡，以雪白的"玉爪"为上品。这舱底的五只有一只秋黄号称三年龙，也是名贵品种。另外四只，两只纯黑也属于上品，另外两只毛羽驳杂些。

以南京直隶为中心的人间天堂及湖广江右，豪族王门、大贾巨室摇钱聚宝，以此为极品宠物。有一只矛隼神俊，是财雄之王的象征，比拥有一匹神骏还要威风些。在梁园狩猎，李梦阳想都没想过能有这样一只猎鹰，地上猎犬跑，天空矛隼飞，中间是跑马的人，前呼后拥何等威风。温和王也没有这样的一只鹰。

这原是北朝帝王级的狩猎之鹰又称矛隼，利嘴尖爪可以扑碎人的头颅，价值连城。罪囚流放辽东只要能捕到它，就会有人运作免罪，死罪也能逃生。

神禽虽性猛，但像宝马只要被驯服了，最通人性如同狗一样忠实于主人。女真人捕捉海东青和永州人捕异蛇一样冒险。历史上辽主就是因为过多索求海东青，把弱小的女真人置死而后生一飞冲天。

既能捕就能驯，历史改变了海东青。只要它们栖息在河流里，迟早顺应历史一样的河流。女真人经过熬鹰磨掉野性，像鱼鹰走狗一般吆喝，再放鹰狩猎。

又是东北女真，现在这个掩盖在历史边缘的种姓幽灵，会不会死灰复燃，重夺江山呢？李梦阳想到这里就一阵寒战。

继续搜查，查遍所有船只，竟然发现了那匹照夜玉狮子马！它被李梦阳在倒马关查获，后被劫走，马匹四散逃走。现在出现在这条商船上。

真是天网恢恢，北三关走漏，南运河关口查获。

审讯之后，商人一口山西晋方言，都是晋商，挂靠寿宁侯的旗号，一路畅通无阻，没想到遇到克星李梦阳。晚上，一人拜见李梦阳，愿意献上海东青和一大箱元宝，被李梦阳拒绝，赶出。李梦阳要挑战各路的利益既得者，他只是比小小芝麻官多一二粒而已。但他一夫当关万夫莫开，这里就是他的地盘、气候。

往日形同虚设的天条律令，立即被激活，雷霆作响。他带着剑气，手持商法，无欲则刚，绝不徇私枉法。在以后与权宦、奸商更加斗志斗勇的"海关"缉私中，他还查获了在西北火线正吃紧期间从南方私运火器、火药、军火等禁物，私藏在一船茶叶中，这些可能流向前线敌方手里。还有从南方搜刮来的珍禽异兽、奇花异草，比如朝廷禁运的翠毛、鱼鲛。更有从海上走私过来的洋货。他还检查过船载的墨豹和雪豹。墨豹来自云南，雪豹只生长在长江上游川藏一带的雪峰，这是侍奉太子的太监刘瑾从南方搜刮进献给太子的。太子不读书竟然喜欢玩金钱豹这种凶猛的动物，令李梦阳大吃一惊。因无条文禁运，只得放行。什么皇帝党的，太子党的，阁老党特别是退休的权势政要，什么外戚党的，党党结党营私走私！在此显露无遗。一场饕餮大宴，正在盛世中开张，突然出现空当儿，龙龙虎虎的竟然被一条鲤鱼骨头卡住喉咙。那么多得惯利益，被喂饱的、大张的胃口，如何忍受？

但诬蔑罗织罪名的招数已失效，这里是歌舞升平的向南口岸，不是战争前线，而是支持前方战争的大后方的较量。明天子在堂，谁敢动天子命官、敕令？大明可是科举骄子和皇权无上权威的法统社会，进士如升星辰，谁都不能让他平白无故流星般玩失踪。

道理明显在李梦阳这一边，就像魏征获得斩龙权，唐太宗也无可奈何救不了罪龙。

从狱中出来，他明显得到重用，品级虽然没提，但就像御史、给事中职卑权重，一度总摄六司内外事务。就像进了宫，在户部有了出奇的名声。提品升官是吏部的事，户部没权，但有分配事务的权力。进一次大一次，难怪有人以进宫为荣。在宋朝命官难得进宫，难得有苏轼诗案入狱的机会，但明朝因为有卫所诏狱，士大夫勾心斗角各种矛盾纠结，明显机会大增了。想想有时诏狱只是给文人增加了名声清流的副作用。

但李梦阳与那种专挑皇上的刺的谏官精神不同，他是保皇派，"只挑贪官不挑皇帝"。

监税各关的任期都是一年，这一年李梦阳风平浪静地度过了，通过年终考核，顺利交接。看似波澜不惊，就像运河的水那样说深不深，说浅不浅，表面没有惊天骇浪，但比其他水浓稠，浓度相当于烈酒的度数。

李梦阳正善于饮酒，不怕高，千杯未醉啊，不醉也不倒。

6

大明的长城，仍在紧张地建设中。像蝼蚁之命的大明，在崇山峻岭上建造雄伟的建筑。一座座旷世之城连成一线，里面安放着汉家的梦，外面天然抵御着胡兵鞑虏。

李梦阳打击的走私、价格操纵，没收的非法商品，还有明显增加的税收，源源不断地输送到北方、前线，直到变成长城的一部分。

建筑需要钱、经费。每筑边墙一丈，主持的将士再节省也约需工料食米等折成白银五十两，其中或有旧墙并乱石土垣可固，通融计算，每丈必需白银三十两。而这三十两可能是一只海东青的价格，一个农民劳苦一生也拿不出这么多的钱。

杨一清实行的茶马新政，严禁走私茶叶的制度从西到东推开。大明的军队得到补充的良马快驹，提高了战斗力，钱粮得到保障，士气正在逐渐恢复。

在大明遇到中兴之主弘治时，北元割据的东西诸部也出现中兴的小王子达延汗。他击败西蒙古的瓦剌部统一漠南北元诸部落，使残元成为与大明正式有邦交关系的邻国。旗下蒙郭勒津部落首领火筛赤面骁勇，东至辽东，西至贺兰，他驰骋于万里疆场，与达延汗相依日强。在李梦阳监税三关的弘治十四年（1501）秋，果然大举进寇花马池，连败官军直驱凉庆。

秦纮老夫临危受命，总制三边，军纪严明，收复失土。

他认为固原、平庆这些城隘、门户，民贫才致兵弱，城堡不兴以致商贩不至。他拓治城郭，招徕商贾要生财养兵。虏兵一至，商民四散无主，连开发的熟田包括军屯、民屯都因为腐败圈占，大失民心，胡兵一来全都荒废了。

北元如同沙尘暴，有植被大树、城郭深堡自然不惧。没有则陷入恶性循环，边将形如虚设甚至有的还与敌人勾连，一有战事还得京军出动。

军户职业兵，导致职业军官一生都隶属于卫所，部队的腐败超过地方。边防的军纪更是山高皇帝远，边将、指挥使演变成了一个个地主，跑马圈地。权势之家也在此屯田，换取盐引。花马池一带的盐田，古来又是盛产花马的盐州，更成了诸多势力垂涎三尺的肥肉。千里良田，近亿亩开垦的田野落入边将、官商之手，激起民怨，流民遍野，军心涣散。有本领有能耐的都想捞一把，吞一口，像纠结在千里、数千里边线上争夺利益的动物乐园。但一旦鞑靼铁骑排山倒海地压来，所过之处无不土崩瓦解，所有财利功名都做了泡影，鸟兽散。

老尚书望着三边千里抛荒的原野，只看见白茫茫的雪地、一望无际的黄沙飞天，他要开启边关新政，上奏获得批准。他淘汰不合格将校，弹劾包括宁夏辽抚在内的命官。抚恤死命将士，招募壮士练兵，分配士兵永久的军田，戍所为家。兵以将为命，军官侵占士兵军屯，军法从事。部队杜绝经商、跑马圈地，还商还地于民，大兴民屯，招商引民。失地收复了，田地不能荒芜，就招引流民来分田、屯田，收粮纳税。军民共建城堡如沙漠边缘植树造林，有了防护屏障，延袤千里，闲田数十万顷的旷野就可屯种，每顷地一年收赋五石米，总共可多得五十万石。

秦纮老骥伏枥，志在千里，荒田、废城，修筑边城寨堡一万四千余所，垣堑六千四百余里，固原成为千里沃野麦浪的中心重镇。他又发明一种战车阵，名"全胜车"。他的制式被诏令推广到所有边镇。这其实是一种先进理念，来自户部持之以恒地用生财、生粮之道去建造城市、修筑万里长城。小王子、火筛、辽东能把火线拉长到一万里，那么我的长城也能修长到一万里。招商囤粮让军民出心自乐去修建。长城坏了，其实都是自毁,自己崩塌;政治与军事的昏暴不明、内部紊乱、贪欲更清晰地体现在长城上,投影在明镜高悬的城墙上。堡垒都是从内部攻破的,而户部的人马才是长城路线的真正修正者。有了王越那样知兵机的儒将,再有秦纮这样严律峻法的生财之道,杨一清再接再厉地筑城置市、修堡挖壕,北元和辽东再一浪接一浪地冲击,也不过是疥癣之患。

王越逝世后,秦纮顶上他留下的空虚。这是一对年兄年弟,都是景泰帝继位第二年(1451)殿选的进士。那时国家处于生死存亡之秋,这两位文人、双子座同一天曲江宴饮,同做御史又都驰骋沙场练就了血肉长城。秦纮不及王越武功,但在巡抚宣府时也击退过小王子,"文韬商略"略胜一筹。

从河西务卸任的李梦阳,第二年即弘治十六年(1503),奉命前去宁夏饷军。三边恢复农垦,招商引民募兵,一下子轰轰烈烈搞起军民大生产。军人需要粮饷,商民需要大量种粮。

秦纮挂衔户部尚书,户部当然得要大力支持。皇帝也颇振奋,准奏李梦阳作为天使前去送粮送钱,犒赏三军。把南方主产区的粮食征调到前线,李梦阳由京城抵汴,夫人左氏带着跟梦阳读书的二弟左国矶一同南行,衣锦还乡。左氏弃舟上岸,回到开封的家中。她的父亲左梦麟已亡故,只剩下母亲广武郡君。她共有四个弟弟,父亲死时大弟国璇才十三岁,四弟才几岁,也夭寿了。唯有三弟国玉陪伴母亲的身边。女儿翟冠翠翘,头戴敕封安人的羽冠,拖着长长的裙裾,霞帔在肩若飞,白皙修长如玉,顾盼流珠。她和弟弟下了马来,远远地喊着母亲。

看到儿子和大女儿从京城回到自己身边,这位王爷的孙女不禁和女儿抱头哭泣起来。左家从豪门大家落魄,剩下孤儿寡母。所幸是老爷生前慧眼识俊英,挑一个才子女婿。今番出人头地,作为钦差出使宁夏饷军。

梦阳不敢以私事耽搁使命,虽官船入汴也不敢过府拜见岳母大人,写有一封书信问候。朱氏览信停止悲泣,对儿女、侍女们说:"当初李生微而贫,我曾担心女儿受委屈。还是老爷说'公主都有定制只准嫁于平民寒门,经过元乱,哪有什么世家膏粱之族,不过是官宦人家多纨绔子弟。李郎不一般'。"众人听了又笑了起来。在京城见过世面、学毛诗的左国矶为了让母亲高兴，还说了一个故事。就是在姐姐结婚的第三年，弘治皇帝的德清公主被民间骗婚。一个商家子弟袁世相，向当红太监李广大肆贿赂。公主选驸马，由太监、女官组织向民间寻访联姻，再层层考核。李广贪贿，极力吹捧袁世相。弘治帝答应了亲事，定下婚期。正准备大婚时，突然有人告发了李广和袁世相的贿婚。很快就查个水落石出了，李广收袁家一船的金银财宝，民间对袁世相的评价近乎富不过二代的纨绔子弟。

而公主新婚日期普天同庆的诏命已向全国发布，皇帝只有一个皇后妻子，公主是嫡公主，金枝玉叶里的心肝宝贝，怎么能嫁给处心积虑的骗子人家呢？皇帝收回成命，推掉了婚期，亲拟圣旨废了袁世相的驸马名号，另选了新人。如日中天的李广，凭道术修炼斋醮取宠，也从此走了下坡。逢清宁宫失火，幼公主突然夭逝，正好司天监奏称由督建的毓秀亭犯了岁忌。居清宁宫的太皇太后迁恚于李广，骂他不死大明不得安宁。话传到李广耳边，李广竟吊死家中。

比起德清公主，左小姐算是红鸾星动吉星高照了。而骗婚的坏人也终于死了。左府上下笑了起来。月满团圆的左家，有了欢声笑语。

而李梦阳带着粮饷、牛羊美酒来到宁夏前线。宁夏镇治在灵武，这是大唐平息安史之乱的根据地，也是西夏李元昊都城的废墟。它的南边就是李梦阳二叔曾经戍守的花马池，庆阳军户们抽派的地方。

在他催粮到达之际，正好有一次战斗。胡虏烧毁军粮，突破防线劫掠。军中正缺粮少衣，胡天八月即飞雪，战士饥寒交迫，忽见朝廷犒赏到了，还有杨一清骑兵助战，登时士气大增。梦阳随老师杨一清指挥战斗。鞑虏遥见朝廷援军突至，一时摸不清有多少人马，呼啸退败撤去，霎时不见踪影。

秦总督接过敕旨，接收军饷与皇恩浩荡。杨一清作为陕西巡抚，他主管的马政就在固原这个自古中国出良马的宝地，与总督府同处一城。作为所辖属下，杨一清陪同秦总督前来宁夏镇见李梦阳。师生相见，梦阳不禁热泪盈眶。

军中开宴，梦阳向老尚书、恩师杨一清及各位大人、将领敬酒，谈笑风生。

将士都在兴高处，却乏歌声与诗情。一清说道："梦阳做天使，今日何不当席赋诗，平添士气情怀。"众人齐声说好，边关久无风雅，难得能听到雅音。

李梦阳站起，捧觞一边饮酒一边歌吟起来：

> 胡兵十万起妖氛，汉骑三千扫阵云。
> 隐隐地中鸣战鼓，迢迢天上出将军。
> 边沙远离风尘气，塞草常萎霜露文。
> 荡子辛苦十年行，回首关山万里情。
> 才闻突陷贤王阵，又遣分围右校营。
> 纷纷铁骑朝常警，寂寂铜焦夜不鸣。
> 沧波积冻连蒲海，雨雪凝寒遍柳城。
> 地分玄微指青波，关塞寒云本自多。
> 严风凛凛将军树，苦雾苍苍太史河。
> ……

梦阳改变骆宾王《荡子从军赋》的低沉声调和体裁，歌吟出《荡子从军行》，昂首歌唱，声调时而高亢、悲歌、激昂，时而幽咽、凄婉、抒情。

在座的人无不被他声情并茂的诗歌感染、动容，内心世界被他调动起来，顿生豪情壮志。诗人在酒宴上就是闪耀的酒星，气氛活跃，勾起将士沉在心底的情愫，让人难以忘怀。

诗罢，宴终。他一路走访军营、军屯、民屯、商屯，访问正在挥汗如雨的长城建设者，那劳动的场面，本身就如史诗般的壮丽、辽阔。

他本是军户的后代，自然知道军中的苦乐、忧患。

他看到即使在宁夏的城池，秦老夫子都修建孔庙以兴学，处处惠商，保护民商的利益。百姓渐渐地安居乐业。

他特别向老尚书建言，花马池有地利之便，比固原更适合做三边的中心镇所。花马池的盐和马要大做文章。大力采盐治盐，有了盐山盐海，自然吸引天下的大商大贾来输粮换盐引，来置地开荒囤粮生产。这样就形成一个良性循环，花马池也会自然形成一个商业中心边镇。

老师听后点点头说现在时机还不成熟，以后有这种可能吧。那样防线将向前推移了，以现在实力还不足以这样地推进。

老人家成为万里长城建设的主将，承受的重压是常人无法想到的。他和修筑的军民同吃一锅饭，共住一张床。他家一直是朝廷有名的困难户，虽为封疆大吏，老婆孩子常常连菜羹麦饭都吃不饱。他的俸禄常常抚恤军士了。在戎马沙场看着倒下去的将士，抛下妻小老母无人照料，他都是铭记在心的。

镇边三年，秦纮七十九岁了。三边风高雪寒，破土动山没日没夜督战、督建。精神支撑的体能已经达到极限，趁着健在，做好关键的移交重任，不好临危一头栽倒，像老战友王越倒在任所。让朝廷选好胜任者，平稳地交接。套寇渐渐平息了，此时正好户部倡钟退休，他加封太子少保，被召回户部任尚书。第二年乞请退休，荣归故里，不久就病逝了。

更纯粹的文人杨一清走上前台，开始叱咤风云。他扎根陕西多年，以左副都御史并巡抚，推行茶马新政，乘快马良骏迅速地顶上来。大明的骑兵恢复元气，驰骋边关。

秦纮复修长城，只是草创薄弱环节，仍是打个地基，画个草图。凭着他的威望、雄风，城堡也许不要建筑多高多雄厚就可以了。而王越甚至根本不需要建城，主动出击就能直插敌后根据地。

而世间再无王越、秦纮。

7

饷军宁夏完毕，李梦阳回京复命。

从宁夏南下，即似一马平川就到了花马池、盐田。这一路地宽田软，城堡稀疏，无天险可守，就到了庆阳、平凉、固原，直抵八水长安。

这好像一道宽阔的南侵走廊，敌寇几乎是洪水猛兽般冲下，良田盐业都毁于一旦。路过花马池的盐田，目睹着还没有恢复的盐场、盐井废墟，不禁感慨万千。盐田如同银海，它化作银汤可以凝固三边城防，那将是银色长城银关高耸，稳如贺兰、六盘山不倒。

现在还没有形成良性循环互动。目睹苍黄与寒荒，后来他写下《盐井行》：

> 山头井干生棘蒿，山下井塌不可熬。官司白牌促上庚，富家鬻田典耕牛。贫家无牛典儿女，谁其使之华阳贾。华阳贾子多少年，拥金调妓高楼边。夜驰白马迎场吏，晓贾青丝还酒钱。君不见，场吏乘酣气如虎，盐丁一语遭棰楚。

利令智昏，暴利还令官商性如野兽，像灯黑夜高的黑瞎子熊一样疯狂取利，纵欲，人心败坏，冲毁一切边防，冲向万丈悬崖。

庆阳在固原的东北，残破得尤为厉害，像马踏豆腐渣一般。

想想京师一线的长城修建得巍峨雄伟，机关重重。蒙古铁蹄已难以翻越了，而河套沃野却成了边防最薄弱的地带。河套成了一个拉锯战。

千里长廊没有天堑据守，又是自古农耕文明的发达地区，只有建筑高城大墙、接连长城如同攀上巨龙之体，才能有备无患。

加固，加高，加厚，加强，加多，遍如星野，这是李梦阳一路的观感。

庆阳的府城，在入侵者的眼里也形同豆腐渣，被踏破不知道多少回了。

李梦阳顺道回乡祭祖，给父母上坟，也是衣锦还乡。官员接来送往，卑微军户的李家也算是光宗耀祖了。再转道汴梁，拜见岳母，接妻子左氏回京。一路喜气洋洋，钦差的光环罩在头顶，那感觉太美妙了。李梦阳进入他人生的一个小高潮。

在去往前线的路上，他曾路过长安武功县，还急匆匆顺道联系上了因思念家母而请假回乡的状元康海。二人都是杨一清的弟子，都有志复古盛唐的诗歌。康海连作《赠李献吉往宁夏饷军十首》，以"李杜有遗音，惟君方可驾"等诗行相赠。又有"若到贺兰山，早拟封章上"，对他寄予殷殷期望。胸中有甲兵，谁能说他以后不会走上封相拜将之路呢？

卫道护统还在于卫国保民，渴望在边疆建功立业，这是他恩师杨一清的戎马驰骋沙场的功业，也是他内心萌动的理想。

这一路虽是艰险，但他意气风发丝毫未觉辛苦。复完命，他不用再派出监税了，而是清享户部机关，只要平安无事，就会按例升官晋爵。

精神亢奋又处于清闲之中，李梦阳诗情勃发。他反复梦见自己裹进一场旷日持久的战争。一开始他追随皇帝，大获全胜，燕然勒马唱着直捣黄龙府的诗歌。可风云突变，他又陷落在安史之乱之中，他被困在灵武，又奇迹般打败胡虏。正横槊赋诗，被一阉人模样的人抓住，抛到土木堡，这一次不是蒙古而是金国残余女真人，漫山遍野都是。所有人都投降了，北京失陷了，只有他率领一队人马全部是诗人，打着空同旗号，在冲锋陷阵，全被杀掉了头。头从山坡上滚成行，行行重行行。他几次醒来，都摸了摸头颅，头尚在，尚在。梦都是反着的，头一定不被砍下的。头是用来写诗的，不是被人砍伐的。他直觉蒙古所有的毒都流得差不多了，两国正在磨合。就像当年的辽宋，而更凶猛的敌人是后来居上的新虏种。从他查获晋商与辽东的勾结，他觉得真正大患可能不在西部，而在辽东。西边有杨师一清足以备患，而辽东有谁呢？他不由得头疼欲裂。生恙过后起床，宛有神思，回忆着三关监税的情景，忽有一日灵感袭来，他信笔由缰：

> 大同宣府羽书同，莫道居庸设险功。
> 安得昔时白马将，横行早破黑山戎。
> 书生误国空谈里，禄食惊心旅病中。
> 女直外连忧不细，急将兵马备辽东。

（《秋怀·其六》）

诗人的直觉超过所有历史学家、兵家，阴阳家的预言、推算。他最担心的辽东女真，结果才是真正的大明灾星。

有了直觉就符合一个诗人的天性敏感、内心锋利、灵动了。真正的诗人总有一种先知先觉的预言性。

出生于沙场边城，亲自参与西北边防之战、犒军，使李梦阳自觉地靠近大唐的边塞诗歌。由边地进入唐诗中心的通道，在向他打开。从三关到边关，他从大唐的边塞诗向大明的边塞诗冲杀。他一身唐风，雪笠风披，好像带着唐长安的风气冲向北京的诗坛。

自明初诗人高启被杀后，明诗就像干巴的僵体放在台阁上，直到孝宗这里才出现复活的迹象。皇帝把持权柄，像普通民家那样过日子。夫妻相敬如宾十一年，还没有皇子出生也没有纳一个嫔妃。夫妻最大爱好就是闲暇相伴读诗弹琴。

没有太监作乱，锦衣卫更是守法模范。真龙在天，百兽潜形。内阁里全是文豪贤臣良将。天子带动了诗歌的还阳复兴。他也是诗人，对他的内阁顺手可作王者的大哉之言，但他是静静地写给皇后看的：

> 习静调元养此身，此身无恙即天真。
> 周家八百延光祚，社稷安危在得人。

他完全可以喋喋不休地写，然后成集，全国刊行。但他绝不使自己成为诗人，他是倾听者，是欣赏者。把诗还给诗人。

阁老李东阳主把文柄，天下翕然奉他为宗。他更是经得起权力腐化考验的人，操持国政十八载，清节高风，像秦纮尚书一样善始善终。诗歌还阳，他是一个阳，李梦阳又是一个阳。他的家庭和李梦阳如出一辙，都是戍卫的军籍，他是长沙茶陵人。他父亲李淳以教私塾为生，家贫到一度当船工。但他四岁就跟父亲读书习字。景帝不放过任何人才，亲自召试他，特别喜欢，把他抱置膝上，给他水果吃，赏赐钞钱让他读书。他和杨一清一样十八岁就殿试得中，明君之下必是明臣。

门生故吏满天下，围绕着李东阳，大明的诗星群冉冉升起。他开创了茶陵派。他使诗歌摆脱了僵化的台阁体，虽然他是台阁诗。他推崇唐诗，尊崇李白杜甫为宗。强调诗要有眼有耳，眼主格，耳主声。闻琴断知为第几弦，此具耳也。月下隔窗辨五色线，此具眼也。讲究诗歌回归本体强调艺术性，以唐为师，效法唐诗则又在于音节、格调和用字。而在气象、意象方面，明显上气不接下气，如隔天堑银河无法衔接。他形成自己的流派，宰相肚里能撑船，宽容多元，有一代宗师的风范。他所写的《拟古乐府百首》以乐府体诗作史论形成一家之言，直接启蒙前后诸子的拟古风潮，开创复古先河。但只是说说而已，并没有打出鲜明旗帜。唐诗的好，任何诗人都知道的。他隐约感到一股后生形成的后浪要推走他的心寒，他能怎样朝前？

李梦阳与他家境相同，又是在他主考下得中，自然在他的诗歌门下。

这时写诗的进士明显多了，特别是年轻得中的才子，青春气息与诗歌特性天然相通。

王守仁也在弘治十二年（1499）金榜题名，常常彻夜与李梦阳讨论西北军事与诗歌。他还奉命到西北出使王越的葬礼，为此还朝后上奏西北边疆防备之事，调到刑部任主事。

而西安乡党状元康海、王九思也进京了，历城人边贡、河南籍何景明、王廷相也是同气相求的才子，特别是"吴中诗冠"徐祯卿也赶上弘治朝的末班车，与李梦阳称兄道弟。他带来"文章江左家家玉，烟月扬州树树花"的江南诗调。

这七个人中李梦阳进京最早，是科班老大。社会阅历非其他六子可比，以现有边塞诗及古风洋洋洒洒、雄压海内，夺得先声，俨然似七人的班头。有长安状元康海入盟，有名冠江南的徐祯卿自甘垫七子之底，顿使这个复古运动蓬荜生辉，宛若诗坛七星北斗。

诗必盛唐文必秦汉的集体意识，强调到绝对的地位，形成一股文学思潮。一下子，把李东阳曚曚昽昽的拟古之风展开到最强音。崇拜要到迷信的地步，入门者要像书法临帖那样临摹诗歌。一时故作惊世骇俗之谈，以盛唐诗歌的准教徒身份自居。其中何景明紧追李梦阳，二人同是少年得志的胆大包天的进士。何景明出生时也是母亲李氏梦见太阳落到了自己怀里,所以取名景明。十六岁中河南乡试第三名,二十一岁中康海榜进士,更是狂飙突进地复古,自号大复,人称何大复。二人联结康海等人振臂高呼"文自西京、诗自中唐而下,一切吐弃"。操觚谈艺之士,群起而效用,奉为宗师,如达摩西来,传播真诗足音。

回到盛唐去,回到大唐的盛世,恢复大唐的气象,盛唐之诗成为大明中期诗人的精神归宿。沉浸在南北二京盛世氛围中的,迷信现在是大唐的人,可用大唐之道来解决诗歌乃至政治问题。特别是蒙古屡屡入侵,如同安史之乱,现在大明中期与大唐中朝有令人遐想的相似。同时希望借鉴盛唐转衰的前车之鉴,使现在的明朝保持在弘治中兴的局面。认为现在是安史之乱前夕的人,正当借鉴盛唐种种措施、风气来避免中衰,振疲起衰。

诗必盛唐,凝聚着历史回声,曝光相当一部分士子诗人的心灵底片,所以成为一个运动。从诗歌到文学再到政治生活,这也是弘治明堂在世的一个折射。谈论唐诗、临摹盛唐之诗的风气,蔚然成为京师的诗风浪潮,渐渐逼向主流地位。

李梦阳声誉鹊起,后来居上,风头似乎一下子盖过茶陵派所有的诗人。

他笼罩在功成名就的茶陵派之下,像大树之荫好乘凉,但超越他们是不可能。而他暗讥茶陵派暗弱乏善可陈,是应酬的韵言附庸风雅而已,把诗当成一种声色、技艺,像精美的花瓶艺术品,而缺乏这个时代必要的气血、骨肉、灵魂、梦想。

每一次复古,其实都是对现在的不满、超脱。李东阳的复古,也是对之前台阁体的反动。其时发生土木堡事件,台阁体诗歌已经成为僵尸了。

李东阳在这些狂放不羁的后生才子们眼里不过是台阁体旧窠新的入住者,新的僵化官僚罢了。这个流派从李东阳的同学同僚到他的门生故吏,从大学生到翰林彬彬之盛,不可摇撼。以李门六君子,与当年苏门四学士相提。

　　生在前线，几度打马边关一身征尘坐过大牢的李梦阳，像一位诗歌前锋，横槊赋诗，一槊槊打来，自然一声凤鸣，百鸟喑哑了。当年茶陵派振起，如老鹤一鸣，喧啾一废，把以前的台阁体扫入尘埃。现在又遇到相同的挑战者了。

　　弘治十才子都是复古大将，其中李梦阳、何景明、边贡、徐祯卿称弘治四杰，以四杰为骨干急先锋，恍似个个是盛唐李杜的劲头，自命重返盛唐，那里才有诗歌。

　　长江一浪推一浪，江山代有才人出。李东阳在内心面对门生晚辈站在自己肩上，摇旗呐喊风头无二，一开始并不在意，倒是觉得后生可以可畏。在他心里，诗坛是他慢慢恢复、建立的。杨一清也算是他的后来者，并且根本不与他争锋，远遁边关。而这个李梦阳，在他六十大寿献诗，只说他文章、道术、书法如何精湛，避而不谈他的诗。而他最看重的是诗，诗是皇冠上的明珠，他看得比财利比相位都重要。唐朝诗人宋之问看见自己外甥刘希夷作诗《白头吟》里有"年年岁岁花相似，岁岁年年人不同"之句，便急欲据为己有，向外甥希夷恳求，刘希夷哪里能答应？宋之问顿起杀心，竟遣人用土囊将外甥压死以将佳句占有，或者他认为世上再无人能写出此等诗来超过自己。宋之问在则天武后尝游洛南龙门的赋诗大赛中夺得锦袍。唐中宗昆明池赋诗赛，群臣百官当场竞技，诏命上官昭容做考官，最终宋之问以诗中"不愁明月尽，自有夜珠来"拔得头筹。隋炀帝自视诗天子，见薛道衡作诗超过自己也是杀心顿起，杀薛时还说还能再作"空梁落燕泥"否？可见诗人对诗有那种世人不能理解的炽与痴。

　　诗歌宝座的当庭竞争，万里问鼎，千年的角逐，严酷不是凡人能想象的，当然主要是文战，直接动武并不多见。

　　更让李东阳感到威胁的是康海作为天子门生，他和李梦阳一干新秀互相吹嘘，激励摩荡，恃才放旷，往往一鸣惊人，自作流派。

　　是鸠占鹊巢还是另起炉灶？后生文人相轻，轻狂又寡恩，还不老成，各领几年风骚。当然李东阳不会发作，只是有不快的感觉梗在心头。也许自己真的老了，落伍了，不再是弘治的诗宗？

李梦阳等新秀冉冉升起，自觉执到诗歌斗柄，七星耀野，他们的诗歌传到大内，天子和皇后在课外也阅读到了这股托古的新奇。

但首辅刘健是天子老师，一直是弘治朝阁老。这个理学家不喜交游，一心道德。他历来鄙薄诗人。气盛的诗人们更是把他的理学包括台阁理学诗当成裹脚布，李梦阳还点名骂他因噎废食。还有个国子监学生江瑢弹劾刘健、李东阳阻塞言路。孝宗为了安慰二老将江瑢下狱，二老又紧急营救该生出狱。沉于下僚或久不得志的学生，都有一种天然的七品御史、给事中弹劾大臣不畏强权乃至皇帝的精神。阁老肚里能驶得万年船，保护这种古来的传统。他们是试金石，忠奸贤愚乃至圣明、昏暴由此而鉴定。宰相们不与后生一般见识，但四杰中的前两名李何，则十年没有晋升。李梦阳还是主事，何景明还是中书舍人。

让李梦阳遗憾的是王守仁，在诸子聚齐会合前，他早已离开京师。他秉烛与梦阳夜谈的更多兴趣在西北军事，整个边关。诗歌的嗜好，在京师他顿减，对他们掀起影响全国如火如荼的诗歌运动则是退避三舍。他早在家乡龙泉寺搞过诗歌结社活动，他对大唐最心仪的不是诗歌而是道教。他崇拜李白超过杜甫，更向往的是李白仙风道骨。他在新婚之夜出游，遇见道士，二人相对静坐而忘返。后来他又七天七夜对竹子穷理而病倒，一无所得参透理学的虚伪。自授刑部主事，出断江北不久抱病而归故里，筑室于阳明洞中修道炼术去了。盛世无功业，他心中的大业又在哪里呢？

王阳明像一个漫游者，往往返返不知所归。但红尘翻滚当朝岂能尽止？

第四章 向来急切疏，意气凌五侯

白马紫金羁，扬鞭过市驰。

......

片言即赐第，意气凌五侯。

——李梦阳《白马篇》

1

明君正值盛年，如日中天。但日中则昃，月盈则食，孝宗朝无阉患无特务厂卫政治的黑暗，也无外戚坐大。但废掉的相权、阉寺进入国家中枢已成定制，皇权铁定膨胀如庞物怪物。孝宗仅凭修身养性，一人光芒四射的圣天子风范，控制、驱逐了黑暗势力。就像一个人凭着强壮的体质，不停地锻炼，战胜体内的病魔，但如弹簧伸缩，一乏力又可能疾患复至，百病重生。

孝宗没有废掉早该摈弃的皇帝极权、衍生的阉党司礼监秉笔、厂卫诏狱的僭越私权，而回归汉唐宋正常的天子制度，更不要说三代的王制了。

贤人政治，带来的盛世，好比水中月镜中花，不是谁都能享受的，也不是谁都能把握的。安危都系在皇帝一人身上，而好花不长开，好景不常在，没有正常制度的保证终归要败于制度的先天性缺陷、变乱。

近水楼台，凡是皇帝身边信任的红人自然炙手可热。李广能作符箓法术和祈祷祭祀，净身入宫自然超越诸阉，被称为神奇。太监识字学会文化不得了，何况李广有道术呢。权一大就经商插手盐利，就想圈地建房，建造豪宅如同王府。就想也拉皇帝下水，劝孝宗在万岁山上修建毓秀亭。不料亭子建成后，小公主夭折。清宁宫发生火灾，太后失去住所。占司天监夜观天象上奏是李广建毓秀事犯了岁忌。太后怒斥："昨天李广曾为商人骗婚公主，今天又是李广，明天也是李广，招来天祸了。"神仙之人竟能发生在太岁头上动土的低级错事，不就是没经过国家规划建个亭子嘛，李广就自杀了。

孝宗以为李广是尸解仙去，家中可能藏有天书异册，派使臣去找，只找到了一本登记官员行贿的簿子献上。上面有许多宛如天人的文武大臣之名，写着馈送黄白米各有千百石的数字。天子惊异问道："李广能吃多少东西？就接受这么多米。"侍从答道："这不过是隐语罢了。黄米指的是黄金，白米指的是白银。"

皇上不由得震怒，朝廷命官勾连大内阉党，投走其门这还了得，诏命严加追究。交结李广的权势，求走寿宁侯张鹤龄帮忙解脱到驾前缓颊。寿宁侯不敢答应，但犯事官宦深夜如流星般驰落张府，越来越多黑压压跪倒一片，不答应就不起来。穿红着紫，每个手里有权柄，人情大过天，张鹤龄硬着头皮，进宫跪求姐姐皇后。张后待着时机，委婉劝驾，这事才被缓缓压住。当时只有王越在边关作战，没来得及巴结张鹤龄，自然遇到麻烦，被左弹右劾，一腔热血喷于前线，将星陨落。

李广不过是收些钱利，倒有些英雄气概、识人之量，当年被免官回家的王越就是被他推荐到前线去的，并且李广能够一自觉有罪就杀身，绝不苟且。

神仙贪财，这让孝宗百思不解，也反省自身，所谓明君就是广开言路，让百官全民都有议政参政权。孝宗再度激励自己，开始新政。他要更大规模开放言路，不仅是御史、给事中，全天下的士民包括修长城的民工，哪怕是精神病患者都可以直接向皇帝上书，或谈国事参政议政或检举揭发，各衙门都要全面开放，宣传这件事；每一封信尽可能呈送御览，送到御书案前。

皇帝诏曰："朕方图新政，乐闻谠言，事关军民利病、切于治体可行的，着各衙门大小官员悉心开具，明白来说。广开言路，士民皆可言。钦此。"

诏书传到户部，李梦阳看后暗喜。他对时政早已熟稔于心，正要陈奏弊害，上书言事痛斥外戚寿宁侯。他认为目前大明朝政治清明，阉祸李广已除，只剩下外戚张鹤龄。他敢为结交李广的权家势要开脱，是要接过李广的资源，祸国殃民。

回家，他秘密挥笔疾书，连妻子左氏也没有告诉。反正他时常为文作诗，左氏习以为常，也不过问。

一夜写好上疏，第二天放在衣袖里，骑马奔向边贡家。边贡此时正任兵部给事中，专司奏疏封驳，类似都察院专司兵部的御史，但位卑权更重，官署在午门外直房。他听说李献吉前来，以为又是谈诗论道，急忙迎了出来。人未见就喊道，献吉兄，天尚早还不是纵酒时刻，又有什么好诗写出，让边某共赏啊。

梦阳闻音，举了举袖子，挥了挥，同边贡进了书房。

还没开言，王守仁又从外面进来。他辞别帝京隐居明阳洞修道，道未修成又返回来了。京城的人气文场别的地方是没有的。

王守仁一见李梦阳广袖便说："有物啊，藏什么东西啊，必是谏章。"

梦阳吃了一惊，连老婆左氏都不知道他写的是奏章，为何被王守仁一眼就看出了呢？看样子这位老友比老婆还熟悉自己的举动。被他一言说破了，梦阳就把草稿拿出来，出示给二人看。

王守仁一目十行观罢这盛世危言，惊叹道："权势板结，声焰熏灼，众莫敢问。此疏一上，必惹重祸！"

"未必，未必，献吉一片忠心献给今上，今上未必见罪。"边贡一边仔细观疏，约有五千言滔滔大观，一边说，"所陈二病、三害、六渐，极论得失啊。"

士大夫为国之元气，百官却寡廉鲜耻，禁谤绝言。宦官是心腹之患，居大内如十虎牧一羊，泛滥膨胀结党营私，代表皇权狐假虎威操控仓储厂库，垄断盐利钱粮。这是根摇心晃的两宗大病。

夫三害，首害为兵。战事一开，控弦之士难有三万腰健，骑士牵露骨马，弓矢不全。部队成为既得利益者，人头虚报，粮饷无数。宦官和锦衣卫插手兵员。官将不恤兵，视战士若私奴。蓟州牧马草场一望数千顷也，马贵民贱，形如马吃人跑马圈田。最终又圈马户马场，长此以往难免生变，马户强悍又近在京畿，若一日有变如何了得？二为民害，贪敛日重，朝廷恩泽不及百姓。盛世的成果都被权势之家吞食。三是庄场豪强兼并土地，皇亲国戚尤为剧烈。失地的土著、自耕农贫无立锥之地。

所谓防微杜渐有六。一是国库日渐空虚，事倍功半乃至无边，巨费耗财却中饱私囊。二是盗贼渐起，内忧外患相连。三为吏制渐坏，过于宽松失去先朝罢黜迁谪之制。四、法纪渐废，丧失严刑峻法的肃贪、纵罪。五、千观万寺林立，迷信日盛，萎靡日漫，左道益炽。六、皇亲国戚骄恣横暴，蚕食坐利国家。"今陛下至亲莫如寿宁侯，所宜保全而使之安者亦莫如寿宁侯，寿宁侯招纳无赖，罔利而贼民，白夺人田土，擅拆人房屋，强掳人子女，开张店房要截商货，而又占种盐课，横行江河，张打黄旗，势如翼虎，夫川溃则伤众，万一法行，陛下虽欲保全而使之安乎，焉得乎？此非所以厚张氏也。"

边贡和王守仁边看边议，为这些问病陈冗称善。但到了最后一条，他们都傻了。李梦阳竟指名道姓直击寿宁侯！

只要不涉及到具体的人，无论怎么激烈，天塌压大家。现在五千言只点一个人，做总结性定论。皇后的亲弟弟岂能由你来盖棺论定啊，王守仁直呼不可不可。

当然他知道士大夫反仰寺人李广鼻息，事情败露又求救外戚，而张鹤龄不过是顺水推舟做人情罢了。他虽飞扬跋扈，但不过是衙内恶少。皇后母仪天下贤明淑德，张家仅两位国舅恃宠而骄，贼民罔利自污其名，并无外戚干政之象。

边贡也帮腔说道："奏疏不宜变成弹劾，涉及谁谁都会玩命，不要说寿宁侯了。"

梦阳铁心要上，痛斥张鹤龄招纳黑社会，大搞地产、商贸、勾栏瓦舍的经济，倒买倒卖盐课茶马走私，不可不劾！

王守仁跺脚直言，犹一句作尾不可不可。厚张氏乃至情，人之常情。张氏并不是万氏，万贵妃原不过是罪民家罚作的宫女，淫巧暴虐，乃至万安入阁；万通执掌锦衣卫，内外干政。而张家是民间书香门第，子弟并无实职要职。

边贡说："现在各种势力不敢明目张胆，都拿这个寿宁侯赶鸭子上架，纵凶家奴打他旗号做事。都是把他往火炉上烤做冤大头罢了。"

梦阳说："正要拿他祭刀，杀各方奸腐孽障气焰！"

三人相持不下，王守仁说："好了，好了。我们各自上马，到在下寒舍，待某卜筮问问天意如何。"

梦阳不肯去，便说："大丈夫做事，不问吉凶祸福。"边贡不由分说推着梦阳出门便道："天意即民心，不是问吉凶而是问天道。"

三人上马行到王守仁府上。

守仁跟从道德高深之士学道，也学会用易卜筮之法。他的方法很简明，只要李梦阳摇铜钱，摇六次成六爻，对照易经经文，便可测知神鬼之意。

梦阳洗手，静心，焚香，摇动筒中铜钱，得出一个解卦，是由豫卦变来。九二为变爻，以变爻爻辞来判断。得出一个"田获三狐，得黄矢；贞吉"的判断。

王守仁分析卦象爻辞后对梦阳说："可以上疏，忠直之心天地可鉴。这是吉象，你是李献吉，献吉献吉嘛，这次献书即使有难也有一解，逢凶化吉。"

你驰骋的大地、良田、沃野，表面看来喜气无边，但会突然变成一个坎。你飞驰冲突在坎坷凶险之中，却意外射到三只狐。你虽陷泥潭但却正在道中，狐狸在岸上、高处奔跳向你袭击。所谓三狐者，外戚、官、宦，都不能加害于你。不过像妖魅一样，邪不压正。因为天雷滚滚在上，吾皇雷霆万钧，震慑凶顽。但你的箭并未射中三狐的心脏，射中的可能是狐的门牙。你的箭被三狐衔走了，却意外得到一支黄箭，仿佛从天上掉下来的赏赐。

这就像一个故事，王守仁继续说了起来。

从前有一个人，困在田野，叫作野有遗贤，他虽在坎坷之中却捕获三只狐狸，得到一支在阳光下闪射着金色光泽的黄箭。

他骑上马奔驰着，箭囊插上那支黄箭。这下却招来了强人。

他被绑住了，试图用拇指解开捆绑，这时来了可信任的朋友。

以诚对待强人就解套了，绳索就解开了，金石为开。

他返回国中，回到自己的位置上，用那支黄箭射落在高墙上的鸟，获得了那只鸟。

边贡略通易，听了王守仁一说，便对献吉说，我们悬着的心放了下来，你再仔细斟酌，一字入公门九牛拔不出，一字若是入了皇门，九虎都拉不回。

2

李梦阳意气风发，不假思索便把《上孝宗皇帝疏》稿献了上去。

在忐忑的等待回音中，一直没有消息。他以为被压下，打探情况得知是疏稿还没有报给大行皇帝。王守仁和边贡比梦阳更关心这次上疏。皇帝的新政少不了这样不计利害直陈的忠言。

时间过了风暴期，三人心就渐渐平静。一日李梦阳正闲暇与诗友坐而论道，即席赋诗，忽然圣旨下，锦衣卫刀光剑影团团包围，指挥使来到李梦阳案前，宣旨后朗声说道："请李主事跟我们走一遭。"

康海等傻了，不知所措，只有边贡、王守仁知道是怎么回事。不用说是奏疏之事东窗事发了。

奉诏举报信没有呈给皇帝御案前，却呈到张鹤龄的侯府。张家二兄弟，时人骂若唐朝张易之、张昌宗。其实他们没有二张的美若莲花，也没有那样受宠。今上更不是则天皇帝。

由于明朝皇后都选择民家，公主也都嫁于民户。张后的父亲虽是国子监的学生，但两个弟弟并不读书成器。由于皇帝只娶一妻，三千宠爱集一身，恩及两个国舅爷都被封了侯。

张鹤龄紧急召开顾问团会议，商议对策。这个李梦阳官衔虽只有六品，但比御史、给事中的骨头还硬，是硬刺头。在三关，在漕运，每次都是李梦阳吃熊心豹子胆强出头，与他作对。现在更是直接弹劾他了，把大明的责任推到他一家的头上，他成了唯一被指名道姓的首恶。你若骂了众人，倒是谁也不拿你若何，你为何哪壶不开提哪壶呢？

真乃不是冤家不聚头。这个李梦阳当年殿试之后就分配在通政使司，张鹤龄正好也刚封在通政司做经历。他名义上料理章疏敷奏封驳之事，实际上他连百官的奏章看得通顺的能力都不足，更没心思管细事。一副斗鸡走鹰的脑满肠肥之相，梦阳正好分在他手下实习，帮他处理。此侯爷不懂却又好炫耀装懂，处处出洋相，整个就是通政司的一个笑料。梦阳多次当面顶撞他，让他出丑，不齿与他为伍，后来逢丁忧梦阳就再也没有进通政司的衙门一步。

张鹤龄还一直在通政司挂名混事，能不事先得知李梦阳的奏疏吗？

当初就知道他是死猪不怕开水烫、公鸡拉屎一头硬的主，果不其然不仅跑我头上撒尿还想揪我的辫子，寿宁侯气得三尸神暴跳要立斩鼠辈李梦阳，顾问团让侯爷冷静冷静，熄熄火。

研究来研究去，抓住最后一句"厚张氏者至矣，亦杜渐剪萌之道也"。这是胆大包天地指责皇帝讪讽皇后！

其实这句话李梦阳所指的是张鹤龄，但语义不精确出现歧义，完全可以理解此处的张氏是指张皇后，引为大不敬之罪。

那些受过张氏恩惠、庇护的文官、笔杆子组成顾问团，赶紧代张鹤龄起草奏本，控告李梦阳讪谤皇后当立斩不赦。

上本由张鹤龄的母亲金氏亲自带着，进宫面呈给皇帝。当初金氏梦月入怀而生张后。帝与后情笃意切，绵绵无绝期。整个明朝外戚势弱，莫盛过张家。皇后识大体，从不干预政事，但极好护犊子、沉溺亲情人伦，却有了两个缠人精的无赖弟弟，父亲又早逝更是没人管束。

金氏到宫中，帝设宴席。帝后二席在正殿，金氏席在旁殿。孝宗亲往陪酒，见所用器具都是银器便问内竖："何故器用银？"回答是依旧制。孝宗吩咐特用金器，宴毕将皇家桌上金器全都赐给金氏。

礼制是皇帝幸召皇后才能共宿良宵，孝宗也改了，与皇后朝夕相伴，双宿双飞，俨然燕昵之家。过分娇惯就是仙女也会恃宠而骄，孝宗子稀视为朝廷一患。

李梦阳的父亲李正的老师韩鼎，从礼部给事中就一再上疏恳请皇帝纳妃选嫔广播子嗣，为张后所气恼，孝宗曲意保护把韩鼎调到通政司清水闲衙。混世魔王张鹤龄又恰在这里，磕磕碰碰的，韩鼎一直做到通政使一把手、兵部右侍郎。

韩鼎的奏疏送到宫里有一次被皇后看见，她质问孝宗："韩鼎还留在朝中吗？"孝宗笑着搪塞说："这是另一个同名的人。"

这次皇后不便直接出面，任由她母亲金夫人出面来死缠着皇帝姑爷。

两个儿子跪在宫外，金氏抱着奏本面呈，也跪在面前，幽咽泣诉，泪一把涕一把跪求天子立斩李梦阳。孝宗见有人胆敢侮辱国母，讪谤自己护短。小小张鹤龄真是万恶之首吗？不将李梦阳抓起，金氏就长跪不起。千里之行始于足下，新政才刚刚求诏让天下直言，就遇到这一幕。自己求诏现在遇到个胆大包天、好邀盛名的狂直诗人直谏，就以言抓人？

皇帝见二张的奏本龙颜动色，有人胆敢指责自己的爱情，对国母大不敬，这无疑像箭刺向他的心。但这是私情啊，他还是踌躇着，而金氏哭诉不止，如丧考妣，弄得他心烦意乱，如若不从，今晚上两口子不知又要生多少闷气。罢了，先提起来再说。诽谤国母，属于政治案，立即启动诏狱。诏狱是在司法之外、由皇帝下诏书直接抓捕、提审的案子，大理寺、刑部无权过问。从锦衣卫到东厂再到由孝宗父亲设立的西厂，一个系统毒过一个系统，成为军法特务政治的核心利器。孝宗基本上废了厂制，但保留了锦衣卫。锦衣卫是由洪武皇帝在历史上创始，完成使命后下命销毁刑具，不得再行恢复。没想到朱棣篡逆，不仅恢复锦衣卫还发明更毒烈的东厂，并且废了太监不得干政的祖训。

优劣在此分野，唐太宗夺了江山，建立最贤明三权分立制度，将优良的政治传统推向更加合理、开放阶段。而朱棣却大大倒退，在体制上逆淘汰，转向特务与黑暗的私家暴政。孝宗的再度新政，有可能就是将刀割向历史的症结，正本清源。现在软化在亲情的泪水中，动用了诏狱。当然他的诏狱不是涉及皇室的，大都是仍由朝廷命官三卿会审。现在李梦阳这事，被张家奏本称是借上疏之名，哗众取宠以图在士林沽清誉之声绑架民心，怀不轨之心讪国母谤朝廷。

锦衣卫有自己的监狱，可以不根据大明法典进行判决。下设镇抚司，北镇抚司主掌皇帝下命的诏狱，是十三太保；南镇抚司主管锦衣卫内部的自律，督察本卫的军纪法纪。它的监狱是人间敞开的地狱，所有审理都是国家机密，刺探缇骑可以发现被关押官员万顷产业中的一根针。狱中"水火不入，疫疠之气充斥囹圄"，人命一旦进入如蓐草，常规有十八种酷刑。可以灌毒药，可以走炮烙，可以小鬼将人活活油煎，可以身染瘟疫毒菌。只对皇帝一个人负责，锦衣卫的首领指挥使由功勋及子弟担任，内部还可以世袭。犯人如果能进国家司法监狱与其相比就是天堂。

绝对非法权力导致绝对腐败、黑暗。锦衣卫的指挥使无一不死得很惨，不过是皇帝利用的鬼伥而已。英宗的都指挥使马顺被百官当庭群殴打死，继任者才明白作恶自毙的道理。所有黑暗制度因为皇帝被俘也出现反省，暂时性的洗心革面。因为有了收敛，迷恋恐怖政治的低能皇帝不得不又另辟蹊径成立东厂西厂完全由阉寺统领的特务诏狱。好在这些晴天霹雳都是针对当官的，与普通百姓、低级官吏没有直接关系。但它们所针对的百官系统，是由科举将全国人才、精华部分生生不息地输送、选拔而成的。一定程度是天意、民心所向，也是体统、文化的传承集体。

百官失去人道，必从根子上摧毁了文化、道统、体制的合法性，久而久之，整个民族就像被阉割一样成就了阉党人格，失去原动力，等于慢性自杀。汉族强大到这种地步，外族已不可征服，只有自丧元气，自毁前程，堡垒是从内部攻破的。为政者代表国之元气，特别是元老大臣们。这就是李梦阳上疏所言的国之元气问题。官气、民气如同军队之士气，没有士气人数再多都可能自乱，都有个土木堡在前方等着。洪武用之杀光功臣良将而有靖难之役；朱棣用之拔出眼中钉而有土木堡的大厦将倾。

草民之命关乎于天，何况那些进士、将星呢。锦衣卫，几乎将所有打败蒙古光复中原的开国元勋冤死一空；又再接再厉将所有捍卫法统、不可动武篡逆的文化人诛灭十族。那是何等的手段！

李梦阳终于自投罗网，主动要享受到这样的待遇了，被关进北镇抚司大狱。

夜幕降临，孝宗调来李梦阳奏章，挑灯夜读，但见一颗拳拳之心在章上跳动不已。字字如刀，挑骨带筋，好一个诗人断螯扼猛的锋利！振聋发聩，若不对这些种种危害施以雷霆、滋以甘霖，大明盛世前景转眼就可能像玄宗那样争转直下了。皇帝之心被震撼，打动了。窗外响起春夏之交的雷鸣，布起雨来。

3

李梦阳被请进的牢狱是一间半地下室，分明还能看见阳光从地平线上射进来。是个单间，收拾得非常干净。还有茶几、书案、笔墨。先放了一壶茶，卫兵倒在杯中请他喝茶。

由于锦衣卫久不开张，上上下下都对李进士的到来像见到久违的关系户格外亲热，甚至忘了自己本来的面目。

锦衣卫狱显得空空荡荡，按标准主犯能够进来的都是九卿、封疆大吏一级刑部也显得头重脚轻的人物。李梦阳能够入驻，是超标准待遇了。

本届指挥使是名不见经传的牟斌。

牟斌依规提审李梦阳:"你弹劾寿宁侯,为什么不指出他具体每一件不法之事的状情,他招收哪些无赖去具体做这些事?"

李梦阳一时不好回答,因为寿宁侯的事情太多,但又确实不是他亲自为非作歹的。他要想想再说。锦衣卫只相信证据,不相信文学描绘。拆了谁的房子,房主是谁?强占了谁的地,地主又是谁?抢掠了谁的女儿或妻子?纵横江河抢了谁的财货?官商怎样勾结破坏经济秩序?具体实行的又是谁,都要仔细写好。而不是笼统地借题发挥,信口雌黄。

牟斌见他成竹在胸便直言相告:"只要你指责实情,我就能据事实剪除他的羽翼!锦衣卫不惧任何皇亲国戚,就怕来者权势不显赫,地位不尊。"

牟斌并没有把讪谤皇后的帽子扣在他的头上,要坐实这个罪名。而是要提取他检举寿宁侯的证据。这才是案情的实质。

一看到这样办案,李梦阳就坦然多了。他被送回牢中,到吃饭的时候竟然有酒有菜!李梦阳连夜疾书,将在三关、河西务及诗友谈及的种种事情一条条陈具,写好又放在袖笼里。第二天,牟斌文质彬彬地来找李梦阳,并陪他进餐,为他斟上了酒。"寿宁侯这个人,李主事你是知道的,你们同事过。"听了指挥使的话,梦阳点了点头。他继续说,"弹劾张家的御史、大臣,此起彼伏,今上并非不问。每一桩圈地拆房,也都曾三法司连同大内勘察,有时皇帝从费用中省出代为补偿百姓。"他饮了一杯又问道,"李大人才学渊博,我读书不通,看到汉相国萧何之事,后来他何以故意与民争利自污其名呢?"

李梦阳听到这里方知这个牟斌不凡,脱口而出:"霍光氏、窦宪氏、王莽氏若此,又何能灭门呢?但万贵妃一门能至不灭,全赖今上德厚比日月争辉,而不齿与顽石争胜。汉高祖真朴,带农家作风。萧何身在一人之下,若似王莽之流沽名钓誉,必让高祖见疑。他不过小吏出身本不能至清至誉,只有自浑摸鱼,以示无志。"

"领教了,高见。"牟斌听道,酒足饭饱,起身而去。

李梦阳又仔细看了自己的袖中书,撕掉了。又提笔再写,把关系到寿宁侯的字迹都去掉，只撇开寿宁侯单说他羽翼名字。心想此时想除寿宁侯，那是不可能的。剪其羽翼却行之有效，也是最切实的。没有作乱的羽翼，他就是一个稻草人挂靠在通政司的呆鸟。不是不报，而是时辰未到，作恶必自毙。

牟斌再来饮酒，李梦阳想把袖中的疏奏递上去，但又突然决定取消了。牟斌酒间问道："献吉作为振臂一呼的诗雄，不知对今上即将开始的新政有何期望？"

梦阳答道："圣上正值盛年，大小经筵为开从善如流，德隆唐宋。今再接再厉何愁盛唐不现？执掌神器，口含天宪，革弊除害，心无私法私权天地必宽。我所上陈，不为一己之怨，不在寿宁侯一夫之害。指出这个张家，无非其尤为尊贵，百害攀附而成旗号。寿宁侯若能悬崖勒马，为新政效法，何愁百病不去，弊害不除。"牟斌走后，梦阳又把袖中奏疏团在一起习惯性地扔进废纸篓中。他想到我着眼的是大局，岂做督察御史的分内之事？牟斌再来闲谈，作为闲聊问及张鹤龄具体招纳哪些无赖？有哪些事在士大夫中传闻？梦阳酒高乘兴也就说了出去。

未及几日，那些无赖帮闲全都缉拿在案，关押在地下室的牢中无一漏网，个个魂飞天外不打自供。这就是牟斌所说的剪其羽翼，使翼虎老老实实地待着，飞不起来。李梦阳这里还是有酒有菜，想看什么书狱卫及时送来，想写就写。在这森严的不知拷掠死多少冤魂的地方，李梦阳内心的狂躁、浮气一时消退。

弘治时代，大明已经成为以法宪准绳的贤明社会，弘治十三年（1500），制定《问刑条例》。弘治十五年（1502），编成《大明会典》。皇帝诏命所有重囚、死囚案都要经过诸司会审。慎重用刑，即使是锦衣卫承办的案件都必须清晰无误，凡是有疑点的都必须收回刑部，重新审理。

锦衣卫的存在是国家耻辱，建文帝、仁宗、宣宗特别是今上孝宗都试图打压甚至有过取缔锦衣卫的计划。这次新政，就考虑时机成熟永远终止一切的法外司法权。牟斌对李梦阳说指挥使直接替天子办案，必须首先遵守法度，要做天子之法的模范。楚王好细腰，宫中多饿死。皇帝仁政之下，锦衣卫的死亡酋长倒如此公正、仁厚。锦衣卫在此涅槃，这是中兴的实证。

一天天过去了，梦阳像在静修式地度假。在一个夜里，他梦见一个人对他说，权力必有逸出，就像春天到了就发芽，就看向哪里发了。是南衙北衙还是宦官，还是外戚。而外戚远比阉党专政要开明，祸害要少得多。张氏凶顽，不过是时代的替罪羊。他手一指，他所住的这间房子将变成寿宁侯和他家族、党羽的死囚室。

他看着张鹤龄押往刑场像狗一样被行刑，于心不忍。突然张鹤龄头掉了又长出，一连长出十八个头，地上砍掉的都是李梦阳的头。他不由得大叫一声一觉醒来。人生恍若梦魇，这是何所在？楚毒备至，百年冤魂似过江之鲫。十八般刑具依然在列，自己已履虎尾，已触虎翼，涉汕皇帝终生至爱、荣宠不衰的一国之母，那指挥使每日有酒有菜相伴，莫不是笑面虎？人常言进了锦衣卫骨头不碎魂魄也失。人又言凡帝威不可测。帝与后天长地久，情深似海。现在张鹤龄张冠李戴，给自己戴上一顶汕谤这千年也未有一回的帝后之爱。多少帝王，不要江山要美人。为博美人一个笑靥，烽火戏诸侯；为博佳丽一回眸，不惜两军阵前贻误战机国亡家灭。

现在介入最隐秘的帝后两性感情生活里去了，天子难道真的会顾及一个六品主事的生死荣辱吗？纵使无罪，罚一个冒犯天威的廷杖也不为过吧。朝堂之上，被太监喝令锦衣卫扒官弃袍当廷杖击，狗奴才视太监眼神下手。那杖击绝技，可使人看似皮肉未破内里已肝胆碎裂。当时无事，日后慢慢气绝，残废。太监失势都想巴结皇后，他能让李梦阳逃过大劫，甘愿为国捐躯吗？自己死不足惜，只可惜了自己污了当朝一世英名。张鹤龄，你骄狂蔑众不思悔改，反倒咬一口，真是贼咬一口入骨三分！梦阳浮想万千，奋笔述怀，壮士悲音，诗曰：

> 籥音久不作，烈士常苦辛。
> 魏裾已寂寞，汉槛空嶙峋。
> 邈焉向千载，智智怀斯臣。

皇心苟识察，百死宁一身。

一连作了十七首，诗如泉涌，文思闪电蛇行。风啸过窗，吹得笔纸沙沙作响。他相信乾坤朗朗，为了申明、彰显昊天之威，自己情愿置身于此。"明明昊天威，我久宁在兹"。想想自己原来不过是北地一棵霜下草，鲤鱼跃进龙门，由霜草变成日中葵花。母亲生他梦见太阳，是因为他命中注定是一棵挺拔追日、随日转动头颅面盘的向日葵。诗人书生无以为报，只有不顾身家性命为国为君进言献策，上疏疾书不息。

墨迹未干，牟斌笑容满面地进来，把他请进大堂，有使传诏："户部李梦阳官复原职，但妄言大臣，姑且从轻罚俸三个月。"时在弘治十八年（1505）四月十六日。四月份入狱，至此还不及半月。李梦阳毫发无损，如被请进锦衣卫参观的游客嘉宾，放了出来。

金夫人闻听直奔宫中，跪倒在正在御书案前览奏章的孝宗面前泣诉不休，老眼似乎要哭出血来，誓要皇帝重罚李梦阳。喋喋不休，引得孝宗从未如此动肝火，对老太君金口怒问："李主事所说的张氏是说张家，难道张家都是皇后吗？皇后属于朝廷，一国之母，岂能单单属于你们张家？"说罢推案而起，拂袖而走。张皇后也吓了一跳，她知道这个判决是一言九鼎泰山落定，母亲纠缠实在糊涂。若为此事继续生非纠结，必不贤也。若重判忠谏之士，八字没一撇的新政从何谈起？皇后硬往自己身上揽的污水，也不是自损清名虽胜犹败吗？自李生入锦衣卫，科道交章，都察院十三道御史、六部六科给事中纷纷上疏论救。这虽是言官谏臣分内之事，但举朝关切，人心明显倒向李梦阳，公愤二张罗织罪名。但大内之中左左右右都希望即使不斩不免李梦阳，也要施于廷杖，打他个皮开肉绽以至身残骨断，杀杀他的气焰。

一日，皇帝退朝后坐文华殿开小经筵又称日讲。就是君臣之间不拘礼节，从容问答日讲，是重要的辅政传统。这日单招内阁三老，刘健、李东阳、谢迁，一般国事都招三老最终商议拍板。时人有"李公谋、刘公断、谢公侃侃"之称。

孝宗问："李梦阳上疏言事，诸公以为若何？"

刘健是首辅、天子老师，照例先开言回答："后生不过是狂妄小人罢了。"这个调子看上去定了，但也有弦外之音。好的方面，天子不必计较这种狂妄小辈故作惊世之举的沽名钓誉，可视若罔闻，一笑了之。往坏处想，他是轻狂小人就有可能讪谤国母，不惜待价而沽、欺世盗名。刘健历来鄙薄诗人，李杜不过是高阳酒徒，何况李梦阳？哲学家都有贬斥艺术家的本能，特别是理学家对诗家尤为反感。李梦阳当然不服，并写文章讽刺他。当然细思刘健主要意思还是以骂小人贬低李梦阳，把这件事大事化小算了，皇上不要为此伤神。李东阳不敢回答，默默不语。皇帝也默然良久，低首沉思。谢迁也在体味刘健的话音，上前说道："其心无非是忠于陛下，上章之心可鉴。"

皇上闻听颔首，首肯谢公的话说道："谢先生言是。"

刘健也把未说完的下半句说了："小辈不足深究。"李东阳始终没有说话，也是不便说三道四。他是李梦阳的座师，又是一起赋诗论道的。但他内心以及内阁都希望这事化于无形，不要给刚刚拉开序幕的新政蒙上阴影。现在皇帝亲自断判这桩诏狱，他七上八下的心也就落地了。

这时六科十三道言官的奏章也递了过来，异口同声都是为李梦阳辩护，捍卫言路不受张家侵害。至尊之心，断判在前；科道交章之意在后，两者完全相合。也与中间的内阁三老意见相合。这么个小案子，就是三权合一、君臣共治的典范。上下合心，其利断金；上下合言，其臭如兰。连李梦阳也没有想到，整个言官系统，如此保护一位诗人的奏本。金夫人却被龙颜之怒震得失魂落魄，不敢再言。她两个儿子木雕泥塑一般，更是不敢喘息。

越日，孝宗故意把岳母、二位国舅都召到宫中，连同太子一起赐宴，游南宫。这也算是给他们压惊，一种安抚。席宴间又单独把张鹤龄召到膝前，退去侍从，好言温语讲了一堆外戚持家保身的道理。李梦阳说朕优厚张家，确实不假。大明朝是平民的王朝，公主嫁平民之家，皇室只娶民家之女。朕破例封你张家为世袭公侯，只要遵纪守法就能千秋万代贵为侯门。不要使朕因为外戚逞强而杀谏臣。张鹤龄兄弟一听免冠触地，匍匐着不停叩首谢恩。

　　三老在堂，孝宗最贴心的其实是兵部尚书刘大夏。刘尚书也是和秦纮同等的一贫如洗、要靠皇上救济的"国家级低保户"，在中解元时就有诗才，有"马到西山日未斜"的诗句令人称道。杨一清就是他大力举荐的，他自然知道李梦阳是杨一清钟爱的弟子了。在中官及皇亲国戚纷纷要求廷杖李梦阳时，皇帝一直特别注意倾听外朝及民间舆论，便召见刘大夏，屏去左右。他跪在御榻前说，李主事不过是纵酒任气的诗人，烈马无缰而已。

　　皇上说："那些人想借廷杖之机杖杀李梦阳，为君者岂能杀直臣烈士而大快左右之心呢？"刘大夏回陛下说："圣上一向用钝刀治天下。"

　　皇上点了点头说："他是陕西解元，弘治六年（1493）的进士吧，也已列朝一十二载了，罚他三个月俸禄，东方不亮西方亮，也该擢升一下了，以示朝廷新政的气象。"

　　刘大夏听了，榻前顿首叩头说："陛下此举，实是德同尧舜了。"

　　"独木不成厦也不成林，依赖同舟共济。大明起于国亡家破之末，处于国体不存、权势与虏权勾连共享之际，唯民心可用。我太祖只相信黎民百姓。现在士气已复，纲常已光，而正本清源尚未成功。有盛必有衰，朕夙夜忧虑越看似是盛世越有大危机，如诸多矛盾攀龙附凤。创始之主为龙首，夯了地基，建了大厦的一头，关键是看中间。中世如果能保持中兴局面，挺立起来，那么两头就不会塌陷，就会有始有终。整个大厦的重力，关键还是看中间的大梁。所以朕压力巨大，一时相信擅道术的李广，也是想求化解之方、正本清源。国家像人一样都可能走弯路，如同黄河九曲。朕一直寻求大道正理之解。"孝宗做主经筵、诗书礼乐的最高主持，一向勤奋虚心的。

　　刘大夏听到对答："老臣读史，发现只有封建的周朝灭亡，中国没有亡乱于胡。汉朝乱于北朝，大唐乱于五代而有辽金元，其实是另一种南北朝。南宋是彻底亡国，我等读书人身为汉冠，读到此处无不泣血椎心，树立一定要把社稷神器维系好、使苍生免受膻腥蹂躏、蒙昧之志。但臣下一干也是愚昧、老迈，得遇圣明天子，何愁国之不兴、道之不明？"

4

李梦阳无罪释放的消息，瞬间传遍朝中。顿时中外欢呼，交颂圣德，士气大振。

其实外戚与阉党比较来说合法得多，是美丽的外恶势力，恶少张鹤龄所作所为在皇亲国戚权要们那里不过习以为常。但他确实是明天子所宠的"爱情之私"，就是这点私也被李梦阳掀个底朝天。在皇帝内心也存在激烈的斗争，受到内伤。但他必不敢徇私情，照顾左右的情绪或诛或罪忠臣，断绝言论自由之路。国有多重，家与爱情就有多重，但一个好皇帝必须有所取舍，不能以情乱志，这样才能家国两安。保护了读书人的种子和志气，大大削减了外戚的势焰。"昔为霜中草，今为日中葵"，李梦阳官卑职小却受到皇帝特别爱护，让他感激涕零。皇帝在恩爱皇后、老岳母、国舅面前，倾向李梦阳，其实是选择了体统神圣不可侵犯，不以言罪士大夫的传统。并非孝宗何其圣明伟大，不过他一直在道上，没有偏离、背叛，按道统的天宪去裁决，而不是私心。真龙私心一出，百兽狰狞，百怪蹿出，人欲横流，道断统坏。特别在朝廷欲行新政求诏之际，赦免诗人无疑具有徙木为信的意义。李梦阳的奏章成了试金石。

康海、边贡、何景明等七子及王守仁、许天锡、杭济等好友年兄聚集在锦衣卫衙门迎接李梦阳出狱。众星拱月一般，把他接回家中。休息数日相约在杏花楼摆酒给他压惊叙旧。

众人见梦阳气色反比以前还要红润，神采昂扬，知道在里面并没有受苦。个个都开怀畅饮，户部的同事及一些年兄也来称贺，摆了两桌。边贡和王守仁陪坐在左右。

边贡端着酒杯站了起来说："献吉被带进锦衣卫，我和阳明兄都傻了。我从那刻起怀疑鬼神之机，怀疑周易、上天之道了。一陷进皇家政治案，所有司法都失效，说不清道不明了。现在证明天道有常，天子怀德。这一杯酒敬天。"他推开窗子向天空洒去，又满一杯再端起敬祝鬼神，向地上洒去说，"第三杯是给孤胆李献吉压惊，在座同干。"

王守仁饮罢杯中酒，笑了笑说："人在坎中，上有天雷，是一个解卦，我确信只要德比赤子，虽与翼虎搏斗吃不了人，但事情似乎还有果子未结。"

边贡哈哈大笑："那就等着果子结了来吃酒。"当时梦阳一被抓，他的上疏到底写了什么，成为满京城关注焦点。边贡凭着过人的记忆力，一字不落地复制了出来。在士大夫中间传抄，又扩散到民间去。边贡作为兵部给事中，作为兵部的谏官专司奏章，自然率先上疏。各道各科言官谏臣也不怠慢纷递表章。

徐祯卿虽貌丑如巡夜的夜叉，是独占鳌头的鬼才，但性情风流，他最关心的是张鹤龄强抢的那位民女不知怎么样了。何景明告诉他，那位新抢的民女叫杏花，家里的祖业早被权势之家兼并了，房子也拆掉了，父亲带着女儿流落卖唱为生。张府爪牙发现了这个天生丽质又丽音的小女子，便连抢带骗拐进张府。父母辗转进京流落街头，几度拦轿告状，之后就失踪了。她被掠进沧州的张府，送到京来宁死不从，倒让张鹤龄稀罕了。正在想方设法软化驯服，被锦衣卫救下。抢人夺田的几个爪牙也都被抓获了。那杏花听说正在这杏花楼一带卖唱，寻找打听她父母的下落。

徐祯卿喊过店小二，要听杏花姑娘的唱。小二不多时请过一位姑娘，只见不过十四五岁的样子，虽沦落红尘倒也见一尘不染的本性。只见她弹着琵琶宛如云雀莺啭唱来："奴家本住沧州府，祖上也曾读过书。权家阡陌望到海，佃奴流离饿于路。奴家自幼识乐谱，卖唱茶楼苦日度。强抢民女驱我父，兴济侯门如翼虎……"

如泣如诉唱罢，梦阳已是怒火中烧，座上各爷掏尽身上所带银两，付了酒钱都散给杏花。大家宴罢，各自起身上马，刚到街上，黄昏将落，天上已经出星了。李梦阳陡然瞧见对面来了一伙人，正是那依旧架子未倒、耀武扬威、明火执仗的张鹤龄。

梦阳抖缰绳单马迎了上去。华灯初上的大街两旁的人都傻了，呆呆地望着李梦阳坐在马背上，一骑迎尘，手抡着粗粝的马鞭。张鹤龄左拥右簇的家奴随从也惊呆了，个个如他主子木雕泥塑一样。只见梦阳越来越近忽然狂飙突进，一阵风夹带着打马鞭棰迎面袭来！寿宁侯竟然忘了躲闪，直击到面门，一嘴鲜血扑面，吐掉两个门牙下来！他被打晕了，如遇雷击，分明雷霆在顶，呆若木鸡般望着李梦阳的神威。

这时天上竟然也响起雷声，闪电蛇行，雨点就下来了。张鹤龄如去势摘翼的纸老虎，皇帝之言犹在耳，他怎敢造次？那可能真是比雷雨更难堪的场景。他顿然明白自己变成一只黑暗的老鼠，整条大街在旋转，盘桓成一轮投射万针千箭的红日。日落闪雷在头顶上交夹，如果再不识相，有可能举世围歼，连皇后和皇帝也救不了自己。像小鬼见到正太阳，瞬息可能就没了。他一醒悟过来便头一低，袖一擦满面血迹，未做任何反抗，借着雷声与暮色走了。奴辈个个六神无主，见主子气丧如此更是灰溜溜尾跟在后面消失了。在后面观看的六子及王阳明，一时也目瞪口呆。

只有王阳明催马上前，来到跟前，街上因为雷雨将至，人都散去。借着灯影，他下马捡起地上寿宁侯吐出的两颗门牙、一小丁肉皮，还有人马慌乱散去遗落在地上的一支黄矢。这是一个象征，他自言自语着，递给李梦阳。

这当街挑衅，手持打马棰凶器暴打除去皇室、第二豪室掌门人，世袭侯。如若张鹤龄击鼓鸣冤，恐怕打人者是王爷也吃不了兜着走！但张鹤龄就是蔫了，一物降一物，像一棰打掉了魂魄，忍气吞声，连姐姐都不敢告诉了。他母亲金氏看到娇儿的惨相仔细打听又是李梦阳得寸进尺，不禁心里也悚然。自此张鹤龄所谓的外戚气势熏天的纸老虎，被这一马棰打得烟消云散。气焰熏天的张府再也没有生事，更没有暗中报复，正应了邪不压正。一夫正气浩然，万邪千强莫敢横霸。国舅爷在内心畏惧这个以笔做刀枪的人，唯独不敢在他面前放肆，也没有暗中加害于他。这贵族的黑社会确实比底层卑贱的暴发户、黑社会要高贵得多。

5

唇裂如兔，门牙像俩贴在门上的门神掉没了，当着大街话都不说一句就把世子公侯打成这样。一向护短疼儿的金夫人深怀仇恨，心想君子报仇十年不晚，现在若兴师动众，必惹毛皇帝，不妨暂咽这口气。但这气陡转直下，突然把她彻底冲淡了。皇后女儿再也没有闲心管这鸟事闲气了。

四月这事刚刚平息，紧接着五月初七，皇帝偶染风寒，御医未及细诊就开方服下。服药之后，鼻血不止，直到鲜血流尽山陵忽崩！上及飞鸟下及深山穷谷，听到孝宗崩逝，哀鸿遍野。

因为皇帝旷世爱情，皇后生两子两女，仅活一子一女。太子朱厚照年刚十五，尚未选婚还是个少年。临崩前孝宗召顾命大臣刘健、李东阳、谢迁遗命托孤。龙目之中不禁泪如雨下："可叹，天若再给朕几年阳寿，太子也就成熟了。可惜他幼稚，性好逸乐，烦请诸先生辅以正道，使为令主，朕也就瞑目了。"可惜，万寿无疆者上天就不多给他在人间几年时光。父与子之间就空下这几年的时间差。真是"沧海月明珠有泪"啊。

十五岁的少年成为大明帝国的独苗。张皇后溺爱那不是张鹤龄能比的，在天怕高，在地怕低，含在嘴里怕化了。一直任由他与东宫一帮太监任性胡闹。但见他面如冠玉，身骨似金刚，一面白虎相，浑身似有折腾不尽的力量。

刘健主持着他登九五大典，望着新君肋下如扎双翼的小玉虎，不禁一阵发颤，头晕眼花，差点支撑不住。

凤凰于飞的张皇后立马变成鸾飘凤泊的张太后，她欲殉情与帝同去又恐孤儿继位，社稷飘摇。抚灵泣血，为何不能用自己性命去换回皇帝的阳寿？忆当年厚伦笃爱皇后患口疮，皇帝亲自登御榻传药，又亲持漱水与后。每有疾患，皇帝巴不得自己患身得疾而替代皇后。

如今皇帝正值盛年暴崩，留下漫长寿命给张氏。张氏将如何面对庞大的帝国？

她茶不思饭不进，既不垂帘更不听政，只有无尽的哀思，全盘将江山让给儿子和顾命大臣治理。真是"望帝春心托杜鹃"，"此情可待成追忆"。说什么外戚之患？新的皇后已经选出，将要诞生。她的时代是她自己主导结束的。

再说李梦阳做梦也没想到皇帝刚把自己放出锦衣卫狱，就遭到龙驭上宾的山陵崩。他像被晴天霹雳打一个正当门，扑倒在地。

"俄传天柱崩，忽若慈母丧。帝本尧舜姿，末履转清冗。"这比当初他母亲来京路染风寒，一病不起直到病故更令他惊愕悲恸。他发出一连五百字的哀音长诗。

他有一种不祥之兆的预感。难道自己激切上疏，纵意强挑，不经意挑断天子那根紧绷的心弦？射中外戚的狐气，打掉狐牙狸齿，图快己意，折射到皇后那里，影响了今上的情绪，得上心病？谁又能知道一个皇帝的内心搏击，天高地厚？

优渥一个六品语不惊人死不休的小臣，宽宥诗人，仿佛寿宁侯打掉的门牙，咽到龙肚子里去了。想当年韩鼎按礼制上疏，请求取消皇帝一妻制，惹得凤眉剔竖，皇帝大费周折保全韩鼎。一片苦心在龙廷，自己不过是一刀片似的嘴，像一只莽撞的野牛犊侥幸凭文章闯入庙堂，而非景星麟凤，何能报答天恩眷顾？

李梦阳泣血的挽章最早献给大行皇帝灵，五月哀思万众如丧考妣，那是发自内心的悲悼。与明君相逢在同一个天空下，那是一种福分。

虎贲犹宿卫，龙驭几时回。
莫测黄天意，中崩帝业摧！

在这首《大行皇帝挽章》中，他悟到了天意莫测，不是理学家也不是诗人能够预测、把握的。孝宗中道而崩，他直觉告诉他，中国可能会遇上像明宣宗崩后少主英宗继位一样的大动荡时代。

有明一朝，凡是幼主登基，都有磨难。建文帝继位，而有靖难。宣帝崩幼主立而有土木堡之俘。现在轮到一个恍若有无限精力处在青春期的叛逆少年登极了。同样是三老顾命，与英宗时的三杨如同一辙。英宗年更幼，还有太后贤德，尚能顾及顾命大臣。现在内阁明显与飞扬跋扈的张府有隙，能不能对付一个性如蛟龙、汪洋恣肆而又娇惯异常、处在青春期的少主临朝呢？所谓仁宣之治也不过是守成而已，历史转了一圈又重回到建文帝的仁政。仁宗继位不足一年而崩，宣帝背逆了父皇命令迁都返回南京的历史性决定。宣帝不仅全面收缩了大明帝国磅礴四涯的恢宏气势，一味任用儒臣，废弃航海贸易，还开启了太监读书学文化的定例，将太祖严禁阉寺干政的祖宗之法彻底毁掉，太监合法化成为政权一部分。

大明江山，一误再误，沿着这个时缓和时激烈的矛盾体，一个漩涡一个激流向前进。最要命的，在有识之士包括李梦阳看来，就是明朝体制并非彻底随古，保有国之神器，而显得不纯不正，非汉非唐非驴非马。复古复天，结果恢复的是皇帝极权、阉权开辟军法特务权。这就像人心不古、人欲横流那样可怕。江山是太祖打下来的，文德武功之治，却随着燕王北迁，穷兵黩武更加极权的轨迹走下去。

而孝宗不仅坚持仁政、贤人政治，收敛政治中的魑魅魍魉，还试图百尺竿头而今从头越，大举推出拨乱反正的新政。却突然大道塌陷，山崩地裂。

国家兴，诗人得中。国家不幸诗家也兴。诗是永恒的事业，顺着诗的轨道行走的人，就是诗人。在弘治最后一年，李梦阳官升一级任户部员外郎。文字狱失效了，诗人出狱了，但大行皇帝却晏驾了。他最后的浓墨重彩就是善待一个耿直有古士之风的落后贫寒之地来的诗人。事后李梦阳不仅官升两级，官名与诗名一起飞升，形成自己的影响力。长江后浪推前浪，时代浪潮已把李梦阳这个寒门之子推到浪尖潮头。

第五章

十年三下吏，
此度更沾衣

十年三下吏，此度更沾衣。
梁狱书难上，秦庭哭未归。
围墙花自发，锁馆燕还飞。
况属炎蒸积，忧来不可挥。

——李梦阳《下吏》

1

武帝朱厚照十六岁改元正德。

李梦阳再升一级，正五品户部郎中，已为一司之长，位列侍郎之下。两年升两级，而七子中的第二号人物何景明则在从七品的中书舍人位上经历将近十五年才熬升一次。

李梦阳上疏并鞭打寿宁侯之后，引起东宫的注意。孝宗摆宴叫太子作陪，宴间特意训斥张鹤龄，朱厚照当然是历历在目。

张皇后虽然溺爱皇子超过弟弟，只是一味地国疼母爱。就像糖太甜了，也在朱厚照内心起了逆反作用。俗话说一个馒头也要蒸熟吃，张皇后变成张太后，她是舍不得让帝国的独苗去"蒸熟"的。父皇一崩，天底下再也没有约束，百无禁忌了。他处于一个叛逆绝对有条件唯我独尊的时期。对母亲对舅舅外戚，本能地视为潜在威胁。

王鏊是东宫旧属，朱厚照的老师。他十二岁能诗，十六岁为文一出，国子监学生就争相传诵。张皇后的父亲张峦是国子监学生，对他特别崇拜，二人友善。后来张峦暴贵封为公侯，王鏊就再也不与他来往。这位苏州才子连中两元，殿试探花。作为天子门生，孝宗把他选进东宫任少詹事辅佐太子，又擢升吏部右侍郎。

王鏊关心边关钻研军务，与杨一清唱和来往，自然高看李梦阳。在他的推动下，李梦阳受到连升的礼遇。梦阳无以为报，耿耿于怀，只有对庙堂赤胆忠心。

所谓外戚之患，一鞭子就打破它的泡沫幻象。张鹤龄见李梦阳升任郎中，更加气馁，一蹶不振了。

张家一虎消去，不料八虎结党而来。

王鏊与户部尚书韩文目睹时局，英雄所见略同，尤为长吁短叹，似乎有天崩地裂之虞。

王鏊熟知朱厚照天资聪颖但自幼最不喜读书，一听理学儒典就昏昏欲睡，拿书章命令一太监刘瑾撕开抛撒空中，他骑在另一太监张永身上当马骑，手折树枝当剑乱砍滥伐空中落书。纵使皇帝见了震怒欲打，皇后也是百般袒护。谁也没招儿，王鏊眼见教书不成，不可强逼。

刘瑾、张永等千方百计为朱厚照寻乐逗闷，其中以刘瑾最为乖巧狐盅，每天都能进贡新玩具，组织百戏杂耍演出，当时东宫就有百戏场之称。李梦阳曾查获刘瑾从南方漕运的墨豹、雪豹等凶猛宠物。常常都是激动人心的大场面，刺激人兽欲、低级本能的热闹非凡。朱厚照的青春期欲望和野性完全被刘瑾等阉奴开发了。自登基以来，更上一层楼。歌舞、角戏、击球走马、放鹰逐犬、俳优杂剧，错陈于前。群兽与戏子和皇帝、太监万众一心只为寻欢作乐，狎昵媟笑，无复礼体。元朝皇帝及贵族豢养野兽之风还魂，什么虎豹园、虎城、象房、豹房、鹁鸽房、鹿场、鹰房等场所正在一一死灰复燃。

理学在新帝面前，完全破产了。大小经筵，武宗勉强来应差，首辅刘健辅导了孝宗，而那一套在花样百出的武宗面前，彻底像一具僵尸失灵。语言不通，恍若隔世。

大小经筵上，坐而论道以道治国。这就像酒不是谁都有这个量吃下的，孝宗每天两次上朝，儿子却继承不了。大经筵吃过，还要吃小经筵。他没这个食欲，也没有这个消化能力，更没学习的虚心。他觉得任何约束他的都是有毒的，就像河豚无论怎样鲜美——可能是来索他小命的。旷课，从道上遁身，跑去游戏，做一个不停变身变脸的魔法小帝。而玩权的游戏是过瘾，越低级的顽童越迷恋；越无知越唯我独尊，目空一切。

只有东宫八党才是小皇帝所需的。刘瑾自他上台就掌握了京师部队，成为八党党魁。他在设一个很大的局，他们自知是皇帝最贴心的心腹，新帝正想借助他们从内阁夺权，削弱百官的威胁、羁绊。这就是政治灵魂。夺外戚的权，削内阁的权，把权更凶猛地集中到皇帝一己手中。大明朝无相体，皇帝集天子和丞相于一身。控制了十五六岁的少年，利用他种种弱点，引诱、刺激他所有的欲望像野马脱缰夺道而出，八虎就控制了中国，垄断了朝纲。他们就可以随心所欲地实行新政。而新政都由自己设计、导演、编剧、演员、投资人兼于一身，那就想怎么玩就怎么玩，大戏连台了。十虎生翼，成精做妖王，足以呼风唤雨，王振能控制二十岁上下的英宗，他刘瑾还玩不转一个十五六岁的少年猛兽吗？无法无天地享受，万事万物娱乐化。他们不停地灌输，皇帝就是泰山压顶独尊，百官不过是像百兽一样的玩意儿。驯服百兽，让百兽互斗互搏，就如同制服百官一样。刘瑾还恢复了唐玄宗时期的百马在宫廷奔舞之戏，排演两军互战的战场。如同魔兽一般刺激，让朱厚照忘乎所以。

在皇帝玩得最高兴时刻，刘瑾抱着奏章政事让他朱批。朱厚照怒斥："难道你不能代批吗？"这正是他所要的金口玉言。

正像一条凝聚百兽百种图腾的小龙，被八虎剥掉龙体，露出万种狰狞的兽相。天子正从道上急剧地退却，变成一个顽劣异常的魔法野兽。孝宗不能完成的纲常革命、遗留下的历史问题，都集中爆发，成为翻天覆地的洪水猛兽。虚位六宫，而太监依然万众，结果阉党出来八虎，怂恩、席卷了幼主。厂卫特务政治再度爆发，王振几乎要再度还魂了。顾命大臣、御赐蟒袍的三老在武宗新立时期，稳住了弘治中兴的局面，按着孝宗的遗志，推行些许新政。朱厚照也无从反对，全部应允。但好景昙花一现，武宗很快倒向八虎，言不听计不从，三老如同虚设，纷纷请辞。

大臣要撂挑子，朱厚照在醉眼蒙眬中睥睨，透射着英气。仿佛一切闹剧都是借酒发疯，都是随时可结束的恶作剧。其实剧情已经真实发生，不管是主角还是次角都身不由己，无力回天，只能顺着剧情走了。刘瑾如何能治国？如何能抵住小王子的进攻？朱厚照当然知道这是三老以罢工要挟，他暂时还没有稳定大局能力，还需要老臣们卖力，仍喜欢以刘瑾背当马，仗着天子剑，望空中劈书斩经玩，边玩边喊："刘瑾你等，若老臣尽黜，你们准备好了吗？你们能担当大用，填补他们留下的真空吗？你们能保证小王子不来犯，来犯则胜之吗？"

刘瑾卖命地在胯下发誓："我们依靠陛下天才英姿，必能战无不胜，目前正在殚精竭虑准备中，时机尚不成熟。"

自然朱厚照不允许三老轮番请求辞退。既然天下社稷全部是你一个娃娃的，那就全部给你，我们走人。事情出现了僵局。

贤人望求于野，由你自己折腾去吧。作茧自缚，自以为聪明绝顶，耍一些鬼花招，人作孽不可活，哪里还有天子的模样？纲纪崩坏，全由东宫八党暗中操纵中枢。

所谓盛世，所谓理学道统，顿时如幻影泡沫。大明像脱缰的野马，不知向何处狂奔。

青春期的皇帝直竖着自己阉掉的党羽，爱惜攀附在自己身上的羽翼、耻毛胜过所有忠臣良将。

2

兵部尚书刘大夏、吏部尚书马文升见局势越发无可挽回，上书乞归骸骨，竟获批准，双双离朝还乡。

二人到辞京刚至郊外，突然风雨大作，击坏郊坛兽瓦。南郊祭坛被吹坏了，被视为天怒，逆了天道了。天意如此，而朱厚照依旧放鹰围猎，击球走马，蜚声中外。

韩文，从给事中做起谁都敢弹劾，王越、马文升都被他参本，曾经严词涉及两宫凤体，在文华殿遭到挞击。他眼见两位尚书辞去，去容易留下来最难。他决心与刘瑾八虎决一雌雄。王鏊看出韩文剑眉倒竖的意志对他说："谏官集体出动，交相论劾，但没成气候。如果有重臣领衔，百官跟时，一时风云际会，吹坏刮去的不止是郊坛兽瓦。"

户部尚书在六部中仅次于吏部尚书，现在马文升临阵脱逃，辞官不做了。人望重担自然该落到韩文的肩上。韩文计划待八月武宗大婚过后，准备招集群臣商议。

韩文常常退朝回户部对僚属谈论时局时都说得老泪纵横，这一次听了王鏊之言尤为激愤难平。剑胆侠心的李梦阳在旁听了，慷慨进言说："公乃社稷重臣，义该与国休戚与共，仅是悲泣徒劳无益。现在乘谏官集体上疏弹劾阉党，韩公再乘机率领大臣廷议固争，一浪接一浪除去八虎并不是难事。"

韩尚书听了梦阳一席话捋须昂肩，毅然动容对大家说："献吉说得好，我已年老，凭着一把老骨头为国尽忠就是了，死不足惜。不死不足报国。"

第二天早朝，韩文在朝房先密叩内阁三老，说明自己愿意做领头雁与大臣联名弹劾八虎。三老见是六部尚书中硕果仅存的老臣韩文强出头铁肩担道义，不由得一致赞许表示支持。这是再好不过的了，听说给事中和御史集体上疏，已让八虎夺魄了。现在百官群起而攻之，足可以让八虎和皇帝知道什么是人神共愤了。王鏊早已在朝臣中做好舆论。

韩文再向九卿诸大臣倡导，顿时一呼百应，无不大喜过望，踊跃参与。韩文被群臣的情绪激发，不由得喜极而泣，连呼国家有望，黎民有幸。退朝后急匆匆赶回户部，立即召来李梦阳，便令他拟疏草奏。

李梦阳挥笔疾书，不大一会儿稿子写好了。韩文又亲自删改一遍，边改边对梦阳说："奏章不可太文雅，不通俗易懂，皇上看不懂。也不能太长，长了皇上没耐性子看完。"删繁就简改毕，韩文离开户部。

这一夜，对于他来说，成败在此一举，彻夜难以入眠。他到首辅刘健的府上拜见，刘阁老似乎早已料到他会到访，早已官袍整齐地等候他的到来了。首辅看过状稿，点头满意，以"满城风雨近重阳"的语气说："韩公到我这里来，就不要再去谢府、李府了，我们之前已经商议这件事。这是大事，要有章节，弄不好整个大明都可能中道崩塌。就看皇上能不能壮士断腕了。"

打虎不成反被虎伤，打蛇不死，蛇最会复仇。是壮举只许成功不许失败，二人又商议一些细节，夜深了，韩文告辞回府。抬眼望天，帝国的天空漆黑一片，独小片星似失火一般的亮，细看竟流血一般的赤红。

次日早朝，韩文先在朝房内将奏疏宣示于九卿诸大臣。大臣们个个雀跃挥笔在奏疏上署名要来群谏。百官要以九牛之力将少年天子从八虎的旁门左道中拉回！

韩文在前，王鏊紧随，偕同诸位大臣伏阙上疏！大意是说："人主辨奸为明，人臣犯颜为忠。群小蛊惑君侧，太监马永成、谷大用、张永、罗祥、魏彬、丘聚、刘瑾、高凤造作巧伪，淫荡上心，夜以继之。遂使天道失序，地气靡宁，雷异星变，桃李秋华。阉宦误国，八虎放纵难免汉十常侍、唐甘露之变。伏望陛下奋乾纲，割私爱，顺天意，安民心，明正典刑。"

朱厚照见帝国重臣联名跪求要诛八虎，览罢奏疏，默默无语，退朝到大内。这个十六岁的皇帝手握着李梦阳撰写的《代劾宦官状疏》，泪珠噼里啪啦地落下，到了饭时竟也绝食了。

八虎是东宫帮的八虎，是他的心腹。在他看来绝不是患，是他快乐王朝的玩伴，是极乐天使，是他驾驭群臣的工具，是他与百官之间的缓冲息壤。没想到整个帝国的国家机器都调动起来了，与八虎不共戴天。想到天怒人怨，什么鬼王振使皇帝做俘虏的事情，他就刷刷落泪，哪有心思下食玩乐呢。刘瑾等八虎大惧，与小皇帝相对而泣。一个个擦鼻抹泪，是想以东宫时旧谊来留恋、打动朱厚照。

这时内阁头二老刘健、谢迁率领阁僚大臣，手持言官的交章不肯退下。文疏再次送到皇帝面前。朱厚照遣司礼太监李荣、王岳等赴阁商议。一日三至，刘健等阁臣更加坚持，一致决定立斩包藏祸心羽翼渐丰的八虎，以去帝国之患。

于是八虎自求退避南京，朱厚照向内阁传达了八虎暂避风头，迁置到南京的意思，等于异地保护起来。避过这次，文武百官还有科道谏官们齐心合力的一次廷争吗？八虎完全可待风头过去，卷土重来，收拾河山。到那时更将一发不可收拾。三老作为托孤大臣，都已年迈，特别是首辅刘健更感责任重大，有负先帝之托。他听闻这个处理意见，不禁推案失声恸哭起来："今陵土未干，宦竖结党弄权，败坏纲常不成体统。我死不足惜，只是有何面目去见先帝啊？"

李东阳沉默无语，也似眼圈泛红。谢迁凛然正色疾呼："此党不除，何以面对先皇诏命！"

王岳素来刚正，见托孤大臣抱此决心伸张遗命，不由得倾心折服。他赞许内阁的决定，便和李荣入宫向武宗复命，传送阁议坚持群臣伏阙上疏将八虎明正典刑的要求。

群臣散去，第二天旨召各大臣上朝，人人惴惴不安，不知有何结果。到了左掖行，吏部尚书许进向韩文打听情况。韩文也是一无所知，故意拖在后面，让王鳌速到内阁探听动静。

王鳌进阁目视首辅，刘阁老告诉他："事已有七八分就成济了，诸公持奏莫轻易退下，再加把劲。"各官并不知道内阁为这道奏疏，比上疏的群臣更要拼了老命。

韩文与诸臣行到左顺门，阉党名义领袖李荣持诸大臣奏疏宣旨："有旨问诸位先生，先生们所言良是，无非爱君忧国。然而八虎侍奉皇帝已久，于心不忍立即正法。希望稍稍宽徐时日，今上自会做处置。"

诸位大臣听了这话音似乎圣意已决，一时都被震住了，不敢言语。李荣见众鸦雀无声便对韩文说："此举本出自韩公，韩公认为如何？"

韩文顺口说："今海内民穷盗起，天变降灾，国丧未久新君辄弃万乘之尊，狎昵群小，唆使荒淫，我等岂能无言！"

韩文说得语力不足，王鳌紧跟着厉声呼道："八人不去，乱本不除！"

这话李荣都听得耳里起茧了，便哂道："疏上都说了，皇上焉能不知？今上的意思是宽限。"

诸公群臣憬然而退，无人再敢坚持上本。唯有王鏊不退上前对李荣说："假若宽限是假，皇上不自了断，那当如何？"

李荣正色答道："李荣不是铁颈，敢拿项上人头担保不敢败坏国事。"

王鏊和韩文听了也散去。

没想到李荣再回到大内，情况发生剧变。

3

许天锡、王廷相、边贡这等科道台谏言官，在都御史张敷华、戴珊的率领下和尚书韩文领衔的诸臣集体奏疏，交替弹劾，车轮大战。这是士林一次空前的联合行动，乃至孝宗遗留的太监首领、二号、三号人物都倾向了士大夫。而整个内阁比六部大臣更慷慨激昂，不惜以死支持。李梦阳夹在群臣之间，虽是五品不显，但却是大发厥机的新秀。他雄辩很有鼓动性。外朝舆论滔天，一倾汪洋涌向朱厚照，没有任何缓冲。

天雷轰鸣，四方洪水猛兽肆虐，地震山崩，只为擒拿惑主乱纲的八虎妖孽。恍似举世围奸的阵势，小皇帝如若置若罔闻乃至对抗，必然导致庙堂一空群贤毕去、万马齐喑的局面。

你是与士大夫还是几个阉奴治天下？摆在立基未稳的少年皇帝面前。而且顾命大臣有皇诏遗命，若联合太后废黜皇帝也是法理之中的。当然这不可能了，孝宗只有这个独子，朱厚照的弟弟早就夭折了。朱厚照是帝国的不二法门。群臣根本没有这个威权，也没有这个胆量。你们一心为国，而武宗是唯一的选择，独种独苗的"朕即国家"代表。

这样对峙，而帝意根本没有处斩自己的东宫旧党心腹的概念。

新任的吏部尚书许进忧心忡忡对刘健说："过激对峙，会不会导致生变啊？"刘首辅横下一条心背过头去不答。

雷轰轰，雨蒙蒙，八虎并不知道内外真实情况如何。大内有王岳、李荣等执掌，刘瑾等虽是新贵，冉冉升起，但毕竟没到那级别。外朝看似同仇敌忾，形成统一阵线要收拾他们。但是大学士焦芳早已脚踩两条船，相中刘瑾的能量。焦芳认准只有东宫八党才是新帝形影不离的新擎天八柱。他眼见刘瑾等岌岌可危，而他们还以为只是谪迁南京。焦芳便暗中将朝臣正要置他们于死地的底牌通风报信。八虎死到临头接到底牌，无不似丧家之犬，其中七虎泣号认为阳寿将尽，已到人神共怒的绝境。唯有刘瑾忽沉默冥想，忽伏案冷笑不止。想当年他刘瑾曾犯死罪，在弘治朝就能逃过大劫，反而侍奉太子。现在早被他摸透习性、循循善诱塑造定型的太子当立，他对权术更是炉火纯青，反能死无葬身之地吗？笑罢他推案而起对着面如死灰的七虎说道："你我的人头长在自己颈上，只有皇上才能决定断头，快随我去见驾！"七虎一听这口气，都来了精神，鱼贯随后。时值夜幕，八人环泣帝前，肝肠寸断如死鬼永别辞行的样子。

环跪于前，刘瑾头磕得鲜血淋漓颤声道："今日如果万岁不开恩，奴辈就要凌迟喂狗了。"朱厚照见如此可怜顿生怜悯之情说："朕不降旨，谁敢拿问？"

刘瑾泣诉："天下是陛下的天下，外臣群起攻击奴辈，全由王岳一人主使策划，他是内鬼，欲要斩除我等断陛下耳目。"

"哦？"朱厚照将信将疑。

刘瑾爬着上前了一步揭发说："王岳外结阁臣、百官，内制皇上，唯恐奴辈效忠陛下，先除而快之。"

小皇帝一听有人吃里爬外，心头一震。

看着朱厚照动心，张永也斗起胆子说："奴辈不过鹰犬奔兔，又没杀人放火，何从带坏了皇帝？皇帝不是一天天长大，英姿勃发吗？"

老阉高凤也颤声说："要诛杀我们，不是司法而是政治示威，犯上。"

刘瑾继续说："王岳等通风报信，阁臣听信谣言，日益骄纵。这次是集体抗命，向陛下示威。若司礼监得人，官僚们何敢如此？一天子一朝臣，陛下难道要受老朽们牵制到底吗？"

那七人见帝心被说得转动不已，就众口同声泣血哭诉："奴等死不足惜，只是他们内外勾连，挟制万岁，失去自由。奴辈死去，再也不能陪驾，让万岁笑口常开了。"

朱厚照勃然大怒喝道："谁敢让朕失去自由，身不由己？"

刘瑾再爬前一步怂恿说："乾纲历来独断，当断不断反受其禁锢、掣肘。"

朱厚照一想皇宫内再也没有百戏喧嚣了，再也不能随时出巡、随地巡幸民女，建一个豹房狗窝、拆毁民宅都要左谏右劾，太岁头上动土还要缠个紧箍咒，不免立即想让这帮老顽固、新花岗岩脑袋全走一空。必须打击群臣敢同皇帝叫板的嚣张，正好借此让他们全走人！

朱厚照提起朱笔立命刘瑾入司礼监并提督团营，邱聚提督东厂，废黜的西厂由谷大用负责光复、统领，张永等五人分司营务，立发诏书命令锦衣卫逮捕王岳等下狱。王岳是太监中二号人物，东厂提督。李荣虽为党首一号，但年已七十七岁又一向谦和，凡事大都让王岳出头。阉群在弘治朝不敢结党，只是皇帝的公奴，阉首和士大夫形成某种附道的默契，相安无事。就是李广大红大紫也是因为道术受宠。

整个特务、军法僵尸系统一夜之间被朱厚照复活了，命令八虎各得其位，凌驾于法统的国家机器之上。王岳等掌权太监被拷掠，朱厚照并不想杀先帝的老奴，打算将他发配南京充军，看守明祖陵。刘瑾知道打虎不死必有后患，在王岳南往途中派特务杀掉了事。特务政治立即张牙舞爪，先内部火拼再将大明朝变成一张罗网。

刘瑾本欲将李荣、王岳一并扫灭，但朱厚照就是李荣一手带大的，对他还有感情。他爷爷宪宗就赐李荣玉带、蟒衣，禁地骑马的荣耀。看似昏花木雕的李荣，实则盘根错节太深厚了，所以刘瑾把一切过错都堆到王岳头上，暂时还不敢一网将李荣也打上。李荣还是名义上的掌印太监。

本来是八虎发往南京避风，不料翻手为云变成了王岳等阉中良善。吉凶祸福只在一念之间，祸兮福所倚，刘瑾顿时从地狱口扶摇直飞九天，摇身晃脑成为阉党党魁，左手掌国印、朱笔，右手执京师兵权。他会把权力发挥到极限，而不是像李荣、王岳那样将其休眠。

一夜狂风暴雨大作，第二日天变了。诸位大臣不知大内豹变虎革，完全翻了盘，仍然入朝候旨。包括李梦阳都把劲儿铆得足足的，即使不判八虎典刑也得逐他们一去难返。

李梦阳和边贡鼓捣了一夜。第二天，边贡作为给事中依旧和科道众谏官、和韩文倡议的九卿诣阙抗争。

俄顷太监传下圣旨，一锤定音，不再有商量余地，也不再廷议阁论，保宥八人不问。

刘健、谢迁、李东阳一见尘埃落定，又见刘瑾耀武扬威已统领阉党，知道大势已去，无人能回天。三老立即仓皇上本只求致仕还乡。

诏旨都发自刘瑾，立即准许刘健、谢迁本奏，二老离京而去。独留住李东阳执掌内阁，李东阳再次上疏不授，愿与二老同去无颜独留。但旨下驳斥，不予退休。

其实李东阳的表现，早有人报给刘瑾。刘瑾知道他在刘健、谢迁激昂悲歌时一直很柔软，不吭声。也许他虽然心与二老一致，但凭着诗人直觉感到此一壮举，可能适得其反，导致全盘皆输啊。所以他以优柔姿态，却被刘瑾视为中立，才堪大用。他正要利用李东阳操纵内阁。后来刘瑾垄断所有奏章，经他审阅之后才呈给通政司。他近乎半文盲，但凭着天生对政治的灵敏嗅觉，像狗能闻到权力中的一切肉食。他有恢宏的私第，将奏本由他的妹夫、礼部司务孙聪和门人张文冕一同参决，随后由他的心腹阁臣焦芳予以润色，再由李东阳审定签发。

二老离京，所携之物都不过破书旧袋而已。李东阳祖道摆酒饯行，身后士林黑压压一片。东阳叹息流泪不能随二老同行，刘健摇头只怪众臣没有抱死一谏的士气，国家必遭变故，慨然对东阳说："何必哭啊，假使当日多出一言，也和我辈同去了。"

谢迁温和一些说："我恐怕孽障得势，君子无噍类。天下再无阳关道。"

东阳和诸臣列公听罢，黯然神伤。

李梦阳夹杂在送别的士群中，来到首辅刘健的车前，知道他不喜欢诗，特意为他献上一篇大赋《送河东公赋》，公开赞美他的大义。刘健是康海的座师，他对诗人才子历来鄙薄，唯独称康海"词意高古，娴于政理"。康海默默地听老师对李东阳的语言，深深地记在心，着实轻视这个执文坛牛耳的星主。道不同不相为谋，分道扬镳，各树各的旗。他在内心的激烈、刚正，其实远远超过李梦阳。

李东阳不与朝臣共进退，一下子使他的茶陵派形销骨立。这却给康海、李梦阳们留下诗歌空间。

4

半是绑架半是利诱，不论是内阁还是官衙都变成他的工具，刘瑾横空独挑大梁。

吏部尚书许进虽没有直接卷进风波，但吏部尚书的位置太重要，自刘健致仕未及一月就被刘瑾编个莫须有的口舌改由焦芳接替。焦芳原是河南泌阳的乞儿，与一个算命盲人同宿破庙。算命先生为他算命，摸罢他全身骨骼后说："一身鳌骨头要讨一辈子饭。"焦芳不信让他再摸，卜人摸到他的下巴便跪拜于地，颤抖地说："鳌骨头长着人下巴，不为皇帝便为阁老！"自此焦芳讨饭读书，钻研八股终在而立之年金榜题名。既无学术又不攻文学，但专攻功名利禄，一心往上爬才是真理。他终于靠着方向盘的灵敏、同气相求站对了队，凭借刘瑾之力一步爬到内阁。

但刘瑾的冤家对头王鏊也被廷议推上内阁。王鏊从身在东宫就一直和刘瑾们斗到内阁。王鏊接替韩文成为吏部尚书。吏部只要穷困潦倒的尚书，王鏊也是有名的国家级贫困户。

朱厚照在醉眼蒙眬中，整个帝国落在他的肩上，少年人精似的掌舵。他欢醉在迭起的高潮中回味着内外表演，戴着少不更事的面具，借着酒力、借阉寺之手达到自己的目的。就像男人往往借助老婆胡作非为，不讲道理获利。

刘瑾是他的旧属，王鏊同样也是。在他的心中，王鏊是天才型的人物，虽是百官弹劾八虎的主谋之一却安然无恙。刘瑾善揣帝意，贼精就在这里，不敢动李荣，也不敢动王鏊。王鏊文能安邦武能定国，针对蒙古小王子、火筛部落的进攻，他曾经献上著名的八策，都为朝廷采纳。当初秦纮任三边总制就是他大力举荐的。不仅入阁，还步步尊重加文渊阁大学士，太子太傅。

李东阳像纸糊的首辅一样，他的门生有的都愤懑公开与他决裂，从他门下除籍。茶陵派诗歌遭到解体，李梦阳的"复古运动"更是与他分道扬镳了。"盛唐派"在这个节骨眼上压倒了茶陵派，李梦阳一时成为士林心中闪耀的诗坛旗手。

刘瑾的清洗策略是先贬官，先让你道不同不相为谋自己求去。当你离开权位，回归乡野时再轻而易举地分而治之，分类整理。

刘瑾党羽私造假银，暗暗输入户部库存，再派人清查抓住户部这个疏漏逼韩文辞职。韩文身家财产只有一头骡子，只身骑一骡而去。李梦阳执缰相送，为韩公写下长诗《去妇词》。诗前小序云："正德元年，户部尚书韩文暨内阁师保等咸相继去位。李子作此词也。"这首诗继承屈原《离骚》的"香草美人"传统，比兴寄托，以夫妻之情喻君臣之义，写得深厚沉郁，婉而多讽。清代沈德潜在《明诗别裁集》中评道："深婉，可以怨矣。"

刘瑾起初并不知道状疏是郎中李梦阳所拟，但焦芳之流知道这个李郎中上蹿下跳赛过科道谏官，但不过是牛犊子，先贬出京城再说。李梦阳被贬到山西，任布政司经历。边贡则从给事中一溜烟调到太常寺去了。

六科十三道中不畏强权的给事中、御史对朝廷大变故本能地上疏皇帝，弹劾刘瑾乱制改常，为刘健等叫屈请求还朝，波及南京科道谏官都附和北京同仁，掀起第二次高潮，纷纷上奏劾章。朱厚照接过奏本大怒，在一场国家级足球大赛空隙间中，当即授权刘瑾全权处理此类事务。

刘瑾一一将上疏的给事中、御史逮捕，一次拘捕二十一名。以南京戴铣为首恶，不论其罪先行廷杖。当廷当着百官的面就是往死里打，血肉横飞，戴铣活活被击杀于杖下。

南京蒋钦骨头最硬，竟活了过来，削职为民。放出狱三日，蒋钦再上疏劾刘瑾当诛。再被锦衣卫抓捕入狱。

此时锦衣卫已恢复它本来的毒牙利齿，和西厂、东厂进行着冤狱竞赛，看谁杀人多，看谁才是地狱的王牌，层层加码。刘瑾又成立监视一切官民及特务的内行厂，形成一个特务军法庞大体系。一个比一个毒流天下，就看谁能成蛊。

锦衣卫指挥使牟斌不从潮流，立即被闲置，调离岗位，直到和谏官们一同按倒阙下被廷杖三十，降为百户闲住。群贤逮至锦衣卫狱，一个个像当初李梦阳那样被牟斌善待，激怒刘瑾，将牟斌也逮捕关入诏狱。

刘瑾要彻底驾驭原有体统、机构，驯服里面的官员。一时难办的就实行改革增加新机构，架空固有职能。这些机构都是几千年经得起历史检验、颠扑不破的传统，刘瑾非常聪明，无力废黜、摧毁、新设机构，那么就驯服原有的，挂羊头卖狗肉，为我所用。只有恐怖政治，霹雳手段，才能实现扭转乾坤的目的。锦衣卫被彻底改造了，换上八虎自己的党羽。最要贪官乱臣之命的十九科道，是重中之重。刘瑾命令厂卫系统发起总冲锋，直到所有给事中、御史不是投降就是被消灭。南京御史蒋钦至此顽抗，上书不止，狱中咬碎钢牙誓呼："一日不死，一日就要尽责到底！"苦刑之后昏死过去。醒来他又握笔要上疏，这时听到鬼啸，乃是他的先人灵魂对他尖叫，让他不要再写了。他祷告说不尽职就是负国，就是愧对祖宗。奋笔草成，请求上传，得到的当然就是再打三十廷杖。这一次是快速死打，蒋御史拖入狱中撑了两夜，气绝身亡。

其疏流芳百世，疏中有言："臣骨肉都销，涕泗交作，七十二岁之老父不复顾养，死何足惜？但陛下覆国亡家之祸，起于旦夕，是大可惜也。"

边贡临阵脱逃，避祸去了。修道的王守仁见戴铣诸班忠烈被屠杀，禁不住作为兵部主事也冒死上了一本。奏本全部传到刘瑾的私第，他喜欢在家办公。刘瑾党羽看后立即赏赐王守仁五十廷杖。当廷击毙，但不久这位阳明洞修炼的人物又死里还阳，复活过来。既然不死就贬到蛮荒瘴气之域贵州龙场当驿丞。

所幸是他平时谈玄论道，结识江湖奇士，留有金疮秘药，紧急敷治后匆匆出京。而刘瑾党羽杀人已经上瘾，一路尾随而来。深夜他佯为投江，浮冠履于水上，写下遗诗要学那伍子胥漂江而亡。杀手以为他死掉，返京交差。他则隐姓埋名，遁入武夷山中去了。

刘瑾被称为竖皇帝，朱厚照称为坐皇帝。一国两日的天象出现在天空，都察院奏事，提到刘瑾大名就引得他大怒。他的名字已像朱厚照一样成为敏感词，不得直呼其名。都御史领着十三道御史列队到刘瑾豪宅谢罪，一齐跪在阶前任他辱骂。刘瑾骂一声，大家磕一响头，直磕得头破血流，染红刘家的台阶。

自此各科道换上刘瑾教导的人马，派赴各地，搜刮民财。礼部最大的礼就是给刘瑾送礼，御史巡视各地回京交不起供奉给刘瑾的礼金、再做不到高利贷，就只能自杀。以此类推到所有官员，逢年过节、升迁、进京全都要进贡送礼。所有官员似乎都是为他打工的，晋升废黜全都由礼金决定，官场变成交易所。这个立地太岁一样的立皇帝为了彻底打败政敌，下了矫诏。把由李梦阳起草的状疏事件中所涉官员列为奸党，永远除名禁锢。完全仿照北宋蔡京新党治旧党的那一套的做法。

自阁老刘健、谢迁，尚书韩文、杨守随、林瀚，都御史张敷华、戴珊直到李梦阳、王守仁及各路言官人等五十三名上了奸党黑名单，列于朝堂。诏书上李梦阳、王守仁大名赫然在列，紧排在都御史名字之后。这一党单几乎将御史、给事中里的忠贞烈士一网打尽。在此，刘瑾阉党开始了史称"刘瑾变法"的折腾。

那些躲避跑掉的元老重臣，一个个揪小辫根慢慢整。发明了罚米法，让这些两袖清风的老臣输米抵罪，送粮到前线。韩文家产只有一头骡子，刘瑾命令他输米千石到大同，他只得准备自裁老命。由于王鏊预先得知，拼命力争，亲自找了小皇帝，开了金口玉言，韩文才豁免得救。包括早退回乡的刘大夏被诬造反，不是王鏊为其鸣冤死争也难逃虎口。

王鏊知道自己已处于庙堂绝地，虽有武宗罩着，故意平衡刘瑾的独裁。但小皇帝完全被阉党近侍包围，自己与帝如隔千山万水，咫尺天涯。皇帝半龙半虎，龙生九子，种种不同，他到底该是哪一种呢？连王鏊也越来越摸不着堂奥了。

独木难支，他咬牙坚持。反正他已和刘瑾就像当初在东宫时一样，形成左右两翼，不共戴天，各走一边。谁也动不了谁。权力在皇帝的手里。连诏书圣旨都没用，都可以一天一矫诏。只有皇帝本人，才是真真的上意。

朝臣崔璿、张玮、姚祥等遭秘密逮捕，戴枷游街长安街，毒刑拷打奄奄一息。王鏊对刘瑾大吼："士可杀，不可辱。士林不仅无端受辱而遭屠杀，我还有何面目居此位！"刘瑾只得放过这些人，留下活口。

谏官由死敌很快就驯化成私第的鹰犬，兵科给事中屈栓、祭酒王云凤上疏请颁行刘瑾阉党制定的《见行事例》。这是一部改革纲领，总有八十五项具体措施。诸如让冤狱忠臣倾家荡产也不能完成的罚米法，巡山大王式的监察骚扰四方，最奇怪的是"令寡妇尽嫁，丧不葬者焚之"，在那时就搞起婚姻和殡葬变革。最主要的是帝国弥漫在一种神乎其神的迷信氛围中，各种大师大仙包括番僧胡巫进京，一年度各类僧道四万人。西域的房中术传入宫中。各类大师、国师进献秘术出入大内，庙堂遂成戏场、集市。不问苍生问鬼神。

掌控立法权，司法权，花样百出的执政权，刘瑾就将宫廷游戏变成政治的游刃有余了。新的法网撒向谁，谁倾家荡产、身败名裂，而自己同党则无法无天，高枕无忧。阉党靠着新法利器滚雪球一般扩张，以致席卷朝野，最终弄到天下知刘瑾而不知朱厚照。

龙戴着全新的面具，让人摸不着头脑。他舞狮舞龙，介在半人半兽半龙半君之间，不可猜测。闲着也是闲着，拿出自己的一半去寻租，租给刘瑾，看看到底能收获多少。刘瑾就是靠着变法的大戏，天花乱坠一般使小皇帝的一半仿佛成了自己的了，一刻也不愿意与他分离。刘瑾就可以在自己手心里规天划地，独自成蛊。法皆出自我，令皆我来行。一切入我彀中，听我的游戏规则。短短几年，刘瑾将拥有何等的泼天财富，只有老天知道。酷吏越是雷厉风行执法，官民的苦难就越深。整治士大夫而成的官员，换上投机的酷吏，百姓自是更苦如黄连。就在太学，也以节省为名裁抑生员，取消一切国家待遇，自备"薪米肄业"，不分配工作。王云凤提学陕西，"以酷法笞生徒，多有死者。"因此才受到重用。

当然还要欺世盗名，肃贪整倒异己，象征性赈灾扶贫，减轻农民负担六万两银子。其实农民已快速地到了破产边缘，天变灾异四起，到处是官逼民反的礼崩乐坏。新人一定要有新的玩法，这样才证明自己是理所当然的新日新星升起。朱厚照和刘瑾在这里找到共同追求。

最要命的是竖皇帝的手伸到边关前线。他抓住京师军权，更要抓住前线军权。此时三边总制杨一清成为他狩猎的最大目标。

5

自朱厚照继位，号称蒙古中兴之主的小王子达延汗在大明弘治中兴结束之后，也渐渐地成为强弩之末。

他在大明奇迹般建立的万里长城面前，经过无数次侵扰突破之后发现，南方永远不再属于蒙古了。他需要在中国北方建立一个同样稳固的国度。他在打败北方的瓦剌之后，开始了旨在内部整合、剪除异己的战争。

他所剩的时日也不多了，建立自己的汗系比侵略一个伟大的文明更重要。中国本来就不是自己的，是打猎射到了龙凤，把汉家射天狼的传统翻盘了。现在龙凤涅槃又复国了，就不要再异想天开。好马不吃回头草，承认历史才是英雄，中原河流没有倒淌往北流的。

河套是小王子兴起的命脉，也是整个北方胡儿东进南下的根据地。双方为了河套展开拉锯战，但自从王越病故，河套就落入小王子之手。没有将领能再主动出击，像明初盛世那样远征、开边。

自延绥巡抚余子俊开始，一个个文士封疆大吏便在胡刀弯月洪水猛兽的侵袭下建筑长城，一共二千余里，筑城修边以守为攻。

大漠之南业已扎根了稳固的王廷，弘治元年（1488）两国就实现邦交化，互通贡市，蒙古贡使多达六千人，由大同从居庸关入内。但自火筛等落酋兴起主导侵略，一味烧杀暴掠犯境的火筛酋长寿终正寝，又断子绝孙，他的部落只有被小王子吞并，大明边境便丧失了沿万里长城点放烟火的劲敌。蒙古犯边主旨从复国梦已经落实到只想打开两国贸易的大门，烧杀抢掠渐渐变成次要目的。经过多年内乱外侵，历史在向英宗继位初期、蒙古朝贡以求赏赐而不是开战的状态过渡。

这就需要明廷有人能审时度势，把握这个趋势，维系和平，最终以伟大的文明化胡。王鏊早已看清入侵者的来龙去脉，断言他们的时代一去不复返，群狼无主的乌合部落最大进化也不过是整合一个小王子。也先俘获中国皇帝结局也不过是身败族没。元室死灰复燃，不过是鼓起脓包的疮癣之疾。真正心腹之患是内政。多少个部落像群蜂沿线攻击，是因为找不到共同的蜂窝。从奔逃故乡的元帝到四分五裂，再到小王子的漠南王廷，大明帝国经受它无数次的洪水猛兽般的侵袭，磨平它的棱角锋芒。鲜血草原的赤潮退去，迷途知返，一旦皈依佛教就像虎狼听经，放下屠刀造化了。内政一乱，分寸就失。阉魁王振集结奸小，操纵边关盲目开战邀功，所有微妙的平衡就打破了。两国关系处于黎明前的黑暗时分，蒙古诸个部落正在倾力做最后的洗劫，用血染红地平线一样漫长的长城防线。自花花少主继位，游戏朝野之际，仍在进化前夜的蒙古虎狼各部数万控弦之躯伺机入寇固原，以图在两国较量及谈判桌上获得更大利益。总兵曹雄坐视不救，按兵不动。巡抚杨一清在固原，经营马政。自总制秦纮还朝，三边一直没有总帅。曹雄本是杨一清的荐举当了总兵的，一握有军权，就与杨一清分道扬镳了。刘瑾作为东宫党崛起，曹雄以关中老乡关系攀附，正效仿焦芳及早站队排号之道。后来刘瑾相中曹雄之子有奇相，将侄女下嫁于他，联上姻亲。而杨一清视刘阉如贼，哪肯摧眉折腰。他是刘大夏所荐之人，刘瑾最恨刘大夏。所以曹雄与杨一清划开界限形如陌路。鞑虏乘皇崩国丧大举入寇宣府，总兵张俊大败，神将张雄、穆荣战殁。敌寇侵入镇夷所，杀死指挥刘经，复自花马池毁垣破城而入，劫掠隆德、静宁、会宁诸处，关中狼烟四起。

杨一清作为巡抚，只得率领轻骑人马自平凉昼夜驰行，抵御入侵并发动奇袭，击退进犯。一个文官胆敢孤旅北上迎敌，出其不意偷袭辎虏辎重后勤。这当然是效法当年王越奇袭红盐池，虽无多大战功但毕竟敌人暂时退却了。见缝插针，他马不停蹄督促修筑长城的工事，憧憬太平岁月，不禁诗兴袭来吟哦：

> 雉堞连云十里城，将臣开府此屯兵。
> 山连虎阵千年固，地接龙沙一掌平。
> 塞上马嘶春草绿，村中人和凯歌声。
> 只因边徼无烽火，忘却关山是远行。

　　杨一清以延绥、宁夏、甘肃三地有警不相援，请求率领大臣兼任。刘大夏在自己即将辞退之前力荐杨一清担任总制三边，他同时晋升右都御史。随即大举以建设的方式抵御强敌，朝廷大力拨帑划金数十万资助他建城筑边。修筑长城就像开挖运河并非一劳永逸，而是随着时间和战况的推移，人去城空，被破坏焚毁成废墟。一任筑，又一任修，任重道远。长城在屠刀铁蹄面前，就像植被屏障在沙漠面前，春发冬灭。

　　这是系统的商民军共建工程，杨一清在固原之前修设豫望城、花马池乃至宁夏三道防线、屏障扼制套寇，巩固西安。他调发陕西八府各卫丁夫九万人修筑由定边营至横城的边墙。把民工分为两批，每批筑墙三个月，到期轮换。为了保障民工的生活，杨一清从口粮若干到医药都亲自过问。他动用官银购置药品聘请医生，而不是将前线工地变成万人坑。他正在沿线日夜操劳，边战边建之际，逆袭了韩文等百官弹劾的刘瑾站稳脚跟，便对异己杨一清下手了。刘瑾诬陷杨一清浪费边防费用，以民工病有所医为幌子等等贪污、挥霍军饷，将杨一清从三边捕入诏狱。构陷政治狱很难，但一抓经济问题就很容易莫须有，有几个猫不吃腥？王鏊极力营救，怒斥刘瑾以莫须有之名擅捕前线总制，李东阳也出面力保，杨一清才被免罪从锦衣卫狱释放免官回家，罚输米六百石。而计划好的一百五十公里的边墙仅完成二十公里就做画瓢了。刘瑾想邀军功，想以战争制造恐怖和操纵户部的气氛，但苦于无将，以致杨一清获罪之

129

后，总督才宽在花马池被敌伏击阵亡。自此武宗一朝战事纷飞，边衅一开就合不拢了。弘治朝一度收复的河套，自此一去不复返，北元残室在拉锯战中占据上风。小王子世系，在河套扎根发芽，进行着封建制世袭。

弘治中兴，在他儿子这里恍若画饼。

而达延汗中兴，却整合蒙古，开创了封建世系。蒙古是匈奴的后裔，出自夏朝太子淳维的系统，虽历经数千年，仍保持着历史的元气，保持草原原始文明的勃勃生机。终有一日成吉思汗横空出世，横扫亚欧，直到把中原文明征服，入主中原。而炎黄系的主体、正宗在这个历史节骨眼上却不能坚守王道传统、天道法统，发生一次次变乱如黄河找不到千年相安的古道，权力肆虐横流，使苏轼这样的大文豪也顿生江河日下之感。

北宋变法派将忠臣良将、诗人、史家、哲学家都打成奸党，公开挑衅天命、祖宗之法、民心遭到最惨烈的天惩。这也是洪武太祖最为扼腕捶胸之处，也是他矫枉过正，弃北宋气象而力崇南宋朱熹理学的原因之一。现在刘瑾重开祸端，列奸党榜单于朝堂，禁锢名士。北宋变法不过十余项，而刘瑾变法八十五项，包罗万象，殃及百姓婚丧嫁娶、柴米油盐、炊烟空气，确立阉党执政。朱厚照比宋赵佶更为荒诞不经，花花肠子，欲心如炽，满世界掉魂般转悠。谁都感到不祥之兆，怎能不让李梦阳之流忧心如焚！

武宗建有鹰房，驯养各地雄鹰，以鹰为宠物，将鹰放飞，他随鹰奔逐，或张弓搭箭怒射，以此为乐。小皇帝兴趣所至，也能提笔赋诗作画抹鸦助兴。天空常见鹰飞，以致有的画师都把鹰画神了。大户人家鹰画挂堂前，雕梁画栋上也常见鹰姿描绘。李梦阳观鹰画，目睹鹰飞雕落，遥想宋徽宗也是位杰出画鹰专家，不禁浮想联翩，借古示今，回想着先帝孝庙斥罢游宴，讲经日御文华殿，巧工淫技不敢陈于王前，南海西湖弛道荒废。哪里会有人重金爆炒、收藏那些画师的雕虫小人之艺？

朔风吹沙秋草黄，安得臂尔骑驴骧！草间妖鸟尽击死，万里晴空洒毛血。

我闻宋徽宗，亦善貌此鹰，后来失天子，饿死五国城。

乃知写画小人艺，工意工似皆虚名。校猎驰骋亦末事，外作禽荒古有经。

（《林良画两角鹰歌》）

这首七古长诗，历来被人称道。铺叙得当，移步转形自如，脉络可寻，笔力纵横，也是学杜诗的成功之作。沈德潜在《明诗别裁集》中赞叹："从画说到猎，从猎开出议论，后画猎双收，何等章法，笔力亦如神龙蜿蜒，捕捉不住。"全诗从画上纸鹰到诗人心中真鹰，从北宋灭亡到大明莺飞草长。他心中的孝宗是为君者的楷模，沉溺在鹰房、豹房的武宗为何不继承父皇遗志呢？

"直把杭州作汴州"，李梦阳在心情极度悲观之下，渐渐感到盛唐梦破，不是中唐、晚唐了，直跌到宋徽宗的时代里了。一个少年，真的会打乱历史的脚步，让天下不知所措吗？

但无论何时何地，他心中都还珍藏着弘治时代的大梦，那个明天子的影像。

6

李梦阳由弹劾一只翼虎外戚，再到群谏清除八虎阉党，已是掉到虎窝去了。外戚之祸比于阉祸小巫见大巫，上一次福音变成这一次整个庙堂之殇。两份洋溢着诗人气质的状疏，取得截然相反的效果。

由于刘瑾最初并不知道状疏出自李梦阳之手而全由韩文承担责任，他仅是五品郎中，并没有立即撞入刘瑾法眼。正德元年（1506）八月伏阙呈状，来年正月他才被清出户部贬谪到山西布政司做经历。还没有正式任职，李梦阳知道清洗运动刚刚开始，是另一种瓜蔓抄式的滚雪球。果然三月二十八日百官接命到金水桥南听旨。诏定五十三党人大案，李梦阳被勒令致仕，免官除名。当然还免不去复古运动这个"民间组织"的旗手。

大明体制广大农村是高度自治，遵守"皇权不下县"古来传统。只要地方官和边镇不据兵割据造反，一切都照常运转。而一旦有人造反，举天下之力剿灭，每个官僚又都想争功献策。朱厚照更想自己当大将军，领兵御驾亲征。少了谁大地也不会沉掉。朝廷养士多年，也可一日由横空出世的刘瑾来收拾。

李梦阳被放逐还乡，无官一身轻。友人们都来相送，一一惜别，多自保重，他带着妻儿离京走了。以前这里人人朝圣向往的中心，现在成了吞噬人性、官品的漩涡，像火葬场一样越避而远之越好。

正德二年（1507）二月，李梦阳带着侥幸全身而退，回到开封。他的家庭、妻族全在这里，大哥李孟和已经为他在波涛翻滚的黄河岸下的康王城废墟上建筑一个草堂，仿照杜甫在成都避难建筑草堂的样子。李孟和对名气越来越大的弟弟，充满棠棣手足之情。父母亲不在，长兄如父，他就是家长。孟和对弟弟罢官归乡，不是埋怨而是欣喜。豺狼当道，君子避而远之，这样兄弟就可以团圆了。他希望弟弟能着手修李氏家谱，就像康海居家修康氏族谱一样。游仕还乡，家族观念根深蒂固，李梦阳当然也早有此愿。

梦阳入住草堂，修完族谱，望傍堂前竹林，荷塘十亩，紫燕归来垒窝呢喃，庭下栽着棠棣树，好一派田园诗意。他提笔写下《河上茅斋成呈家兄》：

愚弟罢官兄独喜，卜筑茅斋傍竹林。
开窗忽见万里色，背水常留十亩荫。
春来燕子休相贺，日暮幽人且自吟。
庭下会栽棠棣树，床头新制有虞琴。

大丈夫进则兼济天下，退则著书立说。梦阳养花种草植柳，竹林下弹琴吟歌，陶然在田园风光之中。多年紧绷要断的琴弦，此时舒缓下来。其实他的心并没有完全融入在自然之中，仍心系庙堂，心系诗歌。七子已作鸟兽散。贬出朝堂的，各把盛唐复古的种子带向四方。

何景明虽然没有像李梦阳那样直接斗八虎，但他的心是一致，并上书吏部尚书许进，望许冢宰这位河南老乡能表师百僚、坚立万仞。在刘健、谢迁被免官之后接过大旗，吏部坚守天职阻击阉党，不放鹰犬豺狼进入庙堂，把老虎们都装在笼子里。这当然也是枉然，许进接到信不久就被罢了官。不是刘瑾的人都泥菩萨过河，自身难保，何能斥退奸小？许进从御史做起，效力陕甘边关，作为巡抚曾经领兵收复哈密，他当然自矜不肯投奔阉党。

何景明眼见这样的明公重臣都罢黜还乡，便挣脱网罗主动请辞，秋风厉厉之中归隐故土信阳。写下《归来篇》：

> 君不见，陶公饮酒负奇气，平生下笔五千字。
>
> 不肯上书干明主，安能束带见小吏。
>
> 归来不愿千顷田，但须囊中有酒钱……

这两位诗坛主将，都回到中原，心有灵犀一点通，共同进退。

状元康海仍任翰林院修撰兼经筵讲官，参与修宪宗、孝宗两朝的实录。他是刘瑾的老乡，刘瑾以他为荣，极力想拉拢他入伙，壮耀门庭。刘瑾主动点将要拜康状元为吏部侍郎，康海不软不硬地拒绝他说："世上没有翰林未满五年者而任此职。"刘瑾也是开门纳士的，只要投他就重用，颇有爱才之心，以康海未得而一直快快。

王九思与康海最近，诗为李东阳所赞，荐入翰林，与康海一同修史。因他也是刘瑾的老乡，并未受到打击，相反陕籍都是刘瑾借重的，有着李东阳的关照，做到吏部郎中。

徐祯卿形容丑陋，长得一副天才特有的脑袋，内里的奇骨、才思把他尊容好像冲得变形了。因此未能入翰林，诗书都是当时双绝，仕途失意，潜心道学，可惜英年早逝，死时年仅三十三岁。

王廷相作为兵部给事中，一同冲锋在弹劾刘瑾的阵容，自然遭贬，但侥幸是没有列入奸党籍。

进士如果没有分入翰林或谏官，仕途一般难能起色。翰林是进入台阁的通道，御史、给事中则升向都御史，是领兵带将的台阶。像李梦阳、王守仁分做主事之类，除非有大功才可能拜相入将。而边贡、王廷相都做了给事中，意味着这两人前途无量，无论怎样曲折，做到尚书一类也是预料之中的。而康海、王九思同入翰林，不牵扯进政治事件，也是步入青云上云台的后备梯队。特别是康海与一般状元不同，他不是八股高手而是才高八斗、古道热肠的诗人、散文家、戏剧家。边贡做了太常寺丞，正六品的礼乐祭祀的闲差，却让他躲过与李梦阳同列党籍的灾祸。后来外放到外地做知府，也是避祸。

越是镇压，诗歌越是内心涌动，七子的复古运动方兴未艾，"盛唐派"取代了李东阳的茶陵派，随着政治事件的影响力，传播天下。"盛唐派"以李梦阳两道不同凡响的奏章而名扬四海。所谓台阁风雅已被阉党清洗得体无完肤，李东阳虽居内阁，也风流不再。茶陵派进入灰飞烟灭的境地。

7

麦子已黄，却暴雨倾盆，黄河浊浪排空，高耸在半天腰上。从岸下的开封城望去，梦阳草堂仿佛是浪涛拍打的彼岸。草堂东边建一高台名曰逍遥台。梦阳时常登台弹琴，吟诵，望大河上下、铁塔繁台、鱼龙舟航。逍遥台在悬河之下，接不到白云青天，而是惊涛骇浪拍魂夺魄。暴戾恣睢的黄河，就在头顶高悬，张牙舞爪，不知何时剑光一闪，斩了泥龙水兽，首级滚落尘埃，整个都城都埋没成土丘，不要说微如蝼蚁的人生、炊烟了。

夜已深，梦阳辗转反侧不能入睡，迷迷糊糊蒙头进入梦乡时，他的神思不是他能主导的了。他看见幽都突然变成金陵。黄河从地上蹿向半空，天顶，涌动一河的猛兽铁马冲破河床，杀向中原。河北岸是胡儿汹汹，河南岸到处是民变蜂起。陕北、陕北、河套、河套，套寇一下子分支成两股，一股是胡儿，一股是边民，最后又集合成一体，变成满四在石头城称帝。他拔剑而起，带领七子大军灭了满四捣毁了石头城，满四部众向辽东逃窜。他追赶不及，幽州四面都是义军、流寇作乱，把他包围。他冲杀出来，一条大河横在眼前，只听到儿童们在唱：

> 遥望建康城，小江逆流萦。
> 前见子杀父，后见弟杀兄。

他一听这不是南朝石头城的故事吗？便高声断喝："呔，哪里的顽童，敢用暴君刘昱的典故讽喻当今英武的圣上？"

只听得群童齐笑说："正德小皇不是宋废帝，却似另一位少年。"

梦阳喝道："说来听听！"

群童齐拍手又唱谣：

> 红灯真厚道，照人如黄蒿。
> 好梦在豹房，八虎嬉戏闹。
> 内变外也乱，大战似演操。
> 若问他是谁，恰似乐昏侯萧萧。

梦阳听罢从梦中惊醒，衣被湿透。取出齐书，翻看东昏侯萧宝卷事迹。前思后想和那武宗倒实如再生一般。大明朝进入颠覆的青春期，像暴涨河水不可预测。大明将亡在谁的手里，难道真是这一位少年即位的陛下？

多么可疑的帝王始终如一的爱情，使整个帝国陷入气若游丝的单传、唯一之中。当年爱情变成一抔土、后宫帘下的母亲。而母亲又将绝对的溺爱星火传到儿子身上，连当初英宗登基时的三老和孙太后共同约束的局面都不复存在。张太后放弃帝国的职责，放弃与托孤大臣联手纠正武宗嬉戏面具下的荒政——实则倚仗私党绝对极权的野心。将整个江山放任自流，太后与百官疏远得不可思议，难道就是因为他梦阳弹劾并鞭打寿宁侯而阁老谏臣一齐力保他无虞而结下怨仇吗？这样变本加厉、处心积虑的胡闹，像戴着游牧民族面具纵横驰骋在庙堂，与也先包围北京闻到的膻腥又有何区别呢？这样信马由缰飙车下去，不仅使弘治中兴化为乌有，也可能使孝宗绝嗣，大明将向何处去？

萧宝卷十六岁继位，朱厚照十五岁登基。

萧宝卷不喜读书，课堂上以捕老鼠为乐；朱厚照读不进书，只喜欢与八虎嬉戏排演百戏。

萧宝卷有膂力，能担白虎幢高七丈五尺，左臂右臂来回担玩不过瘾，又把几十斤重的白虎幢移到牙上担玩，断掉好几颗牙齿仍不减兴致。自己设计制作五颜六色的戏服，用金华玉镜众做装饰。所宠群阉黄门党羽。嗜好逛街，随街起帐像游牧帐篷，帐内笙歌宴舞。所过之处全部警戒，车马人等屏除。荒淫无度，广选美女。大兴土木，嗜好园林，修建淫乐宫殿，四处挖古树移植新宫，用黄金做地板，雕出金莲花让潘妃裸行花上，称步步生莲花，潘金莲自此扬名。在皇宫开创市集贸易，卖肉酒百货，自己和宠妃在其间做小生意。潘金莲当市长，他当市魁，监管太监和宫女的买卖秩序。集市摩肩接踵，数千宫人齐出动。至尊屠肉，潘妃酤酒。他遵循父皇教导，杀人要凭直觉闪电进行，即位后清除不少权臣。以致始安王萧遥光、太尉陈显达与将军崔慧景先后起兵叛乱。投鞭断江之势，竟都一一折戟沉沙。他产生绝对自信自狂，当萧衍被逼造反，他还沉溺于游戏，要等敌军到白门前再一举消灭。唯一优点就是自从遇上来自市井的歌星潘玉儿便死心塌地只爱她一个人，甘愿为公奴，亲自到井边打水，帮厨子做饭。凡事都讲女性优先原则，潘金莲在前乘卧舆，他骑马跟在后面当保镖。他犯有小错，也自己检举，让潘妃处以家法打板子。可以说东昏侯喜好的，朱厚照如影相随，全世界狗撒尿的方式都是一样的。

皇宫阴气太重，朱厚照在西苑建造豹房，刘瑾又献媚建造玄明宫。广采美女藏在豹房暗室，歌女、妓女、舞女、高丽女、色目女、西域女各国美人，专供武宗淫乐。美女源源不断涌来，接待不了就在浣衣局寄养。他不好古树植物最喜禽兽，命令各地贡献珍禽野兽，招纳伶人、僧人、市井无赖，自己不能生养半儿半女，到处认干儿子，充当男宠鸡奸。他孔武过人，似钢枪不倒之体，并有西域秘术、进口春药做房中术。大建他一个人的各类动物园，亲自驯服虎豹，赤膊上阵与禽兽搏斗，与美女战，与王臣斗，与外番战，其乐无涯。

朱厚照虽不直接杀人，但扼杀的是体制中的优良基因，清洗一空是良臣直士。玩弄的是豹房的密室、暗箱的虎狼与阉党政治。他迷信一切的灵异、超自然的怪力乱神。广求自西域、回回、蒙古、乌斯藏、朝鲜诸胡的法师、番僧、巫师组成顾问团，终日相伴。他学习藏传佛教，自称大宝法王。只要不是中国化的，他都喜欢，他还曾亲自接见第一位来华的葡萄牙使者皮莱资。他也曾爱一个宣府卖酒的女子，只是好景不长女子死掉了。

萧宝卷和朱厚照在李梦阳梦中交替出现，你中有我，我中有你，同出一源。按照这个历史逻辑，明朝也将出现各地民变，藩王藩镇的造反吗？孝宗的这一支龙脉，也将被绝嗣易主，换成皇室中另一个朱姓？就像萧衍诛杀了萧宝卷？

李梦阳不禁一阵阵冷战。

正精神恍惚间，汴梁的一个老秀才来访。老生姓周，家学渊源，以卜易闻名于汴城。正所谓秀才不出门便知天下事。他似乎已经测得一点天机但守口如瓶。达官贵人以得其一卜为荣，往往夜深登门拜访而不应。他今日在梦阳面红耳赤、心神不宁之时来到梦阳草堂，左夫人以长辈之礼相待。他与左氏的父亲左梦麟是好友。谈天说地已毕，老先生给梦阳卜一卦。他用的古法蓍草占卜，得一履卦。六爻岿然不动，判断卦辞："履虎尾，不咥人，亨。"他望望窗外天又滂沱起来，电闪雷鸣，积满低处水泽，似已测得鬼神之机，缓缓地对梦阳说："所幸虎穴将变成震泽。你踩着老虎的尾巴，虎却不能吃你。是因为你以履行的道仍然是亨通的。"

道还没有断，天还没有崩，地还没有灭。野蛮的胡虏朝代已退到塞外，老虎就咽不下书香，吃不了人。

李梦阳想象着周易的天泽履卦，那平静不动的六爻就像一个天梯，把他从大泽里攀缘到山林。道是朴素的，自然的。没有底层，低处翻滚着恩泽。浪头就像跃起的白虎，生扎羽翼，潮起潮落。对于隐士，大泽如镜似玉，像永远平坦的鱼肚白。他不是大泽的囚徒，而是得道的高人。眼瞎了还看着天下，腿一瘸一拐还一如既往行走。追击着老虎，踩着老虎的尾巴有被吃的凶险。武夫称大君，像老虎居庙堂称王称霸。刑天舞干戚，猛志固常在，眼没了以乳作目。孙膑腿断了，但以身饲虎的志气长存。虎大王居道上，履行天道就会踩着老虎的尾巴，愬愬，飒飒。老虎的幻象无处不在谁又说不是吉兆呢？就像姜原出野，踩着巨人迹。道不可废啊，道不可背叛啊。无道的武夫称大君，多么厉害。道没有高，也没有极。周而复始，问心无愧就与天元吉。

李梦阳在《述征集后记》特意记载了大梁周生为他筮得"履虎尾，不咥人，亨"的断辞。紧接着又写张彧等御史被重枷游街，他的年兄给事中许天锡自缢之后命家人替他上书。他们都是被老虎吃掉的烈士。而自己一而再地老虎吃不了，难道是天意吗？他的老师杨一清被捕锦衣卫狱，也是虎口脱险免官还乡。坏消息一个个传来，直到把他也变成幽州的幽囚。

8

周生卜筮不久，李梦阳正在草堂内弹琴，弦绷断了。锦衣卫从天而降，将李梦阳捕入囚车，押送北京。时值正德三年（1508）五月十七日，妻儿眼睁睁地看着李梦阳成为国家要犯，奔向鬼门关。在被装上囚车的那一刻，李梦阳一步一回首，泪如雨下愧对妻儿。此时刘瑾已查明韩文手执的奏疏出自李梦阳之手。风起于青萍之末，整个弹劾大风暴，就是由这个小小郎中直接扇动他的蝶翅。磨刀霍霍的锦衣卫，行人谁见谁如避瘟疫，参息奔匿。整个汴梁城惊呆了，都知道这一去必死无疑，万无生还之理。无法搭救，谁上前谁可能遭殃作为同犯处决，连去收尸的都怕有去无回。不要说有事了，就是没事，士林百官也命若蒿草。

　　李孟和誓死要追随兄弟去北京，李梦阳的内弟左国玉也大无畏地一同前往。天气闷热，二人触暑昼夜兼程，追赶锦衣卫风驰电掣的囚车。

　　一路草莽风沙，蚊虫长蛇，流民草寇出没，二人走间道捷径，身带营救的细软，希望能追上囚车或赶在前面先到北京运动救人。救人如救火，刻不容缓。晚一刻也许到了诏狱下牢，还未审讯就被折磨死了。时间就是生命，一位亲兄一位内弟，疲于奔命，死马当活马医，尽最大努力捞人。至少要花银撒钱，让梦阳少受点罪。左国玉质身尪羸，比较文弱，但为了救姐夫也是纵马抖缰，披星戴月过荒山葛络萦蔓。心头都有一团火，催他们奔赴北京。断肠人踏着断肠路，凶多吉少。

　　李梦阳在囚车里，并不慌乱。他并不是被缉拿的流寇、乱党，而是履行道义、法统的栋梁。一路行人向他默默地张望，那眼神仿佛告诉他，嗨，锦衣卫你们厉害，为什么不平息四起的民变，为什么不多斩获几个强盗，为什么不到长城塞外打退蒙古人的侵扰？拿个读书人，算得了什么？那些眼神就是天意，告诉他不要悲哀绝望。人杀人难，天灭人易。老秀才不是给他卜筮得到了老虎吃不掉、道仍亨通的预言吗？他的生道在哪里？梦阳左思右想，知道那是唯一的一条路。最够能救他的，必是诗歌同道的兄弟。这一将他救下，那个人就可能名列阉党，污了名节，一失足成了千古恨！

　　生门在向他洞开，当然不是他向刘瑾投降。他无论怎样变节都无济于事，都不值得刘瑾高看一眼。他已酿成刘瑾眼中的死罪难逃。等于在阎王殿的生死簿上铁定地留了名。难道自己为了求生，就要置宛如天人的状元康海于不义的阉门吗？大丈夫视死如归，岂能贪生怕死，置人于失节不义之地？康海是他关中同乡，也是"文必秦汉诗必盛唐"最有力的支持者。复古复的是长安风流，这一点把康李紧紧联系在一起。他和康海实际是七子中的双核。但康海谦和，虽贵为天子门生，甘愿让李梦阳出风头。这一退和托，激发了李梦阳的雄心壮志。当然也埋下另一大将何景明要争夺魁首、七子终将分裂的苗头。其他非陕籍的诗人对长安并不迷信，对长安也没有多少感情。当然现在还是创业时期，不是得天下开始分封的时刻。让同师好友受辱并承担极大政治后果，是小人行径而不是诗歌烈士所为，杀身成仁取义才是天理。他否决了这一条最有可能的生路。

若是杨一清老师没有罢黜，他或许还能活动一下王鏊、李东阳的关系，松动松动。这都不可能了，那就只剩下李东阳一条路。但李座师是明哲保身，他又怎么死保自己这个祸首罪魁呢。况且自己因为诗歌，对他越发不恭，从他手里夺过诗坛的大旗。空同派取代了茶陵派，一想到这里，他的心就凉了下来。

但不管怎样，除去康海，与自己最友善的就是何景明。他一出道就授予中书舍人，作为内阁最赏识的秘书，他是离台阁最近的那一轮明月。

但他现在不在北京，望山山倒指海海枯。二人志同道合，一前一后辞官还乡，他已是一介在野的闲人。如果他仍为中书舍人，有李东阳一直的器重，又与焦芳有同乡之谊，再加上王鏊对他印象也佳，如果他能像自己的两个兄弟一样处心积虑地想救自己，从内阁层面活动起这三个阁老，就有可能正大光明地给他李梦阳讨一个说法。刘瑾也不会不给一点面子，直接杀人。他此时又憧憬第一次入诏狱时，台阁三老仅一老谢迁明确的态度就能影响皇帝的决策。海底捞月，左右不得其解，他无法可想。这一次更无须为自己辩解，那都是多余的献丑。名士遇见仇阉，说都无须说。

囚车驶进了北京，穿了一条条街道，也穿过了他曾经鞭打翼虎寿宁侯的那个路口。他被送往锦狱北镇抚司大牢。

这与上次完全不同。以前弘治皇帝休眠疗法救治的非法统的皇帝私狱，现在完全苏醒了，并成倍地直立，高挑一切底线。这一夜雷电交加，他投入黑夜的底部。看着电光，冥想天雷在上，他依然心地明净，写下五律《狱夜雷电暴雨》：

> 一雨暮何急，孤眠宵未央。
> 疾雷翻暗壁，落电转空梁。
> 势极千山动，光还万里长。
> 天威终不测，魑魅可潜藏。

诗人借写雷电暴雨来表达刘瑾对自己的政治迫害。虽至死境，心仍然对天威不敢怀疑，仍然存有侥幸。希望在天威、天雷之下，刘瑾之流的魑魅魍魉能潜藏自破。"天威"，既指雷电，也指莫测的武宗。全诗情景交融，比兴寄托，诗人的悲愤之情与死到临头的凛然正气跃然纸上。实情实景，心有所感应，电闪之下诗人灵感即成此诗，没有模仿他人的痕迹。

9

一石入水深，激起千层浪。风声鹤唳，李梦阳械系京师，新崛起的复古运动的"盛唐诗派"并未敛声屏息，龟缩避祸。当然茶陵派的诗人及其他人物也没有揭发邀功。

李梦阳最好的两个盟友一为康海二是何景明。四杰中徐祯卿已学道隐遁去了，只剩下三杰。何景明在梦阳锒铛入狱之时，在老家信阳读书著述，起先并不知情。

自夫君被抓捕之后，左夫人在汴梁也没有给同属河南、索居在故里的何景明报信，信阳在汴梁之南并不遥远。李梦阳在汴梁被锦衣卫押解北京的消息不胫而走，成为河南街头巷尾头号炸雷，随风传媒。何景明秀才不出门便知天下事，他也早已料到这一天会到来，暗暗对好友自言自语："闻君在罗网，古道正难行。无使传消息，凭谁问死生？"他本应该像孟和、左国玉一样，奔赴京城，为解救李梦阳尽最大努力。但情况不明，汴梁左夫人也没有派使来信，京师也无消息。此时他父母年迈卧床，兄长何景韶于去年去世，一时不能脱身。情急之下何景明吩咐身边的书童快马加鞭赶往京城，京师还有他的寓所。书童一进寓所，人马稍歇就赶往李东阳府上，当面呈上何景明恳请李东阳搭救李梦阳的书信。大意是李献吉不过是起草弹文，也是应韩尚书之命，罪不至死，希望台阁能起作用救命。李东阳接过书信心想，上一次他弹劾翼虎自己就不敢多言，现在早已缄口难得哑巴了。当即写了回信告知这是直接由刘瑾抓的案子，定死的案子，阁臣无能为力。

"未草一字、未着一笔者也有下场。老夫不过一朽木画诺而已，还是退归田园方是我心。听说王鏊阁老已铁下心来要辞官了。"书童接过信，退出李府。他已经和李孟和、左国玉联系上了，把信交给他们，拆开来看，知道事情无可救药。一把钥匙开一把锁，哪个能打开权势熏天的刘瑾这把八虎之王的心锁，解开他一片杀人的心魔？

这一次李梦阳可能会使周易的卜筮也失灵了。作狂的猛虎也能通人道、天道吗？

左国玉在左家是胆大的，但天天要围着锦衣卫打圈，他也是硬着发麻的头皮撑着。京师他是陌生的，不像他哥哥左国矶曾跟着姐姐、姐夫在京城读书，但国矶此时正在准备应考举人，常嗜酒如命，烂醉如泥，一听锦衣卫和刘瑾就吓傻了，是他自告奋勇和李孟和作为犯人亲属同往。他看到设在皇城正门承天门外的锦衣卫衙门，卫属缇骑六万之众，戒备森严如同鬼门关，毗邻五军都督府，还没进去他就毛骨悚然，感到有无数冤魂野鬼在此纠缠、悲泣、哀号。

他的母亲是镇平恭靖王的孙女广武郡君，他来时母亲已求爹告奶托了王府关系，找了可能的人事关节。他有王府的书信壮些胆量，出入锦衣卫稍微方便一些。惹上官司就是钱和关系的比拼，锦衣卫也是人办的。左家没钱，但李孟和是成功的商人，这两人一个有点关系另一个有些钱财。

李孟和与左国玉打通关节递消息给他说，何景明致信台阁方面，阁老无能为力。

李梦阳如雷击顶，回纸条意即不要再花无用的钱，对一个富可敌国的人来说，李家和左家摔锅卖铁，刘瑾方面也不会看一眼，还是留着余财赡养家小。

梅开二度入诏狱，三年已是河东变河西。李梦阳被关在地下室臭气熏天的牢内，与众犯挤在一起。天气酷热，蚊蝇乱舞，疫疾肆虐。酷刑之后的皮开肉绽，哀号呻吟声不绝于耳。犯人骨肉外翻，这是一个鲜血与人骨人肉的蒸笼。不过他还算雄健，有来自边地的铁骨侠胆，若换成来自江南的徐祯卿可能不判就被折磨死了。但这里比起东厂、西厂、内行厂来说又是福地。毕竟锦衣卫还是由朝廷命官统领的，而不是阉党直接指挥的。东厂横行起来连刘瑾都阳奉阴违，掌管东厂的丘聚，恣肆凶暴渐渐公开忤逆刘瑾，以致刘瑾不得不成立内行厂才揪住丘聚的小辫根，贬到南京孝陵去守灵。

诏令李梦阳由锦衣卫捕拿，这或许是起草、审核诏令者对这个赫赫、鼎鼎的直士动了恻隐之心，做些手脚，没让东西厂方面去做。人之将死其言也哀，但他内心一直被一种希望所牵引，他梦见一颗红星昏昏摇摇，一个独占鳌头的人踏着金鳌从惊涛骇浪中把他拽上鳌背，他又拽着了青云。他一遍遍地在心里重复着"履虎尾不咥人，不咥人"的天言神话。图圄之中不由得叹息、悲吟起来：

> 世经互险夷，富贵安所需。
> 昔为枥中骏，今为辕下驹。
> 白日仰悲鸣，青云立踟蹰。
> 未蒙主人顾，何由效驰驱。
> 朝思碣石津，夕睇流沙隅。
> 常巩侣凡蹇，弃捐中路衢。

（《辕驹叹》）

李梦阳在狱中吟哦这首诗时，又得到消息恩师杨一清被逮捕后又释放了。释放了，他像自己被释放一样胆气顿壮，踊跃成咏，挥笔为老师写下《在狱闻余师杨公诬获释，踊跃成咏十韵》：

> 六苑中丞府，三边大将旗。
> 先皇亲授钺，报主独搴帷。
> 朔漠威名壮，风霜鬓发衰。
> 功高元避赏，道大不容时。

丞史轻周勃，朝廷重子仪。

未论遭鵩鸟，先已纵涂龟。

北固潜夫早，东山起谢迟。

蛟龙没海阔，日月倒江垂。

杖履金山寺，文章铁瓮碑。

终颁陆贽诏，四海渐疮痍。

从这首诗可以看出，他当时虽被置于死地，仍然存有侥幸终接诏重新起用的希冀，也有重返江湖著书千古风流的孤芳自赏。他是借杨一清之事来给自己鼓气、壮志。人在绝境之下写出这般讴歌老师，遥想着达则授钺塞帷、大旗猎猎威震番胡；背则退归乡里著书立说成就文章千古事。这样的诗显得"轻巧"，与他几乎看不到什么希望的死囚不相符，远不是椎心泣血之作。日月倒垂，四海疮痍，与这种"轻巧的幻象"显出的浮躁、虚飘，使整首诗轻飘飘，气韵有亏。

他的侥幸心理还在于希望有言官能为他这件事直奏御前，皇帝能过问、依法赦免。他在毒热难忍的狱中还写了一首诗转交于给事中潘希曾。潘希曾素不服刘瑾，也曾以奏章弹劾近幸闻名，也曾赋诗著文参与复古运动。诗曰："此地饶炎热，南中恐未然。有风翻助暑，挥汗欲成泉。鸟避栖深叶，蝇喧集满筵。百忧吾共汝，流涕北风篇。"他想如果言官能救他，那就是名正言顺的公办，出狱就光彩得多了。

他在狱中却不知道在狱外的太和殿又发生一件大事情。明正德三年（1508）六月二十五日，早朝将罢，忽然在赤色御道上发现一封天降匿名状，状疏直指刘瑾变法就是无法无天的恶法暴政。当值御史将此状呈给正德皇帝阅览。

当然告状信又转给了刘瑾全权处理，朱厚照依旧退朝游乐去了。刘瑾咆哮着立传众官到奉天门外，一溜跪下不许退朝，听其辱骂、训政，要百官自查自纠出匿名信的作者。先由翰林们一个个表白发誓，再由御史们人人当场自检自查。但刘瑾认为远远不够，拂袖而去。时值三伏盛暑，衣冠盛服的百官被暴日烤得汗如瓢泼。名义上的阁首李荣实在看不下去，见刘瑾入内纳凉去了，就吩咐太监黄伟等送几筐冰瓜投给大臣们解渴，叫众官起来吃瓜。毒日烤砖，肉放在砖石之上即能烤熟，和面就能摊煎饼。不料百官瓜未食完刘瑾即到。众人扔瓜又齐刷刷地跪伏，而李荣因为擅自行善，后果严重，永远休假出宫了。自此刘瑾就名至实归，掌印秉笔，视百官为家奴。

在弘治朝，皇帝与士大夫群贤治天下，共商国是。太监掌印、秉笔，形成中外分权，防止官僚弄权。而太监检选李荣这样的修炼到家的老成、淡泊若虚之人执掌司礼监。现在顽主朱厚照与刘瑾狼狈推行新法，就是一切中外大权都归于阉党，阉首在皇帝眼里又仅仅是狗奴。

李荣等以王振身灭国破为戒，刘瑾则奉之密室朝拜，希望阉魂归来。他对朱厚照拍胸脯保证："若让奴掌司礼监，可使科道结舌，文臣拱手。"他还点破司礼监和内阁存在心照不宣的利益平分的内幕。由他来一统则事权财权尽归皇帝一人支配。朱厚照听了喜不自胜，像一个淫棍能保证他久淫不孕的后宫有人能开怀断红一样兴奋不已。

都察院都御史刘宇是投靠刘瑾的奴才，由他整治、改造属下所有御史。而给事中们则往往选择先自裁之后再叫家人呈上劾状。有的谏官悬梁自尽，特意追求显露长舌在外的亡身之相，以示对他能使谏官结舌至死不屈。

现在百官谁都不承认自己是匿名信的作者，就一直跪下去，接连十多官员中暑，昏倒在地。直到毒日偏西坠下，以为迎来了黑夜才有救命的星星。刑部主事何铖等三臣活活跪死，五品以下的三百多大臣又都押入诏狱，继续审问。后来查明匿名信是阉党内部内斗所为，百官根本没有这个胆子、资格，又有李东阳眼看朝堂一空，京城震动，百官置于死地怕有变乱，才斗胆上书朱厚照又极力在刘瑾面前周旋。刘瑾顺水推舟才放出三百多位文武众臣。

康海、王九思也在跪下之臣，无不感到虎口的毒焰厉害无比。

比起活活跪死的官员，李梦阳若死于狱中，也算是没有受辱解脱了。但留得青山在，才能上山打老虎。而今一百个口衔天宪的言官都自身难保，一个潘希曾怎么可能救他于水火地狱？李梦阳有点异想天开乱抱佛脚了。时间一分一秒过去了，但他一天天陷入绝境，求生的本能是另一只更猛烈的老虎。在狱中，他对自己草拟八虎的劾章供认不讳，画押等判，也许秋后就会处以极刑。冥冥之中他能感到苦刑没有逼近自己，是谁在暗中护佑自己，那些校尉、缇骑、鬼卒他都面熟，还是以前的当值差使；还是他一个将死之人不值得人严刑拷打了？

他所受杖刑、夹棍之苦并不残酷，但同室有的犯人被铁刷皮，还有被油煎、灌毒药的传闻，有的犯官被罚站立，身锁重枷身负如山，直到重压而亡。惨不忍睹，越是性如烈火的人消耗越大，直到一具死尸从他身边拖出去，留下的蛆乱爬。这时传来好友许天锡死在锦衣卫狱的消息。许天锡与李梦阳同年中榜，选为庶吉士授吏科给事中又转工科给事中，一直与他同气相求，互相唱和，是诗必盛唐旗帜下的重要一员。他盘查内库告发刘瑾奸状，与李梦阳同被捕入锦衣卫狱，不料竟死于牢内。或说是被拷掠致死或言是刺杀而亡或云是他自杀。呜呼哀哉，李梦阳的情绪濒临崩溃了。他的脑海不时浮现各种幻象，一会儿他变成一条中山狼，一会儿又振翅高飞是一只火凤凰，一片大海把恍似失火的他化成一条鲤鱼，跃过龙门，又化成一只仙鹤，鹤鸣九皋，吉羽飞落在地，友人捡到又化成书信。求生的本能，让他一天天强烈地念叨着康海，唯有康海能救我！唯有康对山能救我出牢笼，重还诗坛、人间！这意念一天天强烈起来，就像万物复苏的春天，无法清除。鸣鹤在阴，其子和之。他的内心呼唤，狱外的朋友都心有所应，听到了。

左国玉把何景明在家乡写给李梦阳的诗传进狱中，友人都盼望他能早日出来，并没有躲祸避他，气节并没有丢了一地而是化成诗歌：

> 冠盖京华地，斯人独可哀。
> 神女在泥淖，朱凤日摧颓。
> 世路无知己，乾坤孰爱才？
> 梁园别业在，何日见归来？

在诗歌盟友的心中，他依旧是朱凤鸣月，烈士悲歌更见才情。

当他看到这首诗时，何景明也料理好家事，正披星戴月赶往京师。亘古之道难行，世人之心不古，诗人却有着永远的古道热肠，写的诗依旧格高调古有一种古意古音。

权宦其势排山倒海，人求自保缩着窅匿，不落井下石就好自为之了。而何景明只身奔来，无异于白鹤蹈火。他到了张潜的府上。这个张潜就是李东阳给杨一清写信，以为当取弘治五年（1492）解元的张潜。结果解元是李梦阳，张潜在其后。他八岁就能诗，与李梦阳自是同道乡党。他与康海不仅是好友还是姻亲，其子张之槃是康海的长婿。他不是盛唐复古诗派的诗人，在于他做了李东阳的门生，不叛师门，是茶陵派成员。

何景明来找他，就是与他一道到康府上劝说康对山出山，救李空同一命。别无他法，这是唯一之路，否则秋后可能就要问斩了。现在已八月了，危在旦夕。

何景明说："王鏊力保韩文、杨一清这样的重臣，却也保不了他们免官待罪。秋后算账仍是树欲静而风不止。空同子却是始作俑者，八虎都要杀他，而事全在刘瑾一人。王鏊和李东阳联合死保某人，某人才有可能躲过抄家杀身之祸。"

张潜接过话茬儿："二阁老不会共保一个最让八虎忌恨的郎中，台阁根本不会因为一个小郎中去与司礼监对峙。杀不了杨一清但杀得了他的学生李空同。"

康海静静听他二人言语。何景明接着说："王李二阁，一个上书一个上府，包括焦芳，我都以乡党之谊谦辞卑躬派书童投书求救，都是劳而无功。"

"哦，"康海吃了一惊，"焦芳？那老丐帮怎么说？"

"他不屑一顾，回都不回，泥牛入海。"何景明说，"对山若能出马救命，功过台阁，名垂青史。想那刘瑾比起阁老有斩钉截铁之风，也有曹操的机谋、开门迎士之风并非常辈。"

摆上酒宴，三人对酒长谈。康海的心就像瓮中的酒，看似如水其实是团烈火。康海并没有袖手旁观。他和王九思一直也在商议，判断，李梦阳的命只系于一人。而刘瑾是阉中枭雄，壮志凌云不亚于王振。太监

　　若雄起，那是不可遏制的事。与他打交道，弄不好救人不得，还污了自己一世英名，搭了进去。这比投鼠忌器，勇敢一击，要难多了。

　　韩文、李梦阳发动举朝打虎都失利了，老虎已成精做了妖王，天下只知刘瑾不知皇帝，阉中称他小太祖。这比与小皇帝过招还难。他是皇帝讲经官，根本进不了言，说了就是祸。

　　只要自己登门求救，他康海就成了阉党的状元。刘瑾虽出自阉，但他正逐渐摆脱阉群，图谋与士大夫共治天下，第一思贤若渴的就是乡党康海。王振既败，刘瑾怎么折腾都必败，他康海是史官，是写史、修史的笔杆子，焉能不心知肚明？

　　盛到极点，就败到极点。兴也勃亡也忽，他康海眼见其败而因为救友而投靠，到时救人无功，贻笑一世。

　　状元多矣，乡党多矣，又不是他一个。他早已得罪刘瑾，拒绝他对自己吏部侍郎的擢升。他的家乡武功与刘瑾故里兴平是邻县，作为小老乡，康海状元及第他刘瑾曾经激动得欢呼雀跃，流下热泪。他原是刘瑾政治蓝图中的入阁大员，极力拉拢的台柱子。他曾几次派嬖人姜达暗示乃至直说，但他避而绝交，台阁大柱子不得不换成焦芳，及后来也是陕籍名不见经传的张彩。刘瑾正衔恨不已，由爱转恨也是小人的常态。兄弟尚且反目成仇，何况一个乡党？

　　他贸然前去为始作俑的李梦阳求情，谁能说不是自讨其辱？临时抱佛脚，枭雄之心谁又能测？他踌躇，徘徊。

　　原和他一同在翰林院编修国史的王九思，也同为刘瑾的小老乡，更不敢轻举妄动。再说李家人没有找他，他又如何强出头，插一杠子？谁知道李家到底进行到哪一步骤了？凡事都要有一个请字才可师出有名啊。只能相机待时而动，不到万不得已，他不能违心拜见刘瑾。三军不可夺志，当然救挚友一命义不容辞，胜造七级浮屠，他在两难之间，自知取舍。

　　正谈之间，康海的同事、年兄何塘来访。何塘也是复古派的干将，也一度被列为七子之一，骨子里也是个言官谏臣。他小李梦阳两岁，祖上也是卫籍，河南解元。后来贸然在侍讲时跑题讽谏武宗被外放，归还乡野，一直到武宗驾崩，他才重还庙堂，执掌南京都察院。康海的祖上也是来自河南，与他也算得上"老老乡"。一府一州算小老乡，同一陕西布政司算大老乡，同一祖籍就算作老老乡。这是乡情、乡文化，乡的含义与国差不多，不是城能比拟的。何塘刚刚落座，端起茶，呷了一口正要说话，这时传来"对山救我"的血书！

原来是李梦阳在狱中撕下衣襟，咬破指头写下救书传递出来。李孟和、左国玉守候在附近立即收到消息。平时他们二人只能在李梦阳过堂时，作为家属跪在离大堂一丈远的地方看一眼，根本不可能直接探监，打通的关节只能暗递消息。锦衣卫狱的都指挥使正是刘瑾的党羽，李梦阳是重犯中的重犯。

10

正德三年（1508）八月五日，康海在府上接到了左国玉送来的李梦阳在狱中向他求救的啼血快帖。

"对山救我"，犹言在耳，对山是他的号，他仔细地端详着这四个大字，在后面还有一行小字：唯对山能救我。

这就是使命、号角，号召着他往前去，前面哪怕是火海刀山的不归之路。他早已等待这一天的到来。左国玉同时也特意写了一封致康状元的求告书。状元郎望着这个年轻的生员，龙飞凤舞累近数十百言，请求翰林康修撰能亲登瑾府救人。主要说了四点：一、刘公公持天下斗衡，必不以私怨杀人；二、当为天下惜才，必不杀李子，以服天下人望；三、康修撰当匡正刘瑾的失政，是古大臣之道；四、康李义交，为李梦阳死诤也不为过。

康海看罢左国玉之信，虽然信写得幼稚，谈些不知深浅的大道理。但读书人读书正为今日啊，他不由得敛容，油生慷慨悲歌之情。何塘席间也站起来说："康对山若往刘瑾处，献吉可活命了！"

康海对大家说："献吉诚心在我，如果成败也在我，我敢不为良友避咎赴汤蹈火！"席罢，送走众人。到底如何面见刘瑾，用正道还是出奇，他心里仍然忐忑，没有底。

第二日，他走出了家门，这一步对他自己来说可能是一失足即成千古恨，而对诗友来说则可能网开一面，起死回生。一出门就见给事中王廷相候在门外，他自告奋勇要陪同康海共患难。王廷相素来钦佩李梦阳，谦称向梦阳学习写诗，与康海是年兄弟，初选为庶吉士后授兵科给事中，丁忧期满刚归官复原职。两人击掌同行至左顺门，就看见何塘从内阁出来。他走近了低声问："此为献吉而来的吗？"康海点头示意。何塘附耳对康海说："此可独往，不可与他人同去。"

康海立即领悟说："刘瑾横恶肆权，性好名可诡言而夺，不可正言而论也。"

何塘颔首嘀咕道："这就是只有先生能为之，其他人不能为啊！"

康海让王廷相回给事中衙去，他去翰林院，本想找王九思再叙，但九思因公务外出。他转而回府，定定心神，决定把此大事放在明日进行。

晚上，康海出嫁的次女回来探视父母，她的丈夫就是王九思之子。康海对女婿说："明日我亲往刘瑾府上，吉凶难料。往日拒交，今日抱脚，如似飞蛾投火。但不入虎穴焉救李子？如若此去惹祸不返，我写有遗言交与你父。坦坦荡荡，只念家有老母尚在，唯恐波及。"女婿宽慰他说："大不了黜官而已。"

第三天，康海一人一马前往刘瑾金碧辉煌的私第。早有姜达报与刘瑾千岁。刘瑾难以置信，掐了一下指头有疼感便以为不是做梦，立即从榻上蹿起，倒穿着鞋跑出去迎接康状元。迎接这位状元郎来比起皇帝驾到还要忙乱些。小皇帝常来而康对山麟趾振振，那是刘瑾梦寐以求的岐山凤雏。这位宦中太祖思贤纳士若渴不亚于曹操，但贤能必须为他所用，至少不冷淡、不对抗、不算计他。他承认现实的秩序，比如士林之秀状元及第，但现实不被他和党羽特别是小皇帝所用，就要被革命。他对才士笼络，就像好色之主朱厚照搜求普天下的绝色花魁、东西方妖姬之花。他知道自己已经骑虎难下，步入摘星吞日吐月之境，像坐在朱凤火山之上，不是腾空万里就是粉身碎骨。这是弄权的下场，皇帝不可靠，内阁不可靠，阉党不可靠，都是利益、名位的转动。唯一可靠些的是乡党，他有故乡情结。就是死也死在乡人手里，埋在乡土，也是幸运的事情。刘瑾一只鞋跑掉了，光着脚也不知道了，一望见康才子，就紧上前抓着他的手说道："吏礼二部正缺侍郎，何不俯就？非状元莫属于也。"

康海被请进贵客厅。刘瑾的眼很毒，在他眼里康海是状元中的状元。出自书香名门，少年得志，他得了八百里秦川的风水王气、钟灵毓秀，独占鳌头。他的嗓子被后世称为康王嗓，是关中的音喉，开创了秦腔。他弹琵琶是绝世高手，师旷不过如此。

人至纯到刚到性至情，天之骄子，正是恃才放旷。他刘瑾无缘用之，但只要心与相通，如听天马嘶鸣又何不美哉？权力是最肮脏的，不入其伙也罢。刘瑾有不毁乡情、乡党的底线。越是不为名利所污，他越敬重。在权力之下，他看到的都是交易，都是肮脏的嘴脸，内心极为不屑。他并非喜好虚名，他与康海并非没有打过交道，翰林院直通台阁，些许事虽是公事公办但给他留下深刻印象。他的直觉康海是乡土观念浓厚的情义之人，绝不会攻击他以邀名。李东阳能为他所用，他难道就是纯粹的俗物吗？李东阳是文坛宿将、盟主，而新秀之王无疑就是康海，他的小老乡！他有心吐哺，果然康对山今日凤来仪，过府往来。

康海落座说："居乡久闻先生，今日过府是献故乡一物。"

刘瑾双眼发亮忙言："德涵，老朽思慕已久。得物如见故乡也。"德涵是康海的字。

只见康海从怀中取出一琵琶来说："这琵琶据传是唐人康昆仑的遗物，所用的木是岐山落过凤凰的紫檀，玉和牛角出自华山。"

刘瑾接过一看大喜过望说："德涵乃琵琶圣手，老夫留之无用，若席间能听一曲则足也。今日与状元通宵达旦若何？"康海称谢。

随即吩咐开宴，舞伎歌乐如云而出。康海知道刘瑾是百戏、梨园的高手，编导、策划的大师，才让武宗迷恋其中。他也以戏开场，切入进去。他弹一曲秦戏乡音。大弦嘈嘈如八百里关川铁蹄，小弦切切似雁门开飞至雁塔。珠玉落满刘府，百鸟似聚庭中。间关莺语，幽咽泉流；银瓶乍破，铁骑刀鸣；泾渭分明，八水绕镐。吾心挂于咸阳树，此时无声胜有声。

刘瑾连呼此才只应天上有。嬖人姜达侍奉一旁也是鼓掌不已。刘瑾兴致勃发问道："翰林郎，作诗唱词乃一绝人称康王腔，先生能否作唱，我来弹琵琶伴奏？"

康海暗想，刘瑾枭雄果然不一般，望着窗外秋风习习，遥想关中，即兴高歌低啭《秋风词》：

> 长安道上秋风起，吹入青门草靡靡。
> 客子携琴燕赵来，一感秋风心欲死。
> 鸣鞭跃马过我前，那堪杯酒重留连。
> 酒酣气发百志奋，谈笑须臾空百年。
>
> 仲尼治国苦不称，曾参事母独难信。
> 时势催人著处生，英雄常抑常迟顿。
> 南山磊磊云气横，寒泉湔湔终日鸣。
> 请君拂袖谢人世，与尔常为谷口耕。

将诗词唱出秦川腔调，音质磁性质感，每四句换韵即有慷慨悲声也有喉啭莺音、阳刚与阴柔转换如此浑然。好一个"康王腔"，果然名不虚传！刘瑾的琵琶虽不如康海，但也和唱声自然和谐。曲罢刘瑾大喜引为知音，说道："人都说自来状元皆不如先生，孝宗先皇朱批有明一百四十年无此绝佳，变今追古的大才！钦点的榜首，真为关中增光。"康海随即转入正题："海何足言，今关中有三才，古今稀少也。"刘瑾吃惊问道何三才能超过先生，古今罕见？

"老先生之功业，李郎中之文章，张尚书之政事。这是关中三绝。"康海不紧不慢地回答。

刘瑾心想那张尚书张彩，原不过是一主事，是自己让他爬在肩膀上遂使竖子成名。他虽有才如不是顾及他是陕籍又攀附自己，用之如虎弃之如犬。他贪墨无厌，性尤渔色，不抵康海一趾也。那郎中是谁是哪个隐于朝的大隐，好像不知，怎配与自己齐名？不禁问道："李郎中为谁？乃与我并列？"

康海所有做作皆为此而来，定定心神答道："是今锦衣卫狱中李郎中也。"

刘瑾大笑不信，说道："如此人物怎可在狱中？"令姜达取狱簿来看，原来是李梦阳。

"莫非是李郎中梦阳吗？"刘瑾狐疑起来。

"是。"

"若是他理应死无赦。此人轻薄，上书孝庙时就连及宦寺，后又代写本草谋划我辈，不杀不快我心！"

"应是应该，但杀了他关中少一大才子啊。"

"果真大才？"

"其才直追李太白，当年关中解元，老先生焉能不惜，以失秦川之望？"

刘瑾低头沉吟道："只是才不堪用，放浪形骸，句句是刀污我一世也。"

康海答道："当年武女王读骆宾王檄文，击节赏心，唯叹才未得用也。"

刘瑾皱眉头顿开，所伏的杀机已消，垂手侍立一旁的心腹姜达说道："海公德涵，雅人海量，前途无量啊。"

秋夜已凉，姜达升上暖炉，烫暖酒，斟满敬上。望着香炉幽幽青火，康海一饮而下，带着醉意随即说："天还未冷，老先生岂会炉上烤？"

"哦？"刘瑾若有所悔，见有弦外之音望他明说。

康海侃侃而谈："我看李梦阳代笔，并非专对明公。明公名举列在后，正借此天翻覆地。想当年韩信有待屠夫之心，高力士为李太白脱靴，斟酒，磨墨。刀枪放地，地生成佛之心。"

刘瑾执柄天下近四年，已有主宰之实，肚里渐渐也让撑船了。连王鏊都在文章中记述他读诗书，这位"小太祖"也能附庸起风雅。

酒多他也有苦衷，边饮边叙说："我并非不想退耕还乡，只是箭在弦上，身不由己。所谓肉落千口，罪担一人。我本不想杀人，只是厂卫借我之名行凶。有御史打死狱中，某也不知也。马永成、丘聚、谷大用提督东厂、西厂横暴无忌，不听我号令，不得已成立内行厂监督厂卫，某之所以立权威朝堂，借雷霆万钧之力，不过为圣上为社稷变法，执法而已。"

康海答道："厂卫杀无辜，置法司不顾，实是权太重。后来居上似的监督不仅不能收敛，相反竞赛违法，长此以往必使老先生的变法毁于一旦。将此法权收集于一，若宝藏神奉，不失其重也。或束之台阁不失其所。一人扭转乾坤，对峙百僚，倒顺转动都为不易、失常态。"

这话说得一旁的姜达也频频点头。要言已出口，该说的话业已说出，欢宴酒过三巡菜过五味，第一声鸡鸣了。康海告辞退出，刘瑾送到门前命人抬轿护送，目送很远方回。

刘瑾并无睡意，他多于夜间办公。问身边姜达："李梦阳不过北地一微贫之家，有何面目惊动自视天人的康状元来投？"

姜达巴不得问此，立即答道："是为义气而来也为老先生计，杀乡人李郎中不过头点地。那李子不过是受长官韩文命令而写，并且弹文是劾所谓八人。老先生名列在后列，马永成、谷大用、张永诸辈首当其冲，而他们不杀人，反要老先生你执刀了。"

刘瑾早已听得康海话中玄机，嬖人姜达继续分析："现在百官、台阁方面都已驯服，不宜再纠结，而该阶段性收尾，向前瞻立地成佛。若特赦李郎中，即是象征性地告示。像那李荣能在宫中耄耋不倒，不就是暗合台阁百僚吗？不宜再做对峙，外患暂不足虑，而大内之忧胜过外朝。那封匿名信，当初明公疑是御史等官所为，最终水落石出也不过是出自内讧吗？"

这姜达何许人也？说来也是奇巧，原来是李梦阳监守三关时税吏姜文。他被打残，索性净身更名入宫，以老乡得识刘瑾，凭着他见识、识文断字迅速超脱出来，成为刘瑾最得宠的嬖臣。他在暗中自然要为李梦阳说话了。

姜达又进言："昔日主人遭难，门庭零落，也是这个李梦阳在管粮监税时眷顾同乡之谊，任翁家人易粮就食。"

刘瑾让他退下，立即挥笔起草奏章，赦免李梦阳。鸡鸣天亮，李梦阳即被赦出锦衣卫狱。

从地狱口出来又再见天日，重获自由。一轮朝阳似残，如血为朱铺在护城河上。李梦阳的身影投落在水中，瑟瑟地颤抖着的涟漪被秋风吹逝。

11

李孟和和左国玉把李梦阳接出狱，暂时安顿在京师。他们二人还要回去，筹集罚米输边。罚米例是刘瑾变法的主要内容之一，官员犯法不够收监治罪的，免职还乡同时还要罚米充库、输边。多则五百石少则三百石以下，刘瑾的威权表现在正面就是对官吏严刑峻法，颇有开国之初的太祖之风。罚米充实国库和军饷，也使一个个官宦之家为之一空。

李梦阳入仕挣的家产自然全部输成白花花的米充公了，不够之数由李孟和承担。他再次一贫如洗，一介平民之身，在他出狱走回寓所的大街上，他看到一个长者械系出京，关在囚车里，正在游街出城，发配往辽东。

他就是马中锡，李梦阳作为庆阳府增广生员时的陕西提学副使。他是杨一清的前任，李梦阳也视为楷模拜其门下。他也是乡试解元，进士及第后任给事中，对万贵妃的外戚势力发动冲击，两次被廷杖，同样也是阉党的对头钉。离开陕西后因能断大案难案，而升至宣府巡抚，打败过边寇入侵。因病还乡隐居不仕七年，禁不住中外交荐十三疏，于正德元年（1506）巡抚辽东。但镇守辽东的太监朱秀官商一体，独霸马市垄断茶马之政，奸商酋虏勾连遗祸无穷。马中锡拿他开刀，不料定罪一人牵动整个阉党。他调回兵部任侍郎和刘瑾作对，直到罢官。

又像一只巨兽被抓捕进京关进诏狱。李梦阳无事了，这位封疆大吏却要押解到辽东，举国肆意羞辱。他在囚车中抬眼看见一身伤痕的李梦阳点头示意，梦阳跛行着，上不了近前。望着老师披枷戴锁发配向辽东郡，此去凶多吉少。马中锡得罪的不过是一个边地监军，而他横挑的八虎，却能自由地活着。高居在百姓头顶的官场出了一个噬官的老虎魔，还是乡野民间万般好。马中锡诗文俱佳，解甲归田是他的心愿，赋诗曰：

建国丹风辞阙下，故园黄菊待篱边。

行囊一物都无有，唯贮耶翁止足篇。

"履虎尾，不咥人。"

李梦阳在京疗养，没有被虎吃掉，脱掉的一层皮很快又长上了，并且还会比原来的光鲜。痛定思痛，闲下来一心更向诗歌了。待伤好体康，他约来众诗友聚会。他越来越明确感到李东阳的那轮太阳正在下坠，乃至堕落。而诗歌新的朝阳在升起，正从他们之辈的头顶冉冉上升。人生的不幸，国家的不幸，汩汩鲜血与泪水，正在酝酿着诗歌的风云。无疑身着大红状元袍的康海，是一个核。

弘治十五年（1502），那一年进士们春风得意，个个意气风发，这些年兄年弟无疑聚集在康海的旗帜下，旧桃换新符。复古七子里主要是这一年的进士。沿着七子，一层层涟漪向外扩散，自这一年直到正德三年（1508）的新科进士都倾向了复古盛唐派。十才子、七子，一圈圈影响了天下的诗风文向。

李东阳与阉党苟且，成了士林的不齿。士子新的核，正在向复古运动凝结，析晶，沉淀。茶陵派的落日，对映着七子在精神上的上升。

深夜有诗人在东阳府门上题诗：

文章身价斗山齐，伴食中堂日以西。

回首湘江春草绿，子规啼罢鹧鸪啼。

这不是叫板，而是整个士林的心向，取而代之的趋势。你与阉党为盟做伴，就是与整个士林为敌，在一些激烈的新人眼里，李东阳不仅不是导师而且是要废弃的障碍。而李东阳总把文坛领袖的地位看得比权柄要重，文章是千古事，他感到了天子门生康海之流的咄咄逼人，内心的矛盾可想而知。

七子中的前三位，此时团结在波诡云谲的京师。踩着虎尾，入了虎口的李梦阳，被康海和何景明极力营救出来。在李东阳的眼里，这成为一种自救的传奇。他康海完成了自己的传奇，使袖手旁观的自己煞了风景。古来少有的一个状元！状元多矣，陕中状元也不乏。正德三年（1508）关中吕柟就中了榜首，分到翰林院。他也是正阳学院的学生，自是康海的师弟。刘瑾不稀罕他，他更不阿附刘瑾，致力于学问。

物换星移，执文柄的不再是李东阳，将是谁？是一个群体，没有鸟头的飞行？谁能脱颖而出，成为摧枯拉朽的领军人物？翰林院无疑是天下所望，而翰林中翰林的康海，无疑在这场托古的狂飙运动中一言九鼎。而凭着两次惊天动地的上疏，李梦阳又斩获不小名声，成了急先锋。何景明少年才子，更像傲视群雄的白衣秀士。每出席宴会，叫仆人带马桶，他在马桶上读书赋诗，气压当世语惊四座。李梦阳新升员外郎时更是意气豪雄，常召集名流举行诗会。他将一户部同事坚请入会，分题赋诗如同考场。刚提笔，同事的家童来报急说："主母已临盆，已到产院。"该同事闻听离席告退。群僚都起座祝贺当生贵子。唯有李梦阳顰眉说："他是江郎才尽不能随众成诗，特聊此走脱！"迷诗若此，比生命还重要。如果李梦阳真被刘瑾所杀，复古运动如折将旗，但康海尘埃落定的就是新领袖。而康海舍身饲虎救出李梦阳，在道义上也无疑折服大众。一切以长安为尺度，以盛唐为样板，以李杜为偶像，攻陷台阁体和茶陵派。一切的风头看来都向康海集中。李何都已离开权力中心，散居出去了。木秀于林，才动天下，有时连天都会妒，何况同僚之人？康海的尺度把一时文章都裁尽了。翰林院的第一编，天下人的文章都希望得到他的指点、评判。不服的年兄文友们一次拿一篇妙文请他"斧正"，他不假思索地拿起秋风金剪刀删繁就简，原文删减十之八九。岂不知这篇大作竟然是李东阳的，删文传到台阁，李东阳不禁面红耳赤，着实衔恨不已。王九思和李梦阳都还把李东阳当作老师，长时研习。只有天子门生康海空中足音下来，从不奉其为宗。时贤评论："西涯（东阳的号）为相，诗文取絮烂者，人才取软滑者，不惟诗文靡败，而人才亦从之矣。"

康海和王九思、吕柟、何塘翰林们来了。十才子、七子中人，在京的并没有几个，能来的也都来了。满座少一人，使李梦阳思念起王守仁远在天边，不知生死祸福。他又想起十才子中的郑善夫，父母丁忧居家守丧不能前来。在京时候他与何景明相处最善，言必称杜甫，凡诗以杜甫为模本。他善易经，曾经在聚会宴饮中给康海、何景明、李梦阳观诗看相。他对康海说："看似王维，又像柳永，又若那霸主遗音、郎君领袖。"看看梦阳又说："我观你白日一梦追太白，实则是那虎口苍鹰不离囹圄。"最后看看何景明说道："贾生亦逢时，杜甫终为郎。"

王廷相对星历、舆图、河图洛书之类的也有研究，他并不相信鬼神之术，认为不过是怪力乱神而已。又把听信先儒之言的人嘲笑为函关之鸡。他对星相是不相信的，只认为万物的本原是元气。只要气在人就生生不息，此气常在，人接气长养浩然之气就不可限量。诸生在此平等，谁能气冲斗牛，谁就是魁元。当时王阳明对这个话题很感兴趣，三人争论来争论去。趋于共识是元气是诗歌的本体，但气如何生动，如何与诗人血肉相连，则气凝于心灵，生成心性。抒情诗歌就是一种心性。没有心灵就没有诗歌，诗是灵魂的一次曝光，生成。

何景明家学渊源，对天文、阴阳、八卦也有十分研究，他在二人争得面红耳赤之间强调梦境也是诗，梦的映像是人在不能强调自我时天然生成的神秘意象。诗歌就是一场诗人不能做主的梦，凝神生成意象对诗人来说就是收获，生成胡思乱想，就是瘴谷烂芝麻。一气流行，气流化成诗，气血由心灵流动，就像江河滚滚去大海。盛唐诗就是诗人的大海。

此时王廷相也来了。他也是刘瑾眼中钉，从给事中将贬到寿州去，他一直保持着御史的战斗精神，此气贯长虹。他微笑对诸兄说："我与此气常在，刘瑾能奈我何？李梦阳与此气常在，摸老虎屁股也不会被吃掉。"在座的诗人都笑了起来。

　　康海是士家望族，自宋时就搬迁关中，李梦阳是寒微边民卫籍之后，高举的长安大旗，自是康海为宗。这一点使李梦阳隐约感到一些自卑、失意。但王廷相的宏论又让他自信起来。谁能气冲斗牛谁就是七星之首。

　　康海主张文以司马迁为宗，司马也是关中人，他像骄傲地落在大雁塔最高端的雄鸡司晨。西汉史家之绝唱、雄文他奉为宗。在诗歌方面，他倾向盛唐李杜诸大诗人的作品。康海的诗在李梦阳看来最多不过是一个王维、柳永罢了。但他的地位和才华如天生斗柄、鳌头之上，只要正常走动就可能直入台阁，三动两动就将李东阳取而代之成为文坛新领袖了。

　　台阁体彻底烟消云散，继之茶陵派也在此时像风干的干尸一般，在强权肆虐的诗歌荒漠，复古盛唐诗派大旗一展，星火燎原，复萌了大汉唐人的诗芽，三士七子擎旗引领风骚。虽履虎尾，虽入虎穴，连刘瑾也不能加害，反而摇头摆尾，猛虎听经一般！刘瑾包括皇帝内心只倾慕他一人。只要康海点头示意，就是尚书、进阁。而李梦阳一切都付东流水，刚从鬼门关爬出来，置死地而后生。

　　这一次聚会，康海愈显龙章凤姿，望若北斗，星高月洁。李梦阳对康海的救命之恩，没齿难忘但并没有在言语上有过多的表示。康海也不愿炫耀这个功，一切还都像往常那样照旧谈诗论道，仿佛什么也没有发生。但他夜探刘府，坐着刘瑾的轿子回府，那轿夫迈的第一步就像风雷下的闪电让京师、天下都明晓了，康海成了刘瑾的人，王鏊正在天天打辞职报告，意在让康海接任。

　　宴罢，众人归，李梦阳送至街头。这时大街上又押来了一位贤良。他就是刘大夏。七十三岁前兵部尚书，白发像大雪一样飘来秋天京师的严寒。他正在家中种菜自食其力，被锦衣卫从菜地里捕来，判充军肃州极边之地。老人身穿布衣，徒步过大明门下叩首跪拜而去。李梦阳夹杂在众人当中观看，人们无不叹息泣下，父老携筐送食。刘大夏徒步经过的街市，商户全部罢市停业，纷纷焚香祝祷刘尚书能生还回来。

　　官场不过一枕黄粱梦，有人当柴烧，有人釜中泣。获得功名即还乡，青春做伴好还乡。总该有梦醒时分，李梦阳归心似箭。但这时，刘瑾视李梦阳为关中大才,口传李梦阳不得回乡,复官吏部担任郎中。这样等于挪到更重要位置,吏部比户部要尊贵,是第一大部,手握百官升迁、考核大权。对这样天降喜讯,李梦阳不知如何是好。回绝,赴任都是个两难之间。救人救到底,还是康海到刘瑾府上委婉求情,刘瑾方不勉强取才,逼人做官。刘瑾就是道上化出的一只虎,考验着这个帝国,还有诗人们。

在刘瑾的新法面前,"复古运动"成为往事,"盛唐派",失去土壤、气候。现在不仅见不到盛唐的踪影,直直跌落到中晚唐的太监执政上去了。按这个势头,由阉党废立皇帝终将成为可能。比刘瑾坏的阉宦大有人在。维新成为主导,复古成为大逆。包括茶陵派都没有心思去赋诗了。李东阳天天被召在刘瑾私第,低眉俯首地签名画押,哪里还有那个闲情逸致?

当然暴风暴雨只在表面,并不能进入人心。"飘风不终朝,骤雨不终日",看你能玩多久?人心是逆反的,深藏的,相反"盛唐派"从朝廷的表象中脱去华而不实的硬壳,露出灵魂,被人心接纳了,当成种子掩下去了,向往了。

刘瑾在康海眼里,还远不及王莽弄新,他是复古运动的旗帜,怎能为刘瑾做官?李梦阳也更不能为之。一杀一赏,天翻地覆,他有何颜面在吏部检选、考核百官?

后来王九思按例进了吏部,想以一己之力澄清吏治,打击投机酷吏,证明是自不量力。

刘瑾新天地里,没有复古运动的诸子立足之地,水火不相容。

12

弘治十五年(1502)康海赴京赶考之前做了一个噩梦。

他梦见一壁土墙之下,有十三只小猪崽在墙脚之下拱土,突然土墙坍塌,将十三只小猪压在墙下。他被这情景惊吓而醒,大汗淋漓。

到了天亮将启程，他告诉母亲说他夜里做不祥之梦便想弃考。他母亲问了梦的内容反而喜出望外："好梦啊。一壁压倒十三司，我儿定中状元郎。"十三猪应了朱明王朝十三布政司、乡试考场。后来果然应了他母亲的话。

康海以孝贤闻名，中了状元也不稀罕官场，曾一去归乡三年侍奉母亲。在翰林院也是接老母在身边。舍身去了虎穴，他与刘瑾结了孽缘，富贵逼人。一步就是青云直上，一步就是千古遗恨。对奸人既交往了，也要讲一个信一个义字。刘瑾既然以诚相待，掏心亮腑，他不能过河拆桥，专为一利用，用过就绝交。人都说武功康家出神医，现在还能从死牢中救人出苦海。原来康海的叔父康佐精通医道，特长脉法。以脉象能预决患者隔年生死，历千百人不爽，著有《医问》、《脉法》等书。下火海救出李梦阳的口子一开，康海受累一不做二不休又连连救了几位贤良。就是那奸党榜上名列第二位的都御史张敷华，康海也曾尽力周旋营救过。欠刘瑾的人情大了去。君子，人可交鬼神也可往，禽兽可化，莲尚出淤泥而不染，岂能说是其党呢？唾狼诛虎易，感狼化虎，怎一个了得！但康海是污了名，绝不可难得糊涂借此台阶升官获利。他一个人的煎熬，是思怎样脱身。踏入刘府之后未及俩月，他的母亲亡故了。

康家在京城百余口人，他的高祖康汝楫做到太子太保，其后非官即是落根在扬州、皇封商税全免的巨贾。其父康镛大显颇有文名，官任平阳知府。康海兄妹十二人，三人中进士，贡生数个。举家扶丧从京还回武功故里。逢上丁忧一是三年，康海就可以脱离宦海浮游，或者永远致仕隐居了。临行前，刘瑾得知康母病亡，特意遣心腹姜达奉上财物、祭品、挽联一类以示悼念。

康海领一百多口家人扶母亲灵柩行至顺德府内丘县大宁河时，被响马大盗张茂伏击，所有财物被洗劫一空。康海面对群寇吩咐家人保护母亲的灵柩，抛弃所有财物任贼抢掠。家人布成阵势，康海雄壮，带着壮男在外围，抵抗贼寇的骑兵。康海喜欢击鼓，鼓不离身。他面对来敌，猛击鼓乐一来慑敌二来报警。子弟男仆们也都击鼓，一时声震天地。地方官兵早被这群盗贼扰得一夜三惊，处于高度戒备状态，闻鼓前来剿匪。张茂盗群也素闻康状元大名，一介翰林奔丧，只为劫财并不劫色也不杀生。见康海并不舍命护财，轻易劫得金银财货，群盗呼啸而去。康海举家留滞在河北，偌大家口食宿无着。知府郭纤闻知康状元被劫，火急前来慰问，将康家一百多口人临时安置在官衙食宿。知府告诉康海河北强匪出没，都听霸州张茂号令。张茂？康海也有耳闻，是大阉张忠的同族兄弟，势若翼虎。马永成、谷大用等阉虎都是他的好友，纵是豹房他也能扮作太监混入观看。他还常常陪武宗踢足球，惹得皇帝心花怒放，所幸是朱厚照兴趣太广泛不限于足球，要不张茂就有可能成为高俅了。他白天做豪强晚上行盗，家中重楼复壁如入迷宫。官府连那官军也无可奈何。细思量，恶人还得恶人治，唯有刘瑾是不二法门。康海如实相告被劫之物还有刘瑾公公所赠的祭品、礼金。知府和当地官员闻之无不惊颤，他们直言明告只有央告刘公公方能捕盗，追回所劫。

康海便修书一封给刘瑾希望能下令捕盗。刘瑾飞速传书顺德知府郭纤及有司限命侦办。那张茂勾连江湖，黑白两道通天，来无影去无踪。非大军、连州诸府合力剿匪方可见效。当地官府虽在事发之日就全力追捕，接刘瑾命令无论怎样的举府行动也是海底捞月。只得由地方征税搜刮拼凑银两，奉还给康海一家启程还乡。

张茂江湖号令一声，四面流民悍匪响应。不仅外患汹汹，而内乱民变正在酝酿风卷云起。不是一个地方知府之力所能胜任的。

内丘县在河北，离大梁并不遥远，康海被劫的消息传到李梦阳那里。他无财力支援，但其兄李孟和也是商界成功人士。他在京城已身受康海之恩，便主动带着礼物和仆人前去河北慰问康海并祭丧。李梦阳又作诗寄康海《呜呼行寄康子以其越货之警》：

> 近者内丘大宁河，横贼八骑持干戈。
> 裕州知州与贼战，康也扶柩冲之过。
> 资粮荡尽仅身免，月暗天昏路途远。
>
> ……

康海一家终于得以奔丧还乡。

葬礼是一件大事，围绕着坟墓就有一堆大文章去做。按照惯例士大夫京官值亲人丧殁，要持厚币请内阁大臣撰写墓表、墓志铭以示殊荣。李梦阳父母亲殁时就是请李东阳撰写的。但更与众不同的是诗人康海亲自为母亲杜鹃啼血一般写了墓铭《先平阳府君夫人张氏行实》。他父亲的墓志铭特由王九思来写，翰林院检讨段炅执笔为他父作传，其父的神道碑——《将仕郎平阳府经历司知事赠儒林翰林院修撰康长公墓碑》由李梦阳来作。这些人都是同道相求的一时之秀。

这些文都似汉文复魂，力以勒石，一洗当时文陋滥俗，观者无不惊叹。康海并编辑成册送赠台阁诸老，把王九思、李梦阳小字派当成李东阳老字辈。李东阳观看后大为衔恨，因呼他们诗派是子字派。这简直如同下战书挑衅，为康海父母作墓志铭、表文本是在位元老应该接受的非礼遇。王鏊看后更是铁心要离开内阁，永远归田。

13

战火从长城塞外开始自己燃烧到心腹内里。民变四起，纲常与人心皆乱，任何威权、特务政治只能是火上浇油。青春期的皇帝要收获自己乱制的结果了。青春期天才式小聪明的权术表演，正在日益走火入魔。就看这火要先烧着谁了。由在上者的施暴，浸淫到在下此起彼伏的暴乱。父亲十八年励精图治的善果儿子五年就用变法将其消耗殆尽。孝宗临崩前要进行的新政，物换星移变化成了武宗起用东宫阉党的变法。东宫鸟头虎首的刘瑾乘势主宰变法，阴鸷而以法家面目出现在朝堂。他一面驯服士大夫一面积极地向内阁靠拢。他心仪的还是士大夫，哪怕这个人是李梦阳，而不愿再与阉人结党营私。太监势力纷扰天下，监军、监盐、监田、监商、监马、监矿，这样无休止地监下去，就如万马亿蛇出动，民间如虿池肉酱。每一个小太监到地方都代表皇权、国家，毛毛虫扇动的风暴超过所有蝴蝶、黑天鹅。张彩极力劝谏刘瑾压抑阉权。作为阉首他不愿与其他七阉共治，在阉党之内他要形成瑾党。这个瑾党是以陕籍乡党为层面，士大夫出没刘门，自愿以门生相称。他开始了蜕化，自己的蝶变。这种努力注定是徒劳的。因为皇帝只相信阉党，视为己出。另外七阉，虽被刘瑾排斥，特别是极有野心的张永，是朱厚照平衡阉宦的另一大筹码。

再说李梦阳从诏狱脱身回到开封，一家人喜极而泣。"老爷回来了，老爷回来了。"左氏见到梦阳回还，以为在梦中相见，连说"人不该死终有救，老天爷开了眼"。

他自此闲居汴城，纵情山水与诸友赋诗酗酒，不是坐而论道就是纵马狂饮。这一日忽伏在案上入睡，白日做了一梦。

梦见故土庆阳城头，突然蹿出一头猪摇旗呐喊，腾空而起化成龙。金龙摇头摆尾直喊李梦阳："快随我来，我受太祖之命才是真龙，现给你们千军万马直捣幽冥之都！擒住作乱的朱厚照，他本不是孝宗之子，乃是一头虎精化成人形！"

李梦阳闻听大怒叱喝："给我兵马，为何调头向内，而不是去讨鞑寇、辽虏？你不过一头猪耳，何能是龙！"

只见那猪叫道："你不是说八虎为患朝纲吗，刘瑾是翼虎。那朱厚照将江山交与刘瑾打点，他做甩手掌柜。都因为是一窝虎精。"

梦阳听了，不觉一震。那猪旁闪过一个女法师变成武宗，开腔唱道："修身习道何其苦，今世只为纵情寻欢。心有欲海万乐难填，只醉心那成魔的快感！修得人形奈何还要那个正形，撕破龙体露出个自己，百无禁忌自是天，无法无天才是个天。"

那女巫又给武宗戴上各种禽兽面具欢唱："我凶我怪我自在，我只要更丑的八怪执我宰，我非龙非虎只是个顽童。俺与道天生着仇，道崩似网废罗坏。那八怪非人非虎，只是半个人，我的奴，我的鼠，随放随捕。我要给你阉人做宰相的时代，谁叫他们给了我一个没有宰相的江山。"

李梦阳不耐烦一个女巫在诗人面前的歌唱，拔出剑来，向她砍去。她一缩背后闪出留在庆阳的李家子弟。曾祖李恩戍卫庆阳在此繁衍的一大家子，只有李梦阳兄弟脱离戍籍回归河南，其余都还在庆阳包括李正抚养的李孟春，一个个都参加反王的讨逆大军。连同亲朋好友及母亲家族都挟裹在内，执刀摇旗呐喊换天子清君侧的口号。

女巫又出现了，向李梦阳喊道："你监生的父亲和同学业已做了安化王的军师了，你还不服？"梦阳一听吓出一身冷汗，这时醒来原是一噩梦。

而在北地——传来一王讨伐八虎清君侧的烽火。

封国在庆阳的安化王朱寘鐇，要起兵诛无道清君侧了。庆阳府城所在地就叫安化县。朱寘鐇系出明太祖第十六子，是一位郡王。他出生在庆阳府，按说是李梦阳的同城老乡。这位郡王生在边地烽烟之中，长于盗警四起的边城，结交豪杰、边兵边将。指挥周昂、千户何锦、丁广等军将与他相结，郡王府以抗击蒙古入侵为由，招兵买马不惜代价。他的谋士是诸生孙景文为他运筹帷幄，还有一位女巫王九儿为他预言，连鹦鹉见他都叫老皇帝。

王九儿预言武宗是未成龙形的老虎所化，不能生养人子，不亡也将绝嗣，必由藩王入登大宝。那孙景文也学些小道，做诸葛摇扇也大易推演如此。二人说得朱寘鐇心花怒放，得机要趁早，不能落在其他藩王之后。想那朱棣也不过是庶出的藩王，竟然霸王硬上弓称成祖，他安化王置于主昏臣奸黎民倒悬之际步其后尘又有何不可呢？

14

杨一清被捕，罢官回乡，给了安化王可乘之机。三边总制继任者才宽，在正德四年（1509）冬天御敌于花马池，被佯败的虏寇引诱，在督军搜山时遭遇埋伏被害。所幸总兵马昂与别部亦孛来战于木瓜山，斩首三百六十五级，获马畜六百余，获胜而还。可叹马昂后来获罪，有妹美姿非凡，歌舞、骑射皆精，通晓外语，献给朱厚照才重获职位。朱厚照到马昂家中宴饮又看中了他的妻子，也强娶了去。马昂辞官不知所终。

好不容易到了正德五年（1510），蒙古北部亦卜剌与小王子仇杀。亦卜剌窜至西海与阿尔秃斯勾连，挟裹洮西所属番部，屡寇边疆。巡抚张翼、总兵王勋不能抵挡，边人饱受苦难。蒙古这边别部去，那厢主部小王子又来，战火不熄，直到京师戒严。三边没有总制，皇帝派大理少卿周东度在宁夏屯田，敛财无度加倍征税，戍兵困苦不堪。巡抚安惟学仗着是刘瑾私党，更加欺男霸女，边将群情激愤。朱寘镭设下鸿门宴，邀请巡抚、总兵各位官员，但周东度、安惟学没有赴宴，赴宴者全部被杀。安化王又调兵遣将，在公署斩杀周东度、安惟学。焚烧官府，释放囚徒，撤离黄河渡船。

此时正值陕边举烽火，游击将军仇钺率兵出防，安化王也并派人招降。仇钺立即答应投降。安化王大喜分封官职，命孙景文起草以讨伐刘瑾为名的起兵檄文。一时大有自陕北直捣幽燕的气概。但陕西总兵曹雄是刘瑾的亲家，坚兵据守，并传书仇钺屯兵河上，一同进剿。这仇钺见曹雄的书，便要做那孤胆英雄。他进言安化王当调王府兵力去阻挡河上的曹雄诸军，他率兵驻防安化城。安化王信以为真，立即将自己的军力抽空派遣河上，那仇钺大摇大摆进城兵不血刃就擒到安化王。离起兵只有短短十八日。

但北京并不知道这里平叛的神奇。刘瑾一见檄文，闻得巡抚、太监监军、屯田命官、总兵都霎时丧命，不知安化王有多厉害，大战来临顿时六神无主起来。

朱厚照在大内再也没有百兽游戏，与数万宫女、太监摆摊设点做买卖的兴趣，而是立即召开内阁廷臣会议。

三边造反，而三边是杨一清治理的地盘。危难之时回乡种地的杨一清被李东阳授意廷臣推举总督军务，朱厚照立即采纳，金牌传调，又诏命太监张永监军、总兵神英一同出征。

大军刚出都门，仇钺等人的捷报已到。朱厚照大喜，连叫天命在我，不费吹灰之力平定反王。亲口传旨神英回都，杨一清、张永前往叛区安抚后事。

这一路上二人有话慢拉。

这一切都是围绕着刘瑾做文章，二人共看同一张檄文，传檄天下列刘瑾十八大罪。不管他变法、变制功业如何，总之是弄出一个藩王反。刘瑾不是被朝廷诛杀的汉代晁错，也得掉层皮。二人越说越投机，其实早已心照不宣。杨一清当然知道张永曾经挥拳要打刘瑾的消息。刘瑾独揽大权，吃独食，把另外个个都想染指皇权的七虎都得罪了。当然七虎不敢造次，不敢指望和刘瑾轮流执政。但阉党内是讲究按资排辈的，刘瑾在八虎中曾经犯过死罪，不过来打钟奴。现在成了阉王摄政，另外七虎谁又不想着这一天呢。而最能与刘瑾争锋的是张永，其他的不是老弱病残就是知足了。毕竟他们的命和荣华富贵也是刘瑾在正德元年（1506）翻云覆雨保下来的，全靠他翻盆扣倒伏阙的诸臣。

张永成为宫内的反对派，也是朱厚照有意想制约一下刘瑾的棋子。若不是这一点，张永也不敢对刘瑾放肆，抢拳骂娘。但伴君如伴虎，一旦皇恩难测，刘瑾就可能将张永像王岳、李荣那样处理了。张永外居大内，被刘瑾挡在里面，见不得多少世面。难得这次做监军到前线，并且搭档是刘瑾的仇敌杨一清。在张永眼里，杨一清是刘大夏代理人，刘大夏现在还流放在肃州不知生死。杨一清被捕罢官又罚米六百石输边。这一次皇上把西北兵权重新交给杨一清，监军也是刘瑾的内敌，来处理由刘瑾及党羽引爆的藩镇兵变，用意很明显。在这个共同点上，双方不谋而合，越谈越有意味，密谈连日。

杨一清抓住了这次历史性的时机。

自相见之时杨一清对张永第一句话就说："外藩如痈在背，不难平定；内变若虎居心腹才不可测。"听这口气是胸有成竹，此次行军定能胜利，张永眼见将立军功自是心喜，等到行未多久就传来平定的消息，自是相信其言不虚。

等到三边，杨一清驾轻就熟稳定了人心，得心应手制止混乱局面。对这位封疆大吏的能力，张永开了眼界。张永便问："外患已除，总戎所说的内变是什么？"

杨一清便在张永手上写了一个"瑾"字。张永不免惊惶难为地说："他独得恩宠，今上一日不见如隔三秋，郁郁寡欢。皇上若不高兴，谁还敢说话？其羽翼已成，若要除他比剿一个反王难多了。"

杨一清说："事情已起了变化，皇上把重任托付给你，已有深意。正需要你班师献囚时汇报实情。内外怨恨已久，再不铲除恐有激变。皇上英武定会听信你的话，刘瑾一除你必受权柄收拾人心，并且青史留名。"

张永早已揣度少年皇帝并无恒心，反复无常，利用这一性格弱点或能成功也或功亏一篑，问道："万一皇帝不信怎办？"杨一清说："当初刘瑾凭三寸之舌，说动皇帝清除托孤大臣。今事实俱在必定信你，跪地死请，剖心沥胆必能打动。得了旨意就立竿见影斩草除根。"

张永一遥想自己成为阉党之首顿时勃起，浑身是胆振臂立誓："老奴何惜余生，敢不肯报主？"

张永押解朱寘镭回京，杨一清饯行又用酒写一瑾字。张永点头示意，将反王押入京师，献给朱厚照。张永一到，满城风雨刘瑾将要从"立皇帝"坐实为登九五的"坐皇帝"。

时值八月，刘瑾的兄长都督同知刘景祥病卒，有人向张永报告言称刘瑾将于八月十五日发丧，学仿安化王朱寘镭的策略，趁百官莅临送葬时劫持，发动政变，然后再收拾张永。张永抢先在八月十一日抵达北京。武宗亲出东华门，举行了一场盛大的献俘礼。仪式结束，安化王赐死，子弟皆诛。武宗大内摆酒犒劳张永，命刘瑾和马永成等八虎列席陪座，喝得昏天黑地。刘瑾心神恍惚，死盯着张永，仿佛嗅到什么不祥气息，宴席未完刘瑾便拂袖而去。张永拖到最后向武宗叩首，递上杨一清和他定策好的刘瑾一堆恶贯满盈的材料。

武宗佯装喝醉，醉意蒙眬拉着张永说："罢了罢了，且饮酒！"他其实是一肚子花花肠子，暗想反王的话也能信吗？刘瑾治下的边疆如此条件反射地自平叛乱，特别是曹雄很是忠心。天下结怨从何说起？官员虽然尊严缺了，但职位成了实缺、肥缺，一人之下受屈，万众头上作福。哪个能当面说刘瑾个不字？刘瑾那点事，哪个不是他纵容的？刘瑾有大能，只是自己的奴婢、出头鸟，哪能听一面之词就废了呢？喝酒，喝酒。

但张永既然说出了，就置自己于天堂、地狱的十字路口了。哪肯罢休，又仿照当初刘瑾弹劾时煽动武宗的话，并一下子把刘瑾的大罪提高到政治谋反的高度，称他准备中秋刺王弑驾！这时八虎之一马永成惊惶入报："万岁爷不好了，刘瑾要造反了！"朱厚照一听连打了几个寒战，以为叛军攻入宫中，跳起来问道："果真要造反？"马永成发誓满城都已知晓，只瞒万岁一个。其他几虎也信誓旦旦，张永随即请求发兵捕无道逆贼。其实这只是七虎的虚张声势。醉翁状的朱厚照点头准允，退向豹房等候消息。刘瑾正在做梦之间被一班吃了豹子胆的同党捕到豹房。朱厚照无意杀自己的大公奴，准备下旨发配南京反省。及锦衣卫查抄刘府，查出金二十四万锭，又五万七千八百两；元宝五百万锭，一百五十八万三千六百两；宝石两斗，奇异珍玩古玩字画不计其数，还不算阡陌纵横的庄园、商业不动产。还有八爪金龙袍四件，衣甲千余，弓弩五百！刘府有暗道直通皇宫。最阴森的是两把貂毛扇，暗藏机关，射出匕首。

朱厚照想刘瑾曾当自己的面摇过这扇子，短兵杀驾只在一念之间，勃然大怒咆哮道："胆大包天的狗奴，果然要反！"管你造不造反，策略是先能抓起来，一查一个准。连岳飞都能弄出个莫须有来，何况刘瑾。

短短几年，刘瑾的家资相当于整个帝国一年的生产总值，人类史上排行靠前的大财主、大地主。"刘瑾变法"，残暴杀人不是目的只不过是立威，收获果子大捞特捞才是旨归。整个都是替朱厚照瞎忙活，全部没收。亲族十五人、党羽包括嬖幸姜达等六十多人一路查抄下去，皇帝腰包充溢得流油，女子充浣衣局。瑾党轰然倒塌，众人齐推，谏官纷纷弹劾其罪。雷厉风行，不容他见帝分辩，刘瑾当即被判个凌迟立决。

大街上人山人海，要看拿住的国妖，怎样挨千刀万剐。万众唾液飞奔，投掷秽物、狗血。行刑要进行三天，割三千三百五十七刀之后锉尸枭首。每十刀一歇，一吆喝。头一日先剐三百五十七刀，如大指甲片，在胸腔左右起。边割刘瑾边长啸，拒不认罪，审判时他自始至终没有招供，也不画押。

他对攒动的人头讲演："我刘瑾不过是皇上的一条狗，用之则如虎不用则杀吃。生不带来死不带去，我富可敌国，那是百官众宦硬要送我。君子成人之美。变法不就是要富国富民吗？我带头富了让一部分官穷家荡产罚输米支持前线和灾民，是大错特错。"

他双眼被肉遮住，看不见听众，但骚动的听众一听他用那特有的男不男女不女的尖音讲演都静默下来。

"成立西厂、内厂搞监督，我也没枉杀过人。当然有人借我的名义行奸，拷死过御史。他们又做急先锋和反王一道来吊民伐罪。"刘瑾的话句句带血，是血口喷官了。

"刘某驱逐政敌，但没杀过一个人，包括李梦阳这样的小蚂蚁。一朝天子一朝臣，他张永上台就会比我好吗？我是力压群阉，是一个人的老虎，他们是群狼。他们杀了人，刘某没有杀人。我和群臣关系就是金钱关系，这也是各方磨合后找到的共同支点，游戏规则。爱才如命是我的致命弱点。我绝非圣贤是腐寺，我要那么多钱干什么？我怕老奴走后，你们会受更多的苦！"他用语言解痛，他用话语止血，对百姓、士林演讲。万众呕声如潮，扔鞋掷腐果之后又静了下来。

李梦阳的哥哥孟和正好因为生意来到京师，他夹在人群中目睹此情此景。无论别人怎么说，他对刘瑾的感情是复杂的，不管怎么说他给梦阳一条生路，还有意复官吏部。他李家不能忘了这一点。刘瑾谈兴不减，人嘴两面皮，他继续听着——

"没有丞相，皇帝在少年，执意要我做宰相，守好江山。对外我没打过败仗，才宽是我的政敌违拗我，贪功结果丧了命。对内我执法如山，不畏得罪官场、巨贾。西北战区的腐败是言官弹劾的，抓捕从都御史、巡抚、三边总制、侍郎等贪赃枉法官员数百名，结果越反越腐，还是乱在腐败、横暴上。万岁将权授予我，我行的是刘家私权吗？我没有多少文化，也没有多少可用之人，能是我的错吗？割掉我的臭皮肉，我说好。割到我的心时大家看看，是不是比那些道貌岸然的人黑和坏！"

"人人都知道太监是奴隶，是最苦的奴隶，也是最妖魔化的奴隶，也是最接近大权的奴隶。但这是我及数万太监宫女的罪过吗？有人说我是王振，但王振贻害了国家，让皇帝作俘，皇帝还纪念他，招魂以葬，赐祠曰精忠。我罪大过王振吗？"

刘瑾凄厉尖音像流星一样划过秋天的京师，他和他的血肉一起激动不已。"老奴终归是老奴，有什么主子就有什么样的奴，如影相随。孝宗先帝有张敏、怀恩、李荣、王岳，谁叫你有我这样奴才？刘某罪不过死，凌迟也罢为何要杀奴全家，如此绝情负我？换上的那些奴才的奴才，他们哪个敢说超过了我，比我好？"话说到这时，他再想说已没有多少声音了。麻核桃塞住了他的口，当然刽子手并没有违例去割他的喉管，剜他的舌头。

到了晚上，刑部监斩官押刘瑾入宛平县寄监，松去索缚。红人无皮的刘瑾还食粥两碗。这一夜他的心脏是完好的，他想了一夜。次日又押到东角头刑场，割了数十刀，刘瑾气绝。继续割，割够刀数才罢。三千三百五十七块肉被刽子手拍卖，一文钱一脔，受害之家，争取刘瑾之肉用来祭奠死者的亡灵。

刘瑾倒台被分割活剥之后，所有变法全部作废，连西厂、内厂都如愿以偿废止了。让天下解气泄恨个够。

皇权看似若虚，隐于酒色流游之气，连财都让人看不到。这正应了他老父临崩前所说，天资聪颖，绝顶聪明。这才是真正权术玩家。在贵妃醉酒状态半梦半醒之中，放松对他一个娃娃皇帝的警惕，执宰斗衡，不知不觉玩死玩掉一切政敌。当然聪明反被聪明误，最后机关算尽，反被江彬谋杀。死得不明不白，纯属意外，而又必然。最大雷厉风行变法，神不知鬼不觉完成。政敌，特别是体制性政敌被扫荡一空。最难缠的都察院完全变形，亚父辈的阁老，瓦解，虎视眈眈的藩镇也被拔除，最后连蒙古也摸不得壶奥佯败遁逃。财让刘瑾党羽尽得，然后一网打尽充公。每一次清算，都让他得尽民心，威恩并举，臣民只有忠顺，他是最后的掌柜。但人算不如天算，每一次胜利都是为着自己无常暴亡下的赌注。从而完成天下是皇帝一人的天下。既非士大夫，也非全民，更不是天命，亦非太祖所传，就是一个人及其狐朋狗党的天大化。武宗好不容易天选地挑，捡到刘瑾这样必需奴才，放手让他打倒、驯服一切约束、制衡他的异己力量。台阁被收拾得干干净净、服服帖帖。

不料终成大悲，从极乐到极悲。但杀了刘瑾一切问题又都迎刃而解吗？小皇帝虽然到了弱冠之年，长大了。他将向何处去呢？

15

张永成为阉首，兄弟俱封伯爵，包括特务头子谷大用、马永成其家也封伯，赐给诰券世袭。但张永并无刘瑾之才，前车之鉴，朱厚照也不再赋予阉首大权。传统法权，再次抬头，历史好像又回到正道。李东阳仍居首辅，带领内阁大学士辅佐皇帝。杨一清调入京师先升户部尚书，论除刘瑾之功遂任吏部尚书。

康海守母丧在关中，看到王师从家乡北去，听到了老师杨一清画掌之间计除刘瑾，嗟叹不已。刘瑾一死，自己再也不受人情所累，不被逼上高官厚禄之位。权是欲火，玩权必自焚。悲叹的是刘瑾死得比自焚凄惨百倍。自韩文、李梦阳诸官弹劾八虎，至今不过只除掉一虎而已。一只猛虎去，七只奸虎升，七虎继续为非作歹，靠着内斗除掉的，何谈荣耀磊落？刘瑾不负康海，康海也必不负肉净只剩下骷髅的刘瑾。众人纷纷揭发刘瑾，阉党最起劲，康海闻听不禁仰天长啸。

李梦阳此时闲居开封，因为他做了一噩梦，梦见自己留在庆阳的亲族都加入叛军，十分关心梦的实虚。他与梦和商议派仆人去庆阳走一趟，并给三边总督杨一清老师去信。信中希望老师安抚庆阳，不要搞扩大化殃及被挟从的民众、边兵。

仆人带回杨一清的回信，申明只除首恶，不问胁从，连被逼参与叛乱的人员都不追究，一概赦免。仆人也带回了庆阳老家的人无人支持安化王的家书。

真是喜从天降，他不禁乘风驰马，与朋友狂奔梁园狩猎。刘瑾被自己的老师除了，这天大的喜讯简直难以令人相信。为什么是这样呢，太传奇了。友人们弹冠相庆阉党去，社会将恢复正轨，又当是野无遗贤了。兴奋的头脑冷静下来，夜深人静之时，他又陷入荒诞境地。刘瑾不杀自己，难道不是一种胸怀吗？一人死七人兴，何幸之有？

李梦阳作为虎口逃生者，需要现身说法出现在京师。他成为刘瑾党羽迫害贤良的直接当事人，有义务做巡回演讲。但他没有去京城，给杨一清去了祝贺的信，在锦衣卫狱将死时，他想到的还是他的老师，没想到竟是老师亲身谋除逆党。他依然高卧白云在开封，等候消息。

世人都在传说杨一清谋除刘瑾的故事，甚至有人把他学生李梦阳也渲染进去。总之，刘瑾这事从头到尾都离不了他，他成了英雄，不觉间天佑人意在我，更加气盛自负了。

追查瑾党的漩涡，正在扩大化。

他绝口不提自己狱传血书恳求康海帮他向刘瑾疏通关系以求生的事实。在客观上他越痛斥刘瑾，自己越是英雄，就越加重康海是瑾党的嫌疑。李梦阳没有向朝野说明康海进叩刘府，是为救他而不是求门攀扯，以图富贵、寻找靠山。

康海赫然名列瑾党，连同他的亲家王九思也入了刘瑾阉党之籍！这二人都是刘瑾的小老乡，王九思从翰林院迁到吏部郎中，被认为是利益既得方。但从翰林到吏部是正常按例的升迁，并且政绩突出。负责吏部考试，对李东阳的干儿子李台繁寻常看待，不给任何方便，受到时人赞誉。王九思因其诗被李东阳激赏而选入翰林，本来他该和华州张潜一样成为茶陵派诗人。但王九思却把诗文让康海、李梦阳修改，三人一起切磋诗艺，成为复古浪潮盛唐派的中坚。王九思连刘瑾府门都没进过，成了党人，被贬为寿州同知，次年又勒令归田。从此再也没有迈进官场一步，和康海诗剧唱酬直到天荒地老。

繁花似锦的康状元，丁忧在乡，不知朝中事。接到圣旨斥责他投拜刘瑾之门，甘为刘瑾党羽，玷污士风，勒令致仕削职为民。康海目瞪口呆地谢恩。丁忧期满，他离开故乡武功，一时无颜见江东父老。他寓居扬州，扬州是他家族经商的发祥地，在扬州康家雄财富甲。昔日烟花三月，李太白送孟浩然下扬州，写下了"孤帆远影碧空尽，唯见长江天际流"的诗句。而此时被康海在刘瑾面前拔高为李太白的李梦阳则春风得意马蹄疾，不仅重返仕途还连提两级分封到江西做提学副使去了。李梦阳不愿置一词相救，还其清白。两人共同老师杨一清就是吏部尚书，李子常与老师书信，为何不道明原委？杨一清与刘瑾不共戴天，现在他的高徒康海竟然是瑾党之徒，真弟子就非李梦阳莫属了。

世道叵测，人心难测。刘瑾是试金石检验出了真知，真诗人。至少杨一清有这样认识。呜呼，康海岂能在老师面前饶舌自白？罢了罢了，什么复古，什么盛唐，什么文坛，管你什么李东阳还是李梦阳，都是文为身累，他康对山倦于修辞。顿然厌弃那个京师的文圈诗坛，他宣布："辞章小技耳，壮夫不为，吾咏歌舞蹈泉石间矣！"他要彻底地将诗乐融入民间，成就传奇。常有人为他不平劝他申辩其冤重绣前程，康海断然要洗耳免谈。

身着状元红，喝着女儿红，常常与妓女同骑一条毛驴，让丫环怀抱琵琶随侍其后，傲然游行道中，招摇过市。对如织的行人，他高歌杜牧的扬州诗：

落魄江湖载酒行，楚腰纤细掌中轻。
十年一觉扬州梦，赢得青楼薄幸名。

词腔妙不可言，引得满大街人群跟着他游行欢呼。毛驴骑上焦山，康海取过侍女的琵琶开始弹奏，倾倒扬州城万人空巷，焦山遂易名为"康山"。后来诗人吴梅村过此赋诗叹曰："琵琶急响多秦声，对山慷慨称入神。同时渼陂亦第一，两人失志遭迁谪。绝调康王并盛名，昆仑摩挲无颜色！"

渼陂是王九思的号。康海在扬州和戏子融为一体，似那柳永对歌妓。想到那郑善夫曾他对说的话"看似王维，又像柳永，又似那霸主遗音、郎君领袖"，不禁抚掌大笑。安史之乱中，王维被房兵所挟被迫出任伪职，被视为汉奸。但当时有《凝碧池》一诗为证，王维一心在汉，马首是瞻长安。任那野烟槐叶萧萧落，他还是凝碧池头奏管弦，又何须去作诗自证、自圆其说呢？岂不笑煞人！

千金聚女乐，置腰鼓三百副，饮宴宾客，一时涌现大江风流之盛。广蓄优伶，制乐府、谐声容，自操琵琶创家乐班子，人称"康家班社"。人生就是大舞台，自己才是真舞台，想想今夜无人安眠齐心倾听他如诗如画的腔调，沉浸在他创造的故事、情境中。那几个人舞文弄墨的唱酬小道，算得了什么？康家班虽红极一时，独领风骚三十年，随康海去世解散，但遗风繁衍，子系孙裔的戏班代代相传。只是遍插茱萸少一人，少了那王九思。康海还乡，与王九思珠联璧合，倾情浇注于杂剧、戏曲，江湖无人不知康王腔在民间流芳千古。诗歌化成民间史诗入了戏剧，诗歌的元气、精神化成剧本、唱腔。诗乐使民间遍开戏曲状元之花。

旧识兵部侍郎杨廷仪闻声来访。留下畅饮，酒酣兴高，康状元一边唱着自制的新词，一边自弹琵琶。杨廷仪也起座手舞足蹈，乘兴对康海说："家兄（杨廷和）在内阁非常牵挂先生，我特来问候。您为什么不写封信让我捎去，只要去信略微表示，翰林院就等先生出山呢。"

康海不待他说完，一听那官场就抢起琵琶朝他砸过去。杨廷仪大惊失色，夺门而出。琵琶在胡床上摔得粉碎，康海追出门来骂道："混账，我康某人难道是像王维那样，假装乐工，借弹琵琶讨官做吗？你这西蜀小子，太小瞧康某了！与你绝交！"

当年王维为公主弹琵琶，以求功名。在康海眼里不屑一顾。他正做那戏班班长，梨园之王。八百里秦川诗歌长安的时代一去不复返，随着汉唐周秦做了土。诗的风流演变做秦腔大戏，唯有戏曲可流芳。秦腔就是诗经中的秦风，盛唐诗中古风，是关西大汉手执铜琶，高歌大江东去的遗音。源流追溯周秦，但真正形成一个剧种，始于明朝，成于康海、王九思之手。这就是两位诗人夫子醉心的大业。而作诗弄文反倒成了壮夫不为的小圈子雕虫小戏。

第六章

衣冠还大国，唐宋自残碑

衣冠还大国，唐宋自残碑。

灯火阑堪凭，风尘泪欲垂。

黄云驱日暮，回首见征旗。

——李梦阳《上元滕阁登宴》

1

士大夫虽不像阉群那样生活在一个极狭小空间，作为命运共同体自古同道相行、一气流行，但当仕途险恶充满变数，也会形成各党各派。王安石变法时涌现诸多党派形成两大阵线，当刘瑾变法时也自是党同伐异。

因为诗歌，康海营救了李梦阳，诗也现出盛唐派和茶陵派的分野，同时作为政治力量显示了不可小瞧的存在。

瑾党垮掉，茶陵派却随着李东阳首辅成为各方都能接受的不倒翁，再次一支独大。而"盛唐派"诗人，则遭遇肢解，看似鸟兽散。这里面不能不看到，李东阳有意为之。

"盛唐派"诗歌文本最好的有三雄，后人论断是"李梦阳气雄，何景明才逸，徐祯卿情深"（《明诗综》）。

徐祯卿才过同里同乡的好友唐寅，为吴中诗冠，但在刘瑾覆灭的次年，年仅三十三岁就英年早逝了。"出师未捷身先死，长使英雄泪满襟"，这不能不说是"盛唐派"的一大损失。

李梦阳、何景明、王廷相是刘瑾的铁杆反对派。

王廷相自被贬为知县，等到刘瑾倒台复提为巡案御史，巡按陕西查抄瑾党总兵曹雄的家产，打兵豪把他的庄园分到平民，继续他一如既往的战斗。与镇守西北的宦官廖鹏及党羽针锋相对，复被陷害系狱，谪为赣榆县丞。何景明官复原职仍做中书舍人，做帝国的第一笔杆子，作为盛唐派仍据京师中枢仅有的一席。

康海、王九思被坐实为瑾党，落职为民，对政治同样逐渐消极的还有边贡，从太常寺官升两品做地方知府去了。他自此离开京师就再也没有调回北京，远离是非中心，而是心往留都，宦游于南京政府。

刘瑾颁布的奸党，个个不是入狱流放就是免官为民；等到瑾党名单一出则尤为厉害，罪重者被诛杀灭门，罪轻者削籍免官。一报还过一报。刘瑾打击的着重点是谏官和阉党内部及直接上疏挑战者，张永等人迫害的对象则随心所欲较为庞杂。刘瑾的本部人马是阉党，大多数士大夫只是胁从、利用者及外围。但张永等人将刘瑾斩草除根，做了切割，开除出阉党。所牵连的绝大多数是朝臣、名士。

科道两个系统的谏官即御史、给事中，是传统政治特别是明代最活跃的部分。大凡伟大朝代最高治国理念都是清静无为而治，治大国如烹小鲜。汉唐莫不如此。皇权、相权或内阁不能无事生非，想方设法主导、变乱天下。"有事上奏，无事退朝"，这上奏是谏官的天职。谏官必须天天找事，生事。上谏天子下弹群臣。皇帝主要工作就是处理这些奏折，解决已有问题而不是制造未有的矛盾。

刘瑾的基本面的阉党，他倒台了阉党整体没有清洗，相反七虎更加得势，以七代一集体作威作福。刘瑾一人的肥水分成七份，危害看似减小，实则有增无减。阉党真正魁首是退在后面的朱厚照，刘瑾不过是执行。比如死于狱中的戴铣是谏帝，联合众谏官弹劾的是八虎之一的高凤。是朱厚照亲自下命逮系诏狱，廷杖除名。因为执杖的恶奴看他是皇帝所怨之人下手特重，死于杖下。罪都记在刘瑾身上，总有人不服。阉人集体将阉首出卖，所以连一个小太监都没有受到政治清洗。谏官们忙于弹劾同僚，一时竟忘了阉党。岂不怪哉？

刑部员外郎宿进一直弹劾刘瑾，当刘瑾败亡他上疏希望起用、抚恤被打倒的中官大阉王岳、范亨等，清查刘瑾的内侍余党。这一下子戳中朱厚照和七虎的病根处，朱厚照暴跳如雷亲自下令抓起来又亲自和张永拷问他。审讯完问李东阳如何处置，李东阳希望能宽恕这个狂妄的后生。但张永把宿进执进至午门，廷杖五十，削籍。锦衣卫打的都是要命的死杖，宿进未几就像戴铣那样死去。

诛了党首的七虎集团分散了个人的暴虐，李梦阳没有上疏，也无权奏本。凡是有幸被刘瑾列于奸党的，都该鲤鱼打挺得解放，但几个月过去了，李梦阳还是没有接到圣旨。按说杨一清主管吏部，他该是近水楼台先得月的。他在观望中，看到的却是民间用揭竿而起的振臂一呼来给朝廷写奏章。抢劫康海的张茂与七虎称兄道弟，官军去围剿，张忠竟然设宴，一手执剿匪将领，一手执张茂，让二人合好相约。后来御史宁杲捕盗，细作潜入府内里应外合才捕住张茂。其党羽刘六、刘七、杨虎等愿意自首免罪，但张忠和马永成索贿白银二万两，穷寇只得更加猖獗造反，拉秀才张䢖入伙，纵横大河南北、山东，斩关夺城，震撼京畿。

朱厚照和张永从来没遇到过这样群蚁决堤般的内乱。

曾被刘瑾充军到辽东、戴枷示众的马中锡，被征还朝。杨一清等举荐了他。唯有阁老杨廷和对杨一清说："中锡不过是文人啊，恐怕不足胜任。"杨一清不以为然，马中锡战败过蒙古人，阉党押他在辽东游街羞辱，结果导致城下哗变。马中锡劝解攻城的汹汹群众，变乱才得平息。他恩信及蛮类，难道不足以平内寇吗？

马中锡等受命出师，连连获胜，晋封左都御史。但民贼越剿越炽，以至军官入贼结伙。贼势南下湖广，抵江西。复自南而北，直窥霸州。纵横数千里，如入无人之境。马中锡也已年迈，见诸将胆怯，便商议招安。他认为盗贼本是良民，不过由酷吏宁杲与中官阉党贪黩逼上梁山。

他亲自随带酒食到刘六、刘七大营招降。民变首领都敬慕他，刘六愿降当场"赠马为寿"，但刘七等质疑阉宦、豺狼当道一个马都堂焉能当家作为。反军迟疑未降但相约作战绕马中锡家乡而走。由此谣言四起，马中锡被攻击、弹劾纵贼放寇。其实刘六率领部队当时正决定准备向他投降，但看到佥事许承芳暗中增兵疑为招安是假，纷纷散去。等到马中锡和起义军再次谈判，众头领刚到军门却发现马中锡的囚车已经上路了。他最终在狱中冤死。听到马中锡冤故，康海弹琵琶歌唱他的诗句：

> 野色苍茫接渭川，白鸥飞尽水连天。
> 僧归红叶林间寺，人唤斜阳渡口船。
> 表甲山河犹往日，变迁朝市已多年。
> 渔翁看破兴亡事，独坐秋风钓石边。

他复想起马中锡创作的寓言《中山狼传》，便想把它搬上舞台，改写成杂剧。

2

朝政因为刘瑾的垮台，社会危机一下子爆发出来。

李梦阳在弘治六年（1493）给孝宗皇帝状稿中所警示的盛世危言，一下子变成现实。果然是京畿之地的马户被逼造反，失地的农民源源不断成为兵源。诗人就是预言家，就是先知先觉。武宗背逆这个预言，结果就果真出现大规模的民变、兵害、阉乱、亲王造反。其实整个社会正在朝着李梦阳奏疏弹文所忧患的预言继续恶性发展！如果这些病害交织在一起，大明朝立马就会土崩瓦解，好在是单线的，没有纠集在一起爆发。

李梦阳就在大匪掀动天下反，北逼幽燕直指金陵、民不聊生的情境下，接到复官的圣旨。他从原五品郎中越过从四品，超升正四品，赴江西任提学副使。

所谓盛世幻象此时已破绽百出，烽烟四起，战火从塞外烧到内里，一片焦黄。而武宗朱厚照日益放浪形骸，性取向从美女直到美男，到处认干儿子，建义子府。活剐了自己代理人，就像班主兼编剧玩死了旧导演、主角。他这个戏迷又开演新戏，开始了他另一个五年的变脸帝之旅。

钱宁本不姓钱，幼时被卖与太监钱能而改姓，后来又被张永收为义子，在刘瑾手下当差为奴。他善射，能左右开弓被刘瑾赏识，安排在豹房服务。他引荐歌手臧贤当乐团团长，进献回回人的春药，特别访得西藏淫僧拜为国师，进献"双修"秘戏，又选秀遍采娈童以满足皇帝的断袖之癖、龙阳之欢。把朱厚照迷得常常醉卧钱宁当肉枕头进入梦乡。钱宁成为豹房的总管，赐姓朱自称皇庶子，掌管锦衣卫。

张永一开始势头很猛，家族封伯他还想封侯，自比下西洋的郑和。结果遭到内阁意想不到的集体阻挡。李东阳等可能揣摩到了帝意，他们再不愿意看到刘瑾二世的出现，包括和张永关系密切的杨一清都暂时被挡在内阁之外。张永自恃甚高，正想如饥似渴重温刘瑾梦，正想饱尝权力的盛宴，却被同党丘聚揭发他指挥库官吴纪偷出银子七千余两，抬入自己的私宅。他立即被去职养老、闲住。

钱宁才是刘瑾之后的新宠。

河北义旗矛头直指京师，遍地蜂捅造反，朱厚照连祭祀都鬼鬼祟祟，生怕被洗劫了。只能龟缩起来，正好钱宁陪伴他欢度依旧快乐无边的日子。

临阵逮捕主帅马中锡，民变大军已经抵达通州占据辛店，距攻克京师只有一矢之遥。于是紧急征调从辽东到代陕一线的诸镇边兵勤王。边兵久经沙场，抵住了置绝境而求生的反军。民变部队主要形成两路人马，东路军以刘六、刘七马首是瞻；西路兵由杨虎、赵镟率领。他们见攻京师不下就避实就虚仍分两路，剑指南京以图割江而去。阉党以为贼衰便想抢功，谷大用为总督率部出征，毛锐为总兵官，张忠监神枪营出征。不料陷入起义的汪洋大海，直到帅印都丢了。民变一定程度再现黄巢起义的景象，官逼民反，民众一个痛苦转身就成了战士。整个黄河、长江以北经济衰蔽，都是源源不断队伍补给线。书生赵鐩这一路一直攻克淮安，从安徽又转围河南，朝廷亲下诏招安。赵疯子在诏书背面写下奏章："今群奸在朝，舞弄神器。浊乱海内，诛戮谏臣，摈弃元老。举动若此，没有不亡者。"他希望皇帝砍群奸之首谢天下，再砍他的脑袋谢群奸，将招安之书还给钦差。他攻下泌阳，抄了前阁老大学士焦芳暴富暴贵的家。焦芳父子窜逃无踪，就扒了他的祖坟伴禽兽焚尸。赵疯子将焦芳衣冠挂在树上砍伐大呼："我为天下诛此贼！"麾下有一诗人陈翰，也是一路反王骁勇善战，写有"录录男儿悬做官，赤眉混战黑山羊"及"秦廷有剑诛高鹿，汉室无人问丙牛"的诗句。整个北方边兵的精兵强将陆续南下，镇压民变。曾经擒拿安化王的仇钺，兵锋最盛。

内乱旷日持久，看不到熄灭的迹象。星火燎原之势，扑灭了又起。从未有过的边兵南下，这是孤注一掷了。这时蒙古如果乘虚而入，里外配合，大明朝瞬息就面临灭顶之灾。恰恰这危急之时，塞外如梦魇般的寂静。这说明蒙古的入侵是没有战略性，也根本不是大明的死敌。北元仍有大族气概，没有大搞驯养、勾结汉奸、间谍的诡道阴招图谋中国。中国此时也没有败坏到毫无民族自尊心、想做汉奸的地步。

这一点，李梦阳早就直觉预感到了。真正的死敌是潜伏的辽东，但辽东此时还没有毒性大爆发，还处在睡梦中。宣府、大同边兵离北京最近，大同游击江彬前来镇压，他过蓟州时把一户普通人家的二十余人全当起义军杀死邀功。这样的功还很多，他贿赂钱宁得到武宗召见，一见如故，收为义子。朱厚照常玩斗虎的游戏，老虎不是他的对手。不料有一次一只老虎可能是刘瑾托生的虎五，把他逼到角落里。钱宁簌簌发抖，江彬冲上前去营救。江彬接管了东厂。

二人一个执锦衣卫，一个执东厂，威势天下，新锐劲头渐渐不是七虎老腐们所能比拟。旧桃新符，朱厚照总是不拘一格地找到自己和利器，企图揽权人的劲敌。全俩义子各怀阴事都想成为皇储。

李梦阳在这种情境下，向南方、向长江挺进，去江西赴任。他从烽烟乱飞的河南，南渡江西。长江天险之南，并不比河北、河南平静。四川、贵州比河北动乱得更早，连妇孺都誓与官军奋战到死。四川民众在李梦阳入狱的三年就开始抗暴。烽火从塞外燎原到中原，从大河运烧到黄河。漕运关系着京师的命脉，而战争中止了粮运。民变劫获了南方往北京的输送，源源不断的粮米、财富像燃烧的大火，不是化为灰烬就是落入起义者的手里。灯笼火把下的分粮斗沉没了来往穿梭的船队，流民饥民的队伍云集在从河北到山东直到徐州、淮安的黄金水线上，像聚集在残酷春天的蝴蝶会。再向东西、中下游两个方向蔓延。长江在中游江西也失火得厉害，从河南到湖北再到江西，黄河和长江都身着战火。真是国家元气已伤，心腹生乱，兵害民害遍地灾。

呜呼，四野烽变，他提笔赋诗一首《野战》：

> 盗贼满乾坤，纵横野战悲。
> 随城严戍鼓，平地有旌旗。
> 树燕闲相逐，垣花寂自垂。
> 诸君大河北，捷报几时知？

天底下怎一个乱字了得？从盛世到乱世，举手之间就完成了。

他从"李太白"走到"杜甫"。这是一个分水岭，大明转衰的情景趋势已明。所有盛世幻象一扫而光。

国家有难，当投从戎。自己出身边地，留心军情，一直有英雄情结，一日带兵必能纵横驰骋，像老师杨一清那样。但此时从戎是镇压这些可怜百姓吗？李梦阳想到这里又心寒起来。

这一次大乱越剿越厉害，不少人心怀忧虑，担心照此下去不知会不会形成安史之乱的规模。但在具有历史经验的人看来它只是黄巢式的流民流寇作战，甚至是群龙无首还没出现黄巢式人物，南北反复作战，主要首领割舍不了河北故乡情结，又一时取不下北京；三过南京也不想攻陷留都建业称王割据。

来回向北，招惹北方英猛的边兵，迟早要失败。若长江割据，则北兵鞭长莫及也不熟悉水战。胜负难测啊。

李梦阳一路和追随相伴的学生讨论、思考这样的问题。一个学生还背诵他上给孝宗的状稿，对老师的忧国忧民之心、预见之明钦佩之至。他们都很关心时局，局势风雨飘摇，家室都不知将漂向哪里。"杀敌不异草与蒿，追北归来血洗刀。白日不动苍天高，万里风尘一剑扫。"这是他七言歌行体、代表作《石将军战场歌》里的诗句。在和平的年代，他心怀英雄情结，有着英雄式的浪漫风格。现在国家纷乱，正是用人之际方恨少。没有英雄的时代，万民就得多受苦，去当炮灰。他写了一首又一首边塞诗，不就是想驰马军中建功立业吗？杨一清老师在吏部，为何不将自己分到兵部或左右金都御史（四品）哪怕是巡按御史，也使自己以逞胸中之志。难道自己不是名声天下的上疏奏本者吗？但没有，连京城也没有留住。派一个纯粹文人的差事，这应了老师第一次见到自己断定是文士、文学的话吗？也许自己的性格不宜留在京师，若继续留京随时都可能惹祸，惹上马蜂窝，弄出个什么惊天大事来。若不是自己鼓动的那次弹劾，局势也不会坏到这般田地。

提学副使，也是锻炼人的，也是对自己在学界一个肯定。老师不是从这个位置，一直做到总督、尚书？马中锡也不是如此吗？连马都堂都不能胜任，书生论战不是纸上谈兵吗？从辽东到民变，马中锡能感化辽东，本也能感化绿林、赤眉，奈何冤死狱中。这是一极大的意味，是不是有一天女真和内乱，水火交加相互作用爆发的威风，就排山倒海一般压垮了大明帝国？

李梦阳左思右想自己的抱负与国家的前途。

民变滔滔如洪水，贼虏汹汹如猛兽，内忧外患总有交汇的风云际会——那必是文明的浩劫，天塌地陷。

正如杨一清所说心腹之患难除，除去一个刘瑾，还只是刚刚打掉一个大老虎。打虎除狼乃至斩龙换日的风波此起彼伏，谁也阻挡不了。河北民变不就是全民逼到绝境，以暴易暴，反腐除奸吗？但国家根本治理，在于培养人才，在于植被维系，才能防治沙尘暴与洪水猛兽。因此，他这个提学副使，要在江西任上力所能及地发展教育，巩固社会的基本面。即使出了赵镒这样的叛逆秀才，但也在民变洪流中起到匡扶正义、斩奸诛贪、整肃军纪、力避杀掠。在这个社会底层已接近全面破产、拔刀相见的动乱时代，上层矛盾转化朝野的不共戴天，统治内部的势若水火暂时得到化解，转化为一致对民。

在这样的时代，书生何为？李梦阳将向何处去？他的双手也将沾满民间的鲜血吗？

3

李梦阳四月接诏五月赴任，六月到了江西。这一路他携家带着走了一个月。

诸生从开封送到汉口，李梦阳将登舟过江。负责接待的有司为他准备了供品让他祭祀水神。李梦阳不解，询问为何？负责的人给他说了个故事。前中书舍人丁玑，是一位诗人也是赴任提学副使，途中要过长江。照例为他准备了猪头、祭羊等供品请祭祀水神。丁玑仰天笑道："行船，有时浮行有时沉没，这是有关天时的事，水神管这干什么？"所以就没有祭祀水神便渡江了。船行至中央，顿起狂风巨浪，船就翻沉了。李梦阳听后大怒，命令随从把水神的泥像捆绑起来投到江中，并且指着下沉的水神泥像说："把水神投到江中，是到了他应该去的地方。得其所哉，得其所哉！"

他与诸生挥手告别，面不改色地携夫人乘船渡江，诸生目送老师到对岸，一直风平浪静。而左夫人在船中陪伴着李梦阳却一直心惊肉跳，她似乎感到一种无形风浪在袭来，从内里袭来。越是平静越有巨大的风险、跌宕。夫君每一次升迁，都有很大伏笔。

李梦阳在风浪中沉思，像一座石雕隐去内心的搏斗。无缘"弃我昔时笔，着我战时袍"，人生旅程从不惑之年的四十岁开始做独当一面的副使。李梦阳倾心的战争是边塞，是对外"收取关山五十州"，做一个书生万户侯。靠着对内的屠杀，这样战争与自己无关，也是造化弄人。

他对权势、对官府一直是处于批判状态的，他倾向民间。他来自寒微之家的底层，深知民之艰、权要之家的如狼似虎。把百姓逼到造反的绝境，然后再举国之力去血洗，这样建功立业，道不同不相与谋。没有能力让庶民安居乐业，只有刀枪伺候，算什么父母官，什么封疆大吏，什么士大夫？有本领害民立功，无本领安邦定国，靠着乱道扰民之术步步高升，不是比刘瑾更邪恶吗？

自从三边首创总督之制以来，江西也有了总督。这说明江西已经和边塞的战区等同了。提学副使，作为朝廷派到地方的使臣，隶属于总督府所辖。总督姓陈名金，从知县擢升到南京御史，领军云贵。在贵州大破妇女米鲁率领的苗军，又偕总兵官毛锐镇压文本马平、洛容童人，进封左都御史，母丧丁忧而夺情不退。李梦阳四月任副使，他二月夺情任总督，早李梦阳两个月。

在刘六、刘七率领的马队骑兵直逼京都时，江西各地闻风暴动。民变遍境，占山称王据险立寨，此起彼伏连成一片。抚州东乡王钰五、徐仰三、南昌姚源汪澄二、王浩，瑞州华林罗光权、陈福一，赣州大帽山何积钦等民变力量尤为猛烈，杀官劫府，官军积年累月不能攻克，相反赣州民军擒获参政赵士贤，华林山强人攻破瑞州府城。

陈金统率南直隶、浙江、福建、广东、湖广、江西六地明军，坐镇南昌府围剿，诏许便宜从事，都指挥以下不听号令者可先斩后奏。

陈金并没有大规模总攻，而是以守为主，先稳固局势。虽拥有南直隶大部机动部队，但一临强敌都是外强中干的花架子，各军都无胜算，拥兵不前。郡兵府校的战斗力太弱了，他请求朝廷批准征调广西狼军土兵前来镇压叛乱。广西土兵历来凶猛强悍，嗜杀孔武，类似于职业雇佣军，没有军籍，更没有军纪。如狼似虎，基本上是壮苗等土著民族的武装，由当地的土官岑猛等率领，类似边塞的土酋、土司。河北大乱，调遣各镇边兵。江西纷乱，就请求借调狼兵。狼兵是土著的野蛮民族，借异族狼兵剿灭汉人，这在唐朝表现为重用安禄山贻害无穷。

征调广西"雇佣军"，只能放任军纪任其烧杀抢掠奸淫做代价。朝廷批准了陈金的请求。但土兵正在参加四川战役只能等待。四川按起葫芦起了瓢，纷纷据地称王，分封四十八总管，波及陕西湖广。长江上游告急，刑部尚书洪钟任总督，会合四川巡抚林俊镇压。越屠杀反抗越强烈，民不畏死奈何以死惧之？鲜血的漩涡越卷越深，越扩越大，看似熄灭下去，一星柴火、磷火就可能死灰复燃，星火蔓延。不幸的是，节节胜利的洪钟竟然最终也落得和马中锡类似下场——被罢黜，巡抚高崇熙也被逮捕下狱。

长江上游的战火在进入尾声，为祸数载的各个称王者及总管大都被捕获、斩杀。在正德六年（1511）四川战乱只剩下余党，征调的土兵就可以回乡休整。陈金在等待这些杀人的王牌顺江从上游漂回中游，助他成功。他不动声色，在对土兵的期待中，却迎来了一位名震天下的直士、雄杰。

李梦阳作为副使，也相当于分派下来的文化、风化教育的御史、钦差，他也有职权检举、弹劾地方官。按例李梦阳参见总督陈金，但只是作一个长揖并没有下跪参拜。按照官场儒家礼制，下级参见上级需要跪拜。李梦阳哪里愿意向权力屈服，世间只跪天地君亲师，岂可无故向上司磕头。陈金高高在上手握尚方宝剑，见李梦阳打破惯例失礼于自己，大为不快。但他也知道来者是一位名满天下的文豪，是和诸多御史名列的"奸党"主力，是比御史还刚锋、肆意可击鼓骂曹的名士，也不好过多计较。

李梦阳双目如炬，觉察到陈金的嫌恶便对他说："陈公奉敕治兵，我奉旨治诸生。秀才遇见兵，有理说不清。不是在下自负，希望两厢互不干涉。"

陈金一听他的口气，是与自己平起平坐，如同那巡按御史，更觉得名士之狂。但暗想人在屋檐下，还敢强抬头。这江西大过你的不是我一人，我要看看你怎样与他们分庭抗礼。书生好空谈，现在国逢乱事，看看你怎样纸上谈兵，不妨试他一番，便问："听说李副使一向好谈兵，边塞诗也写了不少，对当下从南到北的悍匪有何高论呢？"

　　李梦阳听了正中下怀，心想正好借此来个讽谏，就直言不讳地对答："河北民乱，在于马政。这种遗毒来自王安石的保马法，强制让民养马。遭遇到瘟疫死了马匹，民就破产赔偿。皇田、庄园急剧地扩张，跑马圈地，草场顿减，使雄霸两地的民户苦于牧马。从皇室到官商皆作兼并之家，民无立锥之地却负担横征暴敛，官逼民反。这一点我在弘治十八年（1505）就言重过了。马户造反，铁骑如流，如同马背上的蒙虏，只得抽调九镇雄兵南下，边防如虚。马过快刀过利必不久长，我观河北之乱不过流民并不能旷日持久。现在祸连江西，强匪不过是山贼而已。如同那宋江、李密、翟让之流，何故要模仿安史之乱，起用那狼兵来屠戮草芥之民呢？这不过是下下策而已，平乱安民不如施行善政，教化。'兵得，国之凶器，不得已而为之。'何能自己已为之，又邀土人狼兵复为之？"

　　陈金听了勃然生怒，但又无懈可击，只由得内心衔恨。他这个提学把寿宁侯张鹤龄、刘瑾都不放在眼里。兕牛在他面前找不到角，猛虎无处向它施爪，正在"入军不被兵甲，兵无所容其刃"，出生入死却如入无人之境。这些正好为他目空狂放的本钱。对这个国戚阉首都败阵的天才性弹劾高手，惹不起躲得起。这是个钉子，互不干涉，不常相见也好。但江西另一位大钦差却以李梦阳不去参拜轻慢他而恼羞成怒。

　　他就是巡按御史江万实。巡按御史是代天子巡狩，虽官不过七品但在巡狩之地是见官大三级。朝廷赋予"大事奏裁，小事立断"之权，军民政事皆在监察之内，但御史犯罪，也罪加三等。有多大的权就有多大的责。

　　按照惯例，各级官员都要定时定日赴巡按御史处聚集，到都察院驻江西办事处那里去报到、汇报工作。唯独李梦阳拒绝叩见，自行处理公务，置之不理。他不仅自己刚正不阿附、专与上官抗礼，还要求各学生员及他的下属都无须经常参拜上司，去了也不许屈膝行跪拜大礼，只需拱手长揖就可以了。

　　抬尊读书人的地位，不以官品论大小而以学问求高低。书生大多自尊心极强，生员都有一腔嫉恶如仇的报国心，对腐败无能的官场有本能的抵触，经李副使一加精神弘扬，个个意气风发，人人觉得是膝下有黄金，个个是李太白了。李副使不仅要抬高士气，还要大力普及教育，使读书求学问道蔚然成风，读书人形成强大的一股势力。

渡江时敢与鬼神较量，过江来就敢与势要分庭抗礼。反正都是庙廊之器，同为朝廷效力，头上都带个"使"字。

4

时近重阳节，江西学界、士林诸生为了欢迎大诗人李梦阳提学"豫章故郡，洪都新府"，特意在滕王阁设宴聚会。

布政使郑岳和李梦阳同年同登金榜第二甲，有年兄之谊，又都是从户部主事正式开始宦游。郑岳主政江西，自是呼应文界、学林的这次宴会，一时群贤毕至。南昌知府李承勋，也是弘治六年（1493）的进士自是一同前来。

滕王阁是南昌的文笔峰，因王勃千古一序而流芳百世。阁在城兴，阁废城衰。有古谣云："藤断葫芦剪，塔圮豫章残。"

郑岳先致欢迎辞，大意是才高八斗、气冲斗牛的李梦阳不来滕王阁，滕王阁岂能在大明空自流也？而此地正是古扬州的星野，"龙光射斗牛之墟；人杰地灵"。气氛顿时热烈起来。青年学生的情绪最易点燃，李梦阳和他的复古运动早已名满天下，是他们的精神领袖。特别是一些学诗的生徒，如入偶像门下为生，兴高采烈。

李梦阳更是双目含焰，火眼金睛一般面对在座高客，演说起来滔滔如赣江之水，学问犹似彭蠡之深。他说江西诗派自宋代黄庭坚、陈师道等二十五人开山以来，绵延不绝至今。宋诗他是不看好的，味同嚼蜡。但苏轼是一个例外，由苏轼门下发轫的江西诗派是一个另类。唐人喜欢丰满，可谓天庭饱满，地阁方圆，以杨玉环为贵美，有人称之肥。而黄庭坚们讲究一个"瘦"字，瘦到硬骨嶙峋，如金秋山谷唯有飘叶似无人。所谓"夺胎换骨"、"点铁成金"，即师承前人之辞，或师承前人之意，把古胎换成自己的骨，把前人铁点成自己的金，达到"以故为新"，追求字字有出处。所谓古之能为文章者，真能陶冶万物，虽取古人之陈言入于翰墨，如灵丹一粒，点铁成金也。这个前人和出处，最大的宗祖，他们认为是杜甫。在宋代老杜被重新发现，并成为唯一诗祖诗宗。

将杜诗赋予宗祖的地位，李梦阳说自己是赞同的。诗至杜子美，如至圆不能加规，至方不能加矩。但格局要大，像江要处于盛水期才可水天一色，杜甫不是唯一。而整个盛唐之诗才是后人的法式，诗歌的祖宗之法。王勃虽然是天才，但只是盛唐的铺垫。他不幸没有走进盛唐，目睹盛唐。而盛唐就在我们的书中，我们是有幸的。因此我辈要把盛唐的诗歌当成一种宗教来信仰，这是我们的河床，只有盛唐诗流过来，我们才滔滔不绝向前去。他指了指江水说，才能不让江河空自流。得到了水气水魂，就可随物赋形，似飞阁流檐。

豫章之学，江西诗派只宗法一人，写出来的诗就可能千人一面，大体相近。这不可能称不上风格，自失奇险，别致。学古要有法眼，要识古，使古还魂。古人的灵魂不能复活就是死的。要学最优秀的，那就是盛唐的诗，气度，法式。如同天地万象，谁能道法那一元？一元复始，万象更新，这个新是自动的，从根子里发生出来的。

因此，黄庭坚的所谓夺胎，可能会流弊成一种法术，而不是法式，法度。点铁成金，弄巧成拙反会造成点金成铁。因此宋诗比唐诗差了不仅仅几百年。

要像临帖学书法那样学诗，学到一定境界格调就自出了。诗比书法要源远流长。黄庭坚的诗算是二三流，但书法是一流的。

得不得法，就像得不得道一样，天差地别。

诗歌不仅仅像黄庭坚、陈师道们所主张的炼字炼句。诗是意境，是神明是大气磅礴，是龙是自有火睛。说到这一点，他停下了，众人看到他独有的发亮如炬的眼睛，感到李副使就像一团激情四溢的朝阳，像杯中的酒蕴含着火焰的力度。

阉权肆虐，阉割了不少人的精神。此公身入大狱不失气神反而更加砥砺，望着李梦阳天生含光挟威的双目，郑岳不禁心里打了一个寒战。

他一听诗歌头就大了，心想这个李空同还是敬而远之为好。

李梦阳简洁地谈完了诗歌，频频举杯。

时维九月，飞阁江流。胜友如云，高朋满座。"落霞与孤鹜齐飞，秋水共长天一色。渔舟唱晚，响穷彭蠡之滨，雁阵惊寒，声断衡阳之浦。"王勃的这些句子像鸟群不停地在李梦阳的脑海中出现、飞舞。落霞，孤鹜，雁阵惊寒，声断，这些词也乱蹿起来，使他隐约感到一种风寒。

李白斗酒诗百篇，李梦阳金樽不醉。人在滕王阁，气冲斗牛。但见满阁飞动，阁内王勃序文句句如鸟，围绕着他鸣叫。他伸手去捕，但听得："嗟乎！时运不济，命途多舛。冯唐易老，李广难封。屈贾谊于长沙，非无圣主；窜梁鸿于海曲，岂乏明时？所赖君子见机，达人知命。"

不觉间已四十不惑，但还远未至知天命之年。"孟尝高洁，空余报国之心；阮籍猖狂，岂效穷途之哭！"这些字文变成乌鸦向他撞来。

直至宴罢，他打道回府。对着左氏夫人带着醉意说道："'三尺微命，一介书生。无路请缨'，这王勃怎如此这般知我？"

一觉睡去，鸡鸣拂晓醒来，他犹忆起"屈贾谊于长沙"的事来。正似李商隐所言："可怜夜半虚前席，不问苍生问鬼神。"

自独尊儒术以来，儒学生就成为一种政治力量登上历史舞台。王莽的生力军就是读书人，刘秀就是太学生当了皇帝，刘备也是。

学生是处于朝野之间的一个同气相求的阶层，有共同使命、志趣。他们是文化的传播者，文明整合板块最重要的黏合剂。四海同一，一同求道特别是明朝共读几本儒家经典，莫愁前路无知己，天下谁人不识君？

从县学到府学，生员都有固定的名额，进了他们就是功名利禄在身；就此止步，他们也是乡绅、学问之家，最低也是秀才不出门，便知天下事。书香门第，在门第世袭贵族消失之后，是真正的令人景仰的门第。

江西是学生大省，从这里走出的一个寒门就可以改变历史的走向。

临川的王安石不仅有文名，做到宰相还能让反对派众口铄金："乱天下必是此人。"正退居故乡，养精蓄锐的翰林严嵩在袁州钤山读书养疴。他是徐祯卿的年兄、康海的同事，当年与徐祯卿一道加入复古运动。他目睹同仁一个个飞蛾投火，好像吓破了胆，以病为由遁归乡野，山中写诗听风观云，著有诗集《钤山堂集》。严嵩曾拜访故人李梦阳，二人谈诗论道互相唱和。李梦阳系舟秀浦，亲登钤山，为严嵩新室落成赠诗祝贺，有"星槛夜凭针北斗，日窗朝尘影扶桑"之句。后来严嵩将诗歌变成青词得到皇帝宠信，置身文坛二十年，王世贞在《乐府变》中认为严嵩就像孔雀虽有毒，但不能掩其文章光彩。

江西诗派和学诗的人千年不绝，他们信奉杜甫为宗，也正是李梦阳早已推崇的盛唐双子星座的其中一座。这是一种缘分，无缘无前来。现在他成为江西士林的法定钦差领袖，拥有绝对的政治资源，深得士心。每一个学生就是他的战士，他是他们真正的父母官。他要大力兴学，他要沿着父亲李正当年做县学训导的足迹前进。他希望每一个人都能接受教育，有教无类，只要想学，国家就应该让他成为莘莘学子。学生有极严格的考试制度、法制，个人不能随意增减。要普及教育，只有大规模地兴办民间社学、民间书院。他一手严格考察国办的学校，做到公平公正选拔、发现人才，另一手竭尽全力大办民间普及学校。

江西虽处民变时期，但在李梦阳眼里算不得什么。教育是百年大计、千古事，社会复返文明和秩序，越需要人才，越是在困难时期越要办学、兴学。逃亡路上也不是不能学习论道，没有学生。他在庆阳时就在盗匪和胡虏最残酷的双向运动中，讲学数载。他的父亲李正不也是在狼烟下一步一个脚印走到了国子监吗？光武帝刘秀不就常在沙场的间隙或正行军途中，与将士们下马研书论道吗？

改朝换代的乱世如此，现在发生一些民变算得了什么？文章千古事，文化、教化是万世基业，什么战争，什么军功，什么形势，算个鸟啊？越在战乱中越考验道心和人心，要检验读的是什么书。万事教为先，军功若画瓢，不就是多杀几个走投无路的百姓吗？

杨一清做副使时，再边远战乱的州县，他都要去督学。这就是文化

"天使"的风骨，传统。江西环境比陕北好多了，他自然要沿着父辈、师辈的脚印，马不停蹄地督导。他到各州府，以天子副使的声威巡学，对那些胆敢推诿、怠慢的官吏，严加训斥，与之辩道，他还有弹劾的权力！州府中人都是同道的读书人多是晚辈、品低，谁敢碰他这个师道尊严的大钉子。他对民众受教育的梦想，也是彻底的。一种类似巴格达对民众习武的狂热。凡事不从彻底精神来对待，一事难成。他首先要求南昌府城及所属的两个县新建社学，南昌必须在县学、府学之外兴办社学，让民间百姓之子能受到教育，知书达礼、有忠义上进之心而不是动刀动枪耍野蛮。教育在孔子时代就不可以垄断，大明朝更是提倡人人得到教育的。整个国家的社学至今仍然得不到兴盛，官员过分注重科举只搞应试教育，注重县学州学的考试中举、选拔进国子监，大众教育的社学几乎荒废。李梦阳对官员们指出："求学变成一种苦役。立社学，延聘的教师每月都向家长征收课金鸡米酒食。百姓负担不起退学，教师就告官强行抓学生上学。渐渐像逃免徭役一样贿赂抓捕小吏，也不愿去求学。教师也失去生活来源。"

教师本来薪资很低，一些中等人家就可以私家聘得起私塾先生，最后弄到一个县一个府的社学破产，主因就是不重视教育普及，大搞教育政绩，富贵人家子弟垄断，还有官吏搞腐败。

李梦阳对怎样解决这些问题也是胸有成竹，知府知县们也积极配合，雷厉风行地恢复社学，制定了严格、明确的政策，很快就铺展开来。精选教师，保证待遇，政府承担教师工资。社学和县学接轨，不入社学不得进县州府学。李梦阳久于户部任职，自是熟悉地方的财政，拔九牛一毛兴办国家根本大计，他是要拼命去实行的。他要植树而不是立竿见影的种草养花。植树十年才见功，他正是要这样的效果。前人栽树后人乘凉。

读书人的基础巩固了，教育的高端和自由更不能缺。他又把眼光聚焦在书院上。

杨一清恢复了正学书院，才有他和康海、王九思、吕柟这样的人才。而江西的书院在历史上是闻名于世的。白鹿洞书院是影响超过滕王阁的江西又一地标、文笔峰。它名列中国四大书院，是成就朱熹夫子的所在。李梦阳考察多次，这所书院已无昔日的风光。经过历史的风尘，经过元蒙的文化浩劫，至今都没有复兴。

他在丁忧、被贬还乡之际，曾广收门徒，梦想的就是有一个讲学的好所在。而这白鹿洞书院如雷贯耳，现在正躺在庐山，等候他的到来。

这是天下读书人的精神圣地，李梦阳的"政绩"就定在这上面。他其实一到江西就奔到这里，他亲自撰文并亲书《白鹿洞书院宗祠记》，勒石树碑于书院内，还题写了"白鹿洞书院"五个大字。还在白鹿洞修建了钓台亭、六合亭，整修了书院，增置田庐，清理田亩，编修了《白鹿洞新志》。

在这里，他亲自开院讲学，招收门生，为学生们写诗，一同游览庐山。书院超越了应试教育，是思想、学术、文学乃至宗教的汇合、交流平台，是道统的自由延伸、外延的坐而论道的场所。

他不仅吸引学生，而且也吸引了取得功名利禄的士子前来碰撞，合流。

他发动了捐款，得到巡抚任汉等要员的支持，修复了余干县的东山书院。每州府必须上建立书院下设立社学，中间才是国家编制的县州府学。这样他把教育从掐头去尾的冬瓜段又恢复了足和头。

恢复历史上的书院，兴修新的书院，需要财力、地面。财政无力支持的，就发动捐款、赞助，更重要的是他敢向鬼神要地盘，要地产！

江西属吴越楚地，各种巫术信仰还很严重，鬼祠神庙大行其道。就是在夫子庙，在乡试，也有公开的祭祀各种鬼神。

李梦阳一到全部废弃，推倒各种各样中外不同的木雕泥塑。他一个县一个县督导，摧毁、改建神庙鬼祠，摇身变成书院，发出名流高士讲学布道的话语权、学子们的琅琅读书声。

他在建昌府，率领知府安奎、推官赵汉志、知县杨清督促着拆迁大队，一天之内就销毁、征迁城内外鬼祠殆尽。其中十四座小庙用来建社学，另一座东岳庙被改建，修复为历史上赫赫有名的盱江书院。宋代李觏在此讲学，毁于元朝，学田湮没，被侵。李梦阳将这个学院恢复得有声有色，前堂后堂学舍秩序井然，有亭有台。将这些庙祠的田业都划归书院，以养招考来的才俊、优等者。他为此赋诗寄友人："曾修书院盱江侧，君去怀予试一游。当日山水应更好，别来松桂几经秋。"

他在江西访古，挖掘历史资源。铅山鹅湖书院素有大名，朱熹、陆九渊在鹅湖交锋论辩之处已埋没于芳草萋萋之中，疯长荆榛、苔藓。唯湖水未干，仿佛还映鉴先贤的倒影。他赋诗云："山到东南极，溪怜闽越分。峻峰晴冒雪，交水暮蒸云。石象空遗迹，鹅湖尚作群。古祠荆棘里，驻马恸斯文。"

鹅湖因为他的到来，再次映现了书院的晨钟暮鼓。

李梦阳敢于同鬼神叫板，抱着孔子不语怪力乱神的教谕，挟着他强势的作风，摧庙毁祠，勇于同鬼神争地盘，夺所在，划地产田园。

其实他恢复的不过是儒学。

一座座东岳庙之灰的道观，被他拆迁，建成书院。而对僧侣的庙宇则另开一面。

进贤县最繁华处便是南岳庙。香火很盛，大庙四进，四围红墙，角楼高耸，古木参天。三官殿、火神殿、龙王殿、南岳大帝殿，香云缭绕，有清泉汩汩流淌出墙来。此地出生的晏殊、晏几道父子都在这里读过书，修过身，留过名。庙内雕梁画栋传说是南唐画家董源所绘。

这座进贤标志性的建筑南岳庙便入拆毁名单。地方官报予李梦阳，以前大庙是神灵之所，世俗无权管辖。如果要拆建改为书院，那是官府隶属的风教之域了。

李梦阳立即批准并亲自前来督导，南岳的门匾将换成儒学的书院。但在人马嚣嚣动工之时，福胜寺的和尚前来求见。和尚希望将南岳庙变成福胜寺，而将自己所在的福胜寺改成书院。福胜寺在僻静处，自然环境也相当优雅，更适合读书，还有相当的田产也愿一并交给书院。李梦阳答应了这个道教神庙变成佛教寺庙的请求。

南岳庙的道长只能云游四海了，对李梦阳悠然说道："为学日益，为道日损。圣人无常心，以百姓之心为心。李大人怎么能知道百姓都喜欢学习修儒？"

　　李梦阳一时语塞，道长又言："南方群山莫不属于南岳，毁南岳古庙，我观客官不能乐山智水。毁鬼祠巫所也罢，为何将正教大道也拆了去？"

　　他的幼弟因修道炼术早亡，他的好友徐祯卿也是如此。他对道教连及老庄道学都心寒得很。他作为提学副使，职责就是独尊儒术，那些被他及儒学视为怪力乱神的，在法理上都可以开刀、毁去。当然他是有尺度的，对正宗道观不敢造次，对佛寺更是网开一面，还进寺谈法、赋诗。

　　此时呈现普遍的重佛轻道之风，特别是武宗顶礼事佛，自称"大庆法王西天觉道圆明自在大定慧佛"，以致大庆法王和诏旨与圣旨并行。李梦阳也倾向于此，未敢造次。

　　知府、知县都是儒家出身，有李梦阳领头，他们是奉命行事，鬼神有所怨，也怨不到他们头上。但谁都知道这种破除迷信、一心习儒的风暴，会不会招惹什么诅咒呢？那些巫婆觋师也不是好惹的，虽心无杂念，一正压百邪，但历史形成的事物，总有它存在的理由。

　　书院无可阻挡地建成，李梦阳将书院交给本县的举人舒芬负责。舒芬七岁能诗，十二岁作《驯雁赋》，并对经学颇有见解。他是李梦阳发现的高才，后来不负慧眼，高中状元。

　　进贤虽属南昌府，但与临川接壤。临川是王安石的故乡。李梦阳对他不以为然，一想到诗歌就取士的制度就是由他从科举中毁掉，改成由他圈定、享有的解释权的经文，就觉得心寒。诗乐之邦终于演变成现在的八股文天下。但这里有北宋大文学家曾巩创办的兴鲁书院，经由他恢复、延续书香士气。

　　书院属于"民间大学"，各路学者及名师和莘莘学子坐而论道的讲台教坛。它撇开了读书只为功名利禄、升官发财的狭窄渠道，回归思想、文学、学术、教育的本质。它属于自由的，民间的。李梦阳以官方提学身份来大力弘扬，意在根本上保护学术的自由交流、传播，给读书人更多自重自尊的机会、出路、舞台，使读书的性质回归到无功名利禄左右的自由学术、心灵交流上来。这也是自春秋稷下学宫的传统，按照这个发展，读书人必形成自在自由的风气，并获得独立发言权、在野影响力。教育、文化最终的目的，回归到求道上来、本质上来。天下道同而存异，所有读书人都是一家，都平等地面对道的本体，上下求索，何愁文化不兴，臻于盛唐之境？

一县一县地兴办，每个县都要力争有书院，这样就把读书人凝聚了起来。凡是在历史上有书院的，都要一一复古重建。新淦县没有书院，李梦阳亲自创办了金川书院，以此来祭祀建文帝的遗臣练子宁。这是一个胆大的创举。在新淦县，他逐一考核每一个生员，淘汰滥竽充数者，为国子监选贤拔贡。他发现一个寒微的秀才竟然名字也叫李梦阳。他立即将他召来喝道："你不知道我是李梦阳吗？竟然敢犯讳冒上？"来人衣衫破旧近乎褴褛，但眉宇间不乏傲气。只见他从容回答："在下之名乃过世父母所起，非为攀比，更不敢更改。"

他听了便收敛怒容，沉思了一会儿说道："我出一个对联，你能对上，你才能配得上这个名字。'蔺相如，司马相如，名相如，实不相如。'"那落魄的秀才等了李梦阳话一落音便对出"魏无忌，长孙无忌，彼无忌，此亦无忌"。

梦阳听罢，哈哈大笑。这时县学训导过来介绍这位李秀才的状况。此人屡试不中，以致厌倦科举，著书立说，在当地颇有文名，十六岁中秀才至此已三十余年。家徒四壁，嗜酒放鹰，原有田产被人剥夺，连妻也回娘家一去不回了。训导叫李生献上其自抄诗文集，李梦阳一目十行看罢，不由得脱口而出："野有遗贤也。"他问道："李秀才，本官若将金川书院，托付与你，让你做个山长，你欲有为否？"那秀才正襟行弟子礼回复："敢不领命！"后来李梦阳又嘱咐知府、知县帮他收回田产，妻子虽居娘家也未改嫁，破镜重圆。

在广信府玉山县怀玉山，李梦阳又恢复了宋时的草堂书院。他在怀玉山召集全府读书人大会做了开场白："怀玉山，就是要让全府的读书人都怀才得遇，但愿没有怀才不遇者。"他披肝沥胆对待每个读书人，包括被辞退的生员都心服口服。他见县学生吴学文章禁不住赞叹说："吴生，程朱之流，不可量也。"收广信人叶朴为门生，选送到白鹿洞书院读书。

江西人文之盛虽不及南直隶，但也是南唐的国都，扼要大江中游的命脉。李梦阳的到来，立马呈现勃勃生机，众士归心。

从民间童生到秀才、生员、所有教师、功名在身的学者、名流，都唯他马首是瞻。他为了兴学，为了诸生的利益、读书人的精神家园，敢拆鬼神之家，宏文扬儒，不过是忠于提学的职守罢了。

学生是一个特殊的舆论阶层，太学生上书、抨击政事影响政局的历史一再发生。生员都有一种天降大任于斯人的情结、书生意气，地方生员当然对地方的腐败、黑暗都是敏感的，切肤痛恨的。早已形成舆论的气场，是民间的言官系统，与李梦阳诗人天生的战斗锋芒相激励，交相摩荡，正酝酿着江西上空的另一番风云。

弄潮于文学复古运动的七子，从发源地京师销声匿迹。弘治四杰之中，李梦阳官居四品，冉冉上升，在人文江西做起"文化御史"、"诗歌钦差"。

他在江西一枝独秀，将文学烽火烧到地方，俨然是独当一面的旗手，"诗歌诸侯"。

5

从父亲李正任训导、教授到李梦阳做提学副使，李家处在于一种对教育的回归线上。像杨一清、马中锡等也是从提学任上，迈向都堂台阁之路，而对于踌躇满志的李梦阳来说，这是一个临界点，前途未卜。四十岁是男人仕途的黄金时代，也是压力最重的人到中年。教书、读书，成为父子两代人起家的书山之路。

万般皆下品，唯有读书高。教育为本，兴学是根。这是诗乐之邦的传统，李梦阳希望越发扬光大越好。

抓住了这个"书"，其实有很多文章可以做。书中自有黄金屋，书外也有聚宝盆。书是中国人光宗耀祖最终的归宿，进步的制高点。经商最终追求，是功名、是财富。做官最终的希冀是青史留名。这都被书牵引。仓禀实而知礼节，书和商人、市场结合，也有勃勃生机。商人的子弟入学，也肯花费大笔捐资助学。

历来富豪、乡绅、商贾附庸风雅，追求、收藏文人字画。有的财主独具慧眼，不仅高价收藏未名青年诗人字画，有时还要以女儿终身相许。他们看到的是巨大的升值空间，精心培养，以致出资助学、赶考，直到功名成就。

这都是李梦阳要考虑的，民资入学、办学。这样就不仅仅与鬼神争天斗地，夺它们的祠庙、产业了。

江西财政吃紧，全都供应到军方身上了，李梦阳这样做也是逼到牛角尖。

衙门没钱，地方官员再有心支持也是无米之炊。他的年兄南昌府知府李承勋就在内心抵触，他一心应和陈金，寻思着剿匪建功立业。他和总制陈金是南昌府的乡党，亦步亦趋。郑岳态度也大抵如此，他更不愿看到学生力量的壮大，形成一个言论舆论的阵营，以供李梦阳指点江山。御史江万实，因为李梦阳宣称他也是钦差，同等不拜，连诸多学生见他也不拜，气得咬牙切齿。

陈金对李梦阳战乱时期的大举办学、利用士群学林，认为不可理喻，从不参与。

表面支持的就是巡抚任汉。再乱不能乱教育，他认为江西有此大名士来督学，如朱熹讲学白鹿洞都是盛事。他对李梦阳是有好感的，对这位不拘礼节、不入俗套的诗人虽有隐隐不快，但并无芥蒂，而对于政治纠纷，他是能躲则躲，两边不得罪。真正给李梦阳的提学新政大壮声威的是宁王朱宸濠。

宁王府才是江西至高无上的副国家级衙门。第一代宁王朱权，是朱元璋十七子，分封在北京之北喜峰口外，拥有雄壮大宁边军。燕王朱棣发动靖难之役，便与朱权约定："事成，当中分天下。"得社稷后却将宁王迁徙到江西。朱权于是弃武从文，潜心习道，成为南方有名道教学者之王。历代宁王都沿袭深深的不平之气，也都善于文行自饰、礼遇名士，但血液里流淌着当初燕北的雄霸之气。传到朱宸濠这一代王，见武宗荒诞不经、神出鬼没，便蓄有异志。他把养尊处优的亲王府，经营成一个集团实体，不仅到处囤田圈土，还经商做实业，甚至学仿东晋首富王崇，白天做白道生意进行商业、手工业某种垄断；晚上扮匪盗劫杀客商，积累泼天富贵。他一面招贤纳士，网结名流；一面收买侠义绿林、江洋大盗，就连鸡鸣狗盗之辈也都网罗，不拘一格求才若渴。

宁王府的峥嵘霸气，使江西官场错综复杂、深不见底。布政使郑岳虽为江西政府首脑，但头上还有总制陈金、巡抚任汉、巡案御史江万实。这些婆婆与宁王相比，又都是小巫见大巫。明代藩王不乏恶棍，杀母乱伦吃人剥皮之王也得宽恕，底线是只要不谋反都能网开一面，同为太祖子孙共享盛世。

这朱宸濠更是交结朝纲显贵、阁首特别是皇帝亲信，从刘瑾到钱宁无不如胶似漆，就是武宗也视宁王为同道玩伴。宁王的太子派往北京，一表人才又极乖巧，也得欢心。传诏其太子司香太庙，因为武宗无子，宁王府一帮人等正在酝酿将太子过继给皇帝图谋成为储君。

这朱宸濠闻风云人物李梦阳大兴书院，便谋划着重金建造阳春书院。书院坐落在洪都城东南隅，有术士李自然望到此隅有紫气，当建书院应之。阳春楼与滕王阁互相呼应，如文龙双睛，夜悬花灯，亮如双子星座。这阳春书院楼气势实际超过滕王阁。阁只是藩王气，而阳春楼则应所谓紫气。当然寻常人并不知道这些秘密，只晓得宁王以最好建筑来兴学术、教育。阳春书院宗旨是延揽天下英杰、文豪、学士前来坐而论道。学人士子的一切费用由王府供给，诗人、作家、学者前来著书立说，吃住全免还发给薪水。院长由执掌都察院的大学者李士实担任。这李士实是南昌学界的领袖，也从主事迁到员外郎、郎中，出任副使提学，一直做到天下御史的总班头。工诗，善画，书精，名贯当时，他常与李东阳唱和，与李东阳、萧显玉堂联句《咏六安茶》："七碗清风自里边，每随佳兴入诗坛。纤芽出土春雷动，活火当炉夜雪残。陆羽旧经遗上品，高阳醉客避清欢。何时一酌中霖水？重试君谟小凤团！"广为流传。他还是风水大师，属于江西峦头派，"纵览形势"、"寻龙捉脉"，不在话下，自诩有诸葛孔明之机。阳春书院由他亲自担任总设计师。书院一奠基就轰动南昌城，还要隆重举行开工典礼。宁王府希望李梦阳能够到场。

这李士实与朱宸濠是儿女亲家，宁王府派一监生做王使携带李士实的信函前来求见。李梦阳本不愿相见，此前他听得宁王府飞扬跋扈、一支独大、欺官凌民，便要显露他的风骨。一日他出行，正好遇见宁王骄纵的近侍爪牙没有回避，便喝令捆打一顿放回。那党羽被殴打时夸张地号叫，像雷过的冲击波，像一道道闪电落地，最终缠绕在宁王府前一棵大树的龙虬上。整个南昌城触目惊心，特别是那些读书人不知道如何是好。但王府那边一直风平浪静。直到这位监生前来，携带一部李太白诗集的宋代刻本、龙挂香一百支、名茶实名宁王府的礼品前来求见。监生是提学的门生，有前辈李士实来函，李梦阳不得不召进府内，抬眼高看。李士实的信很短，称赞了李梦阳在他故乡兴办书院之事，希望他能为阳春书院赋几首诗。信中并没有提及要他出席开工活动的事情，那是宁王府的意思。李梦阳以有要事推辞了，但当即答应赋诗。

诗很快写就，付与宁王。宁王轻装简从亲去李梦阳府上致谢，并约等书院落成由李梦阳作序写记文。梦阳妻左夫人的舅家是朱皇室，宁王强拉上亲戚，执弟子礼拜见李梦阳。

阳春书院奠基典礼，邀请江南名士及江西各官员前来，举办诗歌酒宴。这场面必要提学亲去助阵，盛情难却，李梦阳不得不答应了。这王爷也好诗歌，身边文墨之士比比皆是，每日高谈阔论，宴饮赋诗，都奉李梦阳为领袖，文学彬彬之盛于此。

就连那王妃娄素珍，也是训导、理学家娄谅的长孙女，能诗善画，博学多才不下唐宫徐惠妃，见识非凡，贤芳远播。杏花楼是她的梳妆台，楼内有屏、翰二碑隽永、灵秀，不过是她用头发扎束着墨为笔，飘飘洒洒而成，却力透石背。

娄王妃与左氏很有缘分，一见如故相处如家人。宁王和王妃扮作书生夫妇，像普通的诗歌作者去拜见诗歌领袖李梦阳。宁王身背旷世宝琴，此琴名曰"飞瀑连珠"，被称为明代第一琴，是云庵道人所制作的唯一一张。他要献给李梦阳，惊得李梦阳慌忙站起，绝不收此价值连城之物。见不敢收，宁王又亲自抚琴一曲，曲终他献上自己所写的诗章，请求拜李梦阳为师，但见他温文尔雅、风流倜傥之中隐藏着桀骜不驯的强梁霸气。

一目十行，先略微扫过宁王的诗赋，文若其人，又听他琴声，李梦阳隐隐觉察到了某种不祥的戾气。做王者师，李梦阳断然推辞，连称不敢当。一成为宁王的老师，就是宁王党了。而这朱宸濠并不是学术、为文作诗的料，不过是家有渊源，舞文弄墨而已。不要这种王者之师的虚名，他抵住了这个诱惑。他知道宁王与郑岳、陈金、江万实及参政吴廷举等人有相当的矛盾。而他是朝廷的人，一加入藩王党就不好说了。自己与郑岳等地方官就形同路人，完全对立了。而这种对峙，是他个人秉性使然，是对官场黑暗、残暴憎恶使然，弄不好一下子就变味，成为他阿附藩镇仗势胡为了。

历来强势的宁王为了钳制、驯服江西地方官，费尽心机。不管巡抚、按察使、巡按御史，职权都是督察地方所有不法者，王府并不能例外。跳出这重重监督法网，破了这些网罗就只有结通朝纲，买通皇帝身边的当权派，使他们上奏弹劾失效。宁王用钱宁等人的白道与江湖暗杀的黑道两只手对付政敌。钱宁也越来越需要与他这个南方同盟结党，对付日益夺宠的江彬燕北边镇集团。他能在刘瑾和钱宁两个时代中左右逢源。

一省之内，法定上还是以布政使为常官正制，所以郑岳面对宁王的咄咄逼人，首当其冲。宁王也是江西的兼并之王，掠夺民田亿万计，野外囤积粮食；城内大兴土木，垄断局部的房市商铺。金元大棒和王权双向的圈地拆房，各路权势、土豪再同流合污地效化，流民遍地立寨结队自保，一般盗匪难以攻克。朱宸濠想动用军队镇压，郑岳坚持不可，拒绝出兵。因此布政使司和宁王府结下深怨。郑岳和李梦阳这对年兄年弟，也是同一类的强硬派。他的刚健虽不及李梦阳，但也是连圣旨都敢忤逆，坐过牢进过宫的，自然不向宁王屈服。他深知宁王的厉害，但有郑金、江万实及底下参政吴廷举等众官相结，宁王一时还找不到地方下手。陈金隐在后面，事事不出面，他挑着郑岳上前。他虽督兵但兵部尚书陆完是宁王的人。陆完历任江西按察使时，朱宸濠礼贤于他，曲水流觞，金罍为赠。陆完是继马中锡之后平息河北民变的将帅，江彬之流都是其部下。宁王的盟友钱宁也美言他，升任兵部尚书。

这时李梦阳出现，对峙局势似乎出现戏剧化情节。朱宸濠的智囊团一致认为奇货可用。这一石就能激起千层浪，把江西搅得天翻地覆。

宁王以雅对雅，希望与李梦阳进行"神交"，远距离的引援、心照不宣的互动，派使送古书、香茶、古人字画换求他手迹、诗章、书院题记序文。易曰："鸣鹤在阴，其子和之""我有好爵，我与尔靡之"。宁王一次次借雅言与梦阳交往。风声鹤唳之下，提学府和宁王府存在着某种呼应。

阳春楼在挥汗如雨的建设中，书院完工在正德八年（1513）夏四月。宁王作为兴学办书院的最大响应者，给书院写篇记序，这是分内之事，李梦阳一挥而就写成《阳春书院记》，铭刻在书院石碑之上。

对于李梦阳来说，已经是如履薄冰，随时都可能翻船掉在浩淼的鄱阳湖。对于他来说，鄱阳湖的浪可能比京城的水还深，他在阴沟里随时都能喝水。他预感到了一种不祥，一股股阴云正在向自己逼来。

6

提学府邸，他住的后花园在修整旧墙，出现一连两窝蛇，或大或小。一条独大的像眼镜王蛇，像戴着有色眼镜在昂首瞅着他。园丁们惊诧视为不吉正欲斩除，梦阳喝退园丁，还是体现上天好生之德，既然毁了它们的窝还是放行吧。毒蛇与人相比，最为歹毒莫测的还是人心、官场。苛政猛于虎，猛不过地头蛇、地方官。所谓强龙难压地头蛇。他隐约觉得自己这次提学江西，难道是陷入一窝窝的地头蛇的缠绕中了吗？与八虎、翼虎搏过，与奸商勾结的权要的群狼斗过，现在又遭遇蛇窝了吗？他提笔写下《放蛇行》：

花蛇错落五色备，毁垣掘出蛇惊悸。昂头宛颈若有诉，盘
旋瞥掟如奔避。深山大泽岂无窟，荒郊短草真何意。豺虎公然
白昼行，花蛇何得更纵横。低知毒口能戕物，未解皇天实好
生。洪流自古容微细，吾叱园丁纵蛇逝。风驱雷霆急雨过，彩
虹倒挂青天霁。

他性刚直、英猛，但不残酷，相反是善良，有时是温软的、湿润
的、感性的，内心并不想主动寻敌好斗，特别人在异乡又在病中，连蛇
他都是要放生的。只是有一种逼，人逼不过命也。

他想起前任提学邵宝来。他是李东阳最看重的弟子、茶陵派诗人，
无锡大才子。虽见刘瑾吓尿裤子但绝不与他合作。他提学江西也着力修
复白鹿书院，执教生徒以致知力行为本。宁王府向他索诗文，他不肯
赐一行。他虽无勇无胆，但内秀、正气于身，是不合作主义者。我无力
反对你，但惹不起躲得起。茶陵派的骨头虽软，没有锋芒，但绝不是败
类，并非无取之处，有他们自己的为官之道。软绵绵的功夫，抽刀断水
水更流。

而他李梦阳在此水土不服，呕吐头晕，日渐消瘦，发作血疾，患了
血少心劳之病。有一团火，在炙烧着他。这火如同兵火燃烧，煎心熬骨，
直指其心，燃脂熬精，似乎要把人烤干。难道自己拆鬼祠毁淫祀中了巫
术或蛊，被诅咒了？但他从来不信，只相信一正压百邪，浩然长存。

南昌城对他来说是一个大火炉，即使在冬天也能将他烧坏。他乘舟
在鄱阳湖上，大雪纷纷。岸边湖水结着一层带花的薄冰，舟行卷起麻花
冰雪的涟漪。如果没有船就掉了下去，李梦阳履在薄冰上，这样想着。

心头的怒火正需要这冰来消融。他往庐山而上，弃舟上山，雪越
下越大，雪霭遮住了天空，使庐山恍若隔山，一座座山峰隐藏形迹。天
地一体，共着一色，这像一个冰川，他似乎行在一个源头的凝固的世界
中。智者乐水，仁者乐山。山也成了水，凝固之水。一同来消融他心灵
的烈火。山水养人，而城镇伤神。

他一次次上庐山，识得城中之人太多的真面目，他就遥想着庐山，

最好是下雪的庐山和鄱阳湖。升腾的火被雪降下，浇灭。他一向沸腾的热血也暂时冷却，像一条蛇冬眠进入梦乡。只有走在庐山上，他才略感踏实些，不是一脚迈进陷阱、盘丝洞。只有这些石头才能承担他双脚的重量。

隐居于此，老死于此，不亦乐乎？他禁不住提笔上表，请求致仕退休。像陶渊明在此放归田里，不为五斗米折腰，更不能摧眉折腰，也无须春风得意指点乾坤。

大雪覆盖了一切，对一切都是否定的，像布置一场葬礼。伟大的大自然，突出的高山流水，却高不过山下的官场，喧嚣。那些黑暗，是眼球扩散到整个黑夜，爆发成遍地高照的烽火。万马奔腾，烧杀抢掠，官乱民乱交织在一起。黑幕之下，只要民一点灯，燃起野火，据寨自守，就要举国之力围剿讨灭。陈金手握重兵却要坐等、寄望于土兵狼师前来助战。

河北的民乱进入尾声，在边兵边将和南北二京大军的合击下，退出河北、河南，向南方溃败。赵鐩转到湖广应山，大败势孤，遇真安和尚削剃须发，准备渡江潜往江西联合，再图大举。刚到江夏就被明军擒获。刘惠也纵火自杀。

四川民变同样灰飞烟灭。到处是难民，大地流火喋血。明武宗像一条火龙，将江山变成一条火线。但遍野的民变没有成龙，没有能成为另一个朱元璋。各自为战，终将一一折戟沉沙、血尽骨黄。

最后剩下江西烽火未灭，胜券在握，为何还要引祸土酋岑猛等率领狼兵前来作害百姓呢？李梦阳宛如从边塞高歌的李白、贺知章、高适一下子变成国破山河在的杜甫，烟尘与鲜血齐向他翻滚而来。他到匪乱严重的地区瑞州、抚州、饶州等地督学。兵连祸结，参政、副使死难者有之，州府县道破败。难民逃散，李梦阳和官员组织救济灾民，他集中精力营救生员，把他们临时安置在帐篷里读书，他要仔细考查，一点不为贼来贼去所扰。

所谓贼不乏忠义之士，更景仰清官、名士痛恨贪官污吏，巧的是凡是李梦阳出现的战区，民兵义匪就像鬼见不得正日一样无影无踪。为害最深的恰恰是土兵，军纪败坏的官军。

他蘸满血泪写下《土兵行》：

> 豫章城楼饥啄鸟，黄狐跳踉追赤狐。北风北来江怒涌，土兵攫人人叫呼。城外之民徙城内，尘埃不见章江涂。花裙蛮奴逐妇女，白夺钗环换酒沽。父老向前语蛮奴，慎勿横行王法诛。华林桃源诸贼徒，金帛子女山不如。汝能破之唯汝欲，犒赏有酒牛羊猪，大者升官佩绶趋。蛮奴怒言万里入尔都，尔生我生屠我屠。劲弓毒矢莫敢何，意气似欲无彭湖。彭湖翩翩飘白旐，轻舸蔽水陆走车。黄云卷地春草死，烈火谁分瓦与珠。寒崖日月岂尽照，大邦鬼魅难久居。天下有道四夷守，此辈可使亦可虞。何况土官妻妾俱，美酒大肉吹笙竽。

江西的民变、兵乱的烽烟，也许就是为了照亮这一首诗。就像唐朝最大的意义就是为了唐诗的诞生。唐诗是大唐灵魂的标志。

大诗人无不是历史的担当者，必遭遇重大历史事件，甚至置身其中。诗人的双眼有最灵敏的高度，战火纷飞无不映入眼帘，进入他心灵的深处，然后再萌发，诞生成诗。诗人作为独一无二的见证者、洞察者，乃至与史官平行的书写者。史官不是置身者，诗人是在场者，并且书写心灵的发现、精神的火焰。

就像杜甫写"三吏""三别"，都是从民心苦难的角度去发现，而不是歌颂民众踊跃参军、征兵、交粮、修城筑塞支持复国抗战的意义。那样并无不当，国之将亡，民之义务。但那肯定不是诗人天职。诗人写出民心，民心即天意，写出官吏的横暴，写出战争的实质。胜利和失败对于诗歌并不重要，重要的是在任何情况下，天道民心的变化、实情。

这是被战火点燃并照亮的第一手、第一心的诗，这是民本的诗。所谓属于形式的东西都被胀破，所谓的技法都化为乌有，都变得轻如毫毛。李梦阳以杜诗为楷模，臻于此境。没有人觉得这是模仿之作，虽然后人评论此诗可与杜甫的《北征》并传。

官兵乱甚于匪乱，而土兵之乱又甚于官军之乱。环环深入，土兵的意象成为李梦阳独有的贡献。以致状元杨慎评价此诗："只以谣谚近语入诗史，而古不可及。"

杜少陵在《北征》中咏叹："缅思桃源内，益叹身世拙"，而写出桃花源乌托邦的陶渊明就在江西这个"现场"。桃源在《土兵行》中却变成了"华林桃源诸贼徒"。当然贼徒之字眼还待商量，也暴露了李梦阳的偏激，没有杜诗广博、浩大。安史如此贼虏、膻腥，杜甫身受其害被俘掠，也没有在诗中破口大骂。难道那些逼上梁山的草民比安史胡兵还要贼吗？

多种的贼一起袭来，袭破他的梦想。在李梦阳胸中一直存在盛唐的乌托邦幻象，像陶渊明心中有个桃花源一样。所以爱之深故言之也苛，盛世梦破，他就心火旺盛，难免有些剑走偏锋的激愤。他将此诗公开，传抄于士群儒林，等于公开谴责陈金的军方了。

狼兵如狼似虎，攻贼更掠民，像蝗虫过境，所过巨族数百口无一幸免。妇女系马尾掠载入船数千艘。但听民谣："土贼犹可，土兵杀我。"造反的痛痛快快地死难，不造反的却不明不白地陪葬。朗朗乾坤，这都是总制陈金所为。所谓盛世转眼成空，急剧直坠中唐的"安史之乱"。好像汉兵唐将不堪一击，已不能镇压同胞族民，非要他山之石可以攻玉了。

汉家已乱，顿时成衰。整个民族被一个皇帝折腾得精疲力竭，大地变成一个血窟窿、冰窟窿。怎不叫这自觉胸中有十万甲兵的诗人忧心如焚？

李梦阳上书请求解官归田，实际上也隐隐有种怨气，他希望自己也能像杨一清老师在陕西那样一展抱负。陕北面对蒙古大军，却能自卫，而不是指望蛮兵野将来制敌。难道本是良民被逼上梁山的草寇土匪凶悍过鞑靼铁骑吗？

上书挂印不被批准，让自己从副使任上赋予兵权那更没有希望。他只有一个庐山，唯有这庐山是真面目，仍然自在，没有山贼土匪盘踞。这是诗人归隐的"采菊东篱下，悠然见南山"。

心中充满诗必盛唐幻象、效古法的李梦阳，此时不免对田园山水隐逸的陶渊明不胜神往。诗细分之下他认为古体宗汉魏，近体宗盛唐，诗歌汉唐也即历史的汉唐，才是一个盛字，而陶渊明就是在盛字之外的田园中。这个田园派鼻祖恰恰是在此鄱阳湖畔、庐山脚下开山。一代诗魂在此长眠，李梦阳顿生人在江湖的退意，上书请求归隐还乡之时，就与陶渊明在精神的浔阳柴桑栗里有缘相遇了。其调自然，故能直抵心灵；其字俊逸，故能弊媚，别有洞天福地。草木五谷与心灵发生血肉性的联系，像夏草春虫一样不能分离。他是遭靡时的潜龙勿用，李梦阳读到他俯仰悲慨之情，豪逸肆志之心。既然没有退路，他就一条道走到黑，横眉冷对权贵，包括他的秀才们都要昂首挺胸地读书做人，岂能一对权势望尘下拜？

他一次次追寻陶渊明的生死之地，实地考察，翻阅典籍，确实了大诗人墓地，立碑封土，亲自培木植树。遗址上一片废墟，只剩下草木峥嵘或凄凄枯黄。李梦阳有心重修陶渊明的故居、祠堂，又在白鹿洞书院访得陶公后裔陶亨，令他刊刻《陶渊明集》，自己欣然作序，才算完成心愿。

"长太息以掩涕兮，哀民生之多艰"，而官场的戏剧、宴会依旧歌舞喧天。他依例在座，藩臬两司高官同坐一桌，看着戏子浪淫笑谑、插科打诨接近艳舞、艳歌的表演，整个帝国包括眼下公堂无不像一个个舞台，任人编导、上演。他坐定不久就借着场里的戏子寓意讥讽说："六经何尝有戏？公堂上纵其亵狎之语，而沸淫哇之声，不美观听甚矣！"

这话直直的、明显带着愤怒的声调当着布政使、按察使的两使首脑说了出来，厅堂上顿时鸦雀无声。

这不过是逢年过节官场上习以为常的热闹、轻松而已，却遭到李梦阳如此高调公开抨击，众人一时都愣住了。

年兄郑岳听得极为刺耳也带着愤气回击道："善戏谑兮，非诗语耶？歌声自歌，不听者任其不听。"

按察使见布政使说了，自己也不能落后，跟着讥笑说："提学不妨学学夫子当年，将艺人的手腿都砍下来。"说完同桌的人都笑了起来，大厅又恢复了歌舞。

李梦阳怒目横眉,起身不辞而别。

"亦余心之所善兮,虽九死其犹未悔;众女疾余之蛾眉兮,谣诼谓余以善淫",官场越来越颓废、淫荡,对待弱民又越发狂躁、好大喜功,好像被横行的阉党阉了士气。腐风腐气,还是悠然见南山,养我浩然之气,还是下去督学,与未被权力腐蚀的秀才们接接地气。道不同不相与谋,他越来越与官场不合群,甚至是对峙了。

寻古,访古,不虚江西之行。他又登上石壁山寻古,找到谢灵运游学开讲的精舍遗址。"精舍"二字古来镶嵌石壁山上,可惜近来被盗贼将字迹从石壁上剜去盗走了。看来这是一个诗贼文盗。

谢诗为六朝之冠,李梦阳此时莫名其妙地喜欢,流连在陶谢之诗中。他的心境已从盛唐一下子落到魏晋六朝之中了。对于大明的归宿,他不知道大明朝照此以往将落向哪个朝代,是重回元蒙的腥膻还是有幸能落到魏晋呢?

他俯仰古往今来的历史时空,不禁泫然泪下。在白鹿书院,他登坛给生徒学子们讲授盛唐之诗和谢陶,却一再想到南宋的朱熹。他主要光复的是宋时书院制度是先师的学风而不是朱熹这个人及学术思想,并且书院一兴恰恰突破了理学与朱熹的局限。他的精神寄托在菊花和南山的陶渊明这儿,而不是追随一头根本不存的白鹿和洞穴。

南宋涯山之后无中国,现在大明又剪不断理还乱,神秘兮兮,不知道走向哪里?白鹿洞并无白鹿也无洞,却成为天下书院之首。山不在洞,也不在白鹿,有大师则名,有大学者则灵。朱子建白鹿洞书院已经五十岁了,李梦阳重修书院刚四十不惑。

北方汹涌,黄河一再失陷,而江南庐山成了逃亡避祸的心灵星野。佛学的大师、道学的大师、诗歌的大师将这座大山已参修得精神缭绕,云飞雾罩,晶莹剔透。

但这注定不是他的退路。

第七章

烈火谁分瓦与珠

黄云卷地春草死，烈火谁分瓦与珠。
寒崖日月岂尽照，大邦鬼魅难久居。

——李梦阳《土兵行》

1

大江大河行多少，往往阴沟落了水。地方越小，越易垄断谋私，久而久之盘根错节，万事万物凝固，出现利益的固化。风不透雨不进，魑魅魍魉丛生，它有自己的游戏规则。不管是总制、巡抚、御史、钦差、副使到此，都有个入乡随俗的事情。顺了人情吃好酒，逆了人情是陷阱。官场形成自己的铁律，这个大熔炉就是将来者的个性、天才熔化掉，只剩下官性，顺着官场的节奏，才能如鱼得水，逢凶化吉，步步高升。所以帝国的谏官御史都选择年轻气盛新科进士担任，只有芝麻官或更低的品级冲击这种板结、腐化，而真正的诗人则是天生自始至终保持这种精神。

御史江万实巡按江西，并不是一味甘心渎职，在地方官面前作威作福摆架子。他本不愿作黑马、新锐而是权衡利弊，不敢贸然行动，打小算盘，搞和谐才好有利于自己的进退。总制陈金是都察院老领导，在江西戡乱时期陈金是真正的老总。御史不能干涉或影响剿匪军情。因此他虽然目睹陈金放纵土兵狼种抢劫平民，骚乱城乡，情形如同安史之乱借助回纥剿匪一般情景。

李梦阳判断陈金并无军事才能，只是玩弄权术，利用绝对实力耗国害民去捞个人军功。土兵无军纪，他的部队也顺水摸鱼一同败坏，他个人乘机发起国难财，不能持廉，军资都是私挪私用，与部下分赃。功越多，士愤民怨越沸腾。提学府收到各地诸多士人的泣诉，有的举家被兵焚毁抢掠，有的士子秀才遇难！字字杜鹃啼，斑斑血迹染，不能不令李梦阳怒发冲冠。但大敌当前，陈金也稳如泰山，他是扳不倒的。而御史江万实坐视不问，令李梦阳彻底鄙视，大骂江小儿丧权辱台，不谙宪体，亵渎天宪！

陈金之下，布政使司、按察使司都与陈金齐心协力，抱成团。特别是参政吴廷举，自认资格比李梦阳要老些，科举在前，青年时又同样专抗上官，曾被刘瑾戴重枷游街，流放雁门。他是被杨一清荐举到江西的，陈金让他领军参与军务。他一心想跟从陈金斩获军功，因此对李梦阳忤逆上官，大为不满。往坏处讲是一槽拴不得两个叫驴，往好处讲是一山不容二虎，他们二人本是同道中人却互不服气。陈金和郑岳不便和李梦阳直言相激，而吴廷举却强出头，直接攻讦。

此公面如削瓜，衣敝带穿，官服上窟窿套窟窿。人却最为自信，没有谁可夺他的志。他在皇帝面前都敢无人臣礼，何况一个李梦阳？李梦阳没想到杀出这个程咬金，与自己性格半毫不差，仿佛打自己命中跳出这个克星。他不愿与他负气，觉得完全不是自己要找的对手，但吴廷举不依不饶，搅和进来了。

匪是迟早要灭的，怎样灭法是关键。现在他们已经龟缩在洞穴山寨自保了，不具有攻击性，南北大联合了。这是一块块大肥肉，获得军权的人都可以饱餐同胞血，染红自己的冠带，都可自视为国为民建功树碑的英雄流芳。

一个铁板一块，把李梦阳隔在外面。宁王府正是要破这块铁板，已成李梦阳客观上的同盟。当然李梦阳希望自己是独来独往天地间、顶天立地的那一个。但他从诗歌开始，不就是结朋唤友要做众人的领袖吗？他客观上接受了宁王这个执意向他下拜的橄榄金枝。

所以江万实只能采取中立，无为而治。既不弹劾江西军政，也不上疏宁王；否则不仅枉废无功，相反引火烧身，把江西搞乱了。宁王府为恶超过布政使司，但宁王的亲家李士实执掌都察院，江万实不过是他所辖的一小御史而已。他焉敢在太岁头上动土？但他对李梦阳抗官，对自己倨傲，横插一杠子在军政和宁王府两厢，则是愤愤不平，一直寻思怎样整他，暗中搜集李梦阳的材料以备弹劾。

一个巡按御史，一个提学御史，同党交构，两人在结怨，意气用事，羝角顶牛。但他们只能眼睁睁看着其他人督师领兵，耀武扬威，大快朵颐。但想吃果子，得要拼命。

等来广西土兵和大同边兵，陈金于正德七年（1512）正月便展开诸军会战的总攻。南赣巡抚周南调动了江西、广东、福建三省军兵分道攻入大帽山，捕杀悍匪张番壇。

二月先进兵东乡，击贼熟塘，进战南鬮，一路攻寨拔栅，斩首级一万一千六百余。

五月移师姚源，令参政董朴、吴廷举等分营余干、安仁、贵溪、鄱阳、乐平遏贼，陈金亲统大军捣其巢。陈金又派按察司副使周宪等分兵三路进攻华林，不料周宪被起义军活捉，粉碎了围剿。南昌知府李承勋会合土兵和边兵进攻华林。李承勋招降义军首领黄奇用作向导，夜袭敌寨，到了七月荡平华林。陈金进而围攻姚源，又督令副使王秩等击大帽山贼，大获全胜，积尸山野。至此在东乡立县，设万年县，招抚降民居住。每一奏捷，都赐玺书嘉劳，犒赏白银，陈金加封太子少保。

从万里长城的边镇雄师到两广狼兵，会聚在江西，耗用国币不计其数。陈金高酒置会，不料粮长出身的王浩八率领余部散去老幼妇女，贿赂目兵，乘暮遁去。

官军灭了贼，从陈金、郑岳到吴廷举都士气大振，人人从中捞到军功、政绩或银两，不禁志得意满起来。江万实也跟着沾光，只有文人领袖李梦阳及那宁王府似乎黯淡一些。在江西官界，一直指责匪乱与宁王及豪强这些土地兼并之家使百姓流离失所有关。而宁王府又暗中勾连一些寨匪，乃至窝藏鄱阳湖大盗。现在看似匪平了、势蹇了，政界该扬眉吐气了。

在简单的两元阵营划法中，你若与江西政要作对，就等同是宁王党，也就等同匪乱、民变。这一种舆论很能欺骗一些不明真相的人，但读书人完全不认同，认为这是故意搅混水，党同伐异的伎俩。

很多书生抨击时政，站在民间立场，认为官军之乱甚于匪乱，特别是土兵之乱，已成共识。江西各地书生吟诵传抄李梦阳的《土兵行》，一时洛阳纸贵。百姓则唱着民谣："贼来或留命，兵来死不测。黄狐跳梁白狐立，十家九家罹柴棘。"

2

吉安府秀才李莳在府学读书，他的父亲在饶州淮王府当教授。他有一妹妹出落得如花似玉、知书达礼，和父母居住饶州。淮王有一义子朱高衔，是出名的恶少，欺男霸女无数。探得李教授的女儿天生丽质，偷窥一面失魂落魄，便要强纳为妾。李教授知他是花花恶棍哪能愿意，加上年迈，怕他纠缠，写好辞职章呈，连夜带上妻子女儿回乡。

没想到朱高衔欲罢不能，追到吉安府，率领恶奴护院深夜劫宅，翻入小姐绣楼便要抢人。李小姐刚烈得很，情急之中将早已准备好的剪子戳中朱高衔的左眼，然后自己也自缢身亡。

奴仆簇拥着受伤的淮王义儿逃走，教授见宝贝女儿亡命，顿时天旋地转，也突发急症，一口气没换上来撒手人寰。

李教授和族人抬两口棺告到吉安知府刘乔那里，恳求捉拿淮王孙。刘乔反咬他空口无凭，是诬害王家，抬棺告状是扰乱秩序，又责骂他见长官不下跪。李莳言明生员见官不拜只作长揖，是李副使所定。刘乔大怒,喝令将他下狱。李苒当庭大骂昏官,被押入囚牢。那淮王府又用重金活动上下,李苒竟不明不白死在狱中。知府声称是李苒得了急病而亡。

与李苒同学的一班生员不服,联名告到李梦阳那里。李梦阳痛斥刘乔草菅人命,准备弹劾。而直接弹劾残害秀才的知府,是巡按御史江万实的职责。秀才们到御史所,江万实又恨众生员不下拜他,反恶语训责秀才失礼,又讥众生是那歪提学教唆所坏,却对李苒被害故意推诿不办。

这大大激怒了众生,学林愤愤难平,回报给提学府。李梦阳闻听案情气冲斗牛,这还了得!他立即率领群情激昂的书生们,浩浩荡荡开赴御史所,手拽黑缭链锁要亲自锁拿江万实上京面君!

江御史闻听要铁链锁他,一时也惊得不知如何是好。阎王易对,小鬼难缠,秀才文斗可不得了。"好个副使李梦阳,胆大包天敢拿巡按,敢,敢在太岁头上动上,耍,耍锁链……"谁敢在巡按头上动土?除了刘瑾这样做过,李梦阳难道也吃了熊心豹子胆了不成?他从没经过这样阵势,不禁哆嗦着,慌忙喝叫关闭大门,做那缩头乌龟去了。而李梦阳和学生们怒冲冲将要逼近御史所时,路上闪过淮王府的校尉挡在路上。

李梦阳一见是淮王府的当差故意挡道,激愤不已喝令绑了。副使府吏和生员齐上绑住校尉,梦阳见武夫只听懂棍棒之声,喝令用笞棰教训。一声令下鞭子如注,淮王府校的门牙先掉了,秀才们齐声喝道:"你这个壮丁比翼虎寿宁侯张鹤龄如何?"鞭住,由他哼哼着满地找牙,李梦阳一行无可阻挡到了御史所,如平地蹿起浪潮,惊涛拍门。击门不开,江万实也不知躲避到哪里了。想大明之初太祖大诰,民可直接绑官进京论理告状。现在李梦阳要锁住这个胆敢渎宪玩忽的御史,与他好好理论理论,就要让秀才们当场摸摸他的屁股,管教一下这个见官大一级的朝廷代表。哪怕与他直接面君!但江万实退却了,一时人间蒸发了,他无法面对提学治下的莘莘学子一浪高过一浪的声讨。

找不着人,示威已罢,渐渐地散去。

再说这被当街殴打的淮王府校,回到淮王府,口齿都有些不清。淮王令他下去治伤,自己着手准备告御状,将搜罗到的材料汇总,先发制人状告李梦阳率领生员殴辱王府校尉，挑战王权，目无长官、凌轹王家，狂傲悖谬，挟生聚众滋生事端，兴办学院招收异端，败坏教化。

这淮王系出明仁宗的第七子，本就藩韶关。因岭南之地"多瘴疠"，一四三六年迁藩饶州府。这一代淮定王名叫朱祐棨，府在鄱阳湖畔，率先搅动一潭深水。

奏本不久批回，命巡按御史按状，由江万实来审查这件事。

这是御史的职责，案子落在江万实的手里，而事情正是发生在去锁拿江万实的路上。李梦阳倒吸一口冷气，冤家路窄！这江万实正要报复自己，到处网罗自己的一言一行。御史不弹则罢，特别是巡按对属地官员只要弹劾，何况朝廷指名审查，这几乎等于最高检、第一察的正式授权立案了。这真是逼上书山刀丛间，字字句句法森严。地头腾蛇一字排，首尾相衔困杀人！

但自己也早有弹劾江万实的打算，李梦阳索性一不做二休，先下手为强，先启动副使也有直接给朝廷上奏章弹劾的权力，参劾江万实，而不是让江万实来问讯自己。提学府的人都怀疑淮王府和江万实是有联手的，淮王府校是提学及追随诸生去锁拿江万实的半道上杀出的程咬金。现在诏令江万实来审查淮王弹劾李梦阳的事件，显然在煮一锅糨糊，对李副使不利。何不以牙还牙，以弹对弹！

当然副使这个弹劾权，在实际中是淡化的，转移给了巡按御史。提学虚化了弹劾权，得到的是品级从七级到四级连升三级的实惠。现在李梦阳激活了弹劾权，并且是直接弹劾御史。这个上本主要抓住了江万实有负皇恩、不谙宪度、废弃职守之罪，揭发江西乱象，兵乱甚于匪乱，民之倒悬。这个奏本多从民本、诸生的角度、实际情况去谈。

弹劾同样立即生效，江御史剥去调查李梦阳的权力，他和李梦阳一同列为被审查对象，朝廷命令总制陈金负责勘查。

江西官场像一个漩涡，转来转去，又转到最高官陈都堂这儿了。陈金作为御史起家，如今又以副都御史兼领三军，他知道最厉害的是言官的弹劾权而不是军权。言官做到一定程度升到四品就能领军权，而不是因军权而能领言官。几路剿匪的都堂都栽了，他在江西也是一腔都是屎，岂不是如履薄冰？而这李梦阳最会讦人之私攻其要害，早就是言路自由的一面旗帜，在言官中享有威名，他岂能直接面对这等人物呢？不能引火烧身，得把这烫手山芋抛出去。思得一策，不妨令郑岳来审理这件事。郑岳是梦阳的年兄弟，让这一对头钉互掐也罢。

他招来郑岳，待以家宴，好言夹着美酒，又令美侍斟酒，半酣之下说道："李梦阳是个硬癞头，老牛犊子，到哪里都是寻老虎搏斗，找大鳄较量，吹土找缝。"

郑岳愤愤接过话茬："以此沽名钓誉，要做那诗坛领袖。座师茶陵先生颇为厌烦。"

"哦，李阁老和他不是一路人，定要分道扬镳。他现在和宁王府频繁互动。"陈金撩拨着话题。郑岳和宁王结下梁子，朱宸濠才是江西山头真正大老虎。宁王见郑岳敢强出头顶抗自己，视他如眼中钉，说不准何时要暗害于他。而李梦阳却差点做了宁王的老师，郑岳一直衔恨又听出陈金话音，酒往头上壮恶从胆边生，不禁骂道："说什么大诗人、京中第一名士，简直是有亏士行，有辱斯文啊。"这文人即使是同年高中，却最好相轻，同路分派，各走一边。

陈金见火候差不多了，又不紧不慢地说道："他纠集生员，独领风骚，竟敢锁拿江御史，我忧谁都有被他羞辱的一日。"美侍又适时上酒，郑岳不觉醉了，直眼看着勾魂的侍女。陈金军中有的女乐便对侍女说道："月儿，你今后就归布政使府使唤了。"

郑岳连忙道谢，陈金直摆手笑着说道："何足挂齿，这丫头父母都死于战乱，兄也要多怜香惜玉哦。"

郑岳连说不敢不从命。陈金又把话扯回正题说："现在御史江万实向李梦阳打响第一炮，二人互讦。"

"巡按御史是紧跟陈都堂的，对郑某与江西各官都不薄，大家站在同一阵壕，料也不能袖手旁观。"郑岳说道。

陈金便抖出老底说道："朝廷有旨，兄台作为三司掌印官就全权审理李梦阳鞭打淮王府校和江御史是否亵渎天职之事吧。现在贼首王浩八自脱逃法网又死灰复燃，本官还要紧急围剿余党。"

郑岳见总制吩咐,不得不遵,已吃了敬酒不可能再去吃那罚酒,便慨慷说道:"都堂尽管放宽心,布政司义不容辞。何况有朝命。在下正要杀那李空同的骄气,上涌之戾浊!"

这陈金官场娴熟,比郑岳要老到得多,果然把这烫手熬心的山芋在酒宴之上要郑岳接过吞下去了。

3

郑岳稽查李梦阳和江万实这两位朝中来员。他搜罗李梦阳到江西所有细节,特别是与宁王府的交往,意在勾勒一个李梦阳到江西倨傲自大、敢犯钦差言官、煽动生员、横挑军政、不利大局的形象。他对李梦阳很不客气,冷冰冰如法官执法。李梦阳对所有问题、调查不屑回答,拂袖而去。

郑岳对江万实这位后起之秀却很恭敬,着力在宣扬他到江西的政绩,处处考量大局、配合形势、识大体不搅局不逞个人英雄意气的好御史。至此整个布政司与御史还有背后的总制陈金形成联盟,一旦勘查报告上奏朝廷,对李梦阳极为不利。他可能作为一个异类,被逐出江西官场,在仕途上栽个大跟头,一世英名化东风。诸多门生及提学府官员一个个眼看情形不对,个个心焦聚在李梦阳身边。

"好一个罗织的郑岳!"李梦阳暗思,"难道你是干净无私的吗?净身的太监都如狼似虎,何况尔等当权者结成一张厉害的网!"

秀才不出门,便知天下事。但读书人只是根据风闻加以推理、判断,要抓住从政者具体细节,坐实罪证就难了。但人多力量大,每一个书生都激于义愤,见官府结党欲害导师,个个摩拳擦掌,要在官网的这潭深水里捞针。

天遂人愿,门人叶朴和袁衡侦得郑岳一门子最为亲信的郑小有赃私行为,很多人是通过他与郑岳及郑岳之子郑浤交通上的。他颇似权力与腐败之间的润滑油,掌握着不少秘密。

得知这一消息，李梦阳立即命府吏和门生们逮捕郑小。猝不及防，光天化日之下，堂堂布政使司的小吏竟然被提学府的人抓走了。这还了得，郑岳闻报不禁大吃一惊，书生竟敢以迅雷不及掩耳之势到政府里抓拘公差。特别是他儿子郑沄闻听郑小出事，急得满头大汗，直央告父亲抓紧派兵遣吏夺回郑小。郑岳见儿子内心有鬼，不禁跺脚大骂冤家，这一下招惹上李梦阳就不知祸水流到哪般田地了。

人马开到提学府，郑沄领着差官捧着布政使审理李梦阳和江万实的官檄，命令提学府放人。但如何放得？李梦阳拘来的门子郑小已经被宁王府的人带走了。

官差硬闯进提学衙门，里外搜索一遍，确实不见郑小。回报郑岳，郑岳一听瘫倒在太师椅上。宁王从半道上直接杀了过来，他不禁倒吸一口凉气，才知道这陈金把千斤的马蜂撂在自己的头上了。官场如战场，战场是官场，是陈金把这个"程咬金"朱宸濠又引到自己面前。

郑小夺不回了，落入宁王府那就是进了龙潭虎穴了。

宁王亲自提审郑小，先是拷打，直打得郑小告饶为止。宁王让他交代郑岳父子的所有赃私，门子只讲了其子郑沄倚仗父势收赃纳贿，而郑岳并没有贪赃行为。宁王不信再命逼供，门子死去活来，也交不出具体行状。想想郑岳的为人，敢于执法与自己为仇作对，宁王便信。有郑沄的罪行，宁王立即命令抓捕郑沄。郑沄被掠来，一五一十地供出赃私来。

儿子落在对方手里，郑岳立即蔫了。勘理的大法官一下子陡转为勘查的对象。从江万实到郑岳两位大员，还没动李梦阳毛发就自己陷了进去。李梦阳上奏郑岳父子赃私，宁王也拔刀相助加以弹劾。郑岳难以立足，自身难保。从淮王到宁王，两个王牵扯了进来。事情扑朔迷离，非同小可。

陈金一见事情果然厉害，郑岳成了自己的一道防线，已经失守了。官场人虽多，但顺手可用的却寥寥无几。唯有参政吴廷举跟随陈金剿匪，勇猛果敢，敢于冲锋陷阵。他与李梦阳是同路交锋、狭路相逢的一对冤家。他赤膊上阵，自告奋勇正准备上表，参奏李梦阳凌轹台长，侮辱长官，还有吉安知府刘乔，也是李梦阳死敌。但他们没有多少话语权，真正掌握劾权的只有江万实。江万实见郑岳在自己与李梦阳之间一心偏佑自己，而闪脚失守，自是磨刀霍霍，准备与李梦阳大战一场。

陈金与江万实正在心照不宣共同对付李梦阳时，突然朝廷传来霹雳般的圣旨。巡按御史江万实弹劾总制陈金。痛击了陈金率领的官军腐败无能，高酒掠色，依仗边军而边疆空虚；依赖土兵狼师如引狼入室，长此以往汉冠战斗力荡然无存，危累社稷，已有重蹈大宋蒙虏之虞、盛唐安禄山之患。有了这个弹劾，失职如虚的江万实就堵住李梦阳及天下人的口。事关前程问题，谁都不含糊。

知府刘乔神速般地搞来这个上疏的手抄本，呈送给江万实。江万实如雷轰顶，看了跺脚大叫这是伪疏，伪疏，不是江某人所为。

刘乔煽风点火说："这非公所为，这肯定是李梦阳所为，这是他的离间之计，让陈都堂憎恶于你。"

关键是这个伪疏是怎样送进朝廷，被当作真疏的呢？李梦阳一夫身在江西，有这么大的神通吗？江万实一时不知所措。二人又紧急到总制陈金处，呈上伪疏。陈金接过伪疏看罢，不置可否又还给刘乔。他不愿意介入这奏章真伪的调查，一身戎装，以有军务在身为由送客。

这时王浩八重点星火，聚齐余众，连营十里，纵掠衢州徽州。陈金下令招安，而民变头领只以伪降作为缓兵之计，攻剿如故，他们已经看透了官场，只将余生赌于战场。边兵和土兵撤去的江西，陈金无计可施。由江万实这个"奏本"，虽经江万实本人极力否认，认定为伪章。但树欲静而风不止，给事中黎爽率先弹劾，及两京言官科道交章都对准陈金。这个江西总制已成众矢之的，朝廷召还陈金，以副都御史俞谏代替。陈金自此退去，十年沉寂不仕。

俞谏以专心兵务，不敢蹚这个浑水。他命令吴廷举进攻王浩八，吴廷举请令单枪匹马去山寨招安，得到应允。吴廷举效仿马中锡亲自到浩八大营去说降，却被王浩八拘留，民军并没有诛杀他，也没有刑罚甚至没有看守好。他已探得大营的虚实，乘间隙在夜色掩护下侥幸逃回。入了牢笼，还能逃回，可见其诡异。

后来民变首领手足相残，俞谏督大军步步为营，历经九战，俘虏王浩八。继而进兵建昌、婺源一带的义军，江西全境暂时告平。

吴廷举从战场上返回官场，战袍未脱就直接参与文斗，乘胜参奏李梦阳。这就有点狗拿耗子、阿谀上峰的意思了。

4

绕了一个圈，绕掉了郑岳、陈金，还只剩下江万实和李梦阳。这成了两个使臣的对峙：副使和御史。一个巡按钦差，代表天子巡狩；一个提学钦差，俨然文坛领袖。

案子还要继续查，陈金换成了江西巡抚任汉。任汉顾虑重重，徘徊不前，他正要调离江西，不敢也无心过问。俞谏更是躲得远远的。

江万实与吴廷举、刘乔等计议，决定从伪疏开始，一口咬定是李梦阳指使门生所为，并指责他诬陷三军主帅陈金，影响士气军心。由江万实上奏真疏弹劾，同时吴廷举也上疏状，告李梦阳侵官。

由江万实本人牵扯进案件，所以他的状疏并没有雷霆般的威力。吴廷举非言官，非副使，只是地方官不仅无分量也有故意搅浑、泄私越权的嫌疑。但伪疏事关重大，冒充巡按御史上奏疏太胆大包天了，非要查个水落石出不可。江万实从正德八年（1513）六月上疏，直到进入秋天也无消息，恍似石落大海。

进入八月，给事中王旷上疏再言及此事，请求勘查真伪。直到十二月年底，江西各地都要欢欢喜喜过个年了，匪患再次熄火。朝廷决定解决江西上层内斗连年靡结牵发的案件，瓜熟蒂落了。李梦阳的名字，武宗并不陌生。他舅舅被他参奏还被他打掉门牙。外戚的气焰从此衰落，母后也一直不问政治，任由他无边无际地信马由缰。他是母亲的唯一，帝国的唯一。

太后的隐居，正是他所望。这不能不归一点功给他。武宗看到李梦阳的名字，不禁这样想到，这个诗人到江西弄出这么大风波，临着民乱捅了大蜂窝，有点意思。能弄不平静就证明能量，勇夫啊，他传旨诏命大理寺正卿燕忠、弹劾陈金的给事中黎奭前去江西勘理。一个最高法院院长，一个言官监察代表，组成二路钦差，赴地方全权调查再上报朝廷处理。这不是三法司开堂会审，但已经是二法司并行出动了。特选黎奭直接代表天子前去，是因为他参掉总制陈金，绝不会屈从地方任何势力干预司法，某种程度保障了朝廷对李梦阳的公正性。

李梦阳和郑岳一同停职，提学涉及伪章，郑岳涉及家人贪贿，一对弘治六年（1493）的年兄年弟同时收押，等候按问。知府刘乔直接待罪，不够资格，另外羁押，等候发落。

只剩下巡按御史，江万实仍是持节的自由之身。

巡按、巡抚简称按抚，一个持天子节巡狩；一个是地方临时性最高首脑，往往由挂副都御史、金都御使的头衔者兼任。御史之间不存在品大一级压死人，只看时任职守。七品巡按和三品巡抚的权力是平行的，甚至巡按御史在前，更显得威风八面，无不闻风震慑。谁能想象李梦阳竟要锁拿巡按，加以弹劾。

巡抚任汉、巡按江万实、参政吴廷举等大小官员浩浩荡荡迎接莅临江西的两位钦差燕忠、黎奭。案情主要由燕忠负责领衔审理，黎奭监察全程。

布政使是江西名正言顺的主政者，担任过按察使、左布政使的郑岳与南昌各政要盘根错节。据江万实、吴廷举含蓄所指，李梦阳之所以如此狂狷恣睢是因为背后有宁王府在撑腰。其他属官也顺风把李梦阳描述成在江西对抗朝廷命官勾连地头蛇、大蟒王的文老虎。

燕忠不解问道："江西各府司、抚按、督府难道全都投鼠忌器，不敢得罪一副使吗？将朝廷放于何处？而藩王是不会干涉司法的。"

"大人，李梦阳善攻人弱点、讦人之私，一针见血，谁没个隐情？投鼠忌器，提人证太难耳。"吴廷举说道。

"只要大人此行，凡提人证或拒不到庭的，则提究上司责任，直到参弹堂官。"江万实附和道。

经验丰富的燕忠上奏请求将二人异地审理，异地官员担任勘官协助勘查，以针对李梦阳擅攻人私短的雄鸷、文攻。奏疏得到武宗的亲自批准。李梦阳和郑岳押至广信就狱，在那里勘官就可以排除干扰，问清是非曲直。调浙江副使郑阳、参议段敏为审理法官。

燕忠和黎奭先行，腊月就到了广信，等候李梦阳。因他一直卧病，直到来年正月二十八日，李梦阳才姗姗来迟。至此李梦阳已四入牢狱，没想到这一次是在自己可以当家做主的地盘。

郑岳早先抵达广信狱。这是他第二次系狱，第一次曾经因忤旨被抓，受过廷杖。他又做过刑部主事，经验要比屡把牢底坐穿的"坐牢专家"李梦阳还要老到实用些。曾同为三品大员，他对燕忠极为恭敬，明显示弱。人在屋檐下，怎敢不低头。而李梦阳则截然相反，身陷囹圄益加倨傲自重。

他内心对没有同拘江万实很是不满。打淮王府校尉怎么啦？他顶撞朝廷命官不知回避，故意挡道与秀才发生争执，就不该鞭打吗？伪疏到底是谁所为，事情终究会水落石出，清者自清浊者自浊。真实都客观摆在那里，谁来勘查都只有一种结果，都是相同的。老虎屁股摸不得？他不仅专去摸还要打斗不息。

李梦阳寄寓卧病在南康府，由南康乘舟前往广信，广信离南昌六百多里。风声鹤唳，传出风声对李梦阳很不利。南昌学术领袖李士实刚刚从京师致仕还乡，此前他执掌都察院，他是宁王的亲家。钱宁与宁王相交，而江彬与阉党们则渐渐合窝，与钱宁争宠。李都御史恰逢此时退休归田，有某种意味。再大的王府一放到京城就显得小巫见大巫了。现在大理寺卿前来，代表天子和士林，是正统的象征。在燕忠们的眼中，藩王不过是坐食国禄民膏的寄生虫罢了，若要作恶逞强就与害虫无异。带着情绪，定了调子来查案，维护官场既成游戏规则不容挑战，对李梦阳是凶多吉少。形势逼人，此去个人被打翻在地是小，所忧是士气不申，天理不昭昭，王法罔顾。

他在途中忐忑辗转，不禁提笔述怀：

朝离傍罗浦，东至龙潭宿。

戢枻候明发，独寤守空曲。
宵昼有常理，欲往不获速。
多虑良搅眠，强置复攒触。
起立万动寂，湍响应鸣谷。
惊风临岸激，高月散春木。
絮云吐岑岫，玉绳低以属。
慨哉复奚道，徘徊至天旭。

秀才不出门，便知京城事。门人叶朴曾拜名师学易，一路追随老师梦阳，舟行到贵溪。面对澹澹溪水，朗朗乾坤，叶朴心血来潮为老师占了一卦，得到不吉的剥卦。但是从观卦变来，变爻的六五爻辞："鱼贯，以宫人宠无不利。"

由以观风化者引出的大案，一代诗歌领袖蔚为大观者，被剥官夺权，落入牢狱。好一个剥，如果仅仅是剥落官服解职还乡，也没什么。只怕剥还有最厉害之剥，从头到脚，从外到里——特别是刘瑾那般剥皮扒心，权势场何等凶险！

但梦阳何罪之有？那些为官者心照不宣网成一体，只为功名利禄，置百姓倒悬于不顾，巡按御史枉法渎职不弹劾相反包庇，众口铄金，以所谓戡乱非常时期为借口，朗朗乾坤，浩浩当空，岂能剥夺天理人心？

掌握话语权者满口交构，吴廷举和江万实紧紧地抓住了郑岳之子郑沄在宁王府被拷掠之事暗中向两位钦差渲染，意思是李梦阳有亏士行，阿附藩王对抗法统，挟制上官，挑衅秩序。这一点深深地打动了主审官燕忠的心，虎不好抓但伥还不好治吗？

是非曲直尽知的书生万众，则毫无话语权，人数再多但法大官大，不入堂法耳朵也是枉然。但书生是言官以外的舆论氛围，不受利益操纵，往往有天意民心的成分，也是士大夫后备梯队，官方也不能打压。李梦阳是他们的偶像领袖，先生所到之处贪吏赃官就有望风解印挂官而去者。像那吉安知府刘乔百般狡赖，四处活动，就被认为厚颜无耻了。

从陈金到江万实、郑岳、吴廷举再到燕忠鱼贯而至，像穿成串的官场对手。宫人虽多，鱼贯以宠。就是按次序地受宠、任用，但武宗就是打破秩序的皇帝，他不宠宫人到处拈花惹草；他不住后宫专居豹房。一切都有变数，面对这些鱼贯的宠臣打击、"群殴"，李梦阳做到无不利也未可知！

刑不上大夫，李副使就广信狱之前并不是囚徒。叶朴陪同老师登舟奔赴广信，他告诉老师此行一帆风顺，他已卜得无不利的吉辞佳象。但要阴柔些，满卦仅有一阳并且在顶，已无退路也无上路。如果去掉强硬立场，柔和示弱，相反就有变数，山川阻碍变成大地一般的平坦大道，坤道朗朗。

梦阳水土不服，此时已抱病多时，瘦骨愈见风神，双目依然如电有神。孤立无援，仅一躯坚强，既然列为诏下问讯的待罪之身，不死也去层皮，最轻发落也是夺官去职。世态炎凉，还有谁会向前？他已不可能再是江西提学了，往日簇拥、爱戴的学生们还会以他为榜样吗？那样是有风险的，可能仕途无望，甚至有人会被列为同犯，被逼揭发老师。但学生们似乎全然不惧，叶朴等秀才一直侍奉左右不离不弃。看样子往日的书没有白读白教啊。

此时江西民变虽暂时平息，但兵战之后是饥馑灾年。特别是战火焚烧的区域，民不果腹。寒冬降临，饥寒交迫的民众也时有饿死街头或乡野。学生追随病中罹难的老师，这多少就有点孔夫子当年周游时落魄乃至被追杀的困境了。所往的前方就是牢狱，君子此时不可不问天。

叶朴将问天问鬼神所卜得卦象鼓舞老师："先生，一帆风顺了。"

梦阳微笑着说："谁敢不顺啊，谁敢咆哮公堂，给事中、巡按御史都在堂。虽四面楚歌，即使堂官先有主见，不问曲直，为师也示风范以观，不辱士节。既然摸到了这么些老虎的屁股，为师就该承受风险。"

说罢，他想着剥卦和所得爻辞，又回想着张鹤龄、刘瑾狱前所卜得卦象，心里镇定了很多，病也明显地好了些。

5

燕忠审案，时值新桃换旧符，一元复始万象更新之际，他就在广信过的年。案情并非复杂，之所以纠结连年无非是犯案的人特殊，所犯的是关系网，如入盘丝洞，各能作法，各执一词。这在各地并非鲜见。燕忠一心要替庙堂分忧，敢于快刀斩乱麻。

他与黎奭都不写诗，对诗歌的气质、境界都不能理解，对诗人都有点成见，把李梦阳当作一个人的兴风作浪，搅乱整个官场秩序、利益结构。因为牵扯到巡按御史这项国家制度，给事中黎奭本能要维护言官钦差的权威不容挑战，并没有想象中的威严。

官场就是要磨平一切棱角，摆平所有心灵，包括阉群士大夫达到在公器之下心照不宣的私功近利，共享盛世或乱象。世道越乱，越需要维持这种各方都遵循的"私规则"。这是三十年河东到河西的物换星移，是武宗和刘瑾开创的变革所结的硕果，社会保留在心底的共识。人不为己，天诛地灭。而善于讦人之私的李梦阳成为公众忌讳。人看他似害群之马他却感觉良好，头上长角脚下长鳞，不仅不弄平磨光相反负诗乘风，扶摇天下，翻江倒海。现在诸公各臣联手围攻，涉及伪章系狱，怎可不剥他个一干二净？

为了搜罗更多的材料，也做广泛听取意见，燕忠在等待开庭的守株待兔之时，又颁文江西各府县鼓励检举李梦阳的阴事。但收效只是些许鬼祠的看守者巫婆觋师，及一些失业的和尚、小道士，没有收到多少有价值线索，弄得燕忠不禁一阵阵扫兴。

李梦阳到了广信府，整个府城却如雷贯耳，惊动了。大理寺正卿开堂问案的日子，万人空巷，纷纷前来围观最高法官对大诗人的问讯。

广信虽偏远，但府县的书院也都是李梦阳一手创办、修复的。这里还是理学大家娄谅的家乡，他的孙女、一代才女娄素珍正是宁王朱宸濠的王妃。王阳明也曾拜师求学到这里，向娄谅问道。娄谅向他讲授格物致知之学，王阳明大喜回家格竹，七天七夜坐在竹前一无所获大病一场。但娄谅的心身之学，也对他有所启蒙。娄谅早就看透科举之学而非心身之学，而成为吴康斋的入室弟子。他最有名的是被逼去南京赶考，半路折回，结果当年进士考的考房失火，烧死举子不计其数。他认为这是自己钻研理学，静久而明的结果。

来到了理学者的故乡，李梦阳一下船，即被岸上一眼望不到边的广信府的读书人在寒风中恭迎。仿佛他不是待罪的诗人提学而是凯旋的儒将。他向师生长揖施礼，一股强大的暖流陡然在心中涌起，他眼睛湿润了，看着地上被朔风卷起飞舞的黄叶，寒鸟悲啼，不禁要流出泪来。

府属所有的县都办了书院，包括社学、县学、府学的师生，包括从江西各地闻风赶来的崇拜者，济济万众倾巢而出，跟在他后面，向府衙走去。街头巷尾的两旁站满了村夫市民，目睹着生员的洪流，李梦阳是立于那潮头的学界领袖。

其实百姓的心中，知道这位提学老爷是为百姓仗义执言，是为生员讨公道而深陷囹圄。老百姓的视点与官场的看法就大不相同。

燕忠高坐府堂，早已派人去窥探李梦阳是骑马还是坐轿而来。探子将所见如实报来，他抬眼看见大堂门外一望无际都是秀才排在两厢，中间走来傲骨铮铮的国士、学子领袖。本以为能避开他的影响力，没想到在此受到如此拥戴，拥有浩大的信徒。

拥趸如此之密布，追随者如此众多，真是盛况空前。这大大出乎燕忠所料，若说江西学界、儒林皆是盲从，恐怕难说公允。享受如此礼遇、拥戴，人山人海之势压人，难怪他深孚人望、士心，一般人不敢勘他，为官作证。

果然消瘦、一副病容却掩不住使气弄芒、古道热肠、自视可横扫千军强挑一切的旷世雄才。真是奇人必有奇祸，所到之处必有大事端。既遭人羡也必遭人妒。

燕忠观罢，正要挫他锐气，他自以为是洪钟大吕，不禁高声断喝："前番弹劾刘瑾，今番被人弹。彼时慷慨赴难天下知，今遭恃名负气士所鄙！"

　　他说了此番见梦阳仪态从容，如闲庭信步至此，望都不望自己一眼，流为悖慢若此，顿时心生无名业火，团手据案，不由得骂了起来："你有什么真学问？你不过欺世沽名的无学问而已！世事深奥算真学，人情练达即文章。腐儒抱一书本死读，呼吸的是枯骨，喷吐的是浊气。你模仿古人作诗，写写赝品，有甚自负若此？"

　　但见李梦阳一言不发，如衙内观风赏花听鸟鸣的神情，不禁更怒，唾沫四溅："你专操上人之心讨便宜，今我为天下士大夫将你唾骂！道德五千言，传到你家你读几何？门对空同山，你号空同子，岂不污了这好道之名！你不知老氏，怎敢谈学问误人子弟？不知雄而守雌，不知白而守黑，不知退为进，不知弱示雄，不知山高而皇帝近，不知一片宽容心在天地间方是正果，岂可曰谦谦君子？"

　　李梦阳听这些老一套的懦夫、阴暗者借老子之学冠冕堂皇的遁词，不值一驳。在其位不谋其守，持法柄如失四序，浑浑噩噩，不过苟延残喘。恶，不法，非道，就有巨大利益，岂又自退自消？太祖剥皮萱草，赋予万民绑贪官污吏赴京权，尚不能肃贪治庸。不是日益坐大，就是形成大气候，似黄土高原千疮百孔，水土横流，黄河焉能自清？所说宽容心，是强者对弱者的宽容，是在上者对在下者的宽容，而不是邪恶奸暴的宽容。你有何宽容的资格。那一片心来自高处，来自天空。

　　但李梦阳并不争辩。法堂之上，岂能坐而论道？第一号大法官说的就是真理，他的断文就是雷霆，比所有诗都有现实的威力。自思身非蛾眉，群妒奚来而织狱，死生有命且听之。任他手舞足蹈，且骂且讥且让且怒，但他痛责自己不识老子，还是给李梦阳心头一震。他的所作所为确实不是空同道家所为，往往逼上犄角，难道自己真的与伟大的自然之法背道而驰吗？我无为，而敌方有为，天再不自转，失去天谴道动的法序，又且不是恶者更恶，弱者更任人宰割？

　　他在大法官面前，从优容陷入对自己所行大道的沉思。

　　燕忠以为他不敢对，转念一想他还是没有被自己的雷霆之语所震慑，而是轻视自己。心里越觉得气恼，便又背书起来："你等结盟成派复古，诗必盛唐。岂知唐以道教为国教。老子不是说'致虚极，守静笃，万物并作，吾以观其复'吗？"他停了一下，又唾液溅起教训眼前这个李提学说，"静曰复命，复命曰常。知常曰明，不知常妄作凶。你李献吉就是不安静，因此凶多吉少，若不痛悔，焉能天长地久，势必殆而殁身！"

燕忠就想治他的骄傲，管你原来哪路神仙，现在是失势凤凰不如鸡，今番落在他的手里。他喝令将李梦阳押入广信监狱，与众犯同押在一处，形如朝廷重犯。

这就像当值的太岁，厉害无比，操人身家性命、前程。燕忠亮出如此先入为主的态度，这不是一个好兆头。

真正的勘理案件不过是一两日而已。

在提审及李梦阳未来之前，衙门外跪满广信府生员秀才，以下跪来请愿，证明提学无罪，实乃构陷。

这等于用舆论向法官示威，群众性运动干扰司法。奉命按问伪章细节的两个勘官郑阳、段敏出来，对秀才们喊道："提学治生无方，致尔等聚众。尔等想让你们的提学自此在天牢里度过余生吗？"

他们的喊话别有弦外之音，把生员为老师喊冤类比将官纵兵、王侯纵奴，结果只能给上面授以口实，加祸添灾。

广信府五学的学生齐呼："我等求学问道是为卫道护法，先生确有冤情。"

那浙江提学郑阳目视段敏，形成共识便吩咐："尔等派一个代表上前，只允许一生入内禀告。"

于是叶朴进衙跪着对两勘官告白说："数百年正气钟于今，聚我先生于一身。你们两位先生正是为扶持正气而来的。"

二位坐堂先生默默无言以答。

叶朴退出，五学生求见钦差主审官燕忠为天道、法理、人心做主。燕忠召五人入内对他们讲道："那李某不过是以文章博取一时之名罢了，他岂是好人？他连老子的学问尚且不知道，还谈其他吗，实不配做你们师表。"

叶朴大声地禀告:"李先生,非为身,非为家,而是天地浩然正气使然,先生所行的是真道。众官权势行恶而不行道,他必纠察。"

"这秀才他日做官,必效仿李梦阳也。"燕忠笑了指着叶朴对众生说。他又离座起身提高了语气,"我此番前来,认为李某一定会震慑不遑,安心悔改。没想到来见我,唯独他徒步见迟,众星拱月一般仪度徐徐。无人不敬畏上天,天有雷霆万钧。朝廷就是天,我执掌大法司,替天理法即是雷霆。雷霆临在头顶,犹姗姗徐徐,架子摆得满大街都盛不下了。恰似游花看景,故作不畏天理的姿态。秀才们所说的天理难道不是朝廷,不在天子那里,而在李某那边吗?"

鸦雀无声,生员大气不敢出声,退了出来。

学生李襃对叶朴说:"勘查的诸公不知我先生胸襟,奈何?"

叶朴说:"他们说先生实有送门人袁衡伪造奏章之事。这是他们能定先生之罪唯一证据,这不过是江御史等人的罗织、捕风捉影的武断罢了。待伪章查明,方能证明先生的清白。"

李襃说:"在先生看到伪章之前,伪章风波起始是知府刘乔不知从哪里弄给江御史的,以致水浑了起来。"

叶朴说:"清者自清,浊者自浊,苍天不负人。天网在天而不在官衙,光天化日之下,却能任其血口喷人。勘官们、巡按御史们自认为代天行法,若是私行一己之意,那就是枉法。那就是井蛙观天。我等万众击鼓鸣冤,进京告御状,也未可知。"

李襃说:"前时刘瑾当政,分派各路钦差、巡按监察各地,不过是索贿、垄断而已。激变成安化王造反。那些御史被逼为搜刮各地的机器,收不上来钱行贿自杀的御史、钦差屡见不鲜,风气自此坏也。今钱宁及七虎依然为虎作伥,江彬勾连边镇以武人干政,民变如潮。形势厉害过刘瑾,这些钦差硬要垄断天理昭昭,制造不见天日的黑幕,也未可知。他们要维护的是既成的利益格局、形成的官官为私的规则,不容在内部遭到挑战。我先生如朗朗明月当空,岂愿与他们同流合污。"

叶朴说:"我先生敢与巡按论天理,比锋口、鞭笞、锁拿,就是担心言官被阉了精神，蔫了。先生希望言官不能改弦易辙，发生历史性的转向，知强退缩，知弱敢捏。而不是挑战这个权威。"

6

万生跪衙，万民围观，无数目光汇合着光天化日，似乎穿透大堂，把它变成一个透明体。读书人皆有菜色，乃至食植根草茎，但饿死事小，气节是大，明道最重。

郑阳、段敏升堂，提审秀才袁衡，让他如实招供为了李梦阳他伪造御史奏疏，企图挑起总制陈金和江御史的内斗、内乱，意在使李梦阳无人可制可勘。

开堂之前郑阳亲自到袁衡羁押处，向他言明，让他这样招供："李某与江御史互讦，陈总制奉命来勘查，李某便每向诸生言说：'观陈金似有偏袒江万实的意思，奈何？'我袁衡素来受李某恩惠感激他的义气，无以为报就捏造江万实弹劾陈总制的奏章送给李梦阳观看，意图激怒陈金。李梦阳看罢伪章就送给陈，让他瞧瞧这事如何处理。"这些言辞正是江万实弹劾李梦阳奏疏上的。勘官倾向江万实一厢，看样子确实是"承旨"偏袒。

袁衡愤怒地抗诉说事实并非如此。

郑阳诱逼说："李某已是死老虎，追随他到底，你不仅革去功名，还将坐狱。只要你这样招供，就会获得宽大处理。我们就会判你被李梦阳威逼、利诱，属于被教唆的生员，不予追究。"

郑阳见他低头不语又欺骗他是不谙世事的年轻秀才，信口雌黄说："你所说的，只是你一个人的口供，淮王、十一将军等等，会为你一个已陷囹圄的穷秀才作证吗？坚持你的口供，还会因编造案情罪加一等。淮王恨不得索要李某的人头，岂能让十一将军为你作证？"他说罢，将着胡须而去。这个默默无名的提学想迫害狱中的那个如雷贯耳的提学。

没想到，这一番煽惑完全失效，更加激发袁衡的义愤，坚定要陪着他的先生把牢底坐穿。他一遍遍在内心疾呼："你道是天理可欺乎！"

第二天天明开庭，袁衡如实禀明所谓伪章的缘由，并呈上自己的供状。但两位勘官不允许袁衡申辩，将状辞一目十行过后扔搁一旁。郑阳公然在公堂上把昨日私下之说对袁衡又说一遍，要他认供。袁衡大呼冤枉，被拖了下去押监。接着传唤所有证人，包括石城的十一将军及家人王贵、书吏朱粲、教官叶泰等。

所谓伪章之事，公堂之上已水落石出。

原来是石城十一将军的家人王贵，不知从哪儿抄到一份江万实弹劾陈金的奏章，送给十一将军观看。看后搁在将军府，这时秀才袁衡来访，恰巧看到这份伪章。袁衡是当时有名的少年才子，家贫如洗，幸得李梦阳巡视发现人才，供养老母并收入门下亲自授业。他看到这份奏疏大惊，不知真假当时就誊抄了一份。拜别十一将军，袁衡立即将这份奏疏交给书吏朱粲，由朱粲送给老师。李梦阳看后觉得非常重要，问明来由，即令提学衙署教官叶泰和袁衡一起到淮王府，由淮王来核实。淮王看罢奏疏也很吃惊，宣召十一将军与袁衡对质。十一将军说明此疏是家人王贵所抄。见这奏疏确有来头，李梦阳又将它交给陈金，由总制本人亲自定夺。

事情来龙去脉，在当时就是一清二楚的。根本不是袁衡杜撰伪章，更不是李梦阳在背后策划了这桩政治阴谋。他是守法度的，在京衙、京狱里转悠了那么多次，难道连上奏伪章的风险也不知道吗？伪章欺瞒一时，迟早要露馅儿的。完全是背后有人在搅混水，布局惊到皇上的大风大浪，来搅江西的局势。

燕忠、黎奭、郑阳、段敏当时都心知肚明。这可能是王侯一级的所为，不是李梦阳一个提学作风。当然李梦阳给人印象是诗人轻狂、骄狂蔑众、胆大包天，说不定也会铤而走险出此下策。实际上一接触，到现场一看，才知道此人不是虚名，确有真才实学，着实的民众基础。狂放、傲慢的秀才生徒全部服他，为一个前途黯淡无光、押在监牢的人奔走跪求，必有德行操守。

威武不能屈，郑阳见袁衡无畏，也就作罢。他们与李梦阳无怨无仇，也不可能一味枉法。但这二人并不是专业法官，审讯持之以日不退堂。二官到了饭时，亵衣酣酒坐于堂上用餐。而有关方面的官长都跪在阶下听事听调，不许自辩，也不听诸生申诉。生员们水泄不通围观庭审，个个摇头叹息："奉天令者非敢如此猥亵天也！"

二勘官着力在法庭上不让人说话，意在遮人耳目，遮掩江万实、郑岳、陈金等人的丑闻。一心想办李梦阳，结果事与愿违，反倒证明他是无辜的。

京师的两位钦差、二法司代表故意不亲审，但时时关注进展。众位生徒又跪求给事中黎奭，请求他代表天子监察庭审公证。

郑阳、段敏遂将勘查结果向李梦阳及数以万计的生徒宣布，没有证据表明李梦阳指使门人撰造伪章。

叶朴亲耳听到，不禁泪流满面，仰天大呼："此谓天定胜人矣！"一个个生徒奔走相告，全城全府的民众无不欢喜，个个都说："有天啊，有天啊，老天还是睁眼的啊。"

但依然将李梦阳羁押在监狱。李梦阳被江万实、吴廷举攻讦诸多"政治罪"，不过是官场的游戏规则，根本上升不到法律层面，唯一以涉及伪章罪被押入狱，现在查明他根本与此无关，仍然收监。

探监的生徒络绎不绝，涟漪到江西的好友、生员，直至惊动全国学界，特别是诗歌复古运动的诗人。

何景明自京城和康海等诗友救出李梦阳之后回乡，父母接连亡故。因逢丁忧，虽刘瑾事败，他仍没有出仕。丁忧期满，一直与他比较默契的李东阳还是惦记着他的。由李东阳和杨一清共同保举，何景明再度出任中书舍人一职。中书科需要他，没有比他再合适、资深做台阁的文秘了。自正德七年（1512），李东阳执意引退归隐乡野，李梦阳和何景明就是大明诗坛的双子星座了，又是河南同乡。

他密切关注老友李梦阳在江西的境况，甚至发到江西的敕令都出自他手。他焉能不知道其中厉害？兄弟一般的诗歌盟友，一个人想扭转整个江西官场与所有大员为敌，同时又牵连到强势的宁王府，错综复杂，如同一个无底洞。前三次入大狱都安然无恙，并一次比一次高升。现在这位诗歌领军人物会翻在外省的阴沟里吗？成为大明整个士林关注的话题。

既查明江御史所奏的伪章与李梦阳无关，江万实优哉游哉，燕忠认准李梦阳是害群之马，希望各地继续深挖这个歪提学的材料，做最后攻坚再筹网收官。所谓百犬吠声，千人传虚。凡李梦阳之辈所努力奋斗的振纪纲、慑权贵、兴礼教、作士气、起废举、坠拔冤、伸枉直、善锄强都置不悦。嫉妒者为之侧目认为是生事，异见者认为是尚气使性，仇敌方指责为奸邪，结党营私及自私者诬蔑为善讦，排斥的言弹劾为不谨，喜欢谄媚虚荣的老爷见秀才不望尘叩拜则骂："都是歪提学教唆！"

李梦阳深陷于这样的漩涡，燕忠和江万实一心要办成铁案，不信没有过硬的材料送上来。——难道天天生事的提学，真的无一点私吗？但钦差坐守几个月来就是没有收到、查访到真材实料，连唯一论罪的伪章也疑云顿释了。

没有实证就来个莫须有的软材料，一个大文人落到深文构陷的陷阱。树大招风，引来法官的钉子钉向木里，这还有砸不进去而恐不入的吗？他入官场真能是柳下惠吗？

黑压压的生员跪求在门外，喊口号呼标语要求无罪释放导师，为师诉讼，天天在衙门外跪迎李梦阳出狱。

有的通过关系直接进入牢内探监，郑阳和段敏一开始是辱骂、教训，继而奏明燕忠直接逮捕探监的生员，进行问讯。越打压越反弹，人数涌来更多。李梦阳每日对这些学生进行劝慰，希望他们好自为之，不要来了，他已置个人荣辱福祸于度外。一拨拨远去，一拨拨又来，李梦阳对他们是望尘而拜。师生同道如挚友。他们正在探听消息，给老师传递风声，正在努力进行营救。有头脑的学生已奔赴北京，向京师递送材料。

郑阳和段敏见抓捕不能解决问题，相反激化冲突，使法官显得可疑了。二人便亲到学校做工作。他们讲话就是诋毁谩骂李梦阳，见诸生并不买账，对他们并不惴惴惶惶、望尘下拜，就发怒说："李梦阳败坏尽了士气！"正在唾液四溅之际，猛然发现身旁站立一秀才袭近。但见他一身肥硕满嘴似流油，鼓其大腹，天然似击鼓鸣冤之状。二人登时大怒呵斥说："李梦阳令诸生羞辱我们，故鼓其肥腹立在我们面前！"说罢拂袖怒骂上轿而去。

翌日，诸生众秀才又到两位勘官处赔礼谢罪。那二人歪戴着乌纱、烤着香喷喷的火炉，又公然在公堂酌酒。江西方面招待得太周到了，一待就是几个月，勘理不过一两日，完毕仍不归去。乘着酒兴两位勘官老爷又对下跪的生员大骂李梦阳，愤慨激昂："恨不得立即就诛杀李梦阳，将他开刀问斩！"

唾液喷到生员脸上，他们扪心自问，这就是天的代理者吗？这酒星唾星子四射就是天上流星雨吗？

钦差和勘官盘桓广信不去，从正月二十八日李梦阳入狱，审理一两天就结束了，直到三月份也无从结案。

雷轰轰似驾闪电而来，本以为天理在握，随意就打条大鲤鱼，办倒李梦阳声震中外。没想到不过是子虚乌有一场梦，相反布政使郑岳纵子贪墨、知府刘乔不法一查就坐实了。办理不倒李梦阳，燕忠以为是自己失职。这燕忠也知罗织经，久于官场情急之下也想起罗织罗织，发动群众、官众来揭发李梦阳的阴事。不如此他无以塞科道之口而快其心。他清楚李梦阳没事，就意味着江西官场有事。调回都察院的陈金有事，连同江万实等等。他们有事，自己不勘查也是枉法渎职，科道交章一弹劾，这事把自己也陷了进去。

欲罢不能，燕忠指挥两位勘官，骑上马下不来了。

他们提审李梦阳，一无所获。退了堂，李梦阳私下曾对勘官说："二公勘毕必酸心流涕痛我之冤，而愤怒各种谗说之易煽！"

但勘官的愤怒是抓不住他的确实把柄，愤怒杀不了他。

7

山高皇帝远，李梦阳深陷在江西广信牢狱。虽有广信及江西生员万众为他鼓呼鸣冤，奔走相告，但燕忠领导的勘查团根本不听，反而抓捕打压。

所谓当初十才子，所谓叱咤风云的七子复古，此时似作鸟兽散。没有前来广信探监，消息是想封闭起来的。何景明坐守内阁制敕房，作为京中第一笔杆子，一刻也没有忘记李梦阳。一个信字，天涯咫尺，他相信李梦阳落在深文构陷中，那位意气风发的大诗兄完全不是他们传闻的那个样子。事实也完全与他的判断、直觉吻合。

没有人救他了，没人愿意为他理个是非曲直。一代人去一代人来，弘治时代的才子们早已烟消云散。

刘瑾去后，是钱宁再和引进者江彬分享、争夺宠爱。

钱宁久慕何景明的文名，渴望交欢，亲送一幅古画索请题字。想以此为引子，攀上关系，也有送画结交之意。景明看过价值连城的古画说道："我乃名家手笔，岂能让此画污我之手。"留画经年，终将画掷还给钱宁，未书一字。他一生的盟友、知音是身陷囹圄被官员群起而攻之的李梦阳。

京师再无康对山！康海为了救梦阳永遭禁锢，彻底成为一介平民融入民间。他和王九思二人骑着毛驴，出没于街头乡野的戏台，亲弹琵琶，如醉如痴地进行杂剧、戏曲的创作、表演。舞台上正演《中山狼传》，时人都从剧情的弦外之音知道那忘恩负义的中山狼，正是诗家惯用的笔法讽刺李梦阳。而李梦阳在江西又伤风败俗、横挑鬼神灵巫，遭到士林群起而攻之，自作自受银铛入狱。

大理寺正卿亲执法天，一心要将他办，给事中全程监察严防他人干扰办案，谁个愿意出头露面挑战二法司？

不管舆论如何嚣嚣，李梦阳、何景明、康海是三人同行的诗国演义，现在康海已黜，只剩下他何景明作为内阁文秘首席，为天子制诰撰敕，岂能袖手旁观，任卧病好友深陷牢狱旷日累月？

何景明当初认为能救李梦阳的只有康海，现在他断定能洗李梦阳冤狱只有杨一清。李梦阳是杨一清的得意门生，现在他以莫须有之罪羁押广信狱，杨一清虽还没入阁，但作为参与机要的吏部尚书本应当仁不让出面解救学生。

可众目睽睽，科道言官都瞅着他，杨一清作为大臣无权干预司法，不敢无故为入狱的门生说情。言官正在揪着他门生故吏遍天下的事实，注视他有无网结私党的问题了。他不得擅自为李梦阳造次。

但有中书舍人何景明上书予他，分析李梦阳所患的不过是激愤之气，乏兼容之量犯戒并非违法乱制。他是饰身好修、矜名投义与恶势力搏斗的公著素丝的直士，不服文法。现在得罪权势、缙绅，言官亟诋于朝，法吏深鞫于狱，是有重大冤情的。明公杨一清当援察，采士民之议，捐比附之论，是国家斯文幸甚。

如此京中第一国士公开上书，杨一清就有理吃柿子过问这种明显掺和着政治和感情倾向、立场的断案，纠正罗织枉法了。就是百姓拦轿喊冤，作为重臣也当料理。特别是这个燕忠还是杨一清的部下，并且是他一路推荐、提拔的。

燕忠祖籍扬州泰兴，自弘治十三年（1500）出任陕西巡按御史，那时弘治朝风气尚正，他任上雷厉风行，贪官污吏解印挂官望风而逃。于弘治十五年（1502）官升三品升任陕西按察副使，分管兵备军务。正德元年（1506）又被杨一清推荐为陕西苑马寺卿，是杨一清倚重的部下。一直高升到陕西左布政使。正德六年（1511），又是杨一清提拔他升任为都察院右都御史，当年又改任大理寺卿。他知道李梦阳和杨一清非同寻常的关系，为了彰显他不徇私情，故意要在大诗人头上开刀，以博清正刚直的名声。你李某再有三头六臂，不惧皇亲国戚、阉首封疆大吏，但燕某人非要治你，将你摘冠去带绳之以法。

作为大明最高法官，其实他并非法学、断狱专家，也并无多少法堂上的勘审经验。最初不过是做过几任地方小官，不过是从江万实一样的巡按御史的任上青云直上而已。他在主观上维护巡按御史的利益、权威。眼见李梦阳德高望重，对自己傲慢，就怒火中烧凭感情审案了。那俩勘官更不是专业法官，一个提学一个参议，几乎胸无半点法制精神。

读书人个个不服，议论纷纷，他们眼见勘官的勘事都是出于私心，出于怒气。包括士大夫身在江西官场的中层官僚对燕忠办案都摇头不已。所谓大理者比天理只差一横（衡），是平天下之冤者也。寺卿作为钦差若罔顾民意、法理，一手遮天的样子，为了政绩、私心公开罗织勘文，搞揭发大字信，就不是平冤狱，而是兴冤狱制造冤情了。

司法的精神自古是庄严独立的，自黄帝、尧舜禅让时代就有专业、专职的司法世系皋陶来自太昊、伯益大贵族。就像史官是世袭家族一样，司法家族不因王权变更而改变。老子就出自理官。法网如雷霆与天网是合一的，才有人命关天，即使一个民妇窦娥的冤情也能导致阴阳失调，四季无序，六月飞雪。夹杂个人感情、从政治形势的视角是不能办案的，远古有用神兽来断疑难案件，就是杜绝人情的原因。神兽参与判案比后世的警犬要灵验得多，加以占卜鬼神问天。法官直接关乎天理，铁面无私、无情、无观点。身陷牢狱的人，并非强者也不是权势，二法司无情打击落难者，查明无罪依然拖延不报，长期关押，显然不合法理。

杨一清一出手，那是何等的水到渠成。丰富、天才的从政经验，举世无双。不管是武宗本人还是阁老都是倚重的。燕忠在他面前，那是故帅恩主，他不敢再行纠缠，非得要吃下李梦阳。

钦差团要打道回京，但办事组并没有撤销，两个勘官还在广信看守。

燕忠在回京前夕，约见了梦阳，他语重心长地说："使君当年弹劾寿宁侯时断螯扼猛，以致打动至尊之心。及为韩尚书草拟奏章，慷慨抽笔，气陵朝宁。今日之陷，岂不痛惜？乃是不通道术之弊啊。"

燕忠回京递交了钦差团拟好的奏章、勘案判定，维护了巡按江万实的利益，认定江御史和淮王所奏是真实，李梦阳的上疏虽为情切但也夸大其词，涉嫌欺凌僚属，挟制抚按。

朝廷最终宣判，郑岳、刘乔因为赃私枉法，剥夺功名，逐出士林，开除出士大夫队伍；郑岳之子郑沄流放戍边；吴廷举罚取俸禄；李梦阳凌轹同列、挟制上官，离开江西挂冠闲住。

敕令就是由何景明起草的，颁发时间也是非常快的。但久久没有传到广信狱。其间也有使者到达南昌口头传达，勘官并没有放行，让李梦阳在广信狱候令。直到使者带着敕令，勘官接到确实的敕令，李梦阳才出狱恢复自由。时值三月二十五日。

这一案件虽告终结已作秋萍之末，但留下追问、思考、政治风波却久久不能平静，树欲静而风不止。李梦阳扇动的这个蝶翅，形成的大风暴将多少年后显现。

对于李梦阳来说，他在正德七年（1512）就上疏要求挂职归里或调离之心，转了这么大圈子，一年有余，愿望就这样实现了。但却将江西官场搅个底朝天，各路大员无不离去甚至削籍致仕。就连巡按御史也因此耽误大好前程，江万实并没有像燕忠一样凭着巡按之职飞黄腾达，相反也是事后黯然离开。

李梦阳之所以勇于战斗，是在于他无私无欲。无欲则刚，无私则与天通。大道之行在于天下为公。公道在人心，所以诸生万众赤心追随。心底无私天地宽，身正不怕影斜，他到这个地步就是天大冤狱也迟早会昭雪，奈何不了他的。在人耳中不过诗人意气耳，他很难会落到兵家岳飞那样莫须有的风波亭中。离那一步还为时尚早，从这一点看武宗还不是典型的无道昏君，只是游戏大王，青春意气。就是他有自己的游戏规则，谁若猜透押中，谁就一步登天与他共享天下执牛耳。哪怕你是太监、太监贫贱已极的养子还是个武夫、乐师、乐工之妻。他位于绝对之境，由任意放纵的少年、童话冲击法理的极限，由欲望的魔鬼和法天法理共同引导，掣肘。

而与李梦阳对峙的众官，不敢战斗怯于法理在于心中有私，是在公器之下按私规则行事。吴廷举之辈当年也是英勇，但多是博取政治资本、出人头地。这样就难免人格分裂，前后矛盾，堕入功名利禄的私道。

李梦阳以诗人自居，以光复盛唐盛世为壮举，所有的私都化成青史留名。所以他能一直勇往直前，横冲直撞。他是搅局者，正如何景明在给杨一清的上书中所说士大夫众官"谓其为高好胜，多事越位，不即攻之将为患害则伤亡"。

燕忠及两个勘官有倾向性、造反性执法、问案之举，但弹劾了陈金的黎奭并没有弹劾他们。李梦阳在所有记载中单单将黎奭只字不提，是大有蹊跷的。黎奭是瞧着这其中机关，只要燕忠还没结案公然制造冤狱，他就沉默是金。

李梦阳虽然没有罪状，但他无形中做了一个棋子。这也是燕忠之辈争相要坐实他的原因。他背后是整个宁王府的这盘棋局。宁王府要通过李梦阳这个不畏群虎的金牛犊，扳倒整个与他争权夺利的江西官场。以郑岳为大将，形成官场与王府之间的利益争夺战。

淮王远离是非之地南昌，本无意介入但牵扯吉安府的案件，不得不恶人先告状参奏李梦阳。但他只是小王，还不会和江西第一王宁王府作对，所以很快就退出了。前提是不追究他"查无实证"的义子。两个王府的利益本是一致的，又有血缘关系，很容易摆平。

至于冒充江万实的伪章，一直没有查清是谁所为。能够将伪章送上去，并直接导致临阵易将调走总制陈金，这个事情本来是重大的，李梦阳没有这个能力。当时执掌都察院的是朱宸濠的亲家李士实，能将伪章送上正常的通天入阁程序，李士实似有些嫌疑。所以紧跟着李士实就从都察院第一号大御史辞职致仕回乡。

这个伪章也有人猜测可能是淮王府炮制的，傻帽儿王爷多的是，以此嫁祸李梦阳。但可能性不大，那样淮王府就不会出具证据，证实伪章是袁衡在十一将军处抄写的事实。

燕忠焦急地在广信府等待，李梦阳去广信的正月元宵节，宁王献奇巧彩灯数十百盏入宫悬挂。这等花灯要比当初太祖朱元璋微服到民间赏的花灯异彩纷呈得多了，或能点火升天，或能飞檐附壁栩栩如生，机关灵异。看得武宗花团锦簇如入天宫，刚回豹房拥花偎翠，就望见花灯张挂处由灯火辉煌化为火光冲天，照亮整个阴森森的皇宫大院。原来是花灯走火，烧了乾清宫。武宗笑着说："难道是火神祝融也要下界赏花灯不成？"

乾清宫化为灰烬，这在士大夫心中蒙上阴影，并且是宁王的花灯引烧的。宁王先是勾结刘瑾后是钱宁，日益受宠，手底下又招纳文士武盗日益骄横，私欲膨胀。名声渐渐地坏了，包括像吴廷举这样的士人领有军权散布说江西之乱旷日持久是在于宁王圈地，民众逼上梁山。宁王又结交匪乱，保护盗首。李梦阳成为王府座上宾，是为离经叛道。

王府势高，江西各官必深受其阴影。各官与之作对而自身有私，哪有猫不吃腥的，又恰遇到命中克星李梦阳专讦人之私，几厢摩荡交加，搅成一锅粥。

李梦阳因此被认为勾结藩镇，犯上不法，有亏士行。所以很多人不愿意过问、出手相救。燕忠则一心想把他打倒，除掉这个宁王的棋子。

而李梦阳对此也许懵懂未察其厉害。但正像皇帝只执半个法天一样，宁王不法强势不过是同样道理，他正势如中天，燕忠不具备从此案追究宁王府的责任。脓包任鼓胀直到破，自作孽不可活。

李梦阳有李梦阳的大道理，并且理直气壮地独夫擎天。道不同不相为谋，士林日趋分道扬镳，出现了岔路各行各道。勘案结果其实是搞一个平衡，只要牵扯进去的都剥掉一层皮。淮王、宁王和江力实都免予介入，伪章不了了之。双方各作鸟兽散。

唯有朱宸濠达到目的，新来官立足未稳知他厉害，他越发肆无忌惮，黑白两道消除异己打击命官。郑岳等对峙力量刚离去，宁王护卫权就恢复了，准予屯田。这个王府护卫曾经被撤销改由地方官负责，几经反复，护卫权恢复等于有了自己的小军权。屯田权的拥有，等于可以大张旗鼓地以开荒成立粮食集团的名义跑马圈地。

平衡的官府和王府的两厢，一下子失衡了。

这次互相弹劾，结果与弹劾刘瑾等八虎一样，事与愿违，恶化了局面。这也是燕忠直接痛击李梦阳不识老子之学的要命之处。一味强取，连百姓都知道强扭的瓜不甜，有恰好时机才能瓜熟蒂落，功到自然成。

李梦阳绝口不提自己与宁王的关系，他认为宁王相助只是宁王自己的事情，只是不约而同的临时性盟友。他并没有病急乱投医，他给杨一清上书十首、何景明的二首里面，都认为自己并非蛾眉但群妒奚来，自己是坚持大道之行。任何利益之争，包括战争都没有大理寺卿违反法统、天理，妨碍大道之行重要。官场包括帝王之争，与其相比都算不了什么。纲纪不存法理不张，如同万古洪荒。这是他一再和学生们探讨的。特别在学生面前，为人师表者更不能退缩，管他什么万丈悬崖、盘丝迷洞、什么漩涡。业已解放出来，他默诵着陶渊明的田园诗，又亲到陶墓祭奠一番，就准备离开南昌。

好友何景明一心支持他，在心里也是拔高他，不相信他勾结不法藩镇恃宠纵气。道若不行则归隐田园，他接到李梦阳的书信后赋诗《得献吉江西书》作为回信传递他拳拳之心，安慰挚友茶陵派的领袖李东阳都挂官而去，他现在挂官闲住也是养精蓄锐，他希望有朝一日能和梦阳共在家乡桐柏山中结庐。

> 近得浔阳江上书，遥思李白更愁予。
> 天边魑魅窥人过，旦暮鼋鼍傍居客。
> 鼓枻襄江应未得，买田阳羡定何如？
> 他年淮水能相访，桐柏山中共结庐。

李梦阳感激一良师一益友的相助，终得出狱，如释重负。"居庙堂之高则忧其民，处江湖之远则忧其君。"他在狱中就听得乾清宫因为花灯失火而化为灰烬，嗟叹不已。

> 万金卫一灯，万灯是一山。用尽工匠力，不破君王颜。此时上御宣德门，乐动帘开见至尊。奔星忽经于御榻，明月初上堆金盆。倾城呼噪声动地，可怜今夜鳌山戏。窈冥幻巧百怪聚，金蛾翠管堪垂泪……
> 火树龙灯又一时，千光万焰天为赤。常言宴安成祸基，从来乐极还生悲。君看二帝蒙尘日，数月东京荒蒺藜。

花灯成为北宋亡国的象征，失火的花灯，将一个帝国盛世转眼就能化为灰烬。纸做的帝国纵有千巧万能，不过只有当成燃料、飞灰。花灯帝国，无论描绘怎样的胜景、锦绣江山，都不过是一场冥幻的百怪之戏、草木灰。

李梦阳先天下之忧的忧患，再次对准了辽东顽寇，大明再度到了宋徽宗盛世的边缘！他一再地敲打着警钟。

第八章

天下文章借吹嘘

忆年二十当弱冠，结交四海皆豪彦。

文章天下借吹嘘，杯酒人中回顾盼。

——何景明《李大夫行》

1

大明的政治、经济、社会的春天早已来临，而诗坛的春秋却依然在倒春寒的荒原中，唯一光亮的是李东阳的蜡炬烛光。而金鸡一报晓，曙光一现，那种蜡炬不成灰，无论怎么点亮发光都失去意义。

复古运动实质就是拨乱反正，回到一元复始万象更新的春天起点，结束寒冬前朝。所以捍卫这个循环的道统就像天道、地理、人伦、时序的自然律法一样——唯有这样才能按时出现春天，像雄鸡守时、浪潮守信。

以七子为旗手的诗歌复古运动，再度掘开历史的宝藏，打通历史血脉，这不仅仅是一场文学运动也是政治理想。盛唐成为他们共同的幻象。诗歌在唐朝达到高峰，诗人通过科举直接进入庙堂，这科举是专为诗人而兴的国家制度。盛唐而有盛诗，出现了巅峰性的大诗人。

他们选择了盛唐之诗，以此为最高法式。不管是唐还是汉的核心都是长安。由康海和李梦阳一个长安解元、一个状元发轫。康海在大旗背面写上文复秦汉，李梦阳则在正面谱写诗必盛唐。何景明作为制诰圣手书生，在中书舍人的位置上则像玉树临风的旗杆，又跃到长安做了提学副使。

此时李梦阳削职在大梁闲住，呼朋唤友纵酒放鹰，益发跅弛不羁。他忙于购田治园池，招宾迎客，日纵侠少前呼后拥射猎繁台、晋丘间，虽名震海内却再无宦海的迹象。一旦离开权力舞台，才知道自己与草民无异。做诗文领袖就隐隐约约成为最大心愿，这才是真正的千秋大业。

七子原本都是少年得志、聚集在京师的庙堂之器，个个傲骨铮铮才高北斗，同气相求，会聚在复古的旗帜下闪耀成七星耀野。

精神长安是他们的首都，南朝金陵则是他们次都。康海、李梦阳、王九思从长安中举，王廷相做陕西巡按御史，何景明又提学长安，徐祯卿、边贡则属于南朝文脉，边贡不仅自幼就学金陵，还一直做到南京的户部尚书。

这七人都是铁肩担道义的自觉者，共有着御史情结。其中边贡、王廷相是言官，王廷相一直做到都御史久掌内台。李梦阳和何景明更以奏章、劾疏敢言闻名于世，是骨子里的御史，言官的"杜拾遗"。康海是率真的文本觉醒者，最早、勇猛撕下权威的落日，与茶陵派分庭抗礼。

李东阳恋栈不已，使自己灰头土脸，虽驱逐了康海、王九思，但却丧失精神领袖的尊严。政局越来越不在他的把握之下，他不知道皇帝将把帝国游幸到哪里。刘瑾执政，他能忍耐。他相信小皇帝朝士还是可控的力量；钱宁飞扬跋扈他仍可以承受，但江彬之流以赳赳武夫将边兵带入京师，看那架势、苗头必将染指内外兵权，统领东厂、锦衣卫，成为军国与特务的总头子，取代钱宁成为言听计从的天下第一宠。他屡谏不听，老夫不伺候了，伴君如伴虎，李东阳终是得道之士，见好就收，执意致仕辞官还乡。一代文宗至此日没西山，逝世于故乡之野。

咄咄逼人的"盛唐诗派",再次逢时而兴,迅速地填补李东阳去后的空白,蜚声中外。

领了多年风骚的茶陵派烟消云散。他们注定是过渡人物,就像陈胜吴广的兴起不过是铺垫,是为了项羽、刘邦的叱咤风云。

自唐亡以后,诗歌在宋元明王朝,出现反诗非诗化倾向,直把风骚让给诗之余的词曲。诗歌被理学浸淫,渐渐变成了学术的附庸了,两者绑架在一起,随着理学的腐臭落伍,诗歌乌龙更深。理学有官方定位的国学的温床,诗歌相反被逐出殿堂早已不作为科举取士的内容。诗歌随着对明初高启等诗人的诛杀,已彻底堕落成官僚台阁们的韵文马屁,理性化、散文化。另一个极端是民间的世俗化,何等陈猫死老鼠烂芝麻、靡靡之音只要填进平仄调里都名之为诗。诗作为最短小形体,四句八行的即可,手到擒来,甚至打打油、顺口溜也可滥竽充数,最容易被侵蚀、意淫,附庸风雅。完全失去灵魂的诗歌僵体呈现两个极端,以义为诗,诗非诗,文非文,沦落为小圈子的文字押韵游戏,以致诗歌声誉尽失。

在诗神退席,诗歌死了的时代,更是拉帮结派模仿成风,欺世盗名,诗歌成了手艺、学问、码字堆韵文的代名词。一个个诗歌山头又成为复制临摹、模式化生产的只为名利、娱乐的集体作坊。

对诗歌迷途知返的反思历来不乏有识之士。

南宋严羽就提出古体学汉魏、今体以盛唐为师,摒除俗化,从旁门左道的泥潭中赶尸,重返诗歌的本质,恢复诗歌古老的审美特征,企图重新打开诗神殿堂的大门。这可看作复古运动梦回盛唐的先声。

李东阳洞察了大明诗歌种种困境、流弊,做了温文尔雅的批评,并不愿彻底交割,占了拨乱反正的先机。但茶陵派仍然只把诗歌当作官场的风雅,一边做官一边作诗两不误,集体地遵循导师,陶醉在个人的趣味、品性、怡情娱志、灵光一闪的情调之中,裹足不前。

不过是另一种花拳绣腿的台阁体罢了。

诗歌与他们气血骨肉没有息息相关,更没有发生精神性的联系。这些才子以吴中人士为主力,骨头相反都是相对软些,注定要被一群铁骨铮铮之士取而代之。而复古七子群体则全是颈节直声的国士，有人被杀有人被抓有人被罢，时代注定选择李梦阳他们。

对盛唐以下一直到今，一言以蔽之全部否定，绝不优柔，首鼠两端。话不决绝不能成事，不见心迹。

理学反映到诗歌已经破产，一文不值，作威作福的权贵同样是需要摧枯拉朽的废纸堆。诗歌只需要没有理学、制度恢宏、自由多元、儒释道并行的盛唐气度。

江南的金陵派、吴中派才子，天生就对理学不感冒。那里作为南朝的心脏，自唐以后的经济中心、文化腹地，小小理学根本无法涵盖诗人的精神向度。唐灭而有南唐，而有天才诗人词主李煜，明朝又是靠着金陵开国的。但明朝有诸多不符合传统、不尊大道的制度，比如废除丞相、阉党和皇帝极权，这都是非法的。如果想盛世千秋，就必须以盛唐作为参照的尺度，这不仅是诗歌，更是政治理想。

把唐朝作为明朝的一面镜子、比兴，是诗人最佳的选择、内心的意象。这是诗歌的图腾，政治的乌托邦。违反了这条道路，就道崩而天下废，出现安史之乱一样的江西、河北等各地战乱。

七子，以长安和金陵的地域文化为背景，最终又以大梁的李梦阳、何景明来主导，实在是别具历史的意味。

大梁作为唐朝灭亡后中国的顶梁柱地区，是朱温和赵匡胤的首都。它是长安和金陵之间的桥梁。

关中的康海、王九思都在诗歌面前转了向，认为它沦落成了小道小技，不值得为之而转向民间大舞台、如火如荼的戏曲杂剧。他们削籍为民，就站在民本的立场，看到民众需要的不是诗歌而是戏剧，那里不仅有诗歌更是大千世界。

江南才子徐祯卿早亡，王廷相和王守仁走的是同一条道路。二王都从诗歌转向哲学，盘滞在心，钻研、开创心学。作为理学的分支，他们从诗歌又回到理学，转了一圈，但有所创造，心有所学。远离了诗歌的漩涡，作为理学的新枝新芽，仕途上开始飞黄腾达。

同样官越做越大的边贡，在七子中诗文本来最弱，在南京以酒当歌纵情声色，天子呼来不上船，醉得不省人事，以致连言官的弹劾都忘了。

郑善夫等人正重复徐祯卿遁道习术之路，一心想的是与王守仁等约会，坐而论道。当年忧国忧民之心顿释。除夕之夜他曾写下："三元今夕到，群盗几时平。河洛新流血，齐梁日请兵。羽书连乐国，鞞鼓动神京。大将真无敌，元凶未就烹。地悲杀气盛，天苦岁功成。进退吾何据，椒盘空腹情。"人之将死他却悲叹："诗文小技害道，而吾为之，吾悔之矣！"顾璘训导诸生说："文辞不过雕虫小技，我悔其少习，但愿诸生不要重蹈覆辙。"薛蕙写信给王廷相劝他为文不必求工，怨调、豪气太露伤身害体。这些人自以为得道得理，心如枯槁而逢春发芽，宦海腾云。对诗的缘分有深浅，不是诗歌之子，时间自会淘汰。大浪淘下来的才是真金，脱离了趣味、娱乐、功名，最终只有纯粹的精神灵魂，就像滚滚太阳，在空中燃烧，自身不会附带一草一木。

这场旷日持久的运动，只剩下两个有力竞逐者：李梦阳、何景明。

何景明似乎如日中天，久做中枢，冉冉升起到长安，好似是天下诗歌之望。他正与康海、王九思会合，三人把酒赋诗、高酒置会不亦乐乎。

李梦阳则命乖运蹇，两次接连大狱，又都是何景明参与营救。一个沦落为民间人士，虚名当酒沽；一个红轮飞升，丽日现佳景。

时位移人，这二人将走向哪里？

2

京师是所有地域派系的总和，身处京师的影响力如同殿试对天下读书人的号召力。

何景明号大复，开始得天独厚，跃上复古浪潮的鳌头。随着复古派诸子纷纷离京散落四方，到各地形成地域群落，影响其实是星火燎原了。不仅是诗文而且他们人格上都独树一帜，个个有风骨，人人有新闻，供天下做谈资。七子集团散作满天星，金辉玉映，光照宇内，已成彬彬、郁郁的气候。就连那退归田园的阁老王鏊也在这面大旗感召下，筑词发藻，文以先秦两汉为法。仕途上一路高走的林俊从弘治到正德乃至嘉靖时期，都是"文复秦汉"的支持、提倡者。七子在文脉、人格上是与王鏊、杨一清、林俊一脉相承、道同，与李东阳的茶陵派则有天然分野，与之决裂是必然的。

江山代有才人出，在七子、十才子之后，新人也成长起来。杨慎是首辅杨廷和之子，少时诗作即得到李东阳的赞许，也是天子门生、状元郎。他对杨一清也很崇拜，与何景明互相唱和。他没有加入茶陵派而成为复古运动的后起之秀。秉气性情与何景明乃至李梦阳相近，以致大半生流放在云贵瘴区，七十多岁逃回乡还被锁链锁住押回。他反对一切强加于诗的功能，诗缘情绮靡。诗不仅不是理学、道学的附庸，也不承担春秋尚书的责任。但他将重心前移，醉心于六朝初唐之作，认为有唐诸子皆效法于此、取材于斯。这与南京作家群顾璘、朱应登、边贡的倾向不谋而合。复古的"魔盒子"一打开，石榴慢放花，六朝初唐派、中唐派、唐宋派等等不一而足将纷纷登场。但盛唐派一脉尊大，开此滥觞，谁擎大旗谁就是文坛盟主。李东阳去后留下千载难逢的诗歌王国王座、文坛领袖空白的时机。

庙堂、内阁仍是各地文学的"正朔"，作为内阁首席文秘，何景明青云直上的风头正压倒霉运当头的李梦阳。特别是李梦阳身在江西，而江西诗派历来是复古运动攻击的求险搞怪派。这个诗派在宋时虽蔚为壮观，但到了明朝形成僵化模式已成声韵拗戾、词语艰涩的末流，特别经过朱熹理学的熏染、发酵，犹如酱缸不可理喻。

这就像严嵩当年浅尝辄止、蜻蜓点水加入复古运动，又缩回江西。虽然钤山苦读，李梦阳亲自登钤山以诗来往互赠，但就像严嵩日后的青词，是写给天还是鬼，反正不是人看的，鬼鬼祟祟。

李梦阳入了这个酱缸，在某些人看来比身陷广信狱还要说不清。以至于不少人认为他在江西之后的作品明显下降，难以为继。

新科进士中的文朋诗友聚集在何景明的周围，以杨慎为杰出者。杨慎对何景明及复古七子不是亦步亦趋的信徒而是很有主见、学养才情的翘楚。他能看出复古运动从弘治到正德，经过岁月积淀下来的流弊。他们的观点又影响了何景明的反思。

李梦阳过分强调学习盛唐诗的法式，像临帖那样临摹，也露出模仿过重的痕迹。一旦形成模式，就导致僵化。流水不腐，门户易狭。诗歌永远不是复制，再神似的赝品也违背诗的"神明"。诗歌是创造，一次性创造。是在《诗经》、《乐府》、六朝、盛唐的有机沃野里的灵根秀发，一个个诗歌的时代就像春天的降临。每一位诗人的手印都是绝不相同的，写出的诗也都有自己的灵魂、命运密码。他们与伟大的传统形成和谐、均衡、正常也是较量、突破的关系。

李梦阳附道比其他七子更紧密，是因为他一直在战斗，冲锋在前沿，壮怀激烈，慷慨悲歌。他用笔做刀枪，赋出的诗如武库之兵，利钝杂陈，直接面临生死存亡。文章本天成，因此他得到赏赐、捡拾得也比别人多，但拾到的过多是唐人的遗穗，需要自家种植的麦浪稻野。

他以恢宏的气势冲锋陷阵，何景明则以自身才情显示出流丽清俊、含蓄优美。他是烈火有燃烧后的焦砾、黑暗，何景明是沉静的甘醇，内里有火的烈度、热量。

李梦阳的诗如旋风气流，压过何景明，但何景明的文章不逊李梦阳。李梦阳的文章大多佶屈聱牙、故作艰深，实则味同嚼蜡，不堪卒读，好篇难寻，应景过多。何景明的文章则相反，有的篇什不仅耐读而且传神入微，催人泪下。当然李梦阳两篇疏稿则是面君的利器，千古流传的"政治文献"除外。

因为自己更年轻，何景明对诗歌也寄望自己大器晚成，有更多时间从容面对，守株待兔。在李梦阳创作《玄明宫行》，何景明也不甘落后写了一首同题材的七言乐府。诗尾云："玄明之宫今已矣，京师土木何时止？南海犹催花石纲，西山又起金银寺。君不见金书追铁券革，长安日日迎护敕。"在平和、自然的语气中落地有声，弦外已响金石之声数百年。何景明也作《秋怀》，别有韵味。但总的弱于李梦阳虎虎生风而蕴含的气势。李诗中充满一种烈焰腾空般的霸气，笼罩明诗四涯，使大才子们顿显气短局促了。

李梦阳河南乡试不中，而何景明十六岁即中第三名。何景明文名虽比李梦阳稍晚，后来居上压倒埋没在梁园游猎纵酒的李梦阳。何况何景明年轻十二岁，按照这个上升前景，直追李东阳或杨一清。两人出生时都梦到太阳，一个是梦阳一个是景明，现在一个冉冉升起一个日落西山草泽，呈现明显的分野。这使一向雄视古今的李梦阳感到巨大压力，苦闷，失落。

所谓诗坛其实是由士林烘托出来的，特别是在诗歌衰落时代说到底它是风雅化了的官场，有权力的基因，往往首都是中心。它在盛唐达到高峰，就是因为诗歌直接取仕。现在何景明无疑取代李梦阳，点了头名。在李东阳退休、茶陵派被复古的盛唐派取代之际，何景明好似接过了李东阳的大旗。他同时被杨一清高看，视若接班。当年杨一清从中书舍人升任陕西提学，现在何景明如出一辙，踏上快车道，比当时杨一清更年富力强。

李梦阳心猿意马，在牢里心倒平静无邪，被何景明上书救出狱反而欲念杂陈。仿佛一个好好王座非己莫属，冠冕却被千古一友何景明戴在头上。

何景明吐故纳新的一些诗歌论文，更勾起李梦阳的无名火气，与诸生猎杀一鹿酒醉之后，提笔给何景明写了一封书信，斥责他"有乖于先法"。

志同道合的诗友，以前在诗歌"起事"之初互相提携吹捧；现在天下渐定，名分未定，难道就开始相争，悬书于国门对峙吗？诗歌的角逐不是口实，更不理论而是文本的本身。

何景明只当于道友的论剑、争鸣、激烈的探讨，也就不客气地回了一封《与李空同论诗书》书信，辩解自己不乖，并直言空同（梦阳号空同）江西以后的诗为离，有些乖离。

他说意与象相应叫合，意象相乖叫离。就像那乾卦坤卦涵尽天地的意象，通于神明。他用意象这古老审美特质来衡量李梦阳诗歌，认为他在江西之后的诗歌为离，丙寅期间为合。他的合诗叩其音有金石之声，他的江西之后的诗作辞艰反常，黯淡披幔。

何景明以意象比兴为法，而不是李梦阳的句法、章法。唐诗最大贡献是淋漓尽致发挥意象的特质，蕴涵着诗歌的秘密、法则。意象是诗歌存在的妙穴、高巢，是诗人通向诗歌的载体、神舟。

他指出空同子刻意古范，铸开宿模，把诗往模框里浇铸，独守尺寸之法。这样下去作品的高处不过是古人影子罢了。他认为在于生活积累、发现，临景构结自创堂室而成一家之言，充满现场感、顿悟性。他认为对古文古诗学习如同用筏渡水，包括盛唐之诗也不过是筏罢了。没有筏也能登岸，没有胡屠夫也不会吃连毛猪。并探求说"文靡于隋，韩力振之，然古文之法亡于韩；诗溺于陶，谢力振之，然古诗之法亡于谢"。这句话大有弦外之音，意思李梦阳刻意古法，不过是加速古法消失。

李梦阳接到书信，如同接到战书。跃马挺枪，他连发两封回书，一封比一封严厉。由何子称何氏，形如路人，并至绝交。

何景明的观点在诗歌盛唐派看来，是不能容忍的偏离与乖张。李梦阳重申学古的精神哪怕全如临帖，"太似不嫌，反曰能书"，大有差一毫而谬之千里的理直气壮。他对何景明贬损自己江西以后的诗歌大为不满，同样判决何诗七律与绝句等更不成篇，也少音节。读他的诗如抟泥弄沙，不登大雅之堂。认为自己以我之情述之事，尺寸古法，罔袭其辞，并不矛盾，更不是窃古之意、盗古之形。

两位巨伯大腕，剑拔弩张，摇管争名，互相弹射，不啻于悬书国门，如同当年儒道论战斗法。立即惊呆了学林、文坛，既而纷露左右袒，进行站队助战。一下子使文坛四分五裂，分化阵营，由两家坚垒屹不相下，直到后来流派纷起各树门户，七子集团土崩瓦解。

由于李梦阳铁心捍卫了复古运动的一种彻底决绝到偏颇的精神，处于"武卫"，而何景明则明显露出叛逆的新潮，属于"文攻"。双方各作猛料、酷评。

武卫的保李派人数在当时明显大于文攻的助何派，并且不乏名流。

李梦阳不经意触发这场同一个战壕的战友之间的争端，在气势上也压倒何景明。

七子中的其他人多数保持缄默，只有王九思写有一首诗，诗曰："仲默亲从献吉游，高才妙悟孰能优？宁独老夫堪下拜，即教献吉也低头。"仲默是何景明的字。

李梦阳的铁杆粉丝较多，千里驰书求为弟子的不乏其人，现在何景明胆敢贬损偶像的诗，引起鞭挞者不在少数。吴中诗派的黄省曾大呼李梦阳是明兴以来一人而已！

顾璘也对舍筏登岸之说不满，认为舍筏就是去法，就是无乘。当然他也不苟同李梦阳以杜甫作诗为规矩。

薛蕙作了《戏成五绝句》表达中立的看法："海内论诗伏两雄，一时唱和未为公。俊逸终怜何大复，粗豪不解李空同。"

胡应麟认为何诗温雅和平，动合规矩并非像李梦阳所评的那样。他对何景明自始至终保持的温雅论辩风度赞赏，对李梦阳有所批评。但李梦阳决绝的霸气在于捍卫复古运动七子流派不容置疑的"教规"、"天条"，不能太岁头上动土。俨然他以赤子信徒的精神"护法"，事实上已有了领袖的姿态、情绪。他的拥趸说："自杜甫之后无诗，自韩昌黎之后无文，入大明弘治间，空同子始一振之。信阳何景明有心和他竞争，力不敌实不埒啊。"实质上李梦阳也确实靠着这种对古对盛唐宗教般的感情，"绝对强化"抵达了常人难能的深入，如程咬金探地穴得到草头王冠。不如此彻底不见精神、气度，舍不得孩子套不着狼。

对这场论战的争论余波一直影响到后七子，可谓旷日持久，日后更多的人、流派倾向何景明。

当何景明作为副使督学长安，去武功与康海、王九思高谈阔论叙旧，七子已有三子会聚在古长安地，没想到与情同手足的李梦阳交恶，话不投机竟致其主动的绝交。在这位置上，何景明比杨一清还要年轻、有为，接过正学书院的教鞭，做鸿儒启辟鸿蒙，格理论道，激情文字。

陕北烽烟四起，只有杨一清和何景明胆敢照常督学。在烽烟下考核、讲学，何景明还把赴边塞的庆阳等地作为首选。在二月去庆阳治学的途中，他与康海、王九思高陵相会。康海在《喜仲默至》中写道："二月高陵县，逢君发庆阳。十年方邂逅，百年几徜徉。"三位名满天下的复古运动主将在浒西堂一醉方休，青樽与明月交映。浒西是康海的号。

何景明面对三子聚会又岂能不赋诗记胜呢："不求金马台，翻爱碧山室。只此林泉好，无烦到浒西。"

为了迎接故人的到来，康海还宴请诸多名流作陪，高客之中有一同归隐的状元吕仲木，群贤欢聚一堂。何景明在《彭麓诗和白坡提学与诸公见过之作》写道："返耕得兹麓，习静欲长年。山长向春碧，烟霞当暮妍。结庐垂四壁，枉驾辱诸贤。遣兴沽村酒，呼童鸣绿弦。"

拜会了康海，何景明后来又到了王九思的故里鄠县与他同游华阳谷。为此他在《同敬夫游至华阳谷闻歌妙曲》写道：

名邑今重过，终南第一游。
山中白雪倡，天上采云流。
柳散秦川色，花含杜曲愁。
同时霄汉侣，十载卧林丘。

三子情深意浓，此外他还为康海撰写的县志作序。

七子中三子常相会，另外王廷相提学四川，他与何景明相约"境上之会"。

关中历来有关学盛名，提学不是大家不能服众。何景明能以复古之道让关中士风为之一变，实在是呕心沥血了。他还在任上复兴了传统的乡饮、乡射的风俗。

但他却蒙在一种阴影中，被李梦阳讥讽为改行改玉、时位之移人。他至此才感到李空同身上有万道针芒，是阳光还是箭刺、针锋，他一时说不清了。也不管是敌还是友，只要被他看成威胁，就针锋相对。谁接近他谁都要触电，恍似雷击一般。一种芒刺不在背，而在乎心，顿然病倒。何景明本来精通医道，卧病在任所，告假还乡未及六日，竟然撒手人寰，真是天妒英才。在去世前，他还是对空同子割舍不下，他到长安上任路上还停留在开封与他欢会。未料一言不合竟对峙成仇。病榻前何景明姐夫孟洋、好友张诗陪侍侧前，这二人都有文名与梦阳有过交往。弥留之际他留下遗嘱："墓文必出空同手。"在他的内心从未把梦阳疏远，争鸣只是为了诗歌、学术正常交流，辩明。复古虽无二日，但两人都是母亲梦日所生，总可日月双悬。月光也是阳光的反射，景明的明，不就是可日可月吗？

及何大复瞑目后，众人议论说："自论诗失欢，绝交很长时间了。求状给空同子，墓文必然不会写来。"这些熟悉李梦阳性情的人一致决定违背何景明遗嘱，不再为他身后丢这个脸，碰这个灰。果不其然，李梦阳在何景明亡后，没有悲戚之情，在一篇《答周子书》中，还对当年的论诗之战耿耿于怀，隐指暗刺亡人。"一二轻俊，恃其才辩，假舍筏登岸之说，扇破前美，稍稍闻见，便横肆讥评，高下古今，谓文章必开一户牖，自筑一堂室，谓法古者训蹈袭，式往者为影子，信口落笔者为泯其比拟之迹。"

何景明不遁道不求佛更不入理，正在诗歌大道上鞭策扬蹄，却顿落尘埃，身名顿成空，付予东流水。

复古运动的七子核心，只剩下李梦阳独领风骚。

王九思与康海是双子座、同林鸟的亲家，他在诗中隐约的态度，其实已表明康海对何景明与李梦阳的双雄论战观点。

但康海早已心寒这些诗文的雕虫之技，投身于戏剧大舞台。诗歌、仕途离他恍若隔世了，他的世界是秦腔，是戏剧，他的康王腔正在创造、呈现精彩纷呈、扣人心弦、有情有义有理有精神逻辑的可控可造的动人世界。他已完全民间化了。民间有民间的剧情、玩法，庙堂有庙堂的争斗、战场。朝野有巨大的分野，裂痕。何景明倒在长安的官场，而康海、王九思正在秦腔中乐不思蜀。他们是万众的偶像，是戏子的文曲星，是万人空巷的天天盛况，是难朽的日夜欢歌与悲泣。他们的声音直接扣住了民众的心弦，任他们拨动。康王的友谊，颠扑不破，上演了一代代一朝朝他人的悲欢离合。康海已官场两相忘，闲言碎语任人评说、演义。

而何李的友谊经得起刘瑾乱政和同党交构广信狱的考验，却经不起平素的几篇文章的争鸣、观点碰撞。

后人针对李梦阳的恃才自负、翻脸无情赋诗说："江西狱解即争雄，岂独平生负武功。"武功是指康海，但这都是一己之见。

民间正在热火朝天地上演康海杂剧《中山狼》。

3

康海根据原陕西提学马中锡的寓言小说《中山狼传》，创作了这部杂剧。一共四折，写的是东郭先生和狼的故事。腐儒信奉老掉牙的哲学、思想，用了书箱藏了被赵简子猎杀的中山狼，狼得救了，反过来要吃东郭先生。幸遇杖藜老人，将狼骗进书囊杀死。

中山狼这个形象，就像一个诗歌古老的意象、隐喻、经典的象征，最早出自唐代诗人姚合撰写的故事，提出善于拯救、人性、狼性、善恶等重大问题，让历代人咀嚼不尽。

狼的本性就是吃人，与人类有不可调和的矛盾。助豺为乐，恩将仇报，没有人能将狼度化成人，狼性也不可能转化为人性。狼有狼的世界、家园。狼和人的冲突，是人类冒犯或占领了狼的领地、世袭猎园。或者狼冲进了人类的生活、文明世界。

作为动物的狼，有它狼性存在的天性，也是合理。但人若有豺狼本性，形成食人阶层、狼窝狼群，有制度的土壤和温床则是人类的惨剧。

人性是复杂的，有时人比狼更凶残，所谓"子系中山狼，得志便猖狂"。这种"狼人"的存在一直是文明世界的大敌，文化的变异。古人将专门食人的狼叫妖狼，将寄生在文明世界，又专以攻掠杀生而兴起的灾星野蛮人也称为妖狼。

这种人若结合成群，并形成种群利用种族起事，那就是天狼星变，有战祸了。

剧中的书箱其实也是个隐喻，就像阿拉伯的民间故事里的魔瓶，本来是装着魔鬼的，或放出一定会吃人。放出了，又怎样将魔鬼或中山狼重新收回，中西讲的都是同一个故事。

书箱落在腐儒东郭先生的手里，必然会成救狼庇护狼的温床。但若在参透人狼世界的杖藜老人面前，又是收服狼的法器。

康海借用这个传统故事，唾骂一切负国家、负父母、负师友的中山狼徒，同时嘲讽了腐儒所谓"仁心"、道理实质是养虎为患的伪学。全剧不仅富有戏剧性，而且极富诗意，剧中狼、老杏、老牛开腔说话，洋溢着童话、民间故事的色彩。

康海的立意高远，远远高出民间救人无功反有害的、以道德评人善恶的观点。但很多人却听到弦外之音，浮想联翩，认为这是指桑骂槐，讽刺李梦阳是条中山狼。

朝野不少人士都对康海因为救李梦阳而落难遭贬，李梦阳却"得志江西便猖狂"唏嘘不已。看到这出杂剧，自然铁定认为中山狼就是隐喻李梦阳的。

翻开康海的《对山集》，分明又有读《中山狼传》诗作："平生爱物未筹量，哪记当年救此狼。笑我救狼狼噬我，物情人意各无妨。"

这难道还不是千真万确的所指、寄愤吗？

这才叫众口铄金，李梦阳跳进黄河也洗不清他不是条中山狼了。他李梦阳的事实经历乍一看也确实让人能对号入座。

有佐证嫌疑的是王九思也紧跟着写了部《中山狼》院本。这就叫双锤齐落，夯实李梦阳的负义。这世间怎一个负字了得？

他还写了一出《沽酒游春》杂剧，说的是诗人杜甫在安史之乱后出游曲江，痛骂权相李林甫"嫉贤妒能，坏了朝政"。这个朝政当然有所实指、影射。作品里的杜甫就是王九思的化身，权贵则可能都是安史之乱的源头、元凶。这个李林甫据说就是影射当时宰相李东阳。

诗人好影射，反弹琵琶最有不尽的韵味。

用同一个中山狼的题材，王九思只用一个单折篇幅写就，改革自元杂剧一本四折一个楔子的旧规范，别出心裁。剧中对东郭先生做了无情的讽刺和批判，愤怒地抨击了豺狼般贪婪、奸巧的中山狼徒。他提出了狼的本性总是要吃人的，禽兽只会变诈，一得手就会吃人。对恶的惩罚就是天网恢恢，救助恶就是逆天悖道。

当然从主题来细细揣摩，李梦阳绝非恶人更非有着豺狼的本性。他仍是康海和王九思的乡党、盟友。

康海主盟艺苑，作为四十年艺坛盟主，创立"康王腔"，壮秦腔之基，雄浑辽阔，断不至于小肚鸡肠，指桑骂槐，贬损李梦阳至此。这样蕴含丰富的《中山狼》杂剧也不会流传久远。同样王九思起初跟随李梦阳学诗，也与李梦阳没有任何直接矛盾，更不会如此对故友借剧本咬牙切齿。不过是一千个读者、观众就有一千个"中山狼"，时人与后人各有心得罢了。

最早把《中山狼》同李梦阳联系的是明代何良俊。他生于正德元年（1506），卒于万历元年（1573）。所著述的《四友斋丛书》载：李梦阳赖康浒西营救而脱，后浒西得罪，空同议论严刻，马中锡作《中山狼》讥毁之。

照这个意思是马中锡率先负气不过，先讽刺了李梦阳。接着康海、王九思跟进，以戏剧为战斗骂个负恩忘义的体无完肤。其实这也不过是小说家言罢了。

康海并不怨恨也不懊悔自己因救李梦阳而除籍失去前程，相反倒庆幸出了淤泥而临风玉立在民间的大世界，在载歌载舞的南腔北调中采荷戏叶。

康海救李梦阳是在正德三年（1508），到了正德九年（1514）李梦阳落入广信狱，在狱中他写信给何景明，谈到受谤下狱最后说自仆罹此难，友朋多不复通书问。结交在急难，徒好亦何益？仆交游遍四海骚乱，赤心朋友们唯世恩、德涵与仲默耳。信誓旦旦，他还说康海、何景明是他患难的挚友。

同时在李梦阳身陷江西风波，康海在九月给朱应登信中说小人坐享清誉而君子厚被污辱。李献吉被论尤惨，以致有些败坏风俗者推波助澜，那献吉岂能是欺世盗名之徒？

正德八年（1513）康海作《有怀十君子词》其中有怀李梦阳一首："见来书，知心绪。风波尚险，将就何如？万里途，千江路，孤影翛翛无依处。那些个待诏公车，春风舞雩，东华细雨，不索蹰躇。"

正德十三年（1518），康海的弟弟康河还路过开封，在小至这一天拜访李梦阳。梦阳作《小至喜康状元弟河路过，赏其兄书见示》诗：

> 侵晓书云云四生，向昏濛雨散孤城。
> 敲门怪尔关西使，匹马缘谁淮上行。
> 扳柳弄梅今日事，望乡怀友百年情。
> 传言且共阳回喜，天意分明欲太平。

可见二人没有交恶，仍然肝胆相照。

但客观事实是李梦阳被救，得了志，气压上僚、横挑同党，还和何景明开战绝交负义，最后也是永遭废黜，等同于被重新收入书箱，如同一条中山狼的下场了。

那些受过李梦阳猖狂之亏的人，自然要飞短流长暗暗把他长舌成中山狼了。

不仅仅是李梦阳成了康海眼中的中山狼，就连康海也被史家所污了。

恃才放旷的康海更是被同院捉刀操史的翰林史官所忌，在《明实录·武宗正德实录》中记载："降原调副使宁杲为山西右参议，杲为佥都御史，抚治真实时强贼张茂于内丘县劫丁忧修撰康海财物。海、刘瑾乡人也，素与厚，贻书于瑾，嘱其捕贼。瑾令所司停顺德知府郭纤及捕盗官俸督责之。又以杲勘报稽廷遂降官。海于纤曰：'所失非吾财，皆瑾寄橐也。'纤乃至敛诸州民财致数千两偿海。海复书于瑾，其事乃矣，后瑾败，海竟从罢。"

其实这段史实不过是捕风捉影的小道消息罢了。这个宁杲本来就是刘瑾的鹰犬、酷吏，如果康海是刘瑾的私党，那么他自然心领神会无须刘瑾或康海的言语。

康海失银是正德三年（1508），宁杲降职是正德五年（1510），两者之间并无联系。明实录又记载宁杲降职的原因。正德五年三月，"得旨：

呆不与尚义协力追捕,乃重复敷陈已奏贼数,穿窜狡狯,饰罪希恩,其停俸戴罪以图后效。"同年四月,"兵部复言呆等及长芦捕盗御史崔哲不能并力灭贼,请命给事中一人往按贼所残破,别议黜罚。从之。"

这件事明史又记录比较详细,先是盗贼蜂起,有司召刘六、刘七捕盗,经常立功受赏。刘瑾家人向他们索贿,不得便诬陷他们是盗贼。这时调遣宁呆、柳尚义画影图形追捕。抄了刘六、刘七的家,二人却投奔大盗张茂,直至发动惊天动地的河北起义。"会刘瑾家人梁洪征贿于宠等不得,诬为盗。遣宁呆、柳尚义绘形捕之,破其家。宠等乃投大盗张茂。"

史家将这件事张冠李戴,污水泼在康海头上,在实录中穿凿附会,遮盖真相。

康海本人在给彭泽的信中说:"瑾之用事也,盖尝数以崇秩诱我也。当是时持数千金寿瑾者不能得一级,而彼自区区于我,我因能谈笑而却之,使饕餮巇嵚之人卒不敢加于我,此其心与事亦雄且甚矣。当大臣盖皆耳闻目见而熟知其然,方台谏论列之际,出于一时仓卒,未暇差别。"

马中锡挂帅镇压刘六、刘七起义,以致被诬入狱冤死。他作《中山狼传》寓意也是从大处着眼,不可能陷于与他无关的个人恩怨。

但坊间反对他的人总是说:"你李梦阳上疏之风超过言官,为何在担任副使之后不为康状元因你受诬上一疏呢?怕是自装英雄,不肯向朝廷透露你关键时刻的蔫,贪生怕死求救。比起那些屈死在狱中的御史、好汉,相形见绌,你尿了。"

4

李梦阳正德九年(1514)出狱挂冠,从江西溯江而上,到达襄阳。荆襄自古多雄气,往往在这里影响下游金陵的命运。这也是使不可一世的蒙古铁蹄遭受挫折,并且长达五年的铁打之城。卧龙、凤雏和孟浩然都在此山野隐居。李梦阳尊崇的杜甫祖籍就是襄阳人,由其祖父杜审言迁居巩县。

李梦阳定要盘滞于此，携妻左氏游览了岘山。孙坚被射，刘备跃马，羊祜堕泪，杜预沉潭，孟浩长眠。檀溪湲湲，汉水浮星汉。岘山凝固着历史的一朵朵浪花，古迹处处若耸起的永不消逝的浪头。夜幕降临，风若鬼鸣，波若鸦叫，涛似雷轰，涌上他的心头。他作歌："烈风夜行岘山道，天阴城空鬼鸣啸。蒹葭委折波涛白，通济桥头老鸹叫。人言黄昏虎传牛，牛虎两伤归各忧。万事岂尔能前谋，不如置之宽且休。君不见百足之虫光如虹，雷火烧死枯树中。"

乘舟过江去，与岘山隔江相望便是鹿门山。

来到鹿门，李梦阳顿生归隐于此之意。大梁对他突然遥远起来，何不终老于此？万事万念俱与山川东流去？这是汉高士庞德公的隐居地，孟浩然终老于斯，在此梅妻鹤子。白居易游此山怀念孟浩然不止，李白也作诗《赠孟浩然》，有道是："红颜弃轩冕，白首卧松云。醉月频中圣，迷花不事君。"好一个高山仰止，且想孟浩然夜归鹿门所歌："鹿门月照开烟树，忽到庞公栖隐处。岩扉松径常寂寥，唯有幽人自来去。"什么江流九派，树旗招风，伴君如虎同臣似狼，与这伟大自然相比，都渺小得浊俗不可耐。

主意已定，李梦阳要终老于此。准备在山中置地购室建堂，忽然江水泛涨，铺天盖地而来，仿佛要水漫金山，吞了鹿门。此时正好左夫人随着他颠沛流离，一狱连一狱，身心憔悴，染上疾病。拖着病体，尤为思乡的左氏希望能返回故乡大梁。李梦阳只得舍了此地，登上回归梁园之路。

回到康王城的河上草堂，他又在其东修筑翛然堂，建需于堂于其南。一帮子门生游侠簇拥身后，纵横驰骋繁台晋丘之间，慷慨悲歌，泼酒赋诗。这样击节的诗意隐居也罢。子侄及外甥曹嘉、妻弟左国矶都追随左右从学。

夜深人静下来，他的心情并不平静，妻子左氏虽归还故乡仍然消瘦，一直病恹恹不见好转。

他正值壮年，说是隐居心仍系在庙堂。如何能彻底解开放下呢？处江湖之远则忧其君。他不过是挂冠，不是像康海削籍，他随时都有可能重登庙堂。

老师杨一清主宰天下吏事，不久又在杨廷和丁忧时补入内阁，加封武英殿大学士。他焉能长久闲住呢？他的人生是波浪式起伏，有一跌就有一跃。七子主导的复古运动，他渐露峥嵘，终存王霸之气，震撼朝野。他在等待着新的使命，只要上一个台阶就是副都御史、封疆大吏一类的了。但只入阁几个月时间他就干不下去了，退休回乡。

这一年发生日蚀，南直隶烈日如烤，发生旱灾。

自从张永罢去，他的义子钱宁用事。钱宁因此特别善待杨一清，但逢灾异，杨一清自劾，并陈言时政，疏中痛斥宵小迷惑圣听，匹夫动摇国基，京师入边兵，宫内大练兵如排演戏剧，无籓篱之托。钱宁与江彬听了勃然大怒。二人找到这个共同敌人，鼓舌摇尾在皇帝面前散布流言蜚语，又唆使武学生朱大周揭发杨一清所谓的阴事。言官弹劾朱大周妄言请究主使，武宗不听。杨一清于是力请归田。

后来武宗南巡作征，专幸杨府，乐饮两昼夜，赋诗唱和以十数。皇帝是海量与杨一清通宵达旦地宴饮，曲水流觞。这个明武帝像那宋武帝刘裕一样临宴乘兴，也能即席诗兴顿发起来了。

老师还乡，使梦阳重返庙堂的希冀顿时化作东流水。

整整十年了，小皇帝彻底掌权的一个时代。他使李梦阳爱恨交加，就像君父一样再坏也是恩主。在内心的深处，他对着这个皇帝还是抱着莫大的希望。他不是一个绝情的暴君，也不是无道昏君，相反比诗人还要性情、放荡不羁，他是色中仙是酒中君。他就是让所有人不可捉摸。让天下无数绝色美女乃至过江之鲫般的义子即使肌肤相亲同床共梦，也摸不到他的心。

前五年玩死刘瑾和安化王，弄得天下反；后五年宠信钱宁与江彬，又将发生怎样的大戏？

他总喜欢让新人乃至众人所轻的太监、宵小、边校为他自己临时性"执政"或掌权，将权力寻租。这等人都是无根之人，权力对他们都是祸水，像水仙般妙不可言，作为皇帝可随时采摘收回。他借鉴刘瑾独裁的毒烈，而宠信了钱宁、江彬两个。这俩争宠，以致对峙，各自划分势力范围。钱宁主内，江彬向外。武宗戴着狩猎民族的面具，天生的嬉戏大师。有纣王之勇，最喜欢寻找虎豹搏斗培养自己的斗志。没有大老虎，他也能把猫训练成虎。孝宗遗诏中所宣布准备兴革者，全废格不行。他要和玩伴在革新的道路上另开炉灶。

这十年是大乱有大治的十年，老臣巨室都玩掉，连大器晚成的杨一清也回家写诗去了。

各路民间悍匪毒蛇出洞也都灰飞烟灭。

他长着天才的头脑，天生巨兽般的体力，身边聚集着各族各国的国际人士，葡萄牙也派来使臣，武宗虽未亲自接见但西洋人久留北京，自此源源不断而来。在街上见到葡萄牙人能用葡国语与其调戏，谈笑风生。他读梵语佛经原文，精通鞑靼的胡语，有足够的智力和视野做大事或恶作剧。

十年一代，十年过去了，他要有更大的玩法。小王子又故态复萌骚扰北疆，他要像演戏一般、用帽子戏法去打一场中外大战。他常在大内练兵，用边兵排演角抵戏。他穿着戎服与江彬联骑混入阵营，几乎辨不出哪个人是皇帝。

熟悉边塞的是江彬，男人气十足的江彬受宠必然高过娘娘腔的钱宁。

江彬以宣府多美女引诱他出关。正德十二年（1517）八月，武宗大摇大摆与江彬等车马到了居庸关，传令开关。巡关御史张钦拒不奉命，持宝剑坐在关门下，下令："敢言开关者斩！"其风骨甚至比十五年前来此监税的李梦阳更卓绝。他不得已只好返回昌平，一直瞅到张钦出巡白羊口，急令谷大用代替张钦做御史才乘机溜出关。

皇帝开始微服私访，夜入民家贵府讨取酒宴搜索妇女，武宗直把边关称"家里"，江彬成了皇帝与群臣之间的唯一桥梁。以前四镇边兵互不统属，他通过江彬总领，就牢牢地将四镇联为一体，实际上是抓在自己掌心了。

与胡儿大战，他早就想大干一场取乐了。自封为帅，亲自调兵遣将，四镇边兵和京兵遥相呼应形成一张网。如星宿散开排列，无须集于一处重蹈土木堡旧辙。神不知鬼不觉，更不要兴师动众来钓金鳌。小王子此时正集兵在杀虎口自榆林入寇，无非是趁着秋冬之际剽掠。他不知道微服的皇帝正在等着他。

他在阳和卫打猎，突下大冰雹，砸死随从。当晚一颗红色的大流星出现，旁边还有五颗小星跟随。要下流星雨啊，他不停地移驾追着流星。阳和是大同的前卫、前哨，他刚离开蒙古人就围困了阳和卫城。

命大同总兵官王勋等率军迎敌，相持五日虏不能攻克，便大举分兵南下，扑向应州。王勋等尾随到应州，刚一接战蒙古就调头向雁门游动，意在洗劫晋中平原。

这时皇帝手握四镇边兵，督命劫击。蒙古抽兵撤围，余部仍围住大同兵团，分割援兵。适逢天降大雾，蒙古人撤退，王勋才与援兵会合，进入应州城。天一亮王勋一心要在皇帝面前冒死显功，主动出应州城寻战，拖住蒙古铁蹄。武宗急速增兵，各部殊死搏斗实现合兵。

蒙古军次日展开冲锋，武宗亲率大军督战。从日出辰时一直激战到日落西时，大战一百多回合，武宗銮驾几乎陷落敌手。他弃舆乘马奔驰在河岸，亲手斩获一个蒙古首级，提着人头纵马高呼。

北元大举入关破塞，要狩猎的只是弱者、牛羊财帛，没想到遇到真龙天子。番兵番将亲眼见大明皇帝冲锋陷阵，如此英勇赛过小王子，顿时胆怯军惊。他们心想着皇帝亲征必带来倾国而来的军队隐藏在大雾后面，便拼命地撤退。武宗挥师追击到朔州，时值大风黑雾，昼不辨人马便还师。此后很长时间，小王子不敢贸然犯边，埋头内部征伐去了。

两军各五六万人马本来旗鼓相当，结果"鞑靼兵死十六人；明军死五十二人，重伤五百六十三人"。就是按照这样的比例死法，鞑子肯定死不过中国人，这是伟大的胜利法。之所以鏖战多日，才死这点人，据说小王子听说皇帝御驾亲征，早已携妻儿远遁了，留下的只是掩护部队。当然也可能是清人审定的明史书故意删改了战绩。不管怎么说五万蒙古兵是一无所获地逃跑了。皇帝自称威武大将军朱寿，加封自己为镇国公，眉飞色舞地向阁臣讲述自己指挥的战斗并亲斩一胡兵的神奇故事。

一龙战百兽，游龙戏凤之间直把那十六个胡狼当羊肉涮。

从此北巡成瘾，从东线巡到西线渡黄河至榆林、绥德、偏关等处。一路彩旗飘飘，女乐旌旗招展，被征的美女整车整车。东西游幸数千里，随从的文武多半道上病倒，皇帝却无半点倦容。

他漫游无边，在东西万里长城的沿线火线上下游玩。他寻乐无度，寻找歌声、音乐，寻觅最感官的诗歌。他有举国无疆的乐队，寻找乐妇，将一个乐工之妻刘氏绸缪幸御，领入宫殿号称刘娘娘。

他却出其不意地在第二个十年的游戏中，导演了一场帝国的胜利，使自己成为一名战士。

他是大名鼎鼎的纵欲者，风流万种。他的故事令李梦阳和门生、友人们相谈时叹息不已，正像诗人一样不被尘俗理解。

他时而来自天上，时而又像从地下冒出来。半梦半醒之间，这就是所有人的命运、劫数。半人半兽，半龙半兽，没有正形。但却冲击着一百多年沉淀下来的僵化、堕落，其实他内心是寻找一切平民，弱者，青春的动力，赋予权力。当然这种冲击带有离经叛道的先锋性，而从科举中新进的年轻进士，与他同质异道，代表正统，皇帝却成了异类。他信任重用他们，最信任的却是私党心腹奴才。

它是一种巨大无比的存在，不能挑战不可战胜，只有天收。它戴着面具，有自己的恐惧，所有变形只是当初一个少年的恐惧记。

它是巨大命运投影，它不是坏，也不是好。它是半道，半天，半明，半暗。它是游戏大王，戏剧天子。半醉半清，集圣贤、奸小于两边。儒不是道，它也不是理，只是尽情游戏，没有人可制约。

他就是自己命运的主宰者，历史命运的一个按钮。

他并非昏庸，在李梦阳江西受审之时，正月十八日，武宗出奉天门视朝，撤宝座不设，下诏罪己，并令文武百官同加修省。于是诸臣相继上疏，请武宗速罢弊政。杨廷和以去职相求，他都置之不理。他有自己的套数，他不停地游移，并不在一个地方恒定。

他不是帝国的北斗，只是北辰的一个象征，他时常离位出走，是为了不失职守。他对谁对哪一个群体都只有一半信任，紧紧抓住的是斗柄。

他就像命运一样不可捉摸，不让把握，却与自己息息相关。

李梦阳的诗心其实与朱厚照之心可以互补，比照。他们有同样的青春莽撞，负气任性，挑战权威。换个位置，他们做得可能会如出一辙，甚至李梦阳还没有武宗驾驭寰宇、大开大合的能力。他们像一个事物的上下两面都在急情地驰骋着各自的"疆域"，一个精神世界，一个世俗权力。他们的内心也都被尽情地释放着。他一直对武宗忠心耿耿，越崇拜越要抨击，越要担当越有大忧患，愤懑。

5

夜宴游幸不可无诗，诗在一些人看来无非是助兴而已。雕虫小技耳，所以武宗虽逢场作戏口占吟诗，就像他父母喜欢读诗偶尔也吟些，但绝不想成为诗人，印刷成集。

康海现投身于戏剧，而皇帝同样也视诗文如雕虫小道，他游戏编排的更是整个帝国舞台。人人都无形中成为他剧本中的角色。

杨一清作为阁老还乡，把平生写的诗集合起来命名为《石淙诗稿》，交给门生李梦阳及康海编校。诗稿小部分由李东阳、康海评点，大部分的诗作则由李梦阳捉刀点评。

杨一清戎马生涯，根本不在京城的诗歌小圈子内。但他的诗与李东阳齐名，生活阅历也比李东阳要丰富、曲折得多。他虽为封疆大吏、阁老，却没有多少台阁体的痕迹。

他当年读李梦阳的诗特赋诗说道："斯文衣钵终归子，前辈风流直到今。"康海同样是他得意的门生，"冀北千金收骏骨，关西多士有龙头"，认为康海是关中的龙头。他兴办的正学书院后来传给了何景明。能够救李梦阳出江西狱，也正是何景明向杨一清致书求救。王九思同样也是他的门生。七子中有四人算是继承他的衣钵，可见他对复古运动的启蒙。老师也是这门生们迅速联系的情感纽带。一个师傅下山，也容易凝聚成一体，达成共识。他也以此自居说："诗文衣钵自吾人，出处平生各认真。便合同舟过江作，烟霞深处醉余春。"

他的内心是支持门生们的复古运动的，像王鏊一样，他退归镇江丹徒的家园。如同幽燕老将，杨一清的诗充满大唐边塞军旅风格，效法唐诗，师宗杜甫，有盛唐杜甫的韵味，却变化百出。

李梦阳和老师的来往书信一直未断，杨一清把《石淙诗稿》按类交给他评点，评完了再派人去取来另卷再评。大作十册，他校订九册，余下一册为"自讼类"遗稿没有人评点。他共评点了十七卷，共有四百五十句评语。评诗也评人，诗人如一。

李梦阳评点老师的诗作说："蓄厚决沛，蕴深光渊，故触之则发，驱之则伏；写之无遗景，用之无梗事，铺之无留情。遂使工辞者畏其浑沦，负气者让其雄高，攻意者服其巧妙。虽唐宋杂调，今古格混，瑜瑕靡掩。"

李梦阳以从老师那里继承来的并形成自己的诗学观点去评点老师的作品，青出于蓝而胜于蓝。

他主要从格调、情感、技法来评述。所谓格调、风骨之说是个古老的存在，没有明确内涵。李梦阳认为格要高古不落俗套，调要宛亮即委婉有文采，即"格古调逸"。意象、情理、音律方面可能体现在调上。以景造境，以象达意的形象思维，属于唐调。以理见长，李梦阳则称之为宋格。唐调肯定高于宋格。

当然宋格也并非一无是处，他提出杜甫诗歌也有"杜格"现象，即是"三吏""三别"之类的"诗史"部分。他推崇杜甫至极，认为"作诗也须学杜。诗到杜子美，如至圆不能加规，至方不能加矩"。

杨一清的诗多属于唐调，也有宋格或"杜格"一部分。李梦阳以此来衡量诗歌。

杨一清归乡的田园诗，则明显主情，充满浓郁生活情调、情趣，比较自然。这又回到诗的本体缘于情的论调。"格古、调逸、气舒、句浑、音圆、思冲，情以发之。"有情冲诗生歌的意思。

他同时热衷于对一首诗的句法用词的法式点评。杜诗的技法同样趋于完美，他认为是登峰造极的范本。杨一清在任提学时写过一首《山丹题壁》："关山逼仄人踪少，风雨苍茫野色昏。万里一身方独往，百年多事共谁论。东风四月初生草，落日孤城蚤闭门。记取汉兵追寇地，沙场犹有未招魂。"这首诗就有杜甫的痕迹，但他山之石借鉴得却非常自然而不生硬。

登岳阳楼，杨一清写下："百尺高楼倚碧空，乾坤登眺几人同。眼前忧乐谁无意，天下江山此最雄。孤棹影冲烟浦外，浩歌声在水云中。东流万里终归海，不尽狂澜砥柱功。"诗借山水风物，写出自己的气象，与古人唐诗合而不同。

借助评点，李梦阳又把诗必盛唐的复古观点借题发挥，台阁杨一清的诗歌也成为复古运动重要收获之一。《石淙诗稿》由李梦阳和康海编校，流行于世。

杨一清、李东阳都终生写诗，使李梦阳写下"我师崛于杨与李"的由衷表态。而当初的好友有的已弃诗从学了。当年同龄挚友王阳明，早已远离了诗坛，正在向李梦阳失蹄的江西政治舞台冉冉升起。王阳明和李梦阳、何景明走的是另一条心灵之学，他将在那里升起自己的太阳。

且说当初正德元年（1506）冬，刘瑾拷掠南京给事中御史戴铣等二十余人。王守仁抗章论救被廷杖四十贬到贵州龙场驿当驿丞。路上他发现有人尾随，知道是京中派来的杀手，便乘夜佯装投江，浮冠漂于水上，留下遗诗"百年臣子悲何极？夜夜江潮泣子胥"。刺客以为他自杀了便回京了。他遁入武夷山又恐连累家族，仍还道就任龙场驿。龙场万山丛林原始未化，苗、僚杂居。他在此格物致知，某一日喟然顿悟吾心即是天理。当自求诸心，不当求诸事物。

当初他若不是知道天理已被遮蔽，自己将被杀而伪装投江，哪里还会有航行、终归，此岸与彼岸？天理不会自动找上门来，必须心有所通所感。

他发现心灵的新大陆，向龙场的学生宣传他"心外无理，心外无物"的教理。学生不解向他请教说："南山里的花树自开自落，与我心有何关系？"他回答说："尔未看此花时，此花与尔心同归于寂。尔来看此花时，则此花颜色，一时明白起来。便知此花，不在尔的心外。"

等刘瑾覆灭，杨一清执掌吏部，王守仁步步高升。在李梦阳落难的正德九年（1514），他已官至鸿胪寺卿。杨一清还乡后，兵部尚书王琼素奇王守仁之才，保举他擢升右佥都御史，巡抚南赣。

转了一圈，王守仁转到江西，执掌兵权。当时被镇压的江西民变又复蜂起。王守仁以他的良知指挥他的行动，出其不意连破民兵四十余寨，并改革兵制、户籍管理类似王安石的保甲法。

王守仁成了官逼民反的克星，各个据险独立地区的扑火队长，各个顽垒固寨竟然被他一一攻破，义军首领个个被斩获，屠杀造反的人头挂满竹林。被武装的笔杆屡试锋芒，果然身手不凡。就连那田州土人作乱也被他平息、大定了。

他晋封到右副都御史，这个位置是李梦阳梦寐以求的。昔日一起谈诗论兵的好友，王守仁后来居上，把李梦阳远远丢下。

李梦阳做到户部郎中，本来可以做一个粮财经济专家，为正在兴盛不已的大明商贸市场经济（包括所谓的资本主义萌芽）迈出历史性的脚步，结果止步于此。上疏言兵，边塞劳军，军旅诗歌写得虎虎生风独树一帜，结果手下只是一些百无一用的读书郎。

王守仁、王廷相，这二王都从诗歌中转向，求道求理。二人唱对台戏，吸引天下注目。心灵作为本体，理和道的源头。但王廷相则反对，他认为理和性都出自气，元气是本源。道本无终穷，人独立思考，在于得到真知而不是良知。真知来自实践，习以守之。心虚气和，而不是万物从心。无己无欲，以求大同。

二王一个"唯心灵"，一个"唯气"，都出自理学、道学，但一个佛家思想过重，一个道家学说过深。其实他们仍然都是道佛儒三学杂糅的产物。

理学在正德时期动摇、实际破产之际，出现这二王，恰好填补一个真空。特别是王阳明提出心学的本体，加之他以此实践得功业辉煌，遂成为一代宗师。把梦阳当作老师崇拜的王廷相以思想竟然也做到兵部尚书。

只有李梦阳从诗歌开始到诗歌终结，直到削籍以白身献祭给诗歌。诗歌需要赤子，赤身裸体，心、气都与之相合。离弃诗歌的二王，都成为那个时代的巨人。这岂能不让一贯雄心勃勃的他郁闷于胸？

你选择了诗歌或者诗歌选择了你，也许就是你选择了战斗、失意、苦难、孤独、风险。别人正在灯火阑珊往楼上行，更上一层又一层楼，他却正往黑灯瞎火的低处落，牢狱连着牢狱，下面还有深不可测的套间。

6

七子中只有他能将诗歌进行到底。坚持到最后的，就是领袖，独自成蛹。对垒的双雄，何景明溘然而逝。另外几人也都像蝴蝶从诗坛的大梦中飞走了，七个只剩下他独自称雄。

李梦阳的家族没有长寿基因，他父母都是五十多岁过世的，叔父、祖父、曾祖过世得更早。整个家族鲜有年寿过六十的。

不知不觉老之将至。长江后浪推前浪，晚辈已经上来，催他老。正德十二年（1517），他一手教导出来的外甥曹嘉金榜题名，第选庶吉士，授了御史。他自己遗憾不是言官、翰林，现在下一辈人终于入了翰林授命御史。内弟、侄子也中了举，儿子李枝更是可造之才，写诗被称为有乃父之风。

作为仕途的时代，他越来越感到一去不复返了。康海状元都与此绝了缘，康家在官场的人脉不是李梦阳所能比拟的。

树大招风，成了复古大将，见罪于茶陵派，李东阳一系不愿意看到他再登庙堂。他锁拿巡按御史挑战了言官系统，成为肉食链最高级的眼中钉。他见罪于封疆大吏，军界、政界成为整个官场的刺头、麻烦制造者。像一把利剑，太过锋利，谁靠近谁受伤，自己更受伤易遭挫折。

唯一的可能、希冀是杨一清，也要避嫌提拔私党门生，何况是已经退休了。当然王廷相等人一直想举荐他，但都没有成功。他是永远被禁锢了，嘉靖小皇帝对他有本能的反感。

诗歌成了他唯一的唯一，复古运动是他唯一的舞台，他掌握着这个声势浩大的文学运动的话语权。风起云涌，狂飙突进，从弘治劲吹到正德，前后已历二十多年，大旗落到他的手里。此时他走马逐鹰，放浪形骸在梁园的草莽丛林中，正跌向他所不知道的夜幕。诗不爱财，更不爱官，诗有竞选诗人的神秘法则。

那么多人参与，气聚风散，悲欢离合，众说纷纭，风云变幻，意气相投又反目。起初并无严格理论，鲜明旗帜，只是心灵感应、同气相求凝聚成的文学、政治青年才子集团。直到了嘉靖年间，王九思才明确总结了众进十诸才子的普遍认识，即是今之论者，文必曰先秦两汉，诗必曰汉魏盛唐，斯固然矣。最后又被历史地概括为"文必秦汉，诗必盛唐"的口号，这是复古运动在发展中形成的共识，精神指向。非某一人提出，乃至集体意识的最后约法。

李梦阳以复古自命，行事、言论都比较激烈、彻底、绝对，不容置疑，坚持诗歌到底。这种气质、精神暗暗符合了这两个必字，最终竟也执了牛耳。

杨一清给他最大支持，就是认同他是这个运动的盟主，把自己的诗集交给他主要编校、评点。

他突然顿悟自己是彻底的民间了，从一介寒门又回到平民身份。

所谓功业不过是画饼，人生匆匆如落叶。人必须回到生命的本体上来，回到伟大的自然法则中来，生老病死才是万世不移的法理。李梦阳吟游狩猎山水间，纵酒啸歌于自然风物中，与武宗朱厚照冲脱樊篱，微服漫游，都是相同的秉气使然。

连道都法自然，在这最高的伟大法则面前，他仍然念念不忘何景明对他诗歌的评论，犹言在耳的刺激。见鸟鸣是天谱的乐章，连虎啸都是那么震撼人心，让每一生灵听到骨头里。文章本天成，李杜难道也不是从这伟大的自然与人间世事捡拾到的吗？他心有顿悟，开始相信真正诗歌在民间。李杜的好诗也都是在大地中漫游或经历战争苦难天赐所拾得。

他打马射猎，望望追随在他身后的学诗者，他们都处于自己影下，不可能超过的。远方传来一声声粗犷奔放的民歌，听得他顿时灵魂出窍一般。一阵脸红耳赤，自己的诗无论怎么强调乐调，也不能像一首民歌那样千古流传，那样深入人心。

夫诗者，天地自然之音也。所谓文人牵强附会强作诗，不过情寡而词工。自己很多诗章难道不是一种韵言吗？没有真情哪有真诗。没有情的世界，心灵如何跳动？天若有情天亦老，而诗歌就是要天荒地老，它独万古长青。

真诗在民间，在风里，在暴雨下，在阳光的光合作用下，像一行行闪电，永远高不可攀又能化成雨水滋润万物。风是诗气是诗光也是诗，他投身到乐府的创作中，汉唐的风云在他的胸中激荡，从没停息。他的马前好像响起古代采诗官的马蹄声、驿铃声。他越想越打马如飞，阵雨急来，他的脸上还是如炭火一般。诸事纠结在肠，他是那个永远的情郎。他想着数年前，也是同样的雨中一幕。

他儿子李枝从后面追上了自己，在马背上气喘吁吁地人呼："父亲，母亲病重了。速速回家。"他听了心猛一揪，差点晕下马来。

左氏病故了。正德十一年（1516）五月二十六日，四十二岁的左氏撒手人寰。这位舅家是王爷的左家小姐，从十六岁就下嫁给他已经二十多年，与他同甘共苦，经历了太多磨难。他四次入狱两度九死一生，担惊受怕、最心疼关切自己的人就是妻子。

一次次她都挺了过来，像受惊的小鹿，谁能想象一位千金小姐在黑夜时孤苦挣扎的泪水？别人的妻子享受着家庭的温暖、荣耀，只有他糟糠时娶的贤良之妻屡屡像惊恐的小鹿，在大起大落中一次次面临抄家捕杀的恐惧。

现在夫妻安居燕然在她的故乡旧府，她却一病不起，从此永别了。他有深深的歉疚，死亡直接摆在他的面前，拨动他颤抖不已的心弦，打开他深似东海的情感之闸，顿时喷涌而出，又全都化作东流水。

他为左氏行牲奠礼，在烹煮牲肠时，肠自结球呈现环状，又现出各种图案。这被认为是亡者显灵，目睹情景回想风风雨雨，李梦阳止不住痛从中来，男儿有泪不轻弹，他却悲恸万分，哽咽泪下，悲诉衷肠。呼当欲问野茫茫，十呼不应百转咽。家人、亲朋好友都悲哭不已。这时他行行带泪字字泣血写下只有他自己才有的情感体验《结肠篇》，这是用衷肠结成的诗篇，滔滔不绝一连三篇。

> 哀者且停声，吊客坐在堂。听我结肠篇，曲短哀情长。……
>
> 中肠曲诘难为辞，生既难明死讵知。千结万结为君尔，君不妄知肠在此。
>
> 结肠三关声硬咽，汝肠难解我肠结。凤昔失意共奔走，汝实千辛我跄跌。宦归家定今稍宁，岂汝沈绵遽离绝。魂乎魂乎游何方……

烧诗送妻，最具深情的诗往往只献给一个人。

正德十二年（1517）春，梦阳将左氏安葬在钧州大阳山以北三十里地，这也是他百年之年的永栖归宿。李家讲究风水，他早亡的二叔就是高深莫测的风水师，之所以选择大阳山肯定是经过风水先生查寻的风水之地。

后来《结肠篇》被精通音律的朋友陈整谱成曲，他为此诗感于肠而起音，并依谱操琴，李梦阳听后泪潸湿了衣襟，特为此写下《结肠操谱序》。

妻亡之后，他没有选择单身，而是续弦，娶了一妻宋氏，一妾王氏。宋氏给他生了一对双胞胎的儿子，又生下一位女儿。王氏也为他再添个酒坛子生位千金。

《结肠篇》情浓意厚，是他独一无二的生活经验、情感体验，真情而生，是棺材旁写的诗，与模仿无关。但艺术性却不敢恭维，他一贯的雄浑气势，比如语言优势，不见踪影，有顿失滔滔之感。

在《结肠篇》中，他以为离绝宦途就会过上安稳生活。其实是树欲静而风不止，一桩大狱正向他袭来。

第九章

万弩射潮终不回

此中云有鸥夷子。

何不张尔弓、挟尔矢，

射杀鸥夷潮可止。

君不见潮水年年八月来，

万弩射潮终不回。

——李梦阳《射潮引》

1

对于入归乡野的李梦阳还有一场大狱正在等着他。

时局正在波诡云谲地发展，像武宗玩的积木，正在发生偏离大道带来的所有动荡、危险。李梦阳虽处江湖，也要直接享受由此带来的后果。正是风起于青萍之末，王守仁在江西摇动纸扇，下下棋子，而李梦阳在河南就要置身于一场风暴。而他的心浑然不知，远方的风暴正在向他逼近。

正德十四年（1519），宁王朱宸濠从江西南昌差监生方仪带周易古注一部、龙挂香一百支到开封，来到李梦阳家求作小蓬莱诗及一篇阳春书院序文。小蓬莱是新的建筑，请求李梦阳赋诗贴金以壮声势。方仪算是李梦阳的门生，他能就读国子监，就是在李梦阳任提学时考核选送的。老师就留了远方的学生在家里住几天。待写就了两首小蓬莱应景之作，就交给了方仪。另一篇序文，李梦阳推辞了。因为他写过了阳春书院记，现在他不是提学，就不该再为书院写新的序文了。

方仪现在阳春书院里做原都御史李士实的门人、助手。李士实是和李东阳齐名的人物，坐掌阳春书院吸引天下名士、学人。就连解元唐伯虎也被重金高聘、网罗了去。

唐伯虎与徐祯卿、祝允明、文征明并称江南四大才子。伯虎去江西时，李梦阳恰好刚出广信狱，在南昌候命，寄居在城北玉虚观。唐伯虎因为徐祯卿的关系，素闻空同子李梦阳的大名，就去玉虚观探望带病的李梦阳。空同子当然对伯虎的狂名如雷贯耳，没想到在江西两位年龄相仿的解元相会。

但后来伯虎逃出了江西，他察觉了宁王雄心勃勃而又志大才疏，蓄有异志，必有大祸，便佯狂使酒，在贵宾盈席上赤身裸体地狂饮。海饮之后又当庭撒尿，疯子一般高歌乱语，直跑到大街上吟诗作画。宁王最终不堪忍受，将他放还。

梦阳与方仪把酒话桑麻，海阔天空地谈天说地，聊到京城、江西，话题越谈越重。他知道方仪是个敢言敢思的读书人。书生交心最大的话题当然离不开政治。

方仪说，今上是旷野的食肉龙，少年是踩在人头上飞天的酷。他有他不同的时代，就像踩人头做台阶。第一个十年的新戏法，是以刘瑾新政和安化王造反及各地民变为成果。结果安化王和刘瑾双双人头成了替罪羊，一个身死国灭子弟诛；一个凌迟活剐党羽散。阉党、奸人想利用他，他正好难得糊涂借着酒色掩映利用他们。

新十年还有一项硕果就是皇庄暴增，据正德九年（1514）户部奏报，全国皇庄占地计三万七千五百余顷。因大多数分布在北直隶，主要圈占有原属国家官田的牧马草厂地，导致河北民变掀起农民大起义的序幕。由领袖示范的兼并、跑马圈地风，蔓延全国。皇上被阉群、心腹蛊惑，双方分红食利。刘瑾与百官作难，让官员过不了好日子，但这位小太祖倒台，百姓并没有得到利益，相反生活更苦了。

十年的结束是以正德九年（1514）正月，陛下亲下罪己诏作为标志，但只是一纸空文，拒绝任何实质改邪归正的意见。包括皇帝打老虎，与虎狎技受伤，翰林王思上老虎疏被贬。

第二个十年，是以各地发生大地震开始的，从赵州到云南垣倒屋塌，死人万计，黑气雾霭遮天蔽日。

紧接的是蒙古小王子在正德十年（1515）正月兵锋抵达北京密云，到了八月中秋节纵兵十万余骑自花马池侵入固原，联营七十余里，各城堡为之一空。之后连年以屠刀献礼。

刑部主事李中上疏：刘瑾去了但大权未收，东宫未立，义子未革，纪纲日弛，刑罚日滥。小人日进，言路日闭，贿赂日行，民财日穷。刘瑾去了善治却一无可举，异端、异教日行，邪说日滋。刘瑾抄家，财没有入国库而转移到了豹房。武宗对他的讨账不仅龙颜动怒还贬李中为广东驿丞。

他心中自有大法，为了实现极乐世界的蓝图，扭转开门不吉的征兆，诏命司礼监太监刘允前往乌斯藏迎取"活佛"入京。快马、宝船、宝幡遮天蔽日，所携茶、盐数以千万计。遥遥数万里，恍似杨广看琼花的派头。这比唐僧取经要浩大万倍，以十年一代为期限。太监迎神如蝗虫过境，抵达西天。但活佛子不敢来，欲抢不成反被夜袭。刘允乘马脱逃奔回成都，不敢言败只等十年期满再说。

梦阳听了低头不语，陷入沉思。

他想着一个刘瑾去了，来了两个军法特务。为了摆平八虎阉党集团、牵制台阁，武宗抬举干儿子钱宁。钱宁执掌锦衣卫，兼豹房总管。因为豹房兼后宫与皇帝办公室于一体，钱宁实际上相当于刘瑾。但他只是精通射术，不想重蹈刘瑾覆辙去执政。刘瑾倒台，小皇帝长大了，亲手牢牢抓住皇权。钱宁等是玩伴、贴身保镖并秘书长。而想建功立业，对内镇压起义对外驱逐鞑虏，亲政的皇帝又相中了武夫江彬。

那方仪又口无遮拦地对老师说："今上在王守仁在南方戡乱屡屡得手的鼓舞下，武宗和江彬冒着天大之险导演出应州报捷。这是第二个十年的好兆头。

"江彬和钱宁争宠，因为江彬掌握边兵和京兵大权，仗着和皇帝贴身微服私访之宠，用天大的武戏把皇帝引入从未体验过的连蒙古都败下阵去的高潮。因为皇帝正在这个兴头上手舞足蹈，江彬的风头彻底压倒了钱宁，正要置钱宁于死地。这二人像残酷的后宫争宠，从当初的密友发展到必有一场死战。

"江彬尝到了巡幸的所有好处，包括搜掠几十车妇女等着皇帝尝过鲜也非他莫属。玩够了北巡，江彬又怂恿着南巡。兴师动众去南巡，一下子又惹了马蜂窝。

"从阁老杨廷和领衔到科道言官纷纷连章切谏，连武将都以刃相谏。武宗和嬖幸大怒，或抓捕或杖杀。百官再现当年群弹八虎的壮烈场面，但武宗和江彬也意沮气丧，暂罢南巡。"

梦阳顺着自己的思路想下去，他不禁倒吸一口凉气。钱宁必垮台，江彬必走上绝路，那么又会是哪一个藩王要陪葬呢？难道是宁王不成吗？

这一夜梦阳辗转反侧，做了一个梦，梦见茫茫大地一个似虎若豹又像龙的灵兽。孤独的灵兽，越是热闹他越孤独，他被缚上龙椅。他喊着："我不是龙，为何把我定在龙椅上？我要自由，我要做一个游方僧云游四方啊！"

百兽齐叫："你不能走啊，你就是龙啊，你是龙唯一的儿子啊！"

那灵兽又叫道："我要是成龙，得要吃你们啊，没有现成的象吃啊。二桃杀三士，我要吃三士还要食王者的肉啊。他们的罪孽都是我的罪孽啊。"

叫声像把尖刀一样插在胸口，梦阳从梦中惊醒，披衣坐起。

人道是天威、圣恩不可测。今上到底是个什么样的皇帝，天下人一时难以判断。他旺盛的精力足以把大明猫捉老鼠游戏个够。引得天下反，又一举消灭，在这样过程中，中国元气大伤，他却能御驾不避箭矢，跃马挺枪让胡儿狼主遁逃。整个社会暂时稳定了，却留下死气沉沉的雾霾一般的谜团。史书从此扑朔迷离，越来越没有正经。各路藩王沉寂了下去，同时遭遇滑铁卢破产的还有理学及理学统治的诗歌。所谓台阁体在阉奴锦衣卫面前烟消云散。天理何在的彷徨，引得诗人和哲学家好似跟随着游龙出海，四海无涯任寻出路，文学复古的旌旗猎猎，如火如荼。

初生的火龙从孤儿寡母对权力的恐惧，到百无禁忌。他就是一个体制的反叛者，他可利用的伙伴玩物是阉党。阉党政治再次在他手里死灰复燃。他以他的冲撞，客观上给社会带来新的转机、危机，忽霞光万条忽阴霾万里。这新旧裂缝中的莽撞大王，戴着面具的游戏帝，文戏武戏眼花缭乱。但是以内心的私欲游乐被妖孽般的阉党引导，这本来就是明政治自始至终坏的基因，坏的种子，随时都能破土而出。

天下没有不散的筵席，也没有不终的剧场。

2

到处是闹哄哄的游戏，整个天下像一个戏场。无数的人都变成戏班和观众，而李梦阳是撤席离位的人。

他有不祥的预感，宁王可能要变成安化王第二。但他的好友王守仁正巡抚在那里，卧在虎榻之旁极有可能就会成为第二个仇钺，成为打食老虎的埋伏者。想到这里他又释然了，反正他早已离开江西，与宁王只是礼仪、工作上的正常往来。

望气、占卜的人早就说过长江中游一带有天子气，这一带可能要出现天子。当年陈友谅盘踞江西，民间也有人说过江中要出现天子，但要拿下金陵才行的话。谣言一直都存在着，在民间小道上有广泛的市场。

国无储君如悬半空，历来视为大患。荒嬉游荡、神出鬼没的正德皇帝无一女半男，太子东宫空虚已久。宁王在众王当中有贤能之称。一些人包括重臣像杨廷和，受到赵构无子到民间去寻找宋太祖赵匡胤的后代过继为太子的典故启发，就有意想选宁王的世子过继给武宗。因为当初燕王朱棣夺明太祖嫡系的天下，曾经与第一代宁王朱权相约共分天下。

现在大明的首都迁移到幽燕，发生诸多变故也或是违约天所不容的缘故吧。

钱宁包括兵部尚书陆完等都看好宁王。武宗也有了这方面的意思。宣诏宁王世子司香太庙，并被武宗用异色龙笺，加金报赐。按照例制，异色龙笺是所赐监国书笺。

一直气压阉党的饱尝禁脔的钱宁，把皇帝弄到豹房而不在后宫生活，阉群久蓄怨恨。江彬利用这一怨恨，再利用同样对他怨声载道的朝臣，准备将突破口放在宁王身上。他们都不愿意看到宁王的世子成为皇储。

恰好宁王在正德九年（1514）诏许恢复王府护卫，获得藩国的军法权，又利用李梦阳驱逐了江西的政敌，显得踌躇满志。哪个王爷不骄横呢，何况他恃宠而骄，与地方官府冲突日甚，渐渐被抓住不法的把柄。

江彬掌握着军权正炙手可热，如果联合大内的七虎阉群逼反一个藩王，群起而食之，并不是难事，可说是易如反掌。酿成一个谋反叛乱的党案，再像滚雪球一样瓜蔓抄，想打谁就能打倒谁。对于宁王府来说，进一步海阔天高有可能飞龙在天，退一招一失脚就可能国灭身亡遗臭万年。就是一个节骨眼，成龙还是成鬼，由天也由人。

钱宁等人臣不停褒奖宁王孝与勤。宁王上奏章请求痛惩宗室横暴，揭露藩镇巧索民财，肆其横暴，对其怙恶不悛者许臣击治。朝廷下诏嘉纳。

但朱宸濠越显孝贤，成为一个典型就使武宗顿感不悦，便开了金口："百官贤当升，宁王贤得如此欲何为？将置我何地呢？"于是依附江彬的八虎旧党张忠乘机进言："称宁王孝是讥陛下不孝啊。称宁王勤，是讥陛下不勤啊。"武宗点头，立即驱逐进京的宁王府人。

李梦阳身在江湖，心却系庙堂时事。感到定要发生大事，他一直心神不宁。京城和江西传来的消息也逐步在逼近他的担忧。

一天，他在江西的学生袁衡千里来拜，烟熏火燎地进了李府。梦阳见是为自己坐牢的学生远道而来，不由得惊喜，让进草堂。他觉得肯定有大事，果然袁衡惊魂未定说："先生，宁王反了。"

他悬着的心一下子就落地了。

果然察言观色，御史萧淮在皇帝驱逐宁王派遣在京城的人之后，就立马递上奏章揭发宁王包藏祸心，招纳亡命有反形。朝廷立即下诏撤销宁王护卫，收回屯田之权，令他遣散贼党，撤销护卫和屯田，归还所夺官民田土，不做深究。

天变一时更，从极热到极冷，这不过是稳兵之计，宁王决定铤而走险，效法安化王起兵讨逆。正德十四年（1519）六月十四日，乘其生日摆下鸿门宴，一举诛杀、囚禁前来赴宴的江西大部分官员。朱宸濠自称皇帝，以李士实、刘养正分任左右丞相，集兵号称十万，发布檄文声称奉太后密旨声讨并非孝宗之子的朱厚照。江西反叛终于达到最高潮，从民变演化成藩镇举旗。宁王迅雷之势攻下九江、南康，自率水师出鄱阳湖，顺江东下，攻打安庆，直指南直隶，要南北分家而治。

这时王守仁虎视眈眈在侧，也许心早有所知，立即行动，调兵勤王，攻克南昌，抄了宁王老巢。而宁王正久攻安庆不下，闻根据地已失便要调兵夺回南昌。李士实劝阻要他直取南京登基，宁王还是坚持恋家回师江西。两军激战城外黄家渡，朱宸濠首战败阵，第二天再败联舟为方阵，重演当年陈友谅的厄运。王守仁采用火攻，火烧赤壁一般，诸妃嫔都赴水而死，宁王世系全部被擒。可怜一代才女娄妃投江殉难，一缕香魂被王阳明修墓祭扫。这毕竟是他老师娄谅的长孙女。

而朱厚照和江彬在北京闻听藩乱大喜，这下终于可以南巡，师出有名了。谁料宁王起事仅四十三天便烟消云散，太不够意思了，皇帝还没玩好戏就结束了。御驾亲征的大队刚离京就收到王守仁的报捷，并力阻南巡。但王师箭在弦上，继续南伐，沿途如虎狼下山入乡。

王守仁恐江西残破不堪支付，急欲押俘北上。但众小不许，让他将宁王放入鄱阳湖待皇军到达，亲自交战，由皇上乘风破浪捉拿住宁王，体验到游戏即是史诗的盛况才不虚南征此行。

王守仁更加急迫将战俘送离江西，阉党张忠和江彬党羽分路去堵。最终王守仁将俘虏交给太监张永，由他押到南京由皇帝接受献俘。张永是杨一清的至交，合谋扳倒过刘瑾，王守仁当然只能相信他了。众小密告王守仁是宁王同党，他必反。依赖张永的周旋才躲过擒王者是王党的罗织。但钱宁就躲不过了，作为宁王党成员抄了家。

朱厚照和江彬同着戎装，并辔出行。令围一广场，先放了宁王然后击打军鼓再猫捉老鼠一般捉拿。如此演戏才能令皇帝开心。

一如老虎出了山离了笼，皇上不愿回京，正要饱餐江南秀色，这不知要比边塞富丽温柔多少倍了。皇帝摆驾于老臣杨一清府第，诗酒酣畅之余，还是听从杨阁老的劝解，打道回朝。

南巡浩浩荡荡，是搜刮器，是选秀场，是不出苗的播种机，但盛大的排场、威仪只给了江彬和阉党。武宗本人只喜欢私自带少数随从漫游。他处在很大危险中，如万蛇出洞，在过江之鲫的蛇行豕奔中，什么事情都可能发生。而他一人牵动社稷的安危，这种安危又只系于江彬一个心怀叵测的武夫身上。

袁衡向老师详谈江西战乱，梦阳边听边想，一言未发，头上渗满汗珠。

3

在江西一些书生看来，轻佻的宁王是被逼反的，江彬是最大赢家。在游戏帝朱厚照的眼里，打仗还是得依仗江彬。江彬就是战争的食肉魔兽。

御驾亲征前，钱宁的锦衣卫指挥使已被解职，由江彬担任，同时提督东厂。江彬成为军法警的总头目。

朱厚照自拜大将军，欲拜江彬为副将军，首辅杨廷和称病不出，概不宣诏才作罢。南征本不愿意让钱宁随行，但钱宁害怕江彬阴谋自己，请求随驾。但到了淮安清江浦，江彬就告发钱宁交通宁王谋反，钱宁被抄家，搜得玉带二千五百束、黄金十余万两、银三千箱、胡椒数千石，其他珍玩财货不可胜计。

家产虽远不及刘瑾，但仅仅胡椒的香气就蔚然可观了，这是一个美食家兼炒货投资、收藏的高手。这等于替朱厚照积攒家产，全部充入豹房作为皇帝私产。

只有江彬不离皇帝左右，他的安危只系于一人，而南巡路上发生军惊等异事。更奇怪的是体壮如虎的威武帝竟然在回师途中打鱼落水，从此染病，好似狂欢高潮之后遭遇凉水的戏剧性虚脱。一口凉水、一块西瓜就足以要命，一块石头可以击垮疾速行驶的飞车，最后的一根稻草往往是索命绳。这被父皇母后宠坏、亿万溺爱在一身的精力旺盛的大王，在自己命逼的戏剧里溺崩，年仅三十一岁。他父亲励精图治十八年，他荒嬉漫游十六年，所幸还结余了两年，没有在病床把明帝国拖延到精光。

玩鸟被鸟啄了。打虎，老虎死了，却在打老虎的回程中自己落水，以致彻底玩完了。

形势岌岌可危，江彬作为军法总头目，挥手之间就拿掉所有文臣，以皇儿干天下的义子身份、皇帝形影不离的心腹，近水楼台矫诏篡逆。京城到处都是江彬要篡位的风声。

当初刘瑾一个太监就有造反的阴谋、实证，现在何况一个于握重兵的武将呢？也许他们看到伴君如伴虎，天赐良机不是君死就是臣亡。自己已经天怒人怨了，置于一人之下亿人之上的境地，最可能的出路就是造反。不管如何，武宗是江彬的命根子；命根子毁了，他其实已失去任何合法合理性，只有铤而走险，比宁王还惨去玩一把，但他到底是戏子，没有足够政治经验。

首辅杨廷和联合孝宗的皇后张太后先发制人，乘江彬见太后之机立即逮捕江彬，稳住大厦将倾的帝国，避免混战。

江彬抄家，抄出黄金七十柜，白银两千两百柜，其他珍宝无数。

刘瑾死后，朱厚照又一下子培育出两个贪官。其实是两个打手羽翼，军法特务的两个大头目。他们无论怎样凶狂，都没有获得像刘瑾那样的执政权。这同时也给杨廷和留下重整乾坤的时机、余地。因此连贪墨也是小巫见大巫，无法突破刘瑾的纪录，但江彬确实有谋反的迹象和实力。如果把皇位也贪污到手了，就不是刘瑾的新政所能比拟的了。

这一切都被杨廷和与孝宗的张皇后打破了。她和他当机立断选好了入统的藩王，是湖北的兴献王。按照礼制他的血缘最近，年龄最大依法当选。虽然他也只有十四五岁，帝国又迎来一个少年孤儿帝。他之所以能铁定当选，是因为他的父王两年前就去世了。这样就不会有父亲干政的危险。至此术士包括李士实都推算到南方江湖一带将出天子，竟然应在湖之北的这个少年娃身上。真是越是拼命去争越得不到，得到的帝位全不费工夫。

物换星移，孝宗的皇后成为帝国的中流砥柱，唯一核心法权。没有她的授权、布置，一切都是枉然。历史把母亲的力量突然推到前台。

本来对于极端君权，出现幼主，母亲作为监护人，母性临朝可能是一个制约、修正。但从正德及立马跟上来的嘉靖这两个少年皇上来说都没有出现，说明帝国根本不可能重复唐朝的盛世。没有母性文明、女性光环正常释放的朝代，无美可言，也无诗情画意的盛象。对于幼主，叛逆摸不着天的青春期，父母是天，父不在，母后便是天。

母亲对儿子失去控制力，又与朝臣形不成正常、合法互动关系，相反阴阳怪气的宦阉孽竖司礼掌印成为合法私权，权力必然成为关不进笼子里的猛兽。结果母后一出，百兽遁形，朝廷立马复位走上正轨。但这只是昙花一现。

张太后却在新帝继位之后又悄然归隐，直到她的兄弟二张犯了法，她去冠叩拜请求赦免却不被同情，抑郁而薨。

她可能一直在悔恨，没能给心爱的皇帝多生一个儿子，没能让夫君多纳一个妃多生一个庶王。如果能那样，帝国仍能沿着孝宗的道路走下去，还是他的血统。自己和帝国的命运都系于此。

张太后在与杨廷和的内阁短暂的联合后功成身退，没有形成北宋在主幼时太后临朝和士大夫一起治天下、凤鸣相合的时代，更不可能形成大唐武则天的盛世。整个明朝在理学统治下女性文明、凤凰精神被阉割了，只能任由太监当家或者妃嫔、乳母之类偶尔淫乱。

张太后知道早已不是她的时代，兴献王妃、小皇帝的亲妈要与她争"儿皇帝"了。那是一个小地方来的家庭妇女式的王妃，以小及小心眼见长。她不愿与其争当太后也无力无心争夺儿子。时间完全倾向真母子那边。她点石成金，一个点头、一道懿旨化蛇成龙，那人转眼就与她为仇作对了。嘉靖在大议礼得手后，借故坐罪诛杀张鹤龄。张鹤龄曾经是到兴献王府迎接他入朝嗣位的人选。之后又抓捕张延龄，分明是要张家绝子。张太后敝襦席藁请罪恳求宽恕最后一个弟弟，遭到冷脸拒绝。张太后遇到如此乖张，郁郁而终。皇权的魔力点谁谁一步登天，刘瑾、钱宁、江彬皆能左右天下。你纵是横空而来的大诗人，也能叫你落地不如犬。

杨廷和再有功劳也不是宰相，并且功高震主的危险也日益临近。他迟早也要像张太后那样退却，退得越早越好，退得晚些可能就有祸了。在他退黜之前，他还要做一件事情。

且说宁王被押回京，在通州勒令自尽后挫骨扬灰。包括兵部尚书陆完、钱宁及其家眷及众多逆党都被赤身裸体反绑示众。陆完按理管着江彬，焉能不率先列为党羽？诛了宁王打倒钱宁和陆完，江彬和皇帝竟然也陪葬了。前去镇压民变的督帅至此大都呜呼哀哉，却有一个林俊独善其身，戡乱于四川、江西且升任刑部尚书。林俊也是雄文秀诗，并且支持复古运动的重量级的仅存硕果。他与李梦阳互相唱和诗歌。

李梦阳虽退身在开封，但他的名声越来越大，他已经成为一种符号。特别招权要嫉恨，民间有"若使其得位，可使盗贼屏迹，权势敛手"的呼声。

新帝当立，一页翻过去。嘉靖元年（1522），梦阳儿子李枝中乡试，次年中进士，这让他心动，国柱级别的杨一清重返内阁也是呼之欲出的事情。

首辅杨廷和因为儿子诗人杨慎熟知李梦阳，并且视之为国之利刃一类的诗雄鹰鸷。他也急需这样的快刀来收拾乱局、稳定新帝基业。重新起用挂冠闲住的李梦阳，平级就可能任命个金都御史的头衔。

当然他李梦阳刀马过快，有可能乱上加乱，也是让人颇为顾虑的，所以民间呼声再高也没有征用的迹象。正在这时，快刀之外还有快刀早已对准了他。新帝四月立，五月御史周宣就上章"江西副使李梦阳深情厚貌，阴比宸濠……请并逮治以惩不忠"。自从宸濠北伐失败他就搜罗李梦阳材料，他在江西读到李梦阳所作的《阳春书院记》，就认为梦阳是宁王党的铁证。阳春书院是反王朱宸濠大兴土木搞的天子之气的标志性文教建筑，李梦阳为它作记献诗拍马屁，活该撞到佛郎机的炮铳上。游辞连染，周御史将他瓜蔓扯进宁王造反的大案中，断定他是"宁党"。

那些在江西吃过他苦头的官员正需要这种氛围，散布他当时是依靠宁王势力当宁王的枪头，大员们才一一被他中伤，或挑翻或遁走的。这样一吹风点火，郑岳、吴廷举之流都成为最早的反宁派，而成为先知先觉的国之栋梁，无疑要拨乱反正予以重用。郑岳事实上也确实是反宁派。是因为李梦阳才栽了大跟头，宁王造反事件的发生，证明郑岳是经得起历史检验的。这样一成定论，郑岳就可以踩着李梦阳站立起来。果然他立即起用赋授予副都御史、巡抚江西的大任。又召为大理寺卿，步上青云。吴廷举立马飞黄腾达到侍郎，蹿升到右都御史。

他们得势就意味李梦阳彻底失势，直到高度危险。他必然成为好事者的活靶子。特别是张太后的两个弟弟也更是李梦阳对头钉，杨廷和怎能不顾太后的感情撕破脸皮保举他呢？

周宣弹劾的奏章，迟迟不见立竿见影的圣旨下，这里可能是被杨廷和故意拖延、冷处理。但当时最要紧是收拾比宁王更严重的江彬等人的心腹之乱。这沉年旧案的政治谋反案就押后了。但小皇帝特别关心谋反案，嘉赏揭发者之忠，下敕令让有司议定李梦阳。也只有孝宗能拔选、委曲求全他，武宗能重用他，到了嘉靖这里也从心底里抵触、嫌恶这颗举朝公认的名器兼大钉子。

风声迅速传到开封，还没有朝廷正式结果，开封府就近水楼台行动了。

4

开封府的太守张键将平宸濠的榜文做成木牌悬挂在李梦阳的门壁上，李梦阳闭门不出，此时大都避嫌也没有人来往。

待到嘉靖元年（1522）八月，刑部正式下文暂拘李梦阳于开封闲衙，相当于待罪控制起来。刑不上大夫，怎样将大门紧闭的李梦阳抓到衙门呢，既不兴师动众破门而入又能让他自己顺从前来。张键坐衙自思这是一头雄狮，不可等闲视之，颇费心机。他先从狱中提一老囚痛责，直打得臀部鲜血淋漓，喝令他如果不把李梦阳从家中骂出，还要重棍伺候。让守提官押着他令他在梦阳门口辱骂，老囚负创淋漓堵着门号谩骂。李梦阳听了，不得已而出，被带于府衙羁押。

谋反案事关重大，何况又是官官闻之色变的七子领袖李梦阳？朝廷三司会议，都察院、刑部、大理寺议来议去，最终报给小皇帝诏下将李梦阳押解进京，逮入诏狱。

这已经是第二次从开封抓捕押往北京了。上一次由妻舅左国玉和李孟和作为家属追随进京。可悲的是李梦阳出狱回家还没有多长时间，左国玉就去世了。现在只剩下另一妻舅左国玑出头露面为他周旋了。左国玑跟随李梦阳读书，是嗜酒如命的举人。字画尤劲奇古，作诗赋古文往往一鸣惊人。

他和李孟和一同进京，这对于李孟和来说已经是轻车熟路了。他想不到自己的弟弟还会一而再再而三地回到同一个地方，被同一块石头绊倒五次。时光荏苒，他已经踏过这同一条水四次了，第五次还能同样、同是短短时间就踏过来，安全上岸吗？这难道不是命也？这一次往大处就是反王同党，祸及九族；往小了也是有亏士行阿谀权王，瞎猫往死老鼠那里撞。既被御史咬一口，无罪也入骨五分。一兄一舅二人追赶囚车，冷汗热汗湿了一身。

这一次没有押入锦衣卫狱而是关进刑部大牢。

现在执掌刑部的竟然是林俊，这难道不是天意吗？

江西是林俊战斗、巡抚之区，江西所有秘密、人情他熟稔于心。他完全知道李梦阳和宁王是怎么回事。他在江西以抑制朱宸濠闻名，是宁王的对头钉，况且他就是从刑部主事做起做到尚书，是刑狱权威。

林俊同左国玑曾经有过一面之缘。当时左国玑路过开封，曾和姐夫梦阳把酒论诗相会，他在座相陪。正德六年（1511）林俊在裁乱的前线因与总督洪钟相左，他不能容忍军队的腐败，当时御史避贼而逃相反却把贼未平尽的责任推诿给了他。待在贼平尽，他辞功而退，士民号哭十里追送。当时李梦阳身为副使为此寄诗给神交已久的林俊，为他鸣不平，盛赞他胸有天地人三策，一心为苍生执法，视官场如浮云能像贤者自退。把他比作国之祥瑞，梦魂能复五彩之云。这个评价相当地高，《寄赠司寇林公还山》：

> 征书强逼上彤闱，退食长吟望翠微。
> 汉室本缘三策重，都门真见二疏归。
> 朝廷司寇元持法，天下苍生遽拂衣。
> 趋陛履声皇念切，梦魂能复五云飞。

林俊也作诗六首赠送梦阳，梦阳又回诗六首相和。左国玑还能背诵一首：

> 西伐亲将龙虎军，南归甘即鹭鸥群。
> 谢安实费登山屐，司马虚传喻蜀文。
> 钓罢兰溪宵上月，吟成壶岭昼生云。
> 何时勉为苍生起，怅望东南五色氛。

李梦阳在诗中赞誉林公淡泊功名，在遭群谤时甘心引退，如东晋谢安逍遥林下。他当时为苍生祈盼愿林公有朝一日能重返仕途解民倒悬。两度把林俊以五色瑞云相比。

后来果然如愿林俊重登庙堂，今日正该解李梦阳被冤的倒悬。

左国玑作《阳和楼》诗章还有代替李梦阳致林公的书信拜求到林俊的门下。林公请入，左国玑以晚辈之礼进见，献上诗和求救信。

林公接过诗信阅罢，沏茶给国玑落座说道："有老夫在刑部，献吉的冤狱断难成。这种政治案是个筐，什么人都可能往里装，但老夫深知空同子绝不会阿谀宁王，参与谋反。"

左国玑拜谢道："姐夫不过是遭人嫉恨游辞连及，林公仗义秉公，还自有天。"

林公又说："政治案，刑部及三法司也不能决定，现在新皇刚立，主要还是在内阁那里。"

左国玑起身回禀："在下还有书信致杨首辅，万望二公搭救。"

左国玑从林府告辞，设法找到杨廷和的儿子诗人杨慎。由杨慎引见给父亲，左国玑也如愿得以拜会、致意。都是诗道中人，状元杨慎因和何景明关系密切，也视李梦阳为长，他后来还亲手批选、编纂了《空同诗选》，收诗一百三十六首。

首辅愿意拔刀相助，大家都心知肚明这是一种瓜蔓做法，但蔓到谁的头上，由御史参弹不死最低也要掉层皮。当然御史是法网恢恢的体现，职守也是纠察漏网之鱼。

言官作为最高食腐动物，食物上顶级鹰扬，因一篇记文制造这桩政治案，其实有些捕风捉影的文字狱嫌疑。

整个言官的风骨在李梦阳看来江河日下，经过刘瑾和钱宁、江彬的打击、驯服、收买散了架，甚至有的御史勾结巨贾奸商成为与腐烂权势分享利益的食腐动物。

不愿啃硬骨头，自身没三把神刹，就可能想着头顶钦差去各路各道吸金食肉，甚至是像狗一样乱咬，专咬官场中的弱者，讨好权贵，配合形势。将疑似之迹，画虎成犬成真。他在给老师杨一清的信中曾写道："勘臣遂以杀人、媚人为心，构织窨辱，无所不至。"

他在狱中是忐忑的，此狱非同寻常。以前是他参弹别人，自江西到现在是两度被御史"追杀"。罪名可能无限扩大化，从文字狱直接落入政治狱，他可能把三族都牵连进去。苏州大才子陆完就是因为到江西做官被宁王笼络，离开江西在镇压河北刘六、刘七立有大功，直做到兵部、吏部尚书。结果张永在江西查到了他与宁王书信来往，被定为宁党本要抄家灭门，因武宗崩而留命。可惜九十多岁的老母屈死狱中。一旦被言官盯上，罹难于身，落井下石者比比皆是，雪中送炭有几人？但落在刑部大牢，他的心出奇镇定，他似乎有好的预感。他因为得到周易古注，对周易可以自测了。在开封被老囚堵着门骂得体无完肤之时，他在家中焚香静气为自己将临大狱求问鬼神，仍然是占得剥卦，得到上九变爻之辞："硕果不食，君子得舆，小人剥庐。"象曰：君子得舆，民所载也。小人剥庐，终不可用也。一直在剥，剥去乌纱剥去蟒袍撤去座椅，画地为牢戴上脚铐，从头到脚剥个干净。剥到庐，剥到头顶，剥到上九爻，相反就是解脱了。所谓物极必反，又一元复始，仅剩的硕果不食了。

科道言官本是天子和百官的雷霆宪度，却像是被权要、贪欲收服了雷电，为己所用。

言官出现堕落了，但诗人没有堕落。言官勘劾诗人，又岂能没有天理昭昭？

林俊作为主审官认定了道理、查明真相，给皇上疏写报告说："正德九年（1514），梦阳回河南省城居住。正德十四年（1519）宸濠差监生方仪赉周易古注一部、龙挂香一百支，前到梦阳家求作阳春书院序文并小蓬莱诗，梦阳作诗二首付予。"此时他并不知道宸濠要造反，文章不是在此时写的。秀才人情纸半张，收人润笔费，按照文坛惯例写了二首小诗应景。何况小诗还是正常支付周易古注和香支作为润笔费的。刑部的结论是："其居住河南与江西相去甚远，宸濠行逆，又在本犯官回家七年之后，似无交通知情之谋。"

法官们认为不能因为一篇《阳春书院记》就判定是宁党。此文写于阳春书院落成之日，他当时作为提学不过是理所当然的官差。若如此推断，阳春书院的名字还是武宗所赐呢，阳春书院没错，写记的人也不构成同党。

三堂会审，林俊对大理寺、都察院的堂官说："夫李献吉何罪，不过人妒其文名耳！"各官也素闻其直，都道他是奇人负奇气而有奇祸，气高节挺，独立峻视，连先帝孝庙都知其忠贞，断难从逆。

但毕竟有所瓜葛干系，政治嗅觉过于迟钝、迂腐，难以尽洗。为何不像其他官员那样造反与宁王过早划清界限，对抗？到了十四年临反的前夕还写献诗？最后判处削籍，虽然没入落成宁党但士大夫的党他是被永远开除了。他最终与康海"加入瑾党"一样，得到永远开除出籍的处理。

李梦阳再度安然出狱，此时已经是"梅开五度"了。他用同一双脚同一颗灵魂五次越过同一条河流，其间流水如逝夫，恍若隔世三重，三条龙如此种种不同。

5

　　小皇帝从藩王自册封进京，就不承认自己过继给孝宗皇帝，更不承认自己是武宗的兄弟。他认为自己理所当然当皇帝，他还认为自己过世的父亲兴献藩王也该加封为皇帝，母亲当然也是太后。他继承的帝位是来自他父亲而不是孝宗更非武宗。他不认这个父，更不认这个母。只认自己的父母。他一上来就铁了心要为父母挣这份"家私"。

　　孝宗这一支等于彻底绝嗣。这不仅违背儒家宗法法统，也不近人情道德。太后和群臣迎来另一个宿命莫测的小皇帝。

　　你靠着儒家的宗法礼制以偏支庶出得到了帝位，却转脸无情，过河拆桥，立马违背这个道统万世不移的祖制。一时激起群臣抗议，所谓护道卫统国家养士就在今朝。百官的谏议运动的声势超过当年剪除八虎的抗争。活活打死、收监、废黜者比比皆是，士林夺志，丧气若此。从此皇帝与士大夫不复朝堂相见，形同陌路，各自办公。

　　明朝实行一个人的极权制，即使皇帝再幼只要他能说出杀字、杖字、黜字，就可置任何人于死地。哪怕你功高日月，也顿时叫你日月无光。朕即国家被奉行到极端，再贤明的太后和大臣也无力废黜昏君顽童，哪怕这个人君刚刚由自己从小郡王册封。

　　嘉靖天生看懂了这一点，被一点就明，所以随着时间推移翅膀已硬，就毫无顾忌了。

　　儒家万世不移的礼仪在他眼里不过是废黜群臣的工具。他就是自己想怎么玩就怎么玩，依法按制反对者，哪怕百官一起上也群体杖殴、罢免。他就通过这件事察言观色，寻找自己的同盟、变通过来的摇尾者。

　　儒家、理学的底裤被这个少年扒个精光。由科道言官构筑对天子和百官的弹劾、谏议、封驳权威也被整体扒掉贞洁裤，破了例。

　　他从小宗偏支过继到正宗嫡系，不仅父亲还是他的父亲并且还要是皇帝。原有的正宗嫡传的两代皇帝都与自己无关。

得寸进尺，拿这个步步紧逼，越过可能底线。每次激起的反对都是重臣离席还乡。他为父母挣名分，披着的是贤孝之名，正大光明来摧毁道统、宪度。这份为死人挣名分的孝心法宝，砸向谁谁离职去位、贬黜亡命。

杨廷和与林俊首先被他的孝心打倒，魔术般丢掉"顾命重臣看守内阁"的资格。

最后由状元杨慎振臂高呼："国家养士百余年，仗节死义，重在今日。"一时云集九卿、翰林、言官、诸司诸部的百官，集体跪伏，山呼涕流高皇帝朱元璋和孝宗朱祐樘的庙号。锦衣卫即时捕人，杨慎不为所惧撼宫门恸哭哀号，呼喊着孝宗的英魂旗号，群臣一齐放声悲鸣，如同招魂祭灵。这边廷杖飞舞，血肉横飞，那边小皇帝和党羽大立他兴献帝系、帝庙，修撰兴献皇帝的实录。

孝宗被彻底搁置了，他的道路永远搁浅了。

李梦阳在开封的河上乡野，也同样高呼孝宗的帝灵英魂，他一直在给他崇拜的孝宗皇帝写献诗。他已再无资格像后起之秀杨慎那样，将自己的声音传遍北京，震撼宫门了。

这次大废黜，如同朱厚照小皇帝上台一样，把阁老重臣大扫除。只是嘉靖做得更绝情更疯狂。

他尝到鲜血的啜饮与乐趣。

他极有可能走上与武宗一样的不归之路。大明帝国眼见就要改朝换代。

但他同样聪明，武宗前车之鉴，他都力避。

他与群臣自此结下不共戴天之仇，君臣永远貌合神离，还是不复相见。

前一个小皇帝上台，诗人李梦阳触动百官群起弹劾八虎的风暴。后一个更小的皇帝上台，诗人杨慎哭门引发百官集体抗君的运动。这两个竟然还都是诗歌复古浪潮立于潮头的一前一后的人物。风光无限的首辅之子状元杨慎因此流放终生，至死不得回乡。

盛唐梦成为荒唐帝的一场游戏一场梦，以及梦醒来后的虚空、荒唐。

帝国的挑战从北方草原逐渐蔓延到南海的整个海岸线，以致广西云贵的土兵土豪、流民之变。梦阳痛斥土兵之害，最终演化为广西土兵之乱，后来也是王阳明以心之利剑胸中甲兵去镇伏，当作心贼暂时除灭了。

那盛世之梦破碎了，灭掉了。帝国在自己宿命的轨道上往前走，那是完全可看见的结局。政治与经济、文化更大距离撕裂，南辕北辙。李梦阳若真的是宁党，又怎能只为其写两首小诗、小记呢，最起码也该与王阳明对阵，各事其主了。但他岂是造反者？

胜者为王败者寇，朱宸濠也是被抹黑丑化了的。他的风流儒雅、雄心壮志完全不是一个小皇帝所能比拟的。他的大军恢复丞相制，以志士名流为体，剑指南京，恢复高皇帝的故都。这无疑是历史正确方向。皇帝的血脉像南宋重新回流到宋太祖源头那里，而不是朱棣一支永流传，也许正是天意、人心所望。燕王当年以妖僧、太监、边兵为主体的篡逆叛乱，不是立约发誓与宁王平分天下的吗？

朱宸濠被挫骨扬灰，游戏荒唐帝也一命呜呼，哪个能说年长的宁王就是虫，小儿兴献王子就注定是龙呢？

杨廷和不也是差点被诬蔑为宁党吗？册立皇帝的张太后和杨廷和，迅速被清洗，谁能说太后和首辅的肠子没有悔青呢？

北京幽州头枕群胡火线，随时都可能被攻破，重蹈南宋的覆辙指日可待。破国是小，社稷、文明膻腥生灵涂炭是大。残断了无的文脉，你让历代先贤圣王何处血食？

现在尚在盛世的转折点，凭着百年基业，鞑虏小王子和遍地官逼民反的起义，尚能在武宗荒嬉面具下、大智若愚、稀里糊涂地解决掉。有朝一日，还有这么好的运气，还会再生这么好的王阳明、王越、杨一清、林俊等等吗？

李梦阳身在大宋故都，常和来访友人、学生漫游在汴梁的历史废墟中，吊古伤今。对着斜阳燃着篝火听着狐鸣，酒壶之中论兴亡。他想起自己早年监税三关，写下"女直外连忧不细，急将兵马备辽东"的忧患，似乎不是杞人忧天。京师居幽地，女真狼心环顾于东北，比西北狼虏更是大患。文明在嬗变更新时期最为虚弱，就像待分娩的孕妇，无法与鞑子野人战斗。文明是玉，蛮族是石。一旦飞沙走石，美玉就会再度像两宋一样翻盆，陷于狼口。

将京师从长江的心脏之地金陵移到幽州，政治与经济分离。为了强行发展北方，衍生、集中大量人口，不能承受之重。正北、西北受到北元的侵袭，只有往东北一个出口，一个移民之路。而朝廷和地方对此又无宏观规划。结果人物力向辽东的经济低洼倒灌性的输入，无形中滋长后金的实力，刺激女真野人的野心。生出一个游牧为体、农业为用的混合体的野蛮社会，历来是农耕文明的大敌。后金无疑就可长成了金国。

远离了长江有腹心、胜地，永远通不向历史的海洋。不面向大海，必面向大漠草原。

李梦阳在北宋历史废墟上，发思古之幽情，或扼腕长叹，或纵马狂奔，啸叫高歌，时而泪流满面。

先天下之忧而忧也。

蒙古尚是世界征服者，自有些历史眼光。而那女真则是深山老林的部族，已经吞食过中国一次，组建最残暴、阴险、黑暗的金国。如果再次重复宋的覆辙，明王朝无疑将再次灭亡，生灵涂炭，读书种子变异，恍若伪古董。那才是真正的仿制品，读书人的死魂灵。

他复的古，其实是狂飙突进，是大唐盛世的还魂记。他常与南方来的游学诗人辩论，坐而论道。他的影响力在南方越来越大，南方有知音后学也有导师先行。吴人黄省曾、越人周祚，都是千里致书，愿为李梦阳弟子。

北风号野外，五月知天寒。海水昼夜翻，南山石烂烂。南北已天壤之别。南方藩王败亡，北京皇帝胜利，并没有什么天大的喜感。就像当年燕王推翻建文帝，百姓得到了什么？他曾祖李（王）恩就是为了保卫南京，在白沟河战役中捐躯的。

人人心中都有一杆秤，秤上星直通星天，评称天下。

朱宸濠重返太祖的金陵形胜之地，恢复丞相制，才是大复，归回正道。那才是真正一步到位的拨乱反正的新政。谁料却是一场血流成河的逆乱噩梦，滑稽戏表演。而凭空入主的小藩王，又何尝有宁王那样礼贤下士的气度和雄心？他的壮志不过为一个死爹戴到天顶的高帽，不惜伤风败体。王阳明的刀太快，心太锋利，根本也不是圣人心。一心建功立业，捍卫不过是江彬之流的既得利益？如果不是杨廷和举重若轻，弹指间破了绑架了皇帝、军法警特务总头子江彬，你消灭最有实力、贤名的藩镇，岂不是助贼成功？你心里难保不藏着一个维持会的急先锋。你心有贼，方到处是贼，方到处去除贼，建立自己的功业、名声乎？

一将功成万骨枯，岂能是学问人的学问。还是气焰万丈、炉火纯青、冶炼灵魂、内心纯粹的诗歌是正道。

梦阳心渐渐形如枯槁，诗歌也顿时离他远去了。他几乎不能再作诗了。当然还是手不离卷，晚年他想像好友王阳明、王廷相那样研究点学问，写几篇杂糅的外篇气理道学。他的身体大不如前，像是精神到肉体都在趋向垮掉。

老师杨 清还老当益壮再度总制三边，比他要雄心不减当年。虽为首辅也抵挡不住靠着"大议礼"投机起家而入阁的政治新星张璁、桂萼的攻讦，退归了田园。

嘉靖八年（1529）杨一清回到京口的家乡，此时李梦阳听说老师致仕，便从开封启程前往镇江府。梦阳一来拜会老师，二来南方治病，顺道也游览江南风光。

一江春水向东流，万物东南倾。江南金粉地自唐中期始就逐渐是经济、文化的中心，千年进程未断，在明初达到高潮。这一点连幽京都无法抗衡这种历史趋势。

明朝诗歌从江东开始，到了茶陵派的以南方人为主体的复萌诗芽，只有复古运动的盛唐派灵光一现，将诗歌的风头一下子梦回盛唐，波折到长安去。现在又无可挽回地做东南流。诗歌的清水流向杨一清的家乡一带。李梦阳的诗歌如是说："自从天倾西北头，天下之水皆东流"，风流流向长江口。

梦阳寓居进了相国杨府。京口瓜洲自古文人荟萃，杨府名曰石淙精舍，坐落在鱼米之乡的丁卯桥畔，隔江与扬州相望，大运河、长江环绕，山清水清人也清奇。唐代诗人许浑在此建造丁卯村舍，著下《丁卯集》。

许浑在《夜归丁卯桥村舍》诗曰："月凉风静夜，归客泊岩前。桥响犬遥吠，庭空人散眠。绿蒲低水槛，红叶半江船。自有还家计，南湖二亩田。"同样石淙精舍流传《石淙诗稿》。杨阁老的精舍自然远在唐诗人村舍之上，李梦阳在《石淙精舍记》写道："丁卯桥负山带江，据东南之会上游之地，其泉石岩壑之佳不在庐山阳羡下也。"不仅李梦阳前来，就是王守仁一等文人墨客也常来吟诗作记。王守仁久不写诗，睹此情景难免诗意袭来，吟道："绿野春深地，山阴夜静时。冰霜缘径滑，云石向人危。"

师生分别多年得以相逢，梦阳如见高堂。高楼窗外秋风萧瑟，情形真似那许浑之诗所言"山雨欲来风满楼"。

自从实习生、新科进士张璁及其同事桂萼与兴献王府长史袁宗皋在背后挑动大议礼事件，几度尘埃落定之后又揣摩着小皇帝一己之意掀动论战，搅乱朝纲。每次洗牌，都是投机者的天堂。杨廷和仅摄政三十七天就拨乱反正，将明帝国推上正常轨道。没有皇帝的日子，社稷民生最安宁。来了小藩王，竟然以自己所谓孝心三番五次摧纲毁常树立自己绝对权威。好像他的孝使孝宗还是孝无光，直接翻压了去。

三个火箭干部，两个新人当枪头子，心腹袁长史在背后谋划当枪杆子，都得以入阁。杨一清远在石淙精舍颐养天年，一开始并不知道争论的实质，倒觉得群臣迂腐了。既然他当皇帝了，真理就永远掌握在他手里。你争论就是上当，就是去当炮灰。

等到皇帝重新起用他入阁，他才知道火箭干部们唯一目的就是夺权。他自然也成了迫害的对象。

谁投机谁飞黄腾达，出口站站队就可以入阁执政。

皇帝无力与百官议政，实行亘古的天宪、道统政治，只有把所有权务揽在一己私党手里。谁奸邪谁奉迎谁上升。李梦阳对老师说，长此以往必出大奸，不出权臣也必有阉党更凶猛地作乱。

师生长谈，夜幕降临，老师遥指天星说："史记记载尾星宿九星互相排斥离绝，主君臣失和，形如路人。而箕宿发亮则代表调弄是非的客卿，摇弄口舌之象。而天狼星也蠢蠢欲动，胡患愈炽。"

雨后天清如洗，梦阳顺指观罢星天说："学生最忧的不是蒙古，而是女真人。那是最野蛮不化之区,最易乘乱伺时兴乱。我早在诗里写过了我的这种直觉。"梦阳说,他又加深浮想,问老师,"如果君臣自此各走各路,国家必被撕裂。一盘散沙之势,人再多,再富甲天下,也不抵野蛮人的牛刀,庖丁解牛一般肢解掉华夏汉冠。"

正说之间,又有江南大贾投帖过来,请求阁老约见。一清便对梦阳说:"现在商人的势力越来越大,富可敌国者不乏其人。各地域的商帮林立,所谓百工兴盛而巨贾成龙头。他们勾连官府,网结巨澜。我一概辞而不见。"

"学生从户部执掌三关、漕税,知道商贾在边疆的所为。国无商不富,但暴富起来的商贾又让子弟从宦游,长此官商不分。百官遭到皇上的重压,求道之路不通必然一心求财。臣商联盟一旦形成,亦官亦商,圈地兼并,乃至勾结外患,盘剥国家、庶民。而户部的税收仍停留在传统税种上,多从穷人、平民头上起土。藩封寄生吸血遍天下,无限膨胀皆由民出。多收一分一厘都可能招致天怒人怨,民间危如累卵不能承受之重。这样官民又对立起来。朝野在内部自然就分崩离析了。"

"今上,也算是有道明君,权一稳固,就寻求道家了。无为而治,事情由天来断。虽然道人受宠,但毕竟是本土正教。陛下一反武宗佛皇帝,而做起道君。"老师距离皇上近,理解也要深些。

梦阳说:"国运赖以士气凝聚与长存。为了私情、私己之威挑动士林分裂,再残酷打压之,分化之逆淘汰,虽然得到一时胜利,但衣冠丧气,转而弃道背统,更彻底寻求利益。再有贤君想规正风气欲比登天还难。上下一道兼并、交易、垄断,山穷水尽,民无立锥之地。文官爱财好色武官怕死更好财色,官民必势若水火。加上天灾人祸,外患内忧一旦加剧,谁能回天?"梦阳的心情从盛唐一直跌落到衰世。理想越高,越易挫折,越易悲观,忧患越切。

窗外江水滔滔向大海,杨阁老居家近来读史,想起南宋时繁荣的海上丝路。那时大海之利支撑着国家的经济命脉,商人活跃在世界的舞台上。现在海洋贸易发展不起来,没有海利相反还可能会有海盗之忧。商贾不得不商贸暗投西北和东北的敌国进行走私谋私。只要有利可图,商人就不能禁绝。真是南方不亮北方亮了。

师生攀谈，坐而论道不觉到了天明，曾经千里致书愿做门人的黄省曾前来拜会梦阳，谒见杨阁老。之前他求梦阳诗文全集《空同先生集》，准备在南方编纂刊印。梦阳亲手编纂六十三卷，他嘱咐序由黄省曾来写。

吴人黄省曾曾经游学于王守仁、学诗于李梦阳，号五岳山人。王阳明封为新建伯之后，失意之时即回乡讲学，创建书院。曾经投身于诗文复古运动的他另立山洞，掀起心学浪潮。

他算是杨一清的孙子辈了，李梦阳虽身染疾疴，还是双目似电与知交谈艺论诗，乐此不疲。在杨府给他写有赠诗《京口杨相国园赠五岳山人》：

> 远客乘秋至，名园水竹分。
> 林寒翻易雨，地静合偏云。
> 卧疴思知己，逢君惬素闻。
> 萧萧绿云里，谁解有论文。

黄省曾不负与名流高士交流，两年后中了解元。

在黄省曾看来，这虽是诗歌式微、诗人被囚、流放的时代，你心无诗歌，你未看见盛唐诗歌的光环，诗与你心同归于寂。你看见盛唐诗歌之花，则此花颜色，一时明白起来。便知此花，不在你心外。

当你真正读透李杜诗篇，就会被感染带你到那个伟大的时代。你的精神进入一个盛唐，盛唐就在你心复活而存在了，你就会以盛唐的气象来要求你的时代，你就是一个奋斗不息的战士、梦想家，而你置身的朝代也是另一个盛唐的复活。

梦阳逗留杨府治病，京口及南直隶的名士纷纷前来拜会、探望。一想一生心血《空同子》文集将在江南刊行、流传，想到毕生心血即将付梓，病也感觉好了些。

他从一清老师和黄省曾那里都听到好友王阳明的消息。他本来在勤王之后就归故乡山野，致力于书院布道。不料国家平不了广西土兵土人之乱，一代宗师被征调前线，重新披上战袍。他尽最后力气平了别人不能平服的土兵土族，却在几个月前，病逝于还乡的途中南安。

李梦阳又想起自己所写的《土兵行》，时间又一次证明他的判断。当年陈金依仗土兵镇压民变，不就类似唐玄宗自以为得计的以胡治胡，重用安禄山而导致安史之乱吗？但他早就预言女真才是最大忧患。安史之乱在东北，他不明白的是后世，果然吴三桂重蹈唐玄宗的大误，邀请女真前来剿匪平叛，而女真顺手牵羊，举手之劳就将北京据为己有。各路汉奸争当孝子贤孙、天路先锋，直把整个锦绣河山都喂了登堂入室的狼。同一个车辙，能去开倒车绊倒几朝历史，岂不呜呼哀哉！

土兵在南方，南方从来都不是大患，就是当年陈金依赖的同一支土兵倒过戈来又同朝廷作战。在嘉靖像武宗一样刚继位就废黜元老、罢免百官之时，田州、思恩乱起，又复接连瑶人举事。所幸是王守仁明道在心，气定神闲将贼兵像心中六贼一样平息。不战屈人之兵，少杀多抚，将土族的还给土族，举手散烽烟。

军中若都有此心，明察秋毫，道动乾坤，何愁四海之外不王化啊？

他们一同在青春年少时写诗，又都登科做了主事。又一同被刘瑾迫害，亡命江湖。又先后去了江西，江西是他们的分野。王阳明在那里功成名就，却是李梦阳折戟沉沙之所。他修整的书院特别是白鹿洞书院栽的树成行成为王阳明的布道场。他们同年而生，现在王阳明去世了，李梦阳预感到自己也将快走了，可能撑不过这一年。

人之将死，王阳明问："何地？"答曰："青龙铺。"第二天他召集门生说："我去矣！"弟子问有何遗言。他微哂道："此心光明，亦复何言？"说完瞑目而逝。

在阳明隐居故乡之时，和梦阳书信未断。嘉靖三年（1524）中秋佳节，他还给王阳明寄诗相赠。

> 风林秋色静，独坐上清月。眷兹千里共，眇焉望吴越。
> 窈窕阳明洞，律兀芙蓉关。可望不可即，江涛滚山雪。
>
> （《甲申中秋寄阳明子》）

他以为老友高卧山森，嘉遁道洞，身心乘上清风登上明月，视宦途名利若浮云，观江涛山雪翻滚，心与日月同辉。没想到人怕心怀利器，一日征召登台拜将，不得已杀生遍野，但其心仍然光明，并没为哀号鲜血所污。

他心中并非无诗，只是诗已离他而去，道心浮上。诗散在道中，天女散花一般散在道上，散在心灵之内。又像藏在袖笼里的老虎，不能让人所见，不能成形。诗有别裁，不是谁都可以为之，贬低诗大多是无缘无力，不能强为。自知之明，方无葡萄的酸情。

他在书院也会给诸生用诗意明道："几度西安道，江声暮雨时。机关鸥鸟破，踪迹水云疑。仗钺非吾事，传经愧尔师。天真泉石秀，新有鹿门期。"

他给友人回信也可是诗："不踏天真路，依稀二十年。石门深竹径，苍峡泻云泉。泮壁环胥海，龟畴见宋田。文明原有象，卜筑岂无缘？"

他在力辞帅戎朝廷不允，不得不踏上征程吟诗道："乾坤由我在，安用他求为？千圣皆过影，良知乃吾师。"

杀生不是王阳明的本意，除贼易，除心贼难。人总是要死的，连日月都会死，天地万物就是生生死死才不息。就像复古才能革新，见道才能洞见神明。人心皆有神，每个苍生都对应着天星。

告别了恩师，李梦阳转回开封。他不知道老师虽归山野，仍遭陷害，临终杨首辅死不瞑目，痛唾为孺子所卖，疽发背死。

这一年是嘉靖九年（1530），李梦阳竟然早老师一步，于嘉靖八年（1529）腊月最后一天，病逝于开封的家中。如果以阳历来算，师生二人亡故于同一年。

他临逝之前有梦兆，梦见火红太阳坠入海中，直到在海水沉没下去。这与他母亲梦见太阳入怀，形成一个诗人的人生轮回。

他运行的人生轨迹是光与梦想的轮回。

第十章 春风未使万方回

北斗不将天地转，春风那使万方回。

蛟龙窟宅寒犹闭，鸿雁云霄暖自来。

——李梦阳《壬年元日》

1

李梦阳在诗坛文苑的发轫、崛起，其实并不完全依靠他的诗文文本。应该得力于在明中期复古运动浪潮，他力擎前七子"盛唐派"的大旗跃上鳌头，以及"政治运动"的风雷交加，是三方面光合作用的结果。有一点功夫在诗外的意思。他不是孤立的个体，而是历史长河的一股炫目的潮流。就像文化丰碑上的一尊有名有姓的浮雕。

因此他的传记必须呈现出他的"群雕"来，他的精神座基、支柱。

小诗人只有地域性连民族性也不会有，而大诗人则有在历史长河里浮波漫流、以观沧海汇合到整个人类的精神世界的能力。屈原、李白、杜甫放在任何国度都是大诗人。

李梦阳父子两代苦学毛诗，《诗经》对他影响是深远的。"诗言志"，连庄子都说诗以道志。这增加他摇旗呐喊的心志。毛诗强调诗与王化政治的不可分，他也是如鱼得水。但志是"诗神"之志，而不是任何人的志都可以言成诗的。但短诗及《诗经》的本质又是抒情，"发乎情"。

因为风，及古风，他接近民间，最终落向野有遗贤。因为雅，他被何大复称为"振大雅而超百世"，而为提学副使。因为颂，他像一个虔诚的盛唐诗圣徒。颂其实是宗教性的向神明、天地的献诗。这给诗人一个定位就是"圣徒"。李梦阳对"诗必盛唐"的复古情结，接近宗教般的彻底、纯正。

《诗经》是民族集体的无名氏浮雕，而真正的诗人必然将自己的名字流芳千古。因此只有盛唐诗才是两千年中国诗歌的王座，他及前后七子的选择是历史性的必然。

最初的诗人是巫、神一部分，融于心灵、种族、天地神灵之中。乃至造物主可能就是第一位原创的诗人。整个被创造的世界就是一首诗，原创之诗。诗能把人类的心灵引导并安放在生机盎然的、审美的最高处。

有诗歌的时代何其幸福，必是值得历史书写的朝代。唐朝有诗，创造人类短诗、绝句的巅峰性的作品，并且自隋唐到北宋是诗歌取士，诗人主宰国家的命运，成为庙堂之器。在北宋被王安石废除，科举考试内容变成了由他圈定、获得解释权的经义、时政策论。因为乐府采诗和诗歌科举两个传统全被破坏，自此这个诗乐之邦的诗乐传统被动了手术，有名无实。巧合的华夏好像被破了龙脉文魂，动了神器的精血一般，北宋亡于金，南宋亡于元。整合民族好像断根的、游魂的浮萍，所幸大明朝再次涅槃复兴，但没有光复大唐诗歌精神，明初四杰遭难，对于诗人是不祥的预兆。

在无诗时代，强吟横赋的伪诗、小诗，成为官场或劣绅文酸的娱乐交友小技、手痒。或为粉饰或为道学附庸的韵言或为世俗琐碎的顺口作曰、嬉戏的乌鸦群噪。诗坛沦为此两极的荒原。但到了明中期孝宗时代，自李东阳推举，诗歌曙光萌动，并开始向诗歌审美本质、精神主体缓慢地苏醒。

这可以说是一"阳"复始，李东阳开创茶陵派，但这个复始只是学问、提法，并不具有多少精神内涵，也不是旗帜，更不是一场运动。他们仍在台阁体和文艺腔徘徊，踱着方步。

李梦阳、何景明、康海等七子则迅速崛起，后来居上，青出于蓝而胜于蓝。茶陵派不过是暖个场子，诗坛就被学生派小子鸠占鹊巢。物换星移，长江后浪推前浪，推动向前的是使诗歌脱离低级趣味、个人品好，使诗大踏步地复还、升回原本的精神层面、烈度。

七子等新科进士是抱团式诗歌运动，起初不是大鸟独自飞，而是鸿雁集群式叫春抒情、谱写杜甫那种诗史片断。

诗歌浪潮和政治风潮紧密相连。复古运动中的"盛唐派"，明显是政治中的正统力量，专与任何黑暗、邪恶、不法势力作对、作战。在此盛唐派和茶陵派彻底分野。

身陷囹圄或者失意是他们的本色。由于身为首辅的李东阳坐视不救，甚至是落井下石，盛唐派和茶陵派最终势若水火，其中以康海、李梦阳最为激烈。从诗文到人格、政治路线，他们对"座师"的茶陵派全部不屑，视为落日下的黄花，一脚踏过去，而今从头越，大复古。

与李东阳相当的还有孑然一身、不结盟的、后来也为首辅的杨一清。杨一清三边总制的"边塞元素"，久在陕西的长安色彩，某种程度奠定了"盛唐派"的底色。

参加运动的才子，后世有"万众皈依"之说。聚集在复古的旗帜下，史称"文自西京、诗自中唐而下，一切吐弃。操觚谈艺之士，翕然宗之"。主张、学说初始也并非一个腔调，但经过时间的沉淀，历史总结为"文必秦汉，诗必盛唐，非是者弗道"。这个"前七子"流派既非"空同派"、"大复派"，也非"康王腔"，故且命名为"盛唐派"。从这个"盛唐派"一直衍生出六朝初唐派、中唐派、唐宋派、性灵派等等，如群鸟食古争风夺骨各成流派。一石千层浪，互相论战，激烈诋毁，完全自由。

有人仿效茶陵派，将之称为空同派，实为不妥。因为茶陵派自始至终都是李东阳创始、做主，其他诗人都是他的学生及挚友，他地位从未动摇。而在前七子中众生平等，有状元有尚书，李梦阳最后只是一个开除仕籍的在野之士，火堆是大家一起生起来的，根本不是李梦阳一个人开天辟地的。并且李梦阳还是从茶陵派脱胎的，早期是位茶陵派的诗歌青年。像康海、徐祯卿等那就绝对不是。李梦阳在世的时候无人给他加冕，甚至最后连他自己都说他的诗歌只是韵文而已。"前七子"超越茶陵派，筚路蓝缕以启山林，是在李东阳与刘瑾合作，让士林大跌眼镜。而这时康海、王九思及何景明无疑最盛，李梦阳则惶惶不可终日、面临死刑的追捕。等到刘瑾突然覆灭，"盛唐派"作为茶陵派和刘瑾的双向反对派，就被天下广泛接受。

　　茶陵派说到底只是一个互相唱和的师生同年的小圈子，"自茶陵派崛起，笼罩才俊，然当时唱和袭其体者不过门生挚友十数辈而已"（《明诗纪事》）故以李茶陵的茶陵派命名。空同是李梦阳的号，今人称空同派，难道前七子的复古运动就是李空同私家私人的小圈子之事吗？复古运动是贯穿整个历史波澜壮阔的画卷，前后七子，趋空蹑景，万喙一声。盛唐的梦想，盛唐之诗的光耀千秋，"盛唐派"成为诗文复古运动的最高潮，已将诗歌运动星火燎原了。"文必秦汉，诗必盛唐"，其中文为次为辅，主要是诗歌运动。

　　七子的形成、胜出，直到嘉靖年间才尘埃落定。从弘治到嘉靖历时三朝，一开始也没有谁是首领、盟主的论定，李梦阳的领袖地位是历史形成的盖棺之论，与李东阳开创茶陵派完全不同。众进士中选出七子，其中状元康海名声比李梦阳要大，但一失意即弃诗入戏把诗歌炒鱿鱼了。但康海的影响力从没有减弱过，"康王腔"称雄江湖，客观上也为"盛唐派"在民间铺路。而徐祯卿和王廷相终归入道。

　　而徐祯卿以诗入道，仍是以诗为主体。他家无一书，却无所不通，不仅诗多称雄，而且诗论也很高妙。在《谈艺录》中，他申明心灵是诗的本体，情则是心之精，心和情在他这里连成一体。"情者，心之精也。情无定位，触感而兴"，情是诗的源头，是诗的发动机，心和情终归都道法自然。伟大的自然才是最初与最终之诗。"因情以发气，因气以成声，因声而绘词，因词而定韵，此诗之源也。"他认为"诗者乃精神之浮英，造化之秘思也"；"此心之伏机，不可强能也"。这要领先西方"神秘主义"及所谓"象征的森林"四五百年。同时他也是七子中最早转入心学的诗人，发现心灵的光芒本体，以诗歌直抵心灵。可见他为诗悟道是有所成，与王阳明殊途同归。那么是徐祯卿在先还是王阳明在前呢？一时不好说，其实徐祯卿早死，作品写就时王阳明也许还刚在龙场悟道呢，至少他不在王廷相的心学研究之后。不必计较前后，都是同道中人，心有灵犀。这位吴中诗冠若不死，才过后来的同乡钱谦益，究竟鹿死谁手也未可知。

唯一可能问鼎的风云人物何景明也是半道病逝。时间和才气落向李梦阳，而他此时只是在野之身，除籍的野民。一介"草民"做领袖，我们看到的是这场运动、思潮的纯粹、大义、公正。不以权力大小为左右，不因官位定诗名。杨一清为七子师辈甘退幕后，谦虚地让弟子们点评、编纂自己的诗集。王廷相大权在握，只比李梦阳小一岁却以学生自居，尚书边贡更是淡泊，愿作酒中仙，诗歌也较弱。这一点与后七子又不相同。

因为前七子的复古运动，主要成就是诗歌，"诗必盛唐"是主题主旨，姑且把这场大明朝的文艺复兴的口号称之为"回到盛唐去"。

师盛唐之诗，尺寸古法，达到像字帖临摹、顶礼膜拜的"法式"。胡应麟在《诗薮》中称"可谓达摩西来，独辟禅教"。李梦阳光复盛唐诗，有心把话说得极满而惊人，达到历史性的强音。所谓王廷相美言他力振大雅，游精唐魂，蕴藉神枢，洞观元古，扶摇九霄，振焱扬波，无出其右。

李梦阳们势如声雷，这一开口却如芝麻开门，喊开的却是历史性的曙光洞门，波及久远。

他站在一个非同寻常的时代。

从明初朱元璋对群臣的高压、驯服，对诗人打杀、教化，到建文帝的缓冲，再到朱棣的叛逆、勾连阉党，经过所谓仁宣之治的缓和矛盾，直到孝宗才出现传统中正常的上下和谐互信、群贤深谙宪度的议政，孝宗是一个分水岭。此后两小皇帝戴着"革命式面具"，一个佛法王，一个道君，使大一统的理学从根基上动摇。

孝宗是史上少有的贤君、真情天子，同时饱读诗书。他带来大明盛世的眩晕，幻象。这时弘治四杰中的双雄何景明、李梦阳，都是争陆的龙蛇之辈。

托古革新而蕴含着伟大的理想，在历史上一再重演。唐初有陈子昂对六朝脂粉颓靡气剥离，以断臂挽狂澜之举，复传汉魏风骨，劲吹建安风力而始有盛唐气象。复是中国哲学的本体论主题之一。复并非向后开倒车，而是从历史长河汲取与自己时代最切合、最有意义的营养、不懈动力。

复为易经一卦，复也是新年伊始，复更是道家学说根本理念。复归本源，才能重新成为一粒种子，或为绵绵之根，才能生生不息历世无穷。老子说："复命曰常，知常曰明。"在李梦阳等看来，大明诗歌膜拜的常识就是盛唐李杜等人的诗篇。盛花期的唐诗就叫明。

"常德不离，复归于婴儿。"婴儿又叫赤子，自一出生就有三千年道德。赤子有赤子之心，有婴儿之气。这也可称之为柔软之心，是万物生机。诗歌就是这人间柔软的心灵。诗人就是自由的主体复活、出生。

诗歌涌起复古思潮，就是恢复诗歌的最鼎盛期的梦想，回到诗歌本质、主体意识的觉醒。在中国通常所说的诗歌是指短诗，短诗的本质就是抒情。在西方短诗一说是来自史诗的抒情歌队的歌唱部分。

将有明以来包括主理的宋诗都一笔勾销，直接返回大唐。盛唐，那里根本就没有什么理学，非驴非马的所谓学究。一统天下、绝对理念的宋明理学，这时正风云激荡，露出它"物极必反"的寿终正寝的破冰的复古浪潮。诗人重新夺回主体的阵营，像四季中的春天复活。

梦阳和景明两轮曙光一露，理学的天空就昭示漆黑的散场。诗歌光芒四射的本性、先锋性，注定是破局者，是挑战者，是归来的迷梦。

王阳明和李梦阳原是气节相砥砺的好友，都参与"文艺复兴运动"；都是诗人，又一同从刘瑾虎口里余生的。王阳明从诗歌心灵的本体，通过儒释道的龙场悟道、集成，开创了我心即是天理，即是宇宙，即是主体，即是本源，即是经典。

诗歌是心灵最高艺术，诗学也可称"心灵学"。诗与哲学相遇，产生心学是必然的。王学又发展很多的分支、流派。李贽的童心说也是它的一个支流，而李贽是彻底反叛，不仅撕破理学的裹脚布还捣毁孔孟的偶像。学说充满着诗人的激情、思辨、远见卓识。脱胎、发育于王阳明身上固有的老子学说的基因。

王阳明的心学是从复古运动、在诗歌重返心灵主体的温床上，悟到了"赤子之心"，经过儒释道浇灌，直接发芽长成的参天大树。

与之对应的是王廷相，他着重于"婴儿之气"的气，和王阳明的"赤子之心"，形成了一个蝴蝶的双翼，高飞、振动掀起的风暴，扯下理学盛极必反的帷幕取而代之。

相反，诗坛上的双雄李梦阳和何景明却反目绝交，在思想上没有"二王"走得深远，没有接受老庄学说的大彻大悟。何李只在诗歌上建功立业，注定止步于诗人。

在诗歌复古的道路上，"盛唐派"只止步于盛唐，别的地方就不去了。王阳明去的古站是孔孟，李梦阳去的精神家园是李杜。就是一个"诗必盛唐"也有所不同，何景明要找的可能就是王维。徐祯卿要找到的或许阴差阳错就是王勃或李贺了。

李梦阳成为这波澜壮阔的文学浪潮里的最终舵手，前七子的领袖。他坚持到了最后，卓绝彻底，也是最英猛的斗士。一生入大狱五次，却若有星照神佑，致有不死之身。狱狱不同，性格决定命运，对于李梦阳来说是在劫难逃、理所当然的秉性、气质使然。

2

诗因为是亘古的艺术并且是所有艺术的王冠，诗家最为讲究传统。大诗人就是集大成站在山巅的肩膀上，看日出弥新迎来自己的日历。他是自由的，就像太阳沿着赤道行，没有人能束缚住太阳，顶多两不相见。所有形式不过上山的台阶或敝履而已。如日行赤道，众鱼洄游，周而复始，诗人遵循诗歌的亘古的道路，有着不二法门才能进入诗神的窄门。失之毫厘谬之千里。

在今体诗之前是古风乐府。新旧之间没有任何障碍，它只使诗人创作更加多彩多姿。

七是最长的，最难的，是角逐王者王座之数。显然比九五的五还要高两个台阶。

李白在前，他领先抓住七数。他乘风持剑从古乐府再到歌行用足七数，再攀至七绝，俨然成为大唐诗坛的"三绝"。其诗一出风起雨至，鬼神皆惊。他和陈子昂一样其实也是复古的，以诗骚传统为己任。他浪漫无涯同样流淌着《离骚》的忧患之血。

杜甫是李白的后起之秀，他能够雄鸡报晓的只有七律这个天地。这是李白少涉足开垦的荒原。杜甫果然在七律上空前绝后，以诗与李白达到同样的出神入化，巨刃摩天。李白不需要八句，他的气流弥漫无边，连五律的天地都让给晚生了。

七律是公认最难为的大业，难度系数最高的诗歌品种。杜甫在此大器晚成，越到晚年七律越精越多。达到七这个诗数，大约就都可以会当凌绝顶了。七数，据说演化自民谣歌赋，其实屈原的《离骚》就是前七字句后六字句繁复回旋，《山鬼》、《国殇》则全部是每句七数。可见根还在屈子这里。

杜甫在律诗中，达到戴镣铐跳舞的绝对自由之境。比文王在牢中扮演易还要自如些。

李梦阳师宗李杜，在明诗荒原树起盛唐大旗，叫魂招灵，自然是沧桑正道。

整个江西诗派近千年模仿奉宗杜甫（单从仿作来说），都没有李梦阳一个人达到的成就，岂不怪哉？归根在于气力不逮，阳雄不足。

李梦阳学不了李白，因为他对道一窍不通，李白是诗歌与道诞生的诗仙。李梦阳学太白也是白学，必定劳而无功，画虎类犬。李白处于唐诗食物链顶级的神雕，他李梦阳不通道术如何能弯弓射中？但降一级，则海阔天高，通过自身才气，苦难命运的密码苦苦追寻、叩问、磨合，就可能成为"杜甫二世"。所谓"为人性僻耽佳句，语不惊人死不休"。

杜甫是属于"史"的，史与诗歌结合产生这位诗圣，当然史比仙要好求。

能把诗写长，能把句子的字数写到七，而没有败笔，这就像四季你写出五季，就有诗歌"九五"的数了。诗歌有时就是马拉松长度的逐鹿，问鼎。《离骚》以孤篇摆在最前列，无人可越。李杜同样因长度而执牛耳。某种程度上说是安史之乱成就了杜甫，杜甫靠着亲历战争，将歌与历史结合诞生自己的"诗史"。是战争历史拉长了他的长度，赐予了他沉郁顿挫。

李梦阳之所以能让杜甫在明代"附体"到自己身上，也得益于他长城沿线的战况，以及后来河北民变一直烧到江西的"安史之乱"。因为他没有处在大河南北的战场中心，而是在江西，也没有参加战争，他的切肤之痛远不如杜甫体验得深刻，他"诗史"的烈度、度数远远不抵杜诗。但确实因火光冲天的现场感，而写下一些名篇，同时他通过五次牢狱之灾，亲身战斗在各路权要显贵的第一线，生命体验也不能说不触及灵魂。

虽然"诗史"是杨慎等人坚决反对的，因为它有历史绑架诗歌的功能，使诗歌偏离的正轨。这一点好比理学与诗结下孽缘，被理学绑架产生大量非诗。但诗歌的本源并不是抒情，最初的诗就是史巫不分，就是历史一部分。同样史诗的缺乏，也不能让中国诗人更多了解诗歌伟大的深远面目、精神本相。大诗人是无疆界的、自由遨游的，界限只是为初学者、一般诗人准备的。

"诗史"自有存在的价值。

为了写的是"诗史"，李梦阳故意、执著地效法杜诗。《空同集》有七言古诗一百八十五首，七言律诗三百四十八首，七言绝句二百七十六首，五言律诗五百五十七首，五言古诗三百五十八首，乐府一百五十首。诗歌总量约两千首，超过杜甫流传至今的一千四百五十八首。首先在数量就压倒当时诸雄，长短不一，所谓短篇似星列，长诗恣意汪洋，如融日高照，似阔海纳容。他雄心勃勃，以七律七言执牛刀。

　　七律《秋怀·八首》，其六有言"女直外连忧不细，急将兵马备辽东"。这种天才性的预言被历史证实，已证明真正的诗歌不仅具有历史感而且直通神明。这样的诗不仅不是模仿而是历史性的原创。

　　其二有四句："白豹寨前唯皎月，野狐川北尽黄云。天清障塞收禾黍，日落谿山散马群。"诗中不仅意境古远出新，神灵毕现，还给读者无尽想象空间。在这样古意中竟能对历史做出切合的预言，借怀古而抒怀当下情，谁能说诗歌无神？

　　第四首借古讽今，满怀民族的忧患、希冀不失自信："苑西辽后洗妆楼，槛外芳湖静不流。乱世君臣那在眼？异时松柏自深愁。雕阑玉柱留天女，锦石秋花隐御舟。万古中华还此地，我皇亲为扫神州。"

　　其五则充满对历史的反思："胡奴本意慕华风，将校和戎反剧戎。遂使至尊临便殿，坐忧兵甲不还宫。调和幸赖唯三老，阅实今看有数公。闻道健儿多战死，暮云羌笛满云中。"这首咏史使人联想到武宗时借调土兵之害，塞上边军入京对体统的创伤。

　　其八："昆仑北极转天河，独马年时向此过。渥洼西望迷龙种，突厥南侵牧橐驼。黄沙古驿风沙起，白雪阴山金鼓多。况是固原新战斗，居人指点说干戈。"

　　这八首诗写于李梦阳自江西出狱之后，情感跨度从早年出使边塞到河北、江西民变，目睹中外的沧桑巨变。

　　他就是像借乐府古题一样，故意借杜甫名篇《秋兴·八首》来写当下之思之志之怀之情之景，连诗名、首数都如出一辙。就是以少陵野老为宪章，从内容到手法、遣词造句都神似。如同考场命题作文，他就法式杜宗以比唐来兴明。

　　写作时间不是青春年少时，而是壮士扶犁之年，深思熟虑。但这就像李梦阳驾驭着自己的骏骑拉着明朝的军车，却在杜甫的车辙里亦步亦趋一样急驰，难度之大易如翻车马伏。

　　但他自恃神勇，能够在绳尺中游刃有余，以达变化莫测之境。结果自然是只能望杜诗的扬尘。这《秋怀》在艺术上不能望《秋兴》的项背，但在内容上却可圈可点，甚至忧患的直觉敏于杜诗。

李梦阳处处师古宗盛唐，就像挖掘到盛唐的文物宝货，在古瓶里装上大明酿的新酒。如同美人用贵妃镜，浴华清池的玉液，着则天皇后的石榴裙一样美不胜收，贵气逼人。

杜甫的"诗史"是全面原创的，李梦阳的诗史则是杜诗的大明版。他看到历史只是一条河流，从高山到大海循环回复，流动的是同一滴水、同一条河流。时间和空间并无确切含义，他光复古意，就是打通传统精神，使河流滔滔不绝。从盛世到盛世，即使是衰世也能得返盛世，这一片痴心情怀千古不易。他和杜甫看的同一轮月亮，同一个战壕，杜甫能做到的他也当步尘。但杜甫是五千年才出一个，想做二世的人很多，流水却冲去了一代代乌龙秀。

但师承在中国历史上很重要，能得其真传，就是使诗歌发扬光大，在荒芜中传道播种。李梦阳心在根本处，但脚在现世，脚印深深印入在场，现场感逼真。借钟馗打鬼，持炎帝祝融除草、拓荒、耕耘。这样则复古之诗气血生动，今世与复古发生了血缘性关系。他的诗满怀"新战斗"的攻击性、火药味，他秉承太白斗酒剑气，他不是遁道离世，而是积极入世，直面世界，当然他寻找的敌人不可能是千年前枯骨，一堆荒坟野鬼。那样他就不会入狱五次了。他具有诗歌烈士的汗血、火电品质，这一点是其他诗歌才子缺乏的。复活的也不是李杜个人的神位灵牌，而是诗魂、民族魂的回归。李梦阳以一代诗雄剑气，凌轹四始的气魄冲击了这条道路，恣睢汪洋之势下笔有神。

如果只是技艺上模仿，在词句上做窝，无论何样才华，写出的都是赝品，工词韵文，那样就是彻底的游戏笔墨，就是纸扎的花，至多不过是献祭烧纸而已。

黄云，马群，冷月，皎月，孤城哀笛雁飞飞，黄河水周流到海仍复回。这样意境，这样格高调古与一千年前无二，盛唐意象如万古中华，还是此地此情此景此志。他抓住的是同一轮太阳，至少何景明母亲和他母亲梦到的同一个日出。远远超过咬定青山不放松的境界了。

他在诗歌领域坚守祖宗之法，一如在庙堂捍卫道统神圣不可侵犯，若犯则肝脑涂地以报。所以同气相求，七子就像道上会长出同样的种子，稻连稻长成连片连野的稻田。

李梦阳说文"文自有格，不祖其格，终不足为文"，诗歌更是"生有此体，即有此法"。中西的诗歌源头更是来自宗教，相当于一种准宗教。

他的诗就是像他自己宣称的那样："以我之情，述今之事，尺寸古法，罔袭其辞。"诗歌精神也同时是他的政治理想。做王事，就是遵守天宪、捍卫万世不移的道统，天理昭昭如日月不熄，为团伙的私利、贪欲、野心大逆不道，那就是他和天理都不容的事情。

重点在我之情，在今之事，简单的道理就像八股文考试一样，你得用圣人之言来说出今天之事、现在人情道德。你得有根据，你得有源头，关乎本质，不在私情私欲。当然诗歌就是八股文的天敌，自由、天然是最高峰。不能突破这个，就只能在半山腰待着，到不了南天门。所以李梦阳仍有局限、执著，七律诗再多也到达不了杜甫"登高"境界。"无边落木萧萧下，不尽长江滚滚来。"长江后浪推前浪，但面对杜甫的高峰，河流里漂满了无边的落木。

秋天是金色的，也是诗人的收获季节，还有一首《秋望》：

> 黄河水绕汉宫墙，河上秋风雁几行。
> 客子过壕追野马，将军韬箭射天狼。
> 黄尘古渡迷飞挽，白月横空冷战场。
> 闻道朔方多勇略，只今谁是郭汾阳。

这首名诗写于李梦阳出使边塞时期，不仅有唐人边塞诗的风味，也是诗人亲身的边塞生活体验，以致是写实主义。古渡转运，军粮车船相接，黄尘迷眼，梦阳过壕射狩野马，遥想射到天狼星，黄水绕长城，冷月照沙场，千军易得只盼将星郭子仪重来。起承转合，意象纵横，穿越时空，以古意写今事，自然无痕一气呵成。

盛世之时写出一种隐约的中世哀伤，可谓天含一种不祥之音。这与李梦阳鼓吹的盛唐出现矛盾，但诗歌有自己生成的法则，它就这样生成了，被妙手偶得了。李梦阳也没有法子，但他忍痛割爱了，将这首七律从自己编定的集中删掉了。他似乎嗅到这首诗的悲音，这明显发出中唐之乱的哀气，他怕别人当成话柄，攻击他的盛唐论。他的大梦是不容指破的。

他的七律往往情景交融，衔接着心志重重。造境炼意的成功是否，关键看全诗是否自然一体，而不是像他素来反对的宋诗入理如刺在喉，钩章棘句。特别是有心模仿杜甫，如能自成一体，别出心裁，借古为今，当有偷天换日、征神调鬼之气概。

　　水庙飞沙白日荫，古墩残树浊树深。金牌痛哭班师地，铁马驱驰报主心。入夜松杉双鹭宿，有时风雨一龙吟。经行墨客还词赋，南北凄凉自古今。

（《朱迁镇》）

这首诗被状元杨慎称为空同诗七律第一，却同样将盛世情结扫荡得一干二净，其实他已经从盛世的迷梦中确实地走到盛唐之诗的杜甫高地了。杜甫的伟大就是盛唐的结果，他前一脚留在盛唐就是气象万千的李白，后一脚被安史之乱拖在战火里就是"诗史"。

七律是七言中的最难。李梦阳这样的诗一共写了三百多首，足见他的雄心用意。

李梦阳从学杜的旅程来看，时而效法太重，过于形式，包括语言都有明显痕迹，以致被人骂为窃贼；时而渐入佳境，探骊得珠，得其神气。由此可见诗歌真是鬼神莫测、变化无穷的事业，路漫漫其修远兮。

他和杜甫有很多共同点，都性雄豪、狂放不羁、刚直而嗜酒，对人生和政治抱有理想主义的光芒。命运又安排他们相同的蹇难多艰，心志皆苦。杜甫五十九岁在贫病交加中辞世，梦阳五十八岁在骄奢游猎中病逝。杜甫越到生命终点，越光辉四射，李梦阳则呼朋唤类，以文换钱，写序作志，富贵逍遥。这就是分野。

杜甫集百家之长，李梦阳其实也是如此。他古诗中曹子建谢康乐的影子也隐约可见。

七律之下，李梦阳还有七言古风，灵感也与杜诗关联。后七子的王世贞最推崇他的这个诗体。"七言歌行纵横如意，开合有法，最为合作。"明徐缙为他作墓表时说他，尤工七言古歌词，即使错放在杜诗中也莫能辨别。

七言古体的诸诗中，他更注重现场感，有相当一类就是赠别诗，即兴即景。但这些不是私人关系的闲扯，仍然一以贯之着他的主题，甚至是边塞情结。但难抵杜诗"三别"。他的七绝也出些佳作，以致被一个清人俞汝言夸张到可追太白仙踪。

最优秀的还是他的"诗史"，这在七古中达到高潮。他将杜甫的一些五言诗史，摇身变成七言，同样不失沉郁顿挫的格调。

《去妇词》是献给因弹劾八虎韩文等大臣贬去的史实。通篇用比兴手法，将君臣关系比拟夫妻关系，虽写得生动传神，悲愤之情溢表但总觉这样手法太落俗套，有肉麻感。像韩文、三老等老爷子与小皇帝的庙堂之间，这样比兴简直就是隐喻老妻少夫了。这不应了《易经》中的大过之卦？"枯杨生华，何可久也。"

《土兵行》是名篇，客观上说并不太弱于杜甫的《兵车行》。这首诗是李梦阳对着土兵的暴行滴血燃指般写就，是现场的，是自在的，是深刻的，是第一性的，内容超越形式。不管是从史实还是诗歌艺术来说，都是在下激赏的佳作。这首诗也是李梦阳在江西全面树敌绝不能同流合污的注脚。

《玄明宫行》、《林良画两角鹰歌》、《观灯行》、《石将军战场歌》、《豆荚行》等名篇辈出，但越是写得好，越有杜甫的影子。唯有悼念他妻子左氏的《结肠篇》就在丧事现场，写成后烧给妻子，情真意切，情事交融，预示李梦阳诗歌终将以情作为归宿，甚至是格调之说也变成情调，情是一切的发动机。

《石将军战场歌》有三百多字，复现了勤王的大战场，"紫荆关头昼吹角，杀气军声满幽朔。"紫荆关也是他战斗过的地方。胡儿饮马彰仪门，燕山被烽火点燃要崩塌一般。"儿女床头伏鼓角，野人屋上看旌旆。"

这个石将军指的是石亨，"将军此时挺戈出，杀敌不异草与蒿。"将他比作汉时霍去病、唐时郭子仪。救国救难的功绩确实应比开疆征伐的功劳大。但这个石亨不过是奉于谦之命而守城一门，他虽屡有战功，但先在大同与也先的战斗中只身败回。国家兴亡在新帝得立、于谦的运筹帷幄而不是石亨的战功。

同时他把被俘掠的英宗当成肃宗一样的救世主，所谓"乾坤得见中兴主，杀伐重闻载造图"。这也是匪夷所思。石亨和英宗都是后来的夺门政变之人，不知李梦阳何以赞誉如此？可见他的历史课不大过关，没有专业精神。这样写无非是讨好英宗后代皇帝。当然这样写也有可能是想标新立异，只为营造国危京陷的千钧一发之际的诗歌的历史情境，对武宗当局敲响严重警钟。

"追北归来血洗刀，白日不动苍天高。万里烟尘一剑扫，父子英雄古来少。单于痛哭倒马关，羯奴半死飞狐道。"这样诗句雄浑高远无二，但和诗人的历史观不相匹配，实在有些糟蹋这样诗思、神采。太过于功名，太在意建功立业，气势自然受到局限，难追李杜的浑然天成，不露斧凿匠气。全诗从语气到结构、内容都来自杜甫的《北征》，亦步亦趋在诗的结尾，李梦阳竟然拉郎配，将明英宗和唐太宗相提并论，实在使读者心理上无法接受。

李梦阳效法先贤、丰碑若此，但也做到了研得古今之体势，七律、七古之外还有七绝；七诗之外还有五言古诗、五律、五言绝句，此外还有大量乐府诗，都进行了大胆的实践。五言古体在五言突出，有的篇什模仿曹子建的痕迹太重，照瓢画葫芦一般。五言的数量在那个时代堪称洋洋大观，横的比较则无可匹敌，纵的竞技或难望先贤项背、大师的烟尘。五言诗虽多，却明显与杜甫的五言境界拉开距离。这是诗歌王者和诗歌才子的分野。杜甫的神骏在五言诗体的领域里驰骋，照样写出世界范围内的"会当凌绝顶"式的作品。

所以沈德潜在《明诗别裁集》中评说道："空同五言古宗法陈思、康乐。然过于雕刻，来报自然。七言古雄浑悲壮，纵横变化。七言近体开合动荡，不拘故方，准之杜陵，几于具体，故当雄视一代。"说的还是他的"七"称雄。

过于用工用巧就丧失天真，就露出刀笔刻削的裂缝病痕，难抵浑然天成的妙手偶得。

以致梦阳在晚年问心悟道，终于感到盛世已成泡影，人生已为艰难。子曰："礼失而求于野。"在皇帝礼崩乐坏的折腾下，真诗在民间、在大地上生长。乐府永远是诗歌的乳汁。孟夫子又曰："诗亡然后春秋作者，雅也。而风者遂弃，而不采不列之乐官。"悲乎，悲哉。

李白使古乐府还魂，并发展了自己的歌行体。得于道气仙胎，做到"清水出芙蓉，天然去雕饰"的自然之美。

诗的核心就是原创，本是天成，是自然的大造化。过工而失神，刻意古节，复古难免仿古，窒息诗的本体、生机。如今万件仿古家具、赝品再惟妙惟肖也不抵明朝一张黄梨木书桌。凡事不可极端，物极必反。

道法自然，自然才是万物的最高法则。一生"与道有仇"的空同子，晚年终于幡然有悟。以大人之心反思自己所写之诗不过是韵言耳。子曰：朝闻道夕死可矣。

他等于回到自己的"乐府"，他的乐府大多作于正德年间及贬官后回乡时期，充满民歌风味。但此心依旧仍然锋芒未失，干预生活，关切世道民生，成为民心民意的一部分。他连人人谈虎色变的锦衣卫都敢用诗歌批判，《君马黄》可谓不谓强权，特务组织的嚣张。《叫天歌》则写赈灾官员烧杀抢掠，用弓刀说话奸淫邪道。

他一贯是明知山有虎，偏向虎山行，不知躲祸避恶。想打大老虎，比登天还难。《猛虎行》中描写的大老虎不在深山而居市中游，"尽日攫人食，撑肠柱腹无休歇。"诗人击杀不得，无刃在手，剥夺了持刃动枪权。只有求告泰山神去上访，但猛虎开口说话："我命在天。"

这样的诗深入民间，贴近大地的心跳，虽不雅重，但去掉模仿的明显痕迹，缘情绮靡。打破"七""五"之数的运斤成风，返回大地，归向自然，如自由的童心萌动，霸气之心已去，人情世态毕现。

师古，树起盛唐丰碑顶礼膜拜，如同商人拜祖信神灵，而不是拜衣冠丘也非护舍利，而是一种文化种子的还魂复萌。

魂兮归来！如同欧洲对荷马的呼唤与寻找。

师古即是招诗魂，是诗歌在无诗时代的还魂记，就是春天在北方严寒中的复活。

没有高峰的大地，两座碑就是高山之巅。

3

李梦阳集中了一个诗人的命运，在他的身上体现历朝历代诗人的本色，埋藏着诗人的痛苦与理想。他所走的道，是诗歌必然的道路，他所梦想的盛唐、大汉朝也是一个伟大种族的千古一梦。道本自心传，诗家更来自心灵史。

他是殉道者，他是道统精神的体现者、捍卫者，他是仗剑纵马秉笔、汗血沥沥的诗歌赤子。他走的是每一个优秀、正统诗人必然要走过的、烈士终未成的道路。

复古的声浪，被李梦阳强调到最高音。诗歌只选择浪尖上的最强音，李梦阳被那个时代检选到了。这是对现实的超越，是对现有创作的全盘否定，重新起航。大唐是最好的参照物。

汉民族是人类最讲究传统的民族，传统垂宪，围绕着道出现道统、朝纲。越是远古越被神圣化，三王之道永远被奉为理想的楷模、发展的样板。

对于明人来说，几千年辉煌的文明史有过最伤心的心灵阵痛，那就是亡国于蒙古。将这个"处女坐花轿"第一回，彻底埋葬，不让它有下回分解的可能，复古成为历史的必然。宋朝无论怎么好，都不该是诗人心灵深处的梦想。北宋亡于金，又是南宋使中国全盘"胡化"了。但义军是从复宋开始革命的，打着重开大宋的日月天开始复国运动的。复兴理学被朱元璋钦定为不二法门。

存天理灭人欲，但天理是什么？哪一个圣人能摸索到永恒不变的天理，像手摘到北辰？屈原说我将上下而求索，守成不动就是僵化。天理在人间凝聚成皇权，这一命题其实不过是历史的假命题或权宜之计罢了。

理学在北宋、南宋破产，必然也要在大明破产，如果重蹈覆辙，中国再一次灭亡，还将发生怎样的浩劫，一个文明的终结幻灭感？李梦阳在明朝中叶夺历史之先声，写下女真是中国最大的忧患。

理学是有某种不祥的阴影，但又没有更好的替代物。诗人不仅是殉道者，传统的守护神，更是先知先觉的先锋。诗人是永远的躁动者，他是时代的投影、奔跑的光环。诗歌是诗乐之邦的本质特征，没有诗歌瑞兽的时代充满不祥之音。诗在盛世必是见证，在不幸时期反而更兴旺，总之在历史上没有诗人出现的岁月是不可理喻的。

诗歌是文明的高峰的标志，没有诗歌的时代是可怜的，充满伪诗的岁月更是凶恶的、不吉的。诗歌是中国的凤凰遗音，是吉祥瑞星闪耀。诗歌的复活，意味着民族灵魂的还阳。在明朝，诗歌地位虽高，但不做考试内容，是八股决定命运。诗人何为？

外戚、阉祸是汉唐的不治之症，满怀盛世之心的李梦阳，自然驰马冲杀过去。国家兴亡系于一身的使命感，对历史负责的荣誉感，是士大夫士子的英雄本色。他的上书不息，与明初方孝孺绝不书一字如出一辙，行的是相同的烈士赤子的古道。

不仅是李梦阳，这样荆棘鸟一样的勇气与生俱来，是士大夫的本分。只不过李梦阳更加主观冲动，他身上有一种少年猖狂的书生御史、谏官气。人微言轻，却能放言无忌，犯鳞弹相也不惜。这就是古士遗风，古道热肠。

在明朝最荒唐的武宗皇帝面前，一个小小守关御史竟敢挡住皇帝的去路，当面抗诏，怀抱长剑坐于关前。此夫当关，乱为的皇帝莫开。他是守道，坚守的是天职。这样的事比比皆是。比李梦阳慷慨赴死更加大无畏的队伍前仆后继，是一种常态。

李梦阳与一般文士有所不同的是，他出身一个寒微的军士卫籍家庭，他身上流淌着明军的血液，也汹涌着读书人的朝气。文武之道兼备，使李梦阳和其老师杨一清有更多相似，也像他的朋友王阳明一样，这其实也是大明才子的独特气质。

李梦阳有两位恩师，一为入室之师杨一清，二为科举座师李东阳。

两位老师都是诗人，决定着李梦阳人生轨迹与命运。李梦阳等七子结社为友，掀起文学复古运动，他还有另一位好友即哲学家王阳明。诗人成群结队，行走朝野，一时热闹非凡。但在诗歌史上注定是一群小禽，因为大禽比如雄鹰都是独自飞，李白杜甫连进士都不是，他二人不可能结社搞诗歌理论来吸引人眼球。李梦阳是领头雁，是一种文学现象，是诗歌集体风景。李梦阳突出的成就是诗歌创作及理论，其他文体相对较弱，有不少不过是那个时代一位诗歌名士应景式的作品。写写序跋，作作墓文，题题词，赠赠别，记个记。李梦阳晚景享受文坛领袖地位，由此带来比李杜养尊处优多了的奢华生活。但祸从文出，除去两篇主动请缨写给皇帝的弹文惹祸以外，他不加思量两次给宁王写记文和高稿酬的献诗，彻底葬送了他东山再起的机会。

复古运动主要在于诗，文是次要的。虽然他一些抒情小赋如《石竹赋》、《鹊赋》、《观禁中落叶赋》有诗歌因素，与咏物诗有异曲同工之妙，一些刻画商人为商人作传、写记、撰铭有新意，《哭白沟文》等文激烈苍凉，慷慨悲歌，显得才情不凡，但在散文史上没有多大意义，即使与明文横向比较也难以出类拔萃。倒是晚年问道求理，撰写《异道篇》、《化理篇》、《事势篇》、《物理篇》等八篇，证明了他的沉思，他是有思想准备的诗人。他一生虽没有脱离儒学、理学窠臼，但与大儒无关。儒通过独尊之术，垄断了古来道统、汉文化解释权，甚至贪天之功将其据为己有，通过流变、演化不停摇身取舍。这八篇其实也是一种心得、杂糅，远非达到一家之言的程度。还是燕忠说他无学问比较切骨，他只是一位诗人。他做提学，提学就是督儒学，那不过是他的工作而已。不能说每个提学都是儒家，就像不能把民间行孝为仁仗义的百姓都称为儒生一样。

他相信《易经》，每次大难问断《易经》，爻辞卦象都及时告诉了他。他认为："知易者可言诗。比兴者悬象之义也。开阖者阴阳之例也。发挥者情，大小者体，悔吝者验之言，吉凶者察乎气。"《易经》和《道德经》都是知天地人生秘密的诗篇。

他终于道悟老子之无而有心得，"至宝不耀，至声不闻，天之道哉，天之道哉！"道就是《易经》所说的日用，"百姓日用而不知，君子之道鲜矣。"政治的理想最终也是"霸功欢，王功忘"，霸功只是一时讨人欢，王功则是被人忘掉，时间越久越让人回味无穷。

诗歌遭遇了理学，理学企图将诗歌变成它的附庸，结果被"盛唐派"解救，匡复诗神之器。理学在明朝首先在诗歌上破产，理学诗遭到盛唐派及诗界一致废弃，甚至殃及整个宋朝诗，明初期、中期凡是与理学有沾染的诗都遭到清理、驱逐。

李梦阳在学术上对理学再次发动攻击，提出天理人欲同行，不同的在于一个情字的问题。这个同行，也是来自易经的睽卦"二女同居，其志不同行"。人和诗歌终将回归心灵，世界最大的诗意栖居，就是隐居于心灵。

李梦阳的集群搅动一汪死水，掀开了明中后期文学思潮的波澜。

他是像写的那样的生活，他的人格力量归于大道之行。他是万千诗歌勇士中的一位旗手。

他是真丈夫，诗歌壮士。盛唐的历史难以光复，盛唐的诗歌难以复制。这都是绝版。但梦想是多样的，连绵的。

真正的诗人都有预言性，李梦阳不是诗歌的假古董、复制品。他是回到源头、历史高潮中一次汲取营养、元气。

他充满忧患意识。他对女真的预言，历史不幸言中。同时他给孝宗的奏章上的忧国忧民也都成为现实。这足以说明诗人的眼光、直觉胜过千军万马，诗歌抵过万倍八股文。亡国之后是亡天下，亡文明。异族兴起时屠杀汉冠数千万，快亡时拒绝退出历史舞台，由此的战争又死了数千万。文字狱贯穿始终。今天回想李梦阳的这个"诗史直觉"，他犹如先知圣徒！

忧患意识与他在三关招商监税时严法守制重整河山的思想是连续一贯性的。

诗人本情种，没有情的诗歌布满灰尘。

梦回盛唐，是一种理想主义的精神源泉和发动机。盛唐是五千年中国史的精华、巅峰，唐诗是那个辉煌朝代的代表作、验证。唐诗放在人类文明史里，都是光辉四射。在明朝对唐诗形成研究的高潮。宋诗偏理将诗歌变为理的附庸，大多味同嚼蜡；元无诗，这其实是对宋及元的摆脱、重返精神的家园高坡。

盛唐之诗是这座诗歌金字塔的金顶，是皇冠。在重返盛唐之下，汉魏等时代的杰作包括乐府也必被重新发现，盛唐虽然不是源头，但是上游、巅峰时代。它以道为国教，道即万物的本源。

李梦阳们幻想，大明之诗能成为盛唐之后的皇冠上一颗明珠。这是无数士子诗人的文化梦，被长安乡试夺魁李梦阳、状元郎康海的长安情结熊熊燃烧，强调到最高音、发展成为一场文学运动。星星之火，可以燎原。复古诸子散播四方，在各地讲学交游结派，声势浩荡。前后七子呼应，同时也触发了支持和反对两派激烈交锋。江南不仅早已成为经济中心，也更是文化中心，出现与汉唐不同的新元素。一帮江苏文人成立文学派别此起彼伏，引领风骚直到明朝灭亡。

对于作品来说，一味模仿，揣摩盛唐汉魏经典，亦步亦趋，近于迷信感情，无疑将变成其影子，失去原创、独创性，所有作品的价值都是赝品。无论模仿有多高妙，因此李梦阳实际作品大打折扣。他的大赋之类基本上是彻底模仿的败笔，失败的复制品。凡是不能与现实发生血肉联系直入心灵的文章都不可能有生命的。他提出格调论，其实是诗如其人的一种诗歌气节、风度。

李梦阳没有成为整个汉诗史上的大诗人，在于他所处的时代远不及汉唐，谁也无力回天。这一绝妙的古典形式及内容的辉煌，已被唐人用尽，不可步其后尘。唯有得到唐诗堂奥，得到"精神附体"，才有可能将中国诗歌开拓出新路。后来西方欧美诗人从唐诗中东天取经，比如庞德，发展唐诗的意象等核心要素，树起意象主义的旗帜，从而揭开欧美诗歌现代派的浪潮。

李梦阳显然还不具备庞德西方大师这样的视野，意象营造明显不够，他一些价值上乘的诗歌皆是出自他自己心灵泣血或飞扬之作。当然庞德是经过文艺复兴、启蒙直至多少个世纪的后天结晶。历史需要宽绰的大把时间走完它的进程、轮回，这不是李梦阳能够把握的。他直觉到的女真作乱，将打乱历史一切进程，那种所谓盛世完全是堆积和复制的死魂灵赝品。那样逆天背道的盛世越盛，对历史之心的毁灭就越严重。而真正盛世是盛唐的恢宏无涯，大千世界的诗歌帝国。那是他心灵里的理想国时代。像哥特、日耳曼、匈奴、蒙古对欧洲入侵，千百年来几乎没有一个西方人歌颂他们的武功文治。虽然日耳曼的后裔掌握欧美，但没有人歌颂他们祖先对罗马的毁灭。只有希特勒认为现在的日耳曼最高贵，结果他是法西斯。光荣罗马文明，回到希腊去，是蛮族日耳曼后代的历史心声，伟大文艺复兴，觉醒。犹太亡国千年从没有放弃复国理想，从没有包装、粉饰占领者，写伪史作伪诗。

大唐的国教是道教，根本是老子，并将老子追宗认祖封为皇帝。盛唐之根直通本源。

"诗必盛唐，文必秦汉"（此时秦实指先秦）与中世纪欧洲文艺复兴提出的口号"回到希腊去"有异曲同工之妙。为什么李梦阳等人提出复古运动回到汉唐去没有形成历史连环冲击波，掀开新时代大幕，而欧洲的梦回希腊却达到了？这里有复杂的历史原因。其中李梦阳等诗人无法和诗歌巨匠但丁相提并论，李梦阳回到汉唐也没有根本性、全方位深入、对历史的正本清源。只是单一的文学思潮，没有形成对整个文明板块的反思、重返。

在明朝由于中国灭亡于元的阴影还未彻底消除，万里长城沿线的战斗时紧时慢，明朝政治也是历史上中央高度集权的王朝，种种反传统非中国的杂质、异化，李梦阳等士大夫无力回天，只能纵酒去消万古愁。

大明与大唐风景异，不可同日而语，时代气流不能让他成为李白那样的诗人。就像鲲没有相配的长风浩荡，起飞长空，变成鹏抵达南海。李梦阳只能成群结队以壮声势，像鸟群集体地声闻于天。众鸟也能搭起银河上的鹊桥，歌唱天地间永恒的情诗。

李白是诗歌与道教的千年结晶，而李梦阳正是燕忠所教训的那样"无道"，因此他只成为杜甫圣徒，孜孜不倦于途奔波。

短诗及以儒为中心的哲学已经不再是时代的旋律了，它和世俗化的话本、戏剧、长篇小说也没有形成联动效应。虽有后七子相继，也只能难以为继，绝缘启蒙运动的新时代。

但明朝的中国虽有各种黑暗，但仍然是那时人类较为先进、最强大的文明板块。沿着"梦回盛唐"的大梦做下去，正在嬗变的汉文化必将迎来自己新的曙光。

复古运动尘埋于历史的深处，在今天我们对它重新挖掘，仍然看到李梦阳等人的拳拳之心与复古旗帜下的先知先觉。

这是历史的纠结在肠。

正常的复古，是前进，是吮吸母乳，恢复的是与太阳一样万古永恒而弥新的神器、天道。得到是"神明"神韵。反常的复古是停滞不前，是殖民，是兜售其奸，是借助迷幌，进行种族的精神蒙昧、文明倒退，沐猴而冠，引狼入室。得到是"魔鬼"画皮。

中国历史是巨大矿藏，汉文化长期处于人类史的高峰，且连绵任何势力都一时难以间断。三王时代、汉魏、唐宋等等每一个朝代都是复活的"希腊"。"日月之行若出其中，星汉灿烂若出其里"，观沧海与爱琴海有异曲同工之妙。

历史事实本身自有逻辑，戏剧，诗意。

诗歌本质就是对一切虚伪、假象、僵化扫荡，势若水火。她最先锋，拥有古老永恒的神性。所有明朝此起彼伏的复古运动，都由诗人掌舵。诗歌虽被称为式微的小技，文以身累，但主盟文坛还是诗人。

高山仰止，景仰大师先贤，出现近似于宗教般感情的诗歌"圣徒"，好像共生状态的犀牛鸟。

诗歌的仙旗圣帜一树，星火燎原。那时诗人最高的理想格式样板是"诗必盛唐"，由盛唐近回历史的正源正溯，一路"寻根"，精神上追根认本，正本清源，从诗到文直到汉魏、三王时代。盛唐如同希腊，召唤着大明中后期的人们。在那个关键时代，也正发生类似文艺复兴的历史氛围。但李梦阳的大梦，没有深入下去，没有同整个时代、历史发生血肉联系，规格较小。他不可能是欧洲文艺复兴时代的巨匠，推动历史的大跨越，以大时代输氧送气，成为精神的蒸汽机。李梦阳的复古存在有深厚的英雄理想主义的色彩，他从情出发，到意境浑成，追求气势沉雄、神韵流动的风格。李梦阳提出格调说，这是他的诗歌标准。超脱庸俗和僵化教条，重回伟大与崇高，重回诗歌的本体，就像太阳壮丽的光环永远曝光诗人心灵，存留底片。

他成为一种精神的代码。虽梦日而生，但是但丁的光辉他永远也无从目睹。中国情况就是一浪推一浪，一圈圈漩涡往前冲，散若满天星。气虽浩大，不乏气贯长虹者，却很难出长诗、史诗。但只有明朝出现接近史诗性的五大作品：《水浒传》，《西游记》，《三国演义》，《金瓶梅》；另外极有明朝诗人特质、汉家的精神密码的《红楼梦》诸多证据也表明它是南明时期亡国诗人奉献的史诗性的杰作。

这种文化井喷，是唐朝也望洋兴叹的奇迹。

在历史长河中，都是同一个朝代、同一个气、同一个道，写的都是同一种诗篇，怀着同一个李杜那样的梦想，来抒写这个时代。以李杜之心来观盛唐之世，在现世中写同样优秀的诗篇。心有李杜之心，才知盛唐的经验，才能写出盛唐诗篇。体验到所有诗篇都拥有同一个诗神、照射在同一个奎星下，所占的是同一个鳌头，同一个曲江宴饮。如果没有神，诗歌也必须创作一个神来，心神凝聚，其义自见。

那个坛，心灵之花簇拥的神坛，是古老的、永恒的，有它特有的道、铁律。

4

李梦阳所处的时代，恍若盛世，又转眼若梦。在这个节骨眼上，他梦见大唐的太阳，在诗歌上升起。而明诗在那时也是旁落，不成体统。双重因素，激发了他"诗必盛唐"的梦想。

从历史中寻找经验，丰碑式的力量、偶像，进行突围、超越，这是身在低谷低潮的明智。"回到盛唐去"，"回到大汉去"，为文明寻找历史的原动力、样板。这一号召无疑与"回到希腊去"在人类历史上有异曲同工之妙。具有人类史的同时共在性。这是历史的声音，文化复兴的曙光，明朝已经像手捂着手电筒那样满手红光在握了。戏曲杂剧比古希腊更活跃，《西游记》等横空出世，思想家摩拳擦掌。经济上，明中期无疑处于那时人类的最高峰，并且出现商品经济的萌动。

一句话，你喊出可能整个人类都听得到，让世界历史都引起强烈的共鸣。一面旗帜，一种向度，凝聚着时代的风雷，一振臂高呼就电闪雷鸣。就像启明星下，雄鸡报晓，撕破夜幕，露出一个新大陆！

诗歌的灵魂回归本位，主体复苏，响起冲天号角，道出箴言说出密码。它本质的抒情，立马就使理学的裹尸布灰飞烟灭，推动骨牌！这不以人的意志但可能以人的感情为转移。理学的天空崩塌了。

"回到盛唐去"，在西方同时代、同步的回音就是"回到希腊去"。

东西方文明同处在一个天空下，仰止的是同一轮太阳，本来是可以齐头并进、并驾齐驱的。几乎在同时代，东西方都爆发声势浩大的文艺复兴运动。

甚至此时在明朝，成就更高些。

首先南京政府派出人类史上空前浩大的郑和船队，七下西洋。遥遥领先于欧洲航海数十年，中外声势、技术的悬殊如同龙蛟凤凰同羊毛、鳕鱼之别。这是南宋乃至元蒙以来中国海洋实力的正常"检阅"、亮相。元蒙虽然野蛮暴虐，但并不封闭冥顽不化。它是世界征服者。与后来居上、乘人之危而登堂入室的暴发蛮族有质的不同。

但诡异的是一个人改变航向。朱棣将历史航道从长江文明倒退向草原、沙漠之滨的幽州。从海洋贸易转向对北元诸胡的耀武扬威。历史南辕北辙的调包，由面朝大海的春来早，人为迁徙成了面朝荒漠的金玉与顽石争锋的战功上。

中国的建筑更是无与伦比。一个个大都市拔地而起，特别是万里长城巨龙状昂首于北方。米开朗基罗的教堂壁画，也没有大明的江山画卷如此多娇。

明朝同时也是大师密集现身的时代。吴承恩、施耐庵、罗贯中与莎士比亚、但丁、达·芬奇"文艺复兴三巨人"可同日而语。一个中国敢与一个欧洲不知不觉地竞赛。

在意大利，文艺复兴前期出现了文学三杰：但丁、彼特拉克、薄伽丘。两位诗人一个小说家。除了但丁无人可比，后两位在大明可以车载斗量。

前七子和后七子的领袖李梦阳、王世贞加在一起也比不了一个但丁是事实。但前后七子高蹈的文学运动却风雷激滚，波澜壮阔，代有才人出。直到后来的复社、几社（云间派），都是一脉相承的。王世贞自明以来一直传说是《金瓶梅》的作者，而复社的大诗人吴梅村也据说自清以来一直是《红楼梦》作者的首选，"石头记"反映的正是大明石头城毁于膻腥的千古大悲剧，凝聚着整个王朝乃至文明毁于一旦的高峰体验。诗人王阳明和王廷相由诗转道，建立思想体系也不弱于但丁的神曲体系。

明朝中后期是被严重误读的时代。因为明灭，以胜败论英雄，再加上"封建余孽遗老遗少"做了奴隶而得的幸福迷梦还没有做够，总是对明朝以漫画式的涂鸦。被清人编撰、篡改的明史资料也一直是这个腔调。好像只有大面积杀人屠族掠地、事无巨细的操控才叫勤政才是伟哥。这根本就不是中国历史的真相、实质。

从孝宗到正德和嘉靖、万历三个小皇帝，其实都是天才性的有为、无为政治高手。孝宗几乎是人类史上最完美君主之一，他的勤政、有为是以圣贤共治天下，坐而论道，不息革新。正德帝被戏剧小丑化了，但王阳明却一直死保，并无半点怨言，他是具有国际化色彩、视野的佛皇帝。当然他可能在孤儿寡母的窘境中，害怕外戚而受阉党利用，出现种种变态。但灭阉凌迟刘瑾、使小王子夜遁逃的正是他的漫不经心。嘉靖是苦心修行者，大隐隐于帝位。万历在内忧外患，草原原始野蛮文明和海洋文明双重挑战下，尚能隐士般的完胜，虽非圣君，但真实自在，也非无赖、作伪、昏暴。所以李梦阳对两位少年天子虽有失望情绪，但没有丝毫反意，丹心未改。李梦阳对黄河连清竟挥笔写下了"大明十帝转神明，天意分明赐太平。紫盖复从嘉靖始，黄河先为圣人清"。

三个被脸谱化的小皇帝的客观功业，并不弱于同时代西方诸国的皇帝。所有乱象，只是由于大明帝国的太祖和成祖导致的废除传统政治中的丞相制、皇权政权不分的个人极权制造成的。由于正本清源、复古得远远不到位，像黄河出轨失道停滞在一种"非常状态"。最重要的是他们实行了言论自由，言官制度依然是国家支柱。李贽如此离经叛道，并不是皇帝要杀他，也非国家要抓他，而是官员之间的倾轧，是御史弹劾；是他刻意夺剃刀苏格拉底式的自杀。封伯拜将的王阳明就是大办书院、精神自由、学术自由的一代大师。

士大夫、诗人、文学家的纵欲达到历史忍受的峰值。从灵魂到肉体全面开放，释放。

与莎士比亚对应的是，大戏剧家汤显祖。随便找个短篇，《聊斋志异》也不弱于《十日谈》。

性开放没有比过公开刊行的《金瓶梅》、《肉蒲团》等等系列。

科技如宋应星的《天工开物》，农业如徐光启的《农政全书》，医学巨著则是李时珍的《本草纲目》。旅游早就是一个产业了，诞生了旅行家徐霞客的《徐霞客游记》。但还是缺少经济学方面的巨作，有待时机。

那还是一个绝对宗教信仰自由的时代。孝宗信仰儒教，武宗迎活佛，世宗做道君，万历时洋教士利玛窦传来福音，和礼尚书一道进京，享受朝廷俸禄。儒释道并行，从这三个相连的皇帝身上印证。

李梦阳等前后七子的实际创作成就没有取得历史性突破，在于他们的视野远不及小皇帝朱厚照开阔，还没有彻底从理学僵化的死魂灵里解放、超脱。也正是大理寺卿燕忠审判李梦阳，指出他不谙老子学说，大道未通进退失据不自由。唐诗之所以辉煌，在于精神的自由，在于百花怒放。而以老子为根本，以道教为国教，客观上就是对文化、思想开放、自由。道家是清静无为的，是沉潜于本源的，绝对上游的天根地本，以自然作为万物的最高法，不具有排他性、攻击性。唐诗正是在这样自然之境达到历史峰值，诗人的天性、诗歌的本质正如王冠上的雄鸡，一唱天下白。如神器上的凤凰归来，千祥万瑞。

所以冥冥之中，大明的文艺复兴由诗人的"诗必盛唐"开始，到复社等文学社团的诗人以身殉道、还我河山、复我大明的失败告终。

南直隶、江南率先进入"商品经济时代"，萌芽了所谓的资本主义。明代《南都繁会图》反映了明中期南京的繁荣场面，类似《清明上河图》。

人口到了明朝万历时期全国人口达到了两亿左右，昌盛得一塌糊涂。

白银世界性流通，作为商品经济发展的见证，正尝到海洋贸易的甜头。万历朝出自西班牙、墨西哥鹰洋银币正常在市场通行。那不是一个黄金时代，但的的确确是人类史上的一个白银时代。领了整个人类的风骚但历史却突然中断，再一次蹂躏于膻腥，天崩地裂，栽入比欧洲中世纪还要野蛮百倍的全方位禁锢的噩梦、封闭的文字狱中，神明难以归位，文明难以归根复命。怎能不叫历代诗人仰天扼腕，焦心如焚？

好比希腊被罗马灭掉，而罗马又被蛮族灭亡，陷入中世纪的黑暗。明朝被汉奸引狼入室，并不是汉文明比野蛮文明黑暗，也更不是一定落后于蛮族的半游牧半农耕势力，更不能得出汉文明与希腊文明不可同日而语，注定要被历史淘汰。不以成败论英雄，汉文化遥遥领先于人类数千年连绵不绝，恰恰是在明亡以后的汉奴时期。不过是狼主时代的大倒退、蛮荒化罢了。不论是后赵还是后金，戴的永远是同一张面具。谁能说奴儿石勒不是更英雄、正大一些呢？谁能说狼主是五千年龙飞凤舞的汉文化象征？

这只是偶然的历史悲剧，虽然有必然的天惩。只不过令明朝惨灭的不再是"上帝之鞭"而是内乱的"狼外婆进门"。上帝之鞭打过还能复元，若是狼吞狗咽之后，就难说了。

希腊的幸运是亡于同样高度文明的罗马，而不是日耳曼。灭亡给什么样的对手，是什么性质太重要了。

"吾心便是宇宙，宇宙便是吾心。我心即是天理，天理即是吾心。"这样的历史心灵一旦亮出，就可能置于群狼环伺之口，心可能被掏空只剩下肉欲的蠢动。狼外婆一样的俗儒是羊圈的敲门者，对家国的伤害、龙凤的受难可能超过任何屠刀。屠心屠灵的屠龙术空闲了几千年，此时可能就有了用武之地。

从后面的历史经验来看，明中期理学、儒学开始解冻、塌方直到破产，是多么有历史的先见之明。而李贽与李梦阳都在骨子里是同一个诗人，是时代的变形记，是因果关系。

中国文艺复兴的直接成果就是撕破理学的画皮，诞生层出不穷的巨著。西方文艺复兴宣告大一统的神学终结。回到希腊去，找到荷马史诗的精神源头，遂成为西方现代文明的一个精神本源。回到盛唐去，找到李杜乃至李梦阳醉心的杜甫诗史。《西游记》是大唐向西，《水浒传》是大宋的山寨民间，《三国演义》是分权独立。《红楼梦》是国破家亡，诗人万念成灰后的朱楼空空，丹心喂了中山狼的诗意终结。

七子的复古运动，拉开了谁也意想不到的、新纪元的南天门。因此李梦阳等人毫无疑问要成为后来者的靶子，踩着先烈的鲜血前进，才是正常的历史行为。就像黑鱼在产子后是盲目的，小黑鱼要自动游回母腹做牺牲。也有螳螂交配后被情所食，鲑鱼溯河洄游万里归乡，交配产卵之后就是殉死，作为后代的营养。

拥护李梦阳，是遵循、捍卫历史精神。反对李梦阳是心有每天都是新的日出才行。李梦阳成为一种历史符号。

李梦阳及前七子不息不灭，是因为他们都是附在道上的，甚至是整个人类的心灵史，不是附于一己悲欢离合、功名利禄。

复古，作为创作肯定有它的流弊。但它不是一个创作方法、尺度，而是一种精神。这精神也不光是心性本体的一种更为凝神化的说法。

虽然出自任何模仿的作品，都没有原创意义，都不是第一流作品。临摹出神来，下笔如有神，是难以企及的境界。气非元气，气不浩然；心无神采，心无灵窍。在诗歌面前纵是王阳明、王廷相也难见诗中之神。模仿是危险的，极易作茧自缚，弄不好就是抄袭、剽窃文贼。但李梦阳则被后人称是写出气壮山河之势、山龙藻火之章、黄钟玉磬之音韵，就在于他胸有十万甲兵。王阳明因此，成了心学家；李梦阳成了七子之首。

后来者层不出不穷，前仆后继。它远远超越文本的本身。

这个运动本身终结归于道，是文化、政治的复合体。它也不是单纯的文学运动、结社，是文脉流传。到了后来形成声势更为浩大的复社、几社之类的。复社的诗人沿着烈士的道路前进，发动一次又一次复国之战，最终身死国灭。夏完淳，那是少年，我想如果李梦阳活在那个时间，肯定也是又一个夏完淳。这是一条线上的守夜狗或火凤凰。

5

当帝国从长江流域的心脏之地金陵北返幽州，回到由金人开创的大都时，历史的车轮注定像黄河那样改道了。在这里，远离郑和下西洋所履历的海洋文明曙光，重新回到了农耕文明与草原野蛮文明反复争夺血杀的漩涡、深渊。历史的进取戛然而止，恢宏气象终结于朱棣北征的亡途。当这个反王踏平金陵王气，却不知自己要病逝于北国榆木川。任何穷兵黩武都是虚弱的征象，前有榆木川后有土木堡，都是帝国的凶兆。

朱棣一个人扭转了历史的方向，因为受到诅咒，在南京不得安宁才迁都北京，却将自己的儿孙带入歧途。他在临逝前是否能看到他的后代将杀妻灭女遣散皇子自己蒙面自裁，社稷、宗族再次灭于胡虏及流寇之手？

将首都迁回南京，从边塞复返人文、经济的中心摆上议事日程，却因太子朱高炽继位仅一年就山陵崩而彻底搁浅。在明朝这样高度集权朝代，经济、文化中心与政治中心分离、割裂而又不能像野蛮虏族建立政权那样大肆掠夺、殖民，长此以往无异于身首两处。

当刘大夏将举世之主航海图永久销毁或藏匿而重复进行儒家理学式治理天下时，就注定了大明的沉沦以致万劫不复。——整个世界史已经进入了航海时代，领先于人类的华夏却从此破天荒地丧失了文明上的优势。正统的儒生越是有为，就越偏离历史正常轨道。

刘大夏们主导的弘治时代，因为路线错了，盲人摸象般的南辕北辙，注定难以为继，只是一个幻象，一个大唐盛世般复来的错觉。

李梦阳及七子主导的复古运动就是这弘治盛世的一个绚烂的诗歌幻象。七子中因为只有来自边塞的李梦阳淋漓尽致更贴切地展现唐诗的幻象，成就最大。何景明、康海等子艺相当，但因为与盛唐气象有质的隔阂，所以注定不能成为七子复古运动的首领。何景明不过类比王维罢了，王维注定不能代表大唐诗歌的风气。兼有李杜于一身的李梦阳横空出世，无可阻挡。他功烈震天下，霸气终存，作为文坛一代风云人物，任由你评说。

这是冥冥之中的文艺复兴。作为诗乐之邦，以诗文复古汉唐，重振汉唐浩浩汤汤的气象。但汉唐是以陆路与西方世界的文明碰撞、会合。

但大明注定在陆路上难以抵达。在海洋世纪的曙光降临之际，必然由海上丝路交通世界，发生海洋贸易。

其实北宋特别是南宋已经抵达历史的"入海口"，南宋的首都就在杭州，赵构也是漂浮海上得以逃脱野蛮民族的追杀，海洋成为他的保护神。

主宰南宋经济命脉的已经是海洋贸易经济了。即使蒙古铁蹄踏破中国心脏，建立的混合体帝国，也仍然与世界融为一体，海洋贸易如火如荼。

但南宋兴盛了朱程理学，初被朝廷宣布为伪学，后来被明帝国继承为绝对权威的国学。理学不过是从北宋的道学衣钵而来，杂糅了道家、佛学内容，用于政治伦理，形成一个似是而非、纷争不息的庞然怪物。它是长河里沉淀物，既无此岸也无彼岸，更无万水千遭归大海的大道入海口。它像裹尸布一样乱裹北宋也缠死于南宋。

七子对有宋一朝的排斥、否认，与明一贯主流思想有关。但汉唐的流向就是南宋，南宋就是历史一个结晶。南宋又被理学的裹尸布裹着，使人看不清它真正历史面目。

历史在文艺复兴面前，再次搁浅起来。

李梦阳的精神底片不过是边塞北疆的建功立业的老套做派。注定不能与历史的走向对接，产生历史性的接轨。文艺复兴聚集起来的力量，不进则退，不仅冲刷不了淤泥，相反加重淤积。曹操挥鞭观沧海，发现海里的日月之行。诗有救赎民族灵魂的本能、潜力。

这场发源自北京的复古运动有它命定的半道而废，行之不远。但它又确实是人类精神运动史上一个必然，冥冥之中类似西方的文艺复兴。欧洲巨匠们发掘了希腊，打起回到希腊去的大旗。希腊是古老海洋文明的蔚蓝色旗帜，他们必然走向大海。

而七子梦回盛唐，就像何景明来到长安，逝于斯。当西方诗歌早就诞生《神曲》那样的伟大史诗，李梦阳们还在倾心模仿那些灵光片羽的短章。但文艺复兴的大潮也同时涌现星汉灿烂般的巨匠，它从诗歌中转移了，转移到长篇历史小说、戏剧、学说、思想上。诗魂变形，小说里依然有诗。因此李梦阳重要的不是他的诗文，而是那一股精神气质。

复古的本能就是对理学一次冲击，宣告理学的破产。因为汉唐在上游，那里没有理学的僵尸禁锢。七子无疑是集群式首开这扇历史之门，像打开的宝洞。

西方所有反叛、叛逆都是名花有主，有去处、光明的归宿。而大明却一派纵欲、乱性、内乱，陷入无边私欲野心的泥潭。这是历史的迷津，难以突破的宿命。

整个主宰国家命运的士大夫阶层，不进则退。相当人的意志消沉，不再成为天宪道统的看守者、捍卫者。在武宗人一阵鬼一阵的宏图大展中，一上一下的颠簸，虽然出生入死但总还有个谱。还有个李东阳、杨廷和那样的人暗中顺从地掌舵。皇帝还把内阁当成大树乘凉，并没有搁置、变异。

嘉靖以内阁力压阉党和废置外戚势力，但他只相信一个人的内阁，即内阁的一个人严嵩。这个人必须是他通天的云影，长成他肚里的蛔虫。

宣宗时因内阁有三杨，而才有仁宣之治。孝宗时是君臣均衡、依法共治。万历和嘉靖都是首辅执政，最糟糕的是崇祯赤膊上阵，越俎代庖，精力过于旺盛而又国破家亡。

可最好的皇帝孝宗竟然绝嗣。

功业之心若画瓢。天理在游移，北辰若不明，王朝仍在醉生梦死。诗人正好去写诗去涂鸦，去坐牢。盛世气象不再，诗人正好抱团去取暖。这种抱暖是小集团式的，三五七八个为主角的。你方唱罢我登场，确实有充分的自由争鸣，但互相拆台，形成门户之见。没有出现整合的文艺复兴大气势，大局面，如江水向前。

八仙过的是海，但所求的是共同的道，各种诗歌小流派，旱地拔葱各树小瓣，这一情况直到明朝将亡，才形成一个复社成为各社各派之宗。但为时已晚，狂风卷云散，无论怎么挣扎都没有复国。

6

李梦阳发轫于给孝宗上奏疏，孺牛不怕虎，单刀赴会，挥鞭痛打皇亲国戚。

复古运动名声大作于弹劾八虎，士林齐出动，达到热潮，后被刘瑾镇压，作鸟兽散。但有了共同的敌人，其实诗人们是更团结一心了。再次重返潮头，是刘瑾被诛，朝野强烈反弹，诗人们扬眉吐气复归庙廊。但李梦阳却栽了跟头，这时何景明成了当仁不让的舵手。于是发生何李之战，将政治运动转向了诗歌本体的论争。

凡是参与复古运动的诗人、作家，竟然在政治上都是靠得住的，都是附道者、殉道者。何李之战又将"盛唐派"引入诗歌的根子上，文本上。如同植入历史的息壤之中。因此即使七子都故去，这个大道上的诗歌之根一遇到相同的气候，必然灵根秀发，又形成新的"七星耀野"。后七子再次掀起复古运动。

嘉靖隐居于京都的龙椅上，将大权赋予了阁老严嵩。这位在江西隐居写诗读书多年的弘治才子，权倾天下二十年，父子狼狈为奸。任何人都经不起极度权力的腐化，引诱。诗人、青词高手严嵩也是如此。刘瑾和江彬是他的镜子，利用文人当权臣，无论他掌多少年的权，都不会有阉党、边将那样的麻烦。严嵩的奸腐，公开炫耀富可敌国，是士人迷恋权术、空虚堕落的集中反映。他代表内阁迫害政敌，打击反对派，毒过皇权。但有人高论"孔雀虽有毒，不掩其文章"，而后七子结社导引天下则要与他对立、决战。

后七子的两位领袖王世贞、李攀龙都是严嵩的反对派。王世贞与严嵩有杀父之仇，不共戴天。后七子是结成诗社组织，起源于南方创办的刑部诗社。布衣谢榛是上世纪李梦阳时代的人，最为年长以写诗卖诗为生，是诗社的理论家，初始名盖其他诸子。前后七子登科，唯有谢榛是白首。王世贞不愿让他执牛耳而推崇李攀龙。李攀龙与谢榛交恶，恍似何李之争,将谢榛开除出社。李攀龙似乎是另一个李梦阳的翻版。同样起于贫贱之家,中乡试第二名,起于刑部主事,官至陕西提学,出名的傲官而回乡隐居,但诗歌成就远低于李梦阳。他与王世贞共擎复古代运动的大旗,一同主盟文坛二十年。

前后七子的首脑人物,竟然都姓李。后七子比前七子更狂热地推崇"诗必盛唐",强化到宗教般的境地。李梦阳被追认、抬高到教主一般的地位。复古就是钟馗打鬼,李梦阳等人在打过鬼之后成为鬼,而是神魂复兴。王世贞一以贯之地接过战旗,在李攀龙过世后独领风骚,复操柄二十年,成就远大于李攀龙,官至刑部尚书。他是真正的盟主,江南风流。王世贞师从杜甫的"诗史",文学与史学兼修,而成为历史学家。

其中吴国伦从中书舍人到给事中,也是直面与严嵩的斗士。兴化人宗臣是抗金名将宗泽之后,敢为弹劾严嵩的御史杨继绳收尸。诗以气取胜,为诗呕心沥血,奉杜甫、李梦阳为师,参与抗倭,官到提学副使。长兴人徐中行,名取自易经中行独复之义。吴承恩做长兴县丞时结识了后七子之一徐中行,两人成了莫逆之交。据说此后吴承恩创作了《西游记》,由兴化人、青词宰相李春芳校订。诗歌淡出公众视野,降临的是长篇小说和戏曲的时代,诗人也纷纷投身其中。长篇小说在士大夫眼中还是不登大雅之堂,也或者由同党结社集体完成伤风败俗或有政治风险,因此不愿署名。完全不像诗歌因几句版权的归属就恨不得舅杀甥。

就像李梦阳单刀赴会在江西。后七子集团是群起对抗江西巨孽严嵩。这个社团从北京演化到南京,地倾东南沿江带海。经过王世贞的摇旗呐喊在江南文化腹地获得大量拥趸、从众,复古运动成为席卷天下的潮流。

从李梦阳到李攀龙,再到江南世族王世贞,青山遮不住处,毕竟东流去。

从前七子到后七子,盛世怀想已不复存在。李梦阳确感大明已步入中唐,盛世景象只能在诗歌中复活,他永远成不了李白,他的气象不够,刚到半截就得掉下来。但他相信可以模仿杜甫,蹉跎岁月。而王世贞则生活在"中唐"期,面临晚唐将降之痛。正像唐末以后,南唐在金陵复延唐业，诗歌的风水呈现东南入海的走向，"日月之行，若出其中"。

明朝文学从南方到南方结束。也像明朝从南京开始最后也到了南明结束。

前七子从北京郎署发轫，而徐祯卿和边贡则是南京圈的。以弘治十才子来看，则扩大到金陵派、吴中派主要成员边贡、朱应登、顾璘、陈沂、郑善夫。其中康海南游寓居扬州，王廷相为南京兵部尚书。南北诗人相当。而导师级的王鏊、李东阳、杨一清、林俊则清一色是南人。后七子也是从北京刑部衙门伊始，南北人数起初相当，最后完全南移尘魂落定在金陵、吴中。并且这个北籍仅限山东，除去武昌人吴国伦余下清一色是沿海一线，明显具有"海派色彩"。

浪潮起浩浩汤汤，有弄潮的就有射潮的，与历史潮流对抗的像北元、像后金获利最多。李梦阳就是勇搏潮头的那位表面复古实质先锋级的诗人。"一元复始，万象更新。"深入到世代百姓家的门联上去了。

人的主体世界，人的自由与情感世界，但正像欧洲文艺复兴一样，迎来一个欲望解放之后的人欲横流的纵欲、色情时代。复古思潮的消退，紧接的是撕破理学、礼教面具、高蹈主体精神的浪漫主义狂飙突进，人文、人本主义抬头。人的个性得到张扬但远不是李白那样浪漫主义的气流，而是性情、情灵，最终难免堕入流俗。随着理论支柱李贽的自杀，"性灵说"的浪漫派已成强弩之末。

仅有一次文艺复兴远远不能完成历史性的嬗变，欧洲又有了漫长的文化启蒙运动。从诗人到哲学家，从作家到思想家的启蒙运动，从王廷相和王阳明就已开始。气消志丧，融于心，求于道，复归道学。知，行，思，其中的行尤为重要。

但给大明朝的时间不多了。

复古的浪潮再度兴起，复社、几社铁肩担道义，危难到从复古复汉唐到复明复国复现在的国破家亡。龙旗义举，龙族的迷梦招不得。梦回大唐此起彼伏，连绵不绝。直到复社、几社，那就只能是光复大明天朝了。

　　文学在明朝结社的风气越来越重，类似于西方政党的雏形，足见政治文明的早熟。直到后世"兵部"的一个设在武昌的"文学社"主导起义，由此"驱逐鞑虏，复我中华"。那个文学社可以看作是真正的"复社"，替晚明的复社复了仇。历史的诡异，令人拍案称奇。

　　一个文学集团也是政治集团，在一半是落日一半是朝阳的帝国升降沉浮，直到万籁俱寂。

　　在一个春天里，李梦阳和何景明等七子做了一个盛唐诗梦。长安离大海太遥远了，他们上溯到西京。"孤舟夜泊东游客，恨杀长江不向西！"（李梦阳《夏口夜别友人》）无尽长江滚滚流，他们没有随着杜甫的诗流向大海，大明朝也没有像郑和那样航行在大海上，迎接不到人类新的朝阳，就注定命丧黄泉，遇到鬼。

　　李梦阳和何景明的母亲都梦到红日入怀，生下他们。通过母亲们，我们知道太阳是母性分娩出来的，它万古常新，周而复始。

附录一 李梦阳年表

成化八年，壬辰（1472） 一岁

腊月初七出生于庆阳里舍。父亲李正入京师国子监学习，遇占卜先生说他三十三岁当生男，必显。至是果然应验。

成化十一年，乙未（1475） 四岁

从庆阳随父去阜平读幼学。李正贡生毕业，为阜平县学训导。该年朱祐樘立为太子。

成化十五年，己亥（1479） 八岁

祖母去世，随父亲李正还乡守孝三年。

成化十八年，壬寅（1482） 十一岁

李正孝满补任封丘温和王府教授，李梦阳随父去开封，受学于河南解元李源学习毛诗。

弘治元年，戊申（1488） 十七岁

太子朱祐樘登基，李梦阳白齿青眉，出口成章似有龙驹凤雏之迹象，在开封有小才子之称。

弘治二年，己酉（1489） 十八岁

参加河南乡试，却名落孙山。

弘治三年，庚戌（1490） 十九岁

娶开封大家闺秀左氏，喜结良缘。左氏十六岁，次年生子李枝。

弘治四年，辛亥（1491） 二十岁

携家眷归庆阳府老家，意在参加陕西乡试。得遇贵人杨一清，延之门下，日从讲肆。

弘治五年，壬子（1492） 二十一岁

夜闯长安乡试考场，见门关闭，高声喧哗："场无解元，何为闭也！"放入考房，果然拔得头筹。

弘治六年，癸丑（1493） 二十二岁

京师春闱，金榜题名，中毛澄榜第二甲十七名，进士出身。分配到通政司实习。不料乐极生悲，接母亲进京，老母高氏八月二十九日病亡于北京。李梦阳护灵进开封，守孝三年。

弘治八年，乙卯（1495） 二十四岁

送母亲灵柩回庆阳，安葬在庆阳城南高家坪。不料父亲李正不久也病故。李梦阳按丁忧制度，要为父母守孝六年。在庆阳居丧期间，开门授徒，门下学生甚众。李东阳同年入阁，为李正写墓表。蒙古小王子入寇潮河川。

弘治十一年，戊午（1498）二十七岁

丁忧期满，授户部主事。该年王越袭破鞑靼小王子于贺兰山。

弘治十二年，己未（1499）二十八岁

监管通州库。

弘治十四年，辛酉（1501）三十岁

奉命监税三关招商，初试锋芒铁面无私，与各路势要权贵、奸商巨贾相斗，被构下狱，坐榆河驿粮仓。三十而立，他却步入人生第一次牢狱。不久无罪释放，初立声望。

弘治十五年，壬戌（1502）三十一岁

复官户部，接受敕令派往京南河西务监税。康海、何景明、王廷相等登进士榜。

弘治十六年，癸亥（1503）三十二岁

奉命饷军西夏，协助边帅御敌，诗情勃发。与状元康海等人砥砺相结，意气相投，形成"前七子"的班底，掀开诗文复古运动的序幕。

与阁老李东阳的茶陵派渐有花开两枝各表一端的端倪。

弘治十八年，乙丑（1505）三十四岁

上书孝宗皇帝，大言五千直陈国事，弹劾外戚寿宁侯，被捕入诏狱，涉嫌诽谤国母罪。被皇帝委曲求全保出，出狱后鞭打寿宁侯，壮过东方朔拔刀割肉，声誉鹊起。"文必秦汉，诗必盛唐"的旗帜猎猎，"前七子"齐会京师，开始狂飙突进，"七星耀野"。

出狱后不久帝崩。同年官升一级任户部员外郎。

正德元年，丙寅（1506）　三十五岁

入狱两次，官升两级作为回报，升任户部郎中。

武宗朱厚照任用阉党八虎戏闹朝纲，李梦阳执笔起草《代劾宦官状疏》，由户部尚书领衔百官弹劾八虎。事败，朝堂去之一空，李梦阳贬出朝廷。政治开始腥风血雨，阉党刘瑾渐渐执政。

正德二年，丁卯（1507）　三十六岁

二月，李梦阳侥幸全身而退，回到开封，筑河上草堂吟诗听风，万马齐喑。

正德三年，戊辰（1508）　三十七岁

"盛唐派"作鸟兽散于各地，复古运动转入低潮，刘瑾对官宦执法极严，开始变更旧制，雷厉风行推行新法，史称"刘瑾变法"。

五月，被刘瑾点名从开封抓捕进锦衣卫狱，必杀无疑。但经过康海舍去一世英名甘入虎穴，竟然从地狱中救出，放回开封。

正德五年，庚午（1510）　三十九岁

内忧外患之际，"摄政王"刘瑾被杨一清运动密除，凌迟。李梦阳作为始作俑的"反对派"，出山是指日可待。

复古运动，诗歌"盛唐派"，起死回生，开始取代茶陵派。

状元康海作为最有力的旗手，却因营救李梦阳而被指控为阉党成员，黯然削籍永不叙用。

前七子中，何景明和李梦阳水落石出，渐成双雄掎角之势。

正德六年，辛未（1511）　四十岁

何景明复任中书舍人，杨慎中状元，京中文学之士多聚集在何景明周围，文学复古运动梅开二度。

李梦阳再度连升两级，诏命江西提学副使。诸生从开封送行。

五月赴官六月抵达南昌。刘瑾虽去，天下却遍地狼烟、烽火，民变如火如荼，危及京师。同年，江西遍地民变，杀官陷府。武宗诏命陈金为总制，节制南畿、浙江、福建、广东、湖广文臣武将，可先斩后奏。

京师、河北、山东十一月十二日发生地震，声震如雷，北胜州发生地震。

正德七年，壬申（1512）四十一岁

在任大力兴办教育，创办、恢复书院。不避鬼神、权势，雷厉风行，恪尽职守。因为学生与淮王府校尉争执，梦阳笞校尉而见罪淮王。淮王奏劾，上命巡按御史江万实处理。梦阳遂与江万实交恶互讦。继而又牵涉进总制陈金、布政使郑岳等，梦阳全面树敌，面临围剿。

宁王朱宸濠欲拜梦阳为师学诗，以门生相称，被拒。

目睹陈金军纪败坏，特别是征调的广西土兵害过匪患，梦阳作《土兵行》。

云南发生地震，死伤不计其数。

马中锡死于狱中。

江彬边兵入京，李东阳致仕。

陈金剿匪看似大胜，屡屡报捷加封太子少保，荫子锦衣世百户。

正德八年，癸酉（1513）四十二岁

春，朝廷命俞谏总制军务，取代陈金。民变复起，历经九战被镇压。

夏四月，值宁王朱宸濠建造阳春书院，李梦阳为之作《阳春书院记》。

六月二十七日，火星陨落江西丰城，烧焚房屋三万余间，死三十余人，户部赈灾。

李梦阳与江万实互相弹劾，秋天，江万实复奏李梦阳制造伪章，

参政吴廷举也跟上奏梦阳侵官。八月，给事中王炉上奏此事，武宗遣大理寺卿燕忠、给事中黎爽赴江西按问。钦差勘官团准备异地在广信开庭审理。

十一月寓居白鹿洞书院。

正德九年，甲戌（1514） 四十三岁

正月十八日，武宗出奉天门视朝，撤宝座不设，下诏罪己。乾清宫因宁王所献的花灯失火，发生火灾。

正月十六日，李梦阳从南康向广信出发。至二十八日卧病入广信狱。布政使郑岳也被收押入狱。

因何景明上书杨一清求救，杨一清过问此案，指控罪名不成立。

三月份，梦阳得以出狱。

三月二十五日，离开广信返回南昌。四月被正式免职，挂冠。

八月离开任官三年的江西。

途经襄阳鹿门山，意想归隐于此，未果返回开封。

鞑靼军大举入宣府、大同，京师戒严。

武宗开始微服私访。

宁王朱宸濠上章请痛惩宗室横暴，武宗下诏嘉纳。

正德十年，乙亥（1515） 四十四岁

各地再复地震。蒙古小王子大举犯固原。江西民变此起彼伏，皆被镇压。

杨一清入阁。

梦阳家居，益跅弛负气，治园池，招宾客，日纵侠少射猎繁台、晋丘间，自号空同子，名震海内。

正德十一年，丙子（1516） 四十五岁

杨一清致仕，还乡家居。

梦阳夫人左氏，于五月二十六日晨去世。

李东阳逝世。

王守仁为右佥都御史，巡抚南赣，四处捕火，应对民变。

正德十二年，丁丑（1517）四十六岁

继娶宋氏，后纳妾王氏。

外甥曹嘉中进士，改庶吉士，授御史。

武宗微服出塞，巡幸边疆，亲冒箭矢战退鞑靼小王子，宣称应州大捷。

正德十三年，戊寅（1518）四十七岁

生子楚。

何景明升任陕西提学副使。

是年，李梦阳与何景明矛盾公开化，二雄诗坛论剑，金兰争锋，以致绝交。

正德十四年，己卯（1519）四十八岁

宁王朱宸濠差监生方仪奉送周易古注一部、龙挂香一百支，到梦阳家求诗文。

宁王六月反，大军十万指向南京，被王守仁生擒，江西乱平。

武宗御驾亲征，借机南巡不返。武夫江彬独揽大权，钱宁被抄家。

正德十五年，庚辰（1520）四十九岁

宋氏产三子梁、四子柱双胞胎。

李梦阳吴中学生黄省曾撰《西洋朝贡典录》。

正德十六年，辛巳（1521）五十岁

二月，何景明去世。

武宗豹房暴崩。

兴献藩王继位，是为世宗。

嘉靖元年，壬午（1522） 五十一岁

长子枝，中河南乡试。

被御史周宣弹劾为宁王党羽，先收于开封闲衙，后抓捕进京。

赖刑部尚书林俊及首辅杨廷和搭救，出狱。永远开除仕籍。

嘉靖二年，癸未（1523） 五十二岁

长子枝，登科姚涞榜。

嘉靖三年，甲申（1524） 五十三岁

亲刻《李氏弘德集》三十二卷，作《诗集自序》。

嘉靖六年，丁亥（1527） 五十六岁

晚年多病，研物乐道，推出《化理篇》、《物理篇》等"八篇"。

嘉靖八年，己丑（1529） 五十八岁

夏疾，秋赴京口，寓居老师杨一清南园石淙精舍，与退休居家的老师相会。

八月登金山寺题诗。九月还家。

十二月晦日，除夕，卒于开封家中。

安葬在钧州大阳山以北三十里地。

附录二

参考文献

1.《明史》，张廷玉等，中华书局。

2.《明史·文苑二》。

3.《明实录》。

4.《二十四史札记校正》，赵翼著，中华书局。

5.《李东阳集》，岳麓出版社。

6.《空同集》，李梦阳著，吉林出版集团公司。

7.《列朝诗集小传》，钱谦益著，上海古籍出版社。

8.《诗薮》，胡应麟著，上海古籍出版社。

9.《李梦阳诗选》，人民文学出版社。

10.《何景明诗选》，人民文学出版社。

11.《明代文学思想史》，中华书局。

12.《二十世纪以来李梦阳研究》，人民出版社。

13.《全明文》，上海古籍出版社。

14.《全明诗》，上海古籍出版社。

15.《宋明理学史》，侯外庐、邱汉生、张凯主编，人民出版社。

16.《对山文集》，康海著。

17.《明诗别裁集》，沈德潜著。

18.《明史通俗演义》，蔡东藩著。

19.《石淙诗稿》，杨一清著。

20.《怀麓堂诗话》，李东阳著。

后记

真实的历史、生活的天地、万物的真相，是人类和造物主共同创造的，远胜过想象的虚构。这就是历史永恒的魅力，它本有的情节、故事、发展的逻辑远远超过小说家的杜撰。

能够呈现历史的真实，是难乎其难。真实就是生命，就是核心。优秀的传记就是越过材料堆积的障碍，呈现传主及他所处的那个时代的灵魂。

必须在历史与故事之间找到平衡，找到别开生面的诗意情节。

写李梦阳这本传记，我感到一种很大的压力、消耗。有时为了一个句子的确切，我要反复查阅大量的资料，以辨真伪。

"在齐太史简，在晋董狐笔。"先秦史官是杀不尽软不化的深厚实力。自秦焚书坑儒，真史有可能只被私家修了。古来史巫诗分，诗人就是从史巫分化出来的。所以欧阳修撰唐史，连谢灵运都是修晋史不二人选。自唐宋明以来，诗人登科入翰林院，翰林就是史官集散地。所以明末的大诗人钱谦益、吴梅村都是史家。没有谁会比一个真正的诗人再含有天生的历史的基因、直觉了。

远说刘邦、项羽之歌夺汉诗先声，诗人自曹操开始就是历史的创造主体。李煜则是词主。大唐留下最光芒万丈的标志就是唐诗。是大唐复兴了诗乐之邦的本质。唐诗中又以盛唐为大观。朱元璋也很想成为诗人，吟诗、学诗颇勤。明朝则在盛花期诗歌较弱，末期较盛，所以才有中期李梦阳的"诗必盛唐"之举。

诗人其实是最难"盖棺论定"的，他从来都属于游动的长河。

诗歌作为人类最古老的、永恒的艺术王冠，伟大的诗人必然是王冠的佩戴者。诗歌有神，有神秘性，在远古，诗人就是巫、宰，主持天地祭礼仪式，即欧洲所言神的祭司。东西方的诗人隔着洪荒的时空却是同质同核同一起源的。

就像文曲星，一次能下凡多少呢？对诗人的冠名是非常吝啬的，有时几百年也出现不了一两个。在周及之前，诗人是"无名"的。谁能说出《诗经》里那些诗歌的作者？唐朝几百年，用一个朝代的国器"专业写唐诗"，也并没有多少诗人能够进入世界级。千古流传、坐上王座级别的不过是李杜。

出生陕地的诗人李梦阳是"坐牢专业户"，把五次大狱作为本书主线，情节的推动器，惊心魂魄，精心勾勒出明朝中期的心灵画卷。

李梦阳不纯粹是要写诗，起初母亲梦日生他，他心中也有一个大梦，那就是长安盛花期大梦。他是有思想的，支配他政治抱负，包括后期也效法好友王廷相、王阳明学道。

而这些又都不是孤立的，他是"群居"的，喜鹊能报喜，喜鹊是个体的家庭的。乌鸦有多种隐喻、象征，但乌鸦是集群的。将报凶、甚至是金乌太阳之说归功于一位乌鸦道人，显然是神话不是真实。

在明朝盛期存在一种精神气场，李梦阳像一个乌鸦诗人冲向灼热的井喷，衔出诗歌的金石，发出长风大雅的诗歌金石之声。他的背景是前七子这个集群，本书之所以精心刻画李梦阳与皇亲国戚张氏斗，特别是与阉党刘瑾斗，在于他身前背后是一个士大夫群像。特别是七子集体，大都参与其中，与复古运动息息相关。刘瑾是世界级的巨贪、行暴政者，那么就来看一个诗人、一群诗人、御史怎样与他惊心动魄地搏斗，又是怎样反思、批判他的新戏法！

这是一部思想、灵魂和故事共进的精神传记。事件与情节呈现的诗意，那个时代诗人的诗意生活就是战斗不息，往前冲锋，坐穿一切牢底，咆哮着此时诗神与社稷合一的图腾，连跨五座狱栏。

必须将人生的故事散发出精神性，才能抵达一位传奇诗人的灵魂深处。而不是简单说故事，编排情节。所以这本书，是我感到最难写的，耗时熬精超乎想象。飞蛾投火，不是一只蛾的英勇无畏，连凤凰都要自焚。你必须提示故事后面的历史本质和心灵来！

现在是一个"地球村"，而中国又是长时居人类之前沿，一个大诗人如果没有世界性，没有人类视野，也无疑是失败的。李梦阳所处的中国时刻还是遥遥领先世界的，但文明却遇到千古挑战。不仅是将兴的海洋文明（及即将到来的倭寇）还有草原帝国及杂交的半农耕半游牧部族，更严重的是内部的"阉权、藩乱、帝极权、官黑腐、民暴变"全方位挑战。这是一个像里尔克所言的《严重的时刻》：

谁此刻在世界上某处哭，

无端端在世界上哭，

在哭着我。

谁此刻在世界上某处笑，

无端端在世界上笑，

在笑着我。

谁此刻在世界上某处走，

无端端在世界上走，

向我走来。

谁此刻在世界上某处死，

无端端在世界上死，

眼望着我。

李梦阳强作出头鸟，拔剑泼墨全面冲了上去。外戚、阉祸是汉唐的不治之症，满怀盛世之心的李梦阳，自然驰马冲杀过去。国家兴亡寄于一身的使命感，对历史负责的荣誉感，是士大夫士子的英雄本色。他的上书不息，与明初方孝孺绝不书一字如出一辙，行的是相同的烈士赤子的古道。

不仅是李梦阳，这与荆棘鸟一样的勇气与生俱来，是士大夫的本分。只不过是李梦阳更加主观冲动，他身上有一种少年狷狂的书生气、谏官风骨。人微言轻，却能放言无忌，犯鳞弹相也不惜。这就是古士遗风，古道热肠。

他渴望披甲战斗，但宿命只让他成为一名"边塞风格"的诗人。没有经历战乱，他就无法现场蘸着精血，临摹杜诗的诗史。

这个时刻对诗人是多么重要的时刻，就像茫茫大海上军舰鸟的出现，就像军队遇见的是雄鹰而不是猫头鹰和乌鸦。

伟大的诗人是战争胜利的曙光，预示着和平与回家的道路。比如荷马亲自参与战争而写下史诗。相反渺小、邪恶的战争则难觅诗人的踪迹，就像喜鹊不会出现在恶事中。王维在战乱中被俘强被戴上伪官的乌纱，但他的心只有大唐，对战争是诅咒的。习诗习道的王阳明同样有终止战争的心灵利器。

"梦回盛唐"，是切合人类文明史上一种共性的经验，这是一个文明的呼喊，与文艺复兴"回到古希腊"的旗帜同声相应。在这一本传记里，努力将李梦阳及他的诗歌和精神世界放在大历史的背景乃至人类史的宏观上予以考量，包括与游牧异族之战。力求是深入到历史灵魂深处、大明王朝骨子里的一本诗歌冲锋传、还魂记，要写出隐含的骨气、骨格。

只有对中国史的宏观把握，明史的充分了解，对士大夫集体命运、本质的洞悉，形成历史的红外线，才能将李梦阳精确定位、捕获、呈现。

从官商勾结的牢狱之灾到外戚之患，再到阉党之祸的锦衣卫狱，再到士林士大夫内争互掐之灾，再到藩王反党的政治大案，狱狱不同。五入诏狱，除去第一次"经济犯"，都是言祸，"文化狱"。坐牢真的像进宫，不仅是皇帝诏（三个皇帝一起诏），还像进宫与皇帝进行精神对流，以致打动至尊之心。这里彰显着一种古来的精神，是对民族灵魂的一次侧面展现，一次根的挖掘。

资料汇编式的抄袭、堆砌易，而还原历史的真实与本相何其难。传记不仅要写出李梦阳个人的灵魂，还要写出那个时代的灵魂来。

个体在历史宏大叙事的背景中肯定是渺小的，本书不愿阿谀传主，不以个人好恶扬贬，不做无谓争论的噱头。比如西北地区的研究者或作传，将李梦阳提到未有的高度，则出于地域文化的目的。其实按照传统的籍贯定法，李梦阳肯定不是庆阳人。就像今天军人之家调遣在各地，不过入乡随俗罢了。李东阳戍籍是京师，但没有一个将他称为北京人，否则茶陵派就无从谈起了，都说他是茶陵人。李梦阳先参加河南会试，他的儿子也是以河南籍祖地扶沟军籍科举成功。当然你说他是扶沟人，他自己家谱上说李家是入赘扶沟王家，李家到底何许人也连李梦阳也说不清道不明。乱世流动的难民，就像朱元璋也说不清他家到底来自哪里一样。所以以地域论英雄，为英雄笑耳。但他居、葬河南是客观的。

不少人说李梦阳"有亏士行"，甚至把他定性为中山狼。本书更不愿做这方面的道德法官。康海因救他而成阉党，对此李梦阳没有留下丝毫两肋插刀的证据，为恩公跳进黄河洗清。本书仍不做评判，让读者自己定夺。凭在下的直觉肯定是李梦阳寡恩，潜意识是康海在"前七子"内太光彩夺目了，使他黯然失色。康海离京离开诗坛，客观上对他是有利的。不能因为后来李梦阳给康海几首赠诗或去信，就断定两人盛情如初。有时文坛领袖、诗歌"王座"的竞争，可类比前廷争权后宫争宠的残酷性，这不是由个人的品德能决定的。有人宽宏海量，有人一向意气用事。因此在下仍然不替古人当律师做辩护，去修复古人的恩怨过节；另有一例辅证就是李梦阳对何景明死后的态度，何景明遗嘱让李梦阳写墓文，但家人、亲友都不敢去实行。按照情理，何景明对李梦阳有恩，人死为大又都在河南，李梦阳无论怎么说也该自动前去吊丧，却不见他的踪影，相反他在后来文章中还暗刺了何景明。而在江西官场中上层出现了众口铄金、诋毁李梦阳的事情。在下则尽心为传主拨开迷雾，还原真相，不惜笔墨。他的对头钉郑岳、吴廷举等人后来因为宁王倒台步步高升，不是因为他们如何正大光明而是他们站对了队。不能因权大话语权就大，就真理在握。

在把握不准的地方不可武断，尽量让给读者去仁者见仁智者见智。人非圣贤，孰能无过？

本书着重点在情节上展现一个诗人与势要、坏统乱道者的不共戴天；在思想上探讨诗歌、文学及士林与传统的关系——怎样在伟大传统中追宗复古并突围成功，成为传统的推动者、生生不息者。

前七子的功业，又是民族复魂的一个典型。汉文化经过历史的蒙尘、膻腥，是需要拨乱反正的。那种愚昧、武断的历史虚无主义，一言一蔽之的抹黑主义，伤害了一个民族的文化自尊心，等于精神自残。世上没有哪一个民族能长期拿领先于人类几千年、光耀万邦的祖宗们恶搞，歪曲，戏说，博人眼球，挣点散银子以图自卑自贱。你骂唐，唐诗光焰千秋，世界来朝。你贬低宋，宋有三大发明，面对辽、金、西夏、蒙古的车轮大战高度繁荣、不枉杀一士一人近三百年。你侮辱明朝，明人战胜扫荡欧亚的蒙古，连一个太监都摆开下西洋的船队。顽昧不化只是你自己。

对于复古运动前七子的领袖李梦阳来说，他的身后之事一直呈现两种截然不同的"盖棺论定"。赞同者及乡愿者将他推为诗文山斗、一代诗杰、慷慨雄鸷，手辟秦汉盛唐一派直追李杜；反对者则讥他食古不化，模仿成性，是剽窃文贼的假古董，甚至明末文坛泰斗钱谦益则骂他是蠢材笨伯，雄霸词坛，流传谬种，读书种子断绝。到"五四"时候，李梦阳更成了新文化运动的靶子，一面古墙歪倒众人推。

这不过是因缘际会，当历史人物当木偶，各执一词罢了。并非是谁大错特错了，只不过是横看成岭侧成峰，时位移人，所在的历史时间不同罢了。

对历史人物，当以史观史，放在一个大的历史背景中去。当时人可能不识庐山真面目，后世的人可能拿古人撒野出气，以浇胸中块垒。谁把历史当小姑娘任何意淫，其实那与历史无关，恶搞的只是谁的恶灵。

中国历史是一条长河，唯一不曾间断的后浪推前浪，国家灭亡了，朝代变得腥膻了，但史书仍然在书写，文化的同化"神器"仍在冥冥之中不懈地运转。李梦阳只是这川流不息的长河里一朵浪花。包括现在很多人对李梦阳言不由衷的溢美之词，并不到位，失去历史的客观性。

因此诗和史超越了国家、王朝、民族，成了文化不可灭绝的血脉、种子，此心持之以恒永流传。

他所处的时代，恍若盛世，又眼见转衰。在这个节骨眼上，他梦见大唐的太阳，在诗歌上升起。而明诗在那时也是旁落，不成体统。双重因素，激发了他诗必盛唐的梦想。

回到盛唐去，回到大汉去，为文明寻找历史的原动力、样板。这一号召无疑与"回到希腊去"在人类历史上有异曲同工之妙。这是历史的声音，文化复兴的曙光，明朝已经像手捂着手电筒那样满手红光在握了。戏曲杂剧开始活跃，《水浒传》、《三国演义》、《西游记》横空出世，思想家摩拳擦掌。经济，明中期无疑处于人类的最高峰，并且出现商品经济的萌动。

盛唐作为历史的高峰，李梦阳及追随者围绕着这座丰碑发生一系列精神到肉体的运动。没有历史和诗歌双重高度，无法透射出李梦阳的精神质地、本相、风骨、真情。

他戏剧性人生遭遇更为戏剧化的皇帝朱厚照。他能否将牢底坐穿，充满着悬念。其实他在挑战秩序、渴望建功立业，狂飙突进的精神质地、性情上，与李梦阳同质异构，很神似。君臣两人精神底片有重叠，围绕着权力也有严重的分野或有对立，这双簧可对照来看。李梦阳包括王阳明重要的活动都是在武宗时期。一文坛一权力两领袖，在各自领域里称雄、问鼎。两人都看似以叛逆的形式捍卫各自内心的不容别人触犯的"禁忌"，一个是道统一个是政统。

李梦阳作为臣捍卫天道、宪体、人心，而朱厚照为君则更加汪洋恣肆，冲击羁绊他的一切秩序，达到完全的精神任性与权力夸张。

不惜笔墨写武宗，就是将这种重叠和对立写出来，"影射"李梦阳的内心复杂世界。这也算一种比兴手法吧。

这很难用一种单线来写，所以只能选择"神道旁的群雕"。

政治与文化的双脉络，个体与群体、牢狱内外、战争与和平的多头线索，诗人与朝臣、外戚、藩王、阉党、皇帝、草民、诗友文朋、亲友错综复杂的关系交织，文戏武戏齐出。

失败像成功一样降临，否则历史完全就由诗人改写了。

没有良知的学习，没有灵魂的崇拜，没有精神朝圣的临摹而一味模仿其实是剽窃，东施效颦。流弊在此，难现其神。

还魂，能否还魂，愿意不愿意来，能否出生的问题。主体复活，四季的循环。这其实是启蒙的大事业，但前后七子们都没有充分展开，成为全民族的精神新大陆，文艺复兴。还没有一些哲学家比如王阳明、李贽走得远。

复古运动不是堂而皇之对抄袭、模仿者解禁，大开方便拿来之门。

把诗歌创作当作习练书法那样反反复复临摹，精神可嘉，但实际走下去，必差之毫厘谬之千里。再神似惟妙惟肖的临帖、仿制也不过是赝品，况且书法怎么可以同艺术皇冠上的诗歌同日而语呢？

唯有创造，唯有原创，才能抵到本源，才是江河鱼群上溯回归的家园。

陈子昂，发现文章道弊五百年，洗心革面恢复汉魏风骨。其实是追魂建安风力，将曹操、陈思王奉为王。有唐优秀诗人无不形成共识认同这个宗。李白高度推举这个调子，加上诗骚并视复古为麒麟再现。以朱熹都说太白"古风两卷，多效子昂，亦有全用其句处。太白去子昂不远，其尊慕之如此"。这个不是抄袭而是故意身体力行去实践复古。此后杜甫、元结、元稹、白居易等沿着这个踪迹追寻下去。白居易掀起新乐府运动。韩柳又从诗歌推广到散文。

这就是盛唐的血液，风骨。

但明人气短，个个自视聪明，人人想另起炉灶，一窝一伙各想称霸，互相拆台，无谓争论。太白无论怎么高举陈子昂，也不会使自身掉价。

文本决定一切。但大道甚夷，其人好径。这世上想走捷径讨便宜的人太多了。李梦阳身后一窝蜂地将复古视为抄袭、模仿的借口，诗歌成为文贼剽窃者的俱乐部，焉能不败？古道盛世大象与时世隔着重门迷津，不是谁都能出入自由。或泥古不化或见异思迁，外邦月亮和日头都比大唐的圆。致使至今，有很多人以剽窃中外的作品进身，甚至小说只将洋姓名改个土名字，整体或大段地抄袭，却更能受到拥趸的追捧。还有的直接从生活拿来，自做皇帝一般将自己吃喝拉撒的"起居注"都直接录来成诗。荒原里如若长出这等死灰纸花，那就还不如是荒原。精神枯萎，只剩下骷髅写诗。当时正是若此，李梦阳等人才高举盛唐的诗歌大旗，他们要复的是盛唐及盛唐诗的精血神魂。

同时太阳在这本书成为一个精神的象征，也是万古维新的形象，同时七子李梦阳和何景明都是母亲梦日而生。在下特为此习首小诗以献：

母亲们波浪滔天，隆起肚白
所有的母亲都叫羲和，如果生出的不是黑暗

母亲之血在凝聚，看不见风云，星团有了大地的皮肤
多么安静像梦境正在分娩孕育着童谣，古歌
像乌鸦翅膀遮挡大海风暴如淌来的平原

啊，所有太阳都是怀孕的骨肉
都从时间蹦向空间，都是母生的啊

唯古日新而有恒心
从没有延时从无脱轨，从没有撞车
时间从这头到那头，相隔着青春永驻的苍穹

万古维新，光复所有时刻，从不遗失
对于时间它只出示半壁江山，对于方向它只遗弃北方
对于人它只出生新人
赐予每一个人和她同一个生日

向每一生命垂直，并适合倾斜
垂直拉起万生之渡，这稳稳地步上天空的斜拉桥
拉起沉睡的大地没有此岸与彼岸

那纯阴孕阳的宫殿，道生万物的光辉
没有母亲的地平线，太阳将漏到海底，地底
它跃不过母亲的脊梁，如痛苦的平原隆起
大海隆起，高过西山巅峰又下落

浩浩汤汤的心，弯曲起天空的弧度

对于任何事物，它只出示半壁时间

你必须在母亲的心神里梦到大唐的日出最圆

你必须赐予母亲们梦日入怀，血肉相连

它移动万物的生命和血

它带来光和图腾，带不走黄昏上的岩画和诗歌

谁能将它向前移动一寸，向后推迟一秒？

哦，唯有分娩的母亲

历史即现实，与每个人息息相关。

世界上没有任何一个民族可以诋毁、诬蔑自己的历史，将祖宗漫画、概念化视为糟粕，这等于自掘其根，挥刀笔自宫。美利坚只有二百多年历史奉为圭臬，联邦国家成立前制定的"天宪"，无人敢唾弃。而汉文明遥遥领先人类史的大部分时间，却绵绵之根伤了自尊心，历史灵魂的本体难以复活，如同神器不复、凤不来仪。古云不以成败论英雄，岂能因大明亡于内乱、被汉奸引狼入室、落伍于世界，就五千年全盘抹杀，颠倒黑白？你泼的洗澡水还是历史之子？呜呼无法可想！一如曹雪芹在悼红轩中读史，后人题下偈语："说到辛酸处，荒唐愈可信。由来同一梦，休笑世上痴。"

但在下志大才疏，幸亏得到道山学海的程步涛老师、陶文鹏老师具体指导、拨冗赐教，受益匪浅，同时向作家出版社慧眼兰心的编辑、领导深为致谢，使这本书得以付梓。

泥马度

2014 年 4 月，定稿于北京

图书在版编目（CIP）数据

梦回汉唐：李梦阳传 / 泥马度 著. -- 北京：作家出版社，2014.7

（中国历史文化名人传丛书）

ISBN 978-7-5063-7452-1

Ⅰ. ①梦… Ⅱ. ①泥… Ⅲ. ①李梦阳（1473～1530）-传记 Ⅳ. ①K825.6

中国版本图书馆CIP数据核字（2014）第145616号

梦回汉唐——李梦阳传

作　　者：	泥马度
责任编辑：	史佳丽
书籍设计：	刘晓翔+韩湛宁
责任印制：	李卫东　李大庆
出版发行：	作家出版社
社　　址：	北京农展馆南里10号　　　邮　　编：100125

电话传真：86-10-65930756（出版发行部）
　　　　　86-10-65004079（总编室）
　　　　　86-10-65015116（邮购部）

E-mail:zuojia@zuojia.net.cn

http://www.haozuojia.com（作家在线）

印　　刷：	北京汇林印务有限公司
成品尺寸：	152×230
字　　数：	316千
印　　张：	22.25
版　　次：	2014年7月第1版
印　　次：	2014年7月第1次印刷
ISBN 978-7-5063-7452-1	
定　　价：	39.00元